JURISDIÇÃO CONSTITUCIONAL III
REPÚBLICA E DIREITOS FUNDAMENTAIS

LUIZ FUX

JURISDIÇÃO CONSTITUCIONAL III
REPÚBLICA E DIREITOS FUNDAMENTAIS

Belo Horizonte

CONHECIMENTO JURÍDICO
2019

© 2019 Editora Fórum Ltda.

É proibida a reprodução total ou parcial desta obra, por qualquer meio eletrônico, inclusive por processos xerográficos, sem autorização expressa do Editor.

Conselho Editorial

Adilson Abreu Dallari
Alécia Paolucci Nogueira Bicalho
Alexandre Coutinho Pagliarini
André Ramos Tavares
Carlos Ayres Britto
Carlos Mário da Silva Velloso
Cármen Lúcia Antunes Rocha
Cesar Augusto Guimarães Pereira
Clovis Beznos
Cristiana Fortini
Dinorá Adelaide Musetti Grotti
Diogo de Figueiredo Moreira Neto (*in memoriam*)
Egon Bockmann Moreira
Emerson Gabardo
Fabrício Motta
Fernando Rossi
Flávio Henrique Unes Pereira
Floriano de Azevedo Marques Neto
Gustavo Justino de Oliveira
Inês Virgínia Prado Soares
Jorge Ulisses Jacoby Fernandes
Juarez Freitas
Luciano Ferraz
Lúcio Delfino
Marcia Carla Pereira Ribeiro
Márcio Cammarosano
Marcos Ehrhardt Jr.
Maria Sylvia Zanella Di Pietro
Ney José de Freitas
Oswaldo Othon de Pontes Saraiva Filho
Paulo Modesto
Romeu Felipe Bacellar Filho
Sérgio Guerra
Walber de Moura Agra

Luís Cláudio Rodrigues Ferreira
Presidente e Editor

Coordenação editorial: Leonardo Eustáquio Siqueira Araújo
Aline Sobreira de Oliveira

Av. Afonso Pena, 2770 – 15º andar – Savassi – CEP 30130-012
Belo Horizonte – Minas Gerais – Tel.: (31) 2121.4900 / 2121.4949
www.editoraforum.com.br – editoraforum@editoraforum.com.br

Técnica. Empenho. Zelo. Esses foram alguns dos cuidados aplicados na edição desta obra. No entanto, podem ocorrer erros de impressão, digitação ou mesmo restar alguma dúvida conceitual. Caso se constate algo assim, solicitamos a gentileza de nos comunicar através do *e-mail* editorial@editoraforum.com.br para que possamos esclarecer, no que couber. A sua contribuição é muito importante para mantermos a excelência editorial. A Editora Fórum agradece a sua contribuição.

Dados Internacionais de Catalogação na Publicação (CIP) de acordo com a AACR2

F997j	Fux, Luiz
	Jurisdição Constitucional III: república e direitos fundamentais/ Luiz Fux. Coordenação Valter Shuenquener Araujo.– Belo Horizonte : Fórum, 2019.
	265 p.; 17,0cm x 24,0cm
	ISBN: 978-85-450-0691-6
	1. Direito Constitucional. 2. Direito Administrativo. 3. Direito Econômico. I. Araujo, Valter Shuenquener de. I. Título.
	CDD 341.27
	CDU 342

Elaborado por Daniela Lopes Duarte - CRB-6/3500

Informação bibliográfica deste livro, conforme a NBR 6023:2018 da Associação Brasileira de Normas Técnicas (ABNT):

FUX, Luiz. *Jurisdição Constitucional III*: república e direitos fundamentais. Coordenação Valter Shuenquener de Araujo. Belo Horizonte: Fórum, 2019. 265 p. ISBN 978-85-450-0691-6.

SUMÁRIO

JURISDIÇÃO CONSTITUCIONAL E DEMOCRACIA: O SUPREMO TRIBUNAL FEDERAL COMO ÁRBITRO DO DIÁLOGO
LUIZ FUX 9
1 Introdução 9
2 O panorama de constitucionalismo global e as Cortes 10
3 A experiência brasileira: o modo de agir do Supremo Tribunal Federal ante os incentivos da Constituição de 1988 14
3.1 Reações a incentivos normativo-estruturais 15
3.2 Reações a incentivos normativos específicos 16
3.3 Para que os incentivos não se tornem um convite à intervenção excessiva 18
4 Os riscos da supremacia judicial: diálogos entre o Supremo Tribunal Federal e a sociedade 18
5 Conclusão 21
Referências 22

ACO Nº 1.044 – FEDERALISMO FISCAL EM DEBATE: DESONERAÇÃO DAS EXPORTAÇÕES E A COMPENSAÇÃO DOS ESTADOS-MEMBROS
ABHNER YOUSSIF MOTA ARABI 25
1 Contextualização do caso 25
2 Questão jurídica debatida 25

ADI Nº 2.663 – FEDERALISMO COOPERATIVO: VALORIZAÇÃO DA COMPETÊNCIA LEGISLATIVA ESTADUAL COMO INSTRUMENTO DE PLURALISMO POLÍTICO E EXPERIMENTALISMO DEMOCRÁTICO
ABHNER YOUSSIF MOTA ARABI 43
1 Contextualização do caso 43
2 Questões jurídicas debatidas 43

RE Nº 835.558 – REPERCUSSÃO GERAL: COMPETÊNCIA DA JUSTIÇA FEDERAL PARA PROCESSAR E JULGAR CRIMES AMBIENTAIS TRANSNACIONAIS
ALDO JOSÉ BARROS BARATA DE OLIVEIRA 59

1	Contextualização do caso	59
2	*Quaestio iuris* debatida	59

RE Nº 597.854 – GRATUIDADE EM PÓS-GRADUAÇÕES PÚBLICAS: A COPARTICIPAÇÃO PRIVADA COMO INSTRUMENTO PARA A MÁXIMA EFETIVIDADE DO DIREITO SOCIAL
ANDRÉA DA FONSECA SANTOS TORRES MAGALHÃES 77

1	O viés consequencialista inerente à máxima efetividade	78
2	O anacronismo da dicotomia público-privado na repartição dos custos de direitos sociais	79
3	A relação dialógica que exsurge do não dito	80

RE Nº 966.177 – QO – QUESTÃO DE ORDEM NO JULGAMENTO DE REPERCUSSÃO GERAL. SUSPENSÃO DA PRESCRIÇÃO DA PRETENSÃO PUNITIVA DOS CRIMES PROCESSADOS NAS AÇÕES PENAIS SOBRESTADAS COM FUNDAMENTO NO ART. 1.035, §5º, DO CPC
BRUNO JACOBY DE LAMARE 91

I	Contextualização	91
II	Comentários às premissas adotadas no voto condutor do Ministro Luiz Fux	92

PET Nº 5.705 – CRIMES CONTRA A HONRA, NOVAS TECNOLOGIAS E *FAKE NEWS*: EDIÇÃO DE VÍDEO PARA ATRIBUIR TEOR RACISTA A DISCURSO PARLAMENTAR
CARLA RAMOS MACEDO DO NASCIMENTO 107

1	Introdução	107
2	PET nº 5.705 – Jean Wyllys *vs.* Éder Mauro	111
	Referências	119

RE Nº 705.423 – IMPACTOS DA POLÍTICA ISENTIVA DA UNIÃO NO FUNDO DE PARTICIPAÇÃO DOS MUNICÍPIOS E O STF COMO TRIBUNAL DA FEDERAÇÃO
MARCUS LÍVIO GOMES, RAQUEL DE ANDRADE VIEIRA ALVES 121

I	O federalismo fiscal brasileiro e o papel da Suprema Corte	121
II	A controvérsia submetida à análise do STF por meio do julgamento do RE nº 705.423 e a importância da divergência fixada para o estudo do federalismo fiscal brasileiro	125

RECURSO EXTRAORDINÁRIO Nº 760.931: RESPONSABILIDADE SUBSIDIÁRIA DA ADMINISTRAÇÃO PÚBLICA PELO INADIMPLEMENTO DOS ENCARGOS TRABALHISTAS POR EMPRESAS TERCEIRIZADAS
MÁRIO AUGUSTO FIGUEIREDO DE LACERDA GUERREIRO 147

RECURSO EXTRAORDINÁRIO Nº 634.197/PR – O CONFISCO DE BENS MÓVEIS UTILIZADOS NA PRÁTICA DO CRIME DE TRÁFICO DE DROGAS
MATEUS DA JORNADA FORTES 153

RECURSO EXTRAORDINÁRIO Nº 587.970: CONCESSÃO DE BENEFÍCIO ASSISTENCIAL DE PRESTAÇÃO CONTINUADA (LOAS) AOS ESTRANGEIROS RESIDENTES
PEDRO FELIPE DE OLIVEIRA SANTOS 173
1 Introdução: a jurisprudência dos conflitos sociais complexos 173
2 A *quaestio iuris* do RE nº 587.970 e seus principais discursos 174

O ENSINO RELIGIOSO CONFESSIONAL NAS ESCOLAS PÚBLICAS BRASILEIRAS: ENTRE A LAICIDADE E O LAICISMO
RAFAELA COUTINHO CANETTI 185
Colocação do tema 185

DEFERÊNCIA JUDICIAL AOS ARRANJOS INSTITUCIONAIS INERENTES À SEPARAÇÃO DOS PODERES: O CASO AMIANTO
THIAGO LÔBO FLEURY 199
1 Contextualização do caso 199
2 A necessidade de autocontenção judicial e de deferência aos arranjos institucionais 201

ADI Nº 4.874 – O (RAZOÁVEL) LIMITE DE ATUAÇÃO DAS AGÊNCIAS REGULADORAS. O CASO ANVISA DE PROIBIÇÃO DE ADITIVOS NOS CIGARROS
VALTER SHUENQUENER DE ARAUJO 219

PET Nº 4.656 – O PODER DO CNJ E DO CNMP DE AFASTAR UMA LEI INCONSTITUCIONAL. UMA EVOLUÇÃO NECESSÁRIA NA JURISPRUDÊNCIA DO STF
VALTER SHUENQUENER DE ARAUJO 243

SOBRE OS COMENTARISTAS 263

JURISDIÇÃO CONSTITUCIONAL E DEMOCRACIA: O SUPREMO TRIBUNAL FEDERAL COMO ÁRBITRO DO DIÁLOGO

LUIZ FUX[1]

1 Introdução

A atual Constituição foi um marco para o resgate democrático do país, notadamente por inserir elementos de cidadania no processo político brasileiro. Com a derrocada do "anteprojeto dos notáveis" e a consolidação de uma ampla Assembleia Nacional Constituinte, abriram-se os canais democráticos e participativos para a escrita do novo texto constitucional, em uma deliberação inclusiva.[2] Nesse ponto, o procedimento que precedeu e permeou o momento fundacional é um evento histórico que *de per si* confere credibilidade à boa parte dos pré-compromissos assumidos.

Ao consolidar a decisão fundamental do Brasil em instituir um Estado Democrático de Direito, nossa Carta Política se insere em uma tendência de maiores proporções que a doutrina tem denominado constitucionalismo global. Na primeira parte deste trabalho, buscarei caracterizar o atual estado de compartilhamento de formas e estruturas jurídicas, sob o enfoque de como isso afetaria as relações dialógicas entre as soluções de jurisdições distintas a problemas constitucionais comuns. Serão tratadas, ainda, as críticas que floresceram perante essa homogeneização.

Decerto, um dos aspectos mais problematizados nesse cenário é o aumento da relevância dos tribunais constitucionais, enquanto tomadores de decisão em controvérsias que, cada vez mais, valoram elementos extrajurídicos. No entanto, parto do pressuposto de que as decisões judiciais em demandas complexas somente serão legítimas na medida em que houver a observância dos limites de atuação e da capacidade institucional do órgão de cúpula do Judiciário.

---

[1] Ministro do Supremo Tribunal Federal. Ex-Presidente do Tribunal Superior Eleitoral. Professor Livre-Docente em Processo Civil da Faculdade de Direito da Universidade do Estado do Rio de Janeiro (UERJ). Doutor em Direito Processual Civil pela Universidade do Estado do Rio de Janeiro (UERJ). Membro da Academia Brasileira de Letras Jurídicas. Membro da Academia Brasileira de Filosofia.

[2] ROCHA, Antônio Sérgio. Genealogia da Constituinte: do autoritarismo à democracia. *Lua Nova*, São Paulo, v. 88, p. 29-87, 2013. p. 73-74.

Nesse sentido, na segunda parte do trabalho, apresento evidências que dão suporte à seguinte hipótese: a posição de destaque do Supremo no nosso arranjo político deve-se, em boa medida, à construção de sua legitimidade decisória como consectário de uma Constituição que emite uma série de incentivos, tanto normativo-estruturais quanto específicos.

Por fim, a terceira parte consiste na exposição das críticas que surgem na academia brasileira quanto à avocação pelo Supremo Tribunal Federal de decisões que pertenceriam aos representantes eleitos. Ante essa linha argumentativa, serão contrapostas evidências empíricas de mudanças procedimentais que criam um ambiente propício a uma jurisdição mais plural.

2 O panorama de constitucionalismo global e as Cortes

A problematização da relação entre o constitucionalismo e a democracia é um campo de debate rico na interface entre a filosofia política e o direito constitucional. Decerto, a preocupação com a limitação do poder político ganha novos contornos à medida que se pressupõe que o povo é, ao mesmo tempo, a fonte da qual emana a soberania e o destinatário das normas e dos atos de Governo. Na articulação desses conceitos, emergiria uma tensão de ordem constitutiva, co-originária e produtiva.[3]

Sob o enfoque do Professor Frank Michelman, a referida tensão é um paradoxo essencial para o funcionamento de qualquer democracia constitucional.[4] Caberia à norma fundamental, portanto, estabelecer as regras do jogo: os procedimentos da política majoritária, a matéria disponível à produção normativa infraconstitucional e as estruturas nas quais se concentra e se organiza a capacidade decisória. Assim, sem o constitucionalismo, estaríamos sujeitos à possibilidade de uma ditadura da maioria; sem a democracia, a narrativa do constitucionalismo careceria de legitimidade, pondo em xeque a sua sobrevivência como arranjo de comportamentos e de expectativas.[5]

Em virtude do exposto, uma das formas mais usuais de introduzir reflexões sobre o espaço de atuação de determinada Corte consiste em identificar as características principais da Constituição perante a qual exerce sua jurisdição. No entanto, a importância da análise pontual de disposições normativas perde espaço, quando nos deparamos com o compartilhamento dos pré-compromissos assumidos por várias nações. Nesse ponto, a homogeneidade de elementos textuais e a previsão de um mesmo rol de direitos conduzem ao enfrentamento de problemas constitucionais comuns.

Nesse sentido, David Law e Mila Versteeg realizaram um estudo empírico amplo para demonstrar como as Constituições foram se tornando mais parecidas em termos de linguagem.[6] Em uma perspectiva tradicional, que acaba por se revestir de dogma, essa aproximação discursiva decorreria de uma evolução linear na positivação

---

[3] CHUEIRI, Vera Karam de; GODOY, Miguel G. Constitucionalismo e democracia – Soberania e poder constituinte. *Revista Direito GV*, São Paulo, v. 6, n. 1, p. 159-174, jan. 2010. p. 166.
[4] MICHELMAN, Frank I. *Brennan and democracy*. Nova Jersey: Princeton University Press, 1999.
[5] CARVALHO NETTO, Menelick de. Racionalização do ordenamento jurídico e democracia. *Revista Brasileira de Estudos Políticos*, Belo Horizonte, n. 88, p. 81-108, 2003. p. 82.
[6] LAW, David; MILA, Versteeg. The ideology and evolution of global constitutionalism. *California Law Review*, v. 99, n. 5, 2011.

dos direitos: a conquista das liberdades civis; a previsão de direitos socioeconômicos, e, por fim, o reconhecimento de direitos coletivos e difusos.[7] Os dados coletados infirmam essa sistematização historicista, pois levantam a hipótese de que a incorporação de formas jurídicas ocorre por processos de aprendizagem, competição, conformidade e redes constitucionais.

Para além de uma preocupação acadêmica com a metodologia mais adequada no diagnóstico de convergências, a observação de experiências ao redor do globo mostra que a tentativa de estender os cânones dos constitucionalismos norte-americano e europeu para as demais nações traz problemas de ordem prática. Isso porque o constitucionalismo global reverbera, também, nas decisões dos Tribunais Constitucionais, possibilitando que se inspirem nas soluções proferidas em outras jurisdições e reflitam sobre elas.

No que concerne à valoração negativa do fenômeno global de judicialização da política, vislumbra-se uma caracterização dos argumentos de direito comparado enquanto instrumentos retóricos, enquanto "soluções prontas", que poupam esforços na avaliação do quadro fático, porém que, ao interagir com relações de poder diferentes, produzem resultados indesejáveis. Isso porque se a adoção desses direitos de cunho genérico não é usualmente acompanhada de remodelamentos institucionais que permitiriam a eficácia plena das promessas, tampouco é capaz de *per se* alterar a cultura política de uma nação. Em função disso, os estudos que enfocam essa tendência de constitucionalismo global são permeados por uma contradição de outra ordem: de um lado, as Cartas Políticas são documentos formalmente cada vez mais similares; por outro, o modo como as conquistas são recepcionadas e concretizadas não deixa de ser influenciado pelas particularidades e, em especial, por eventuais distorções no processo político em nível nacional.

Considerando essa perspectiva local, cada país assistiria à ascensão de sua Corte Constitucional, figurando como um importante agente de transformações políticas. À semelhança do que observamos em relação ao constitucionalismo global, o estabelecimento dessa agenda de decisões em casos salientes também não é indene de críticas. As objeções acadêmicas, por sua vez, estão embasadas em argumentos sobre legitimidade e sobre a posição que o Judiciário assume nas interações entre os poderes.

Na primeira linha crítica, o foco é problematizar o papel contramajoritário do Judiciário. Questionam-se os limites da atuação jurisdicional no plano discursivo, sobre qual deveria ser a postura dos magistrados, sobre quais deveriam ser os argumentos utilizados. Tal perspectiva trouxe relevantes reflexões no seguinte sentido: afinal, juízes que não foram eleitos pela população estariam aptos a decidir problemáticas morais de amplo desacordo social e disputas políticas que impactam diretamente a vida dos cidadãos?[8] Consequentemente, esses juízes deveriam possuir a autoridade para infirmar leis aprovadas por instituições representativas quando convencidos de que essas estariam violando direitos individuais?[9]

---

[7] Como exemplo dessa abordagem, ver CARVALHO NETTO, Menelick de. A hermenêutica constitucional sob o paradigma do Estado Democrático de Direito. *In*: OLIVEIRA, Marcelo Andrade Cattoni de (Org.). *Jurisdição e hermenêutica constitucional no Estado Democrático de Direito*. Belo Horizonte: Mandamentos, 2004. p. 25-44.

[8] ALLAN, James. An unashamed majoritarian critical notice. *Dalhousie Law Journal*, v. 27, n. 2, 2004.

[9] WALDRON, Jeremy. The core of the case against judicial review. *The Yale Law Journal*, v. 115, n. 6, p. 1346-1406, 2006. p. 1348.

Por sua vez, a segunda linha crítica se detém sobre os riscos de um protagonismo judicial para a vivência democrática em sentido amplo. São levantados aspectos negativos da apreciação judicial de controvérsias relevantes, sob o argumento de que a lógica democrática é melhor realizada no processo político representativo. Para os fins do presente artigo, no entanto, focarei no segundo grupo de críticas.

A sistematização conjunta dessas correntes ocorre porque, salvas as devidas proporções, ambas expressam duras discordâncias quanto ao modelo teórico pelo qual o Judiciário seria o último e o principal intérprete da Constituição. Nela, estão incluídos os autores que pregam a prevalência das deliberações parlamentares e aqueles que valorizam a participação popular na construção dos significados constitucionais.

Em uma transição entre os argumentos deontológicos sobre legitimidade e a preocupação com a interação real entre Legislativo e Judiciário, John Hart Ely se situava ainda em um debate de disputa filosófica sobre qual seria a melhor maneira de interpretar a Constituição, no qual também figuravam teorias originalistas[10] e substancialistas.[11]

Cumpre notar, desde já, que a transposição de seus postulados tem o escopo limitado porque ele os formula ante uma Constituição sintética, na qual o grau de detalhamento só se estende à separação de poderes e em que a definição de objetivos constitucionais é deixada em aberto. Nada obstante, Ely traz interessantes contribuições sobre quando o Tribunal Constitucional pode intervir, primando por uma postura de maior contenção e deferência às deliberações parlamentares.

Na teoria procedimentalista, a Carta Política teria dois objetivos: (i) manter a máquina democrática em funcionamento, com os canais de participação e de comunicação abertos e (ii) garantir que a maioria e as minorias fossem tratadas com igual respeito e consideração. Enquanto o primeiro propósito se relaciona ao princípio do controle popular, o segundo remete ao princípio do igualitarismo, sendo que ambos fariam parte do processo político em sentido amplo.

Como exposto acima, ao partir de uma acepção de procedimento que engloba as liberdades individuais necessárias à participação, o autor defende, por exemplo, que as decisões da Era Warren, considerada pela literatura uma das composições mais progressistas, poderiam ser justificadas por uma preocupação com a justiça procedimental. Por essa razão, opõe-se ao que enquadra sob a alcunha de abordagens axiológicas, dedicando boa parte de sua crítica a Alexander Bickel.

Ademais disso, a preocupação em descrever de forma mais detalhada o processo democrático visava a assegurar a abertura da tomada de decisões e, principalmente, a estabelecer que os *decision-makers* teriam o dever de levar em consideração tanto os interesses majoritários, quanto os interesses das minorias que fossem diretamente afetadas, em uma relação de representação virtual.

No tocante ao último argumento, o senso de representação virtual seria uma justificativa para a legitimidade do Parlamento em propor e implementar escolhas majoritárias; em última instância, presume-se que a formulação de políticas se dá por

---

[10] Como expoente do originalismo norte-americano, cita-se o Ministro Antonin Scalia (SCALIA, Antonin. A matter of interpretation: Federal Courts and the law. *Princeton University Paperbacks*, 1997).

[11] Também na literatura norte-americana, destaca-se DWORKIN, Ronald. *A matter of principle*. Cambridge: Harvard University Press, 1985.

meio de procedimentos substancialmente neutros, os quais incluem a consideração prévia e a tentativa de mitigação dos impactos para aqueles cujos interesses não foram os mais contemplados.

Afinal, para Hart Ely, qual seria o espaço reservado ao órgão de cúpula do Judiciário? Em sede de controle de constitucionalidade, estaria incumbido de identificar duas situações: (i) quando os incluídos (maiorias decisórias) inviabilizam os canais de mudança, impedindo a permeabilidade a demandas dos grupos excluídos, e (ii) quando são antepostas barreiras informais a determinada minoria, em especial, o preconceito.

Aproximando-se mais de uma crítica sobre as relações reais de poder, mas ainda na defesa de uma jurisdição constitucional em que o monopólio da interpretação pertença à Corte, tem-se o constitucionalismo popular. Sob essa perspectiva, as discordâncias partem do pressuposto de que os outros atores políticos são igualmente legítimos para promover mudanças, mesmo que informais, na forma como direitos são lidos e aplicados.

Autores norte-americanos como Larry Kramer e Mark Tushnet encabeçaram tal teoria no âmbito da Universidade de Harvard. A despeito das particularidades de cada pensamento, o constitucionalismo popular se opõe ao protagonismo judicial proeminente, ao passo que destaca o papel da sociedade na construção do direito.

Para Kramer, o papel do povo não se limitaria a momentos de ebulição política que tangenciassem o conteúdo da Constituição. Em verdade, a população seria detentora de poder de um controle constante e ativo sobre a interpretação constitucional e sobre o *enforcement* do próprio direito constitucional.[12] Em virtude disso, Kramer caracteriza a supremacia judicial como um fenômeno a ser combatido, entendendo-a como "a noção de que juízes possuem a última palavra no que diz respeito à interpretação constitucional e que, consequentemente, suas decisões definiriam o significado da Constituição para todos".[13]

Por seu turno, Mark Tushnet descortina um sentido mais amplo de interpretação constitucional, colocando a Constituição para fora das Cortes. Para o autor, o próprio direito constitucional seria um tipo especial de direito, um direito de cunho político.[14] Nesse ímpeto, não rejeita a ideia de constitucionalismo, tampouco se opõe ao dogma da supremacia constitucional. Em verdade, o professor estadunidense se insurge contra a associação entre supremacia constitucional e supremacia judicial, perante a qual se desenvolve uma jurisdição demasiadamente centrada nas Cortes Constitucionais. O efeito nocivo dessa relação seria a necessidade de endosso pelo Tribunal às respostas advindas de outros espaços sociais, pois que somente assim receberiam reconhecimento.[15]

---

[12] KRAMER, Larry D. Popular constitutionalism, circa 2004. *California Law Review*, Berkeley, v. 92, n. 4, 2004. p. 959.

[13] KRAMER, Larry D. *The people themselves*: popular constitutionalism and judicial review. Cambridge: Oxford University Press, 2005. p. 125.

[14] TUSHNET, Mark. Popular Constitutionalism as a Political Law. *Chicago-Kent Law Review*, v. 81, p. 991-1006, 2006. p. 991.

[15] TUSHNET, Mark. *Taking the Constitution away from the Courts*. Princeton: Princeton University Press, 1999. p. 186.

Em sentido convergente, a Professora Reva Siegel e o Professor Robert Post, ambos da Yale Law School, observam as Cortes como atores relevantes na construção do significado da Constituição. No entanto, buscam expor, em um modelo teórico cunhado de "constitucionalismo democrático", que eventuais discordâncias interpretativas da população para com alguma decisão da Corte fazem parte do processo democrático regular de desenvolvimento do direito constitucional. Em uma abordagem pouco intuitiva, ressaltam os efeitos positivos de um *backlash* social às decisões judiciais. Isso porque adotam a premissa de que seria um erro a associação automática entre o que a Corte interpreta e o que a Constituição prevê, pois que não deveria haver uma correspondência direta e necessária. Dessa forma, discordar de uma decisão judicial ou de uma interpretação constitucional não significaria discordar da Constituição.[16]

Em síntese, para os críticos, a atividade jurisdicional precisaria estar mais a par dos impactos que um grau demasiadamente intenso de intervenção causa na política ordinária e na mobilização social. Sem essa sensibilidade, poderiam ser emitidos desincentivos à política representativa e, mais gravemente, à mobilização popular em torno de demandas de grupos.

3 A experiência brasileira: o modo de agir do Supremo Tribunal Federal ante os incentivos da Constituição de 1988

Conforme exposto, o exercício da jurisdição constitucional continua a ser alimentado pela cultura política em que se insere, apesar das tendências constitucionais em âmbito global – com a expansão do rol de direitos fundamentais, o enfrentamento de problemas constitucionais comuns e até a adoção de arranjos institucionais formalmente idênticos entre diversas jurisdições. Apenas a título de exemplo, caso se observe a noção inerente ao direito à liberdade de expressão, ver-se-á que ela é muito distinta a depender do país, apesar de ser um direito previsto por inúmeros ordenamentos constitucionais ao redor do mundo.[17]

Dessa forma, cabe analisar a recente experiência constitucional brasileira para melhor compreender suas particularidades. A Constituição de 1988 trouxe mudanças estruturais para o sistema político brasileiro, para a ordem econômica nacional e para diversos outros âmbitos, inclusive no tocante à estrutura do Poder Judiciário. No que concerne às alterações mencionadas, um dos atores mais afetados com mudanças no novo ordenamento constitucional foi o próprio Supremo Tribunal Federal.

Sem partir de uma concepção idealista sobre a missão institucional do Tribunal, antes priorizando a descrição de escolhas políticas e de suas respectivas reações, poderíamos elencar quatro correlações entre a redação da Carta Maior e o papel que o Judiciário ocupa hoje, subdivindo-as em duas categorias.

---

[16] POST, Robert C; SIEGEL, Reva B. Roe Rage: democratic constitutionalism and backlash. *Harvard Civil Rights-Civil Liberties Law Review*, v. 42, 2007.

[17] Ver, por exemplo, NIEUWENHUIS, Aernout. Freedom of speech: USA vs Germany and Europe. *Netherlands Quaterly of Human Rights*, v. 18, n. 2, p. 195-214, 2000.

3.1 Reações a incentivos normativo-estruturais

Inicialmente, pretendo demonstrar que o desenho da Constituição Cidadã aponta para uma Corte estável, devido à manutenção das regras que lhe conferem a estrutura básica, e para um raciocínio jurídico em torno de princípios. Porque essas variáveis dizem respeito à divisão primordial de competências entre os poderes e à forma como as normas constitucionais são redigidas, denomino-as *incentivos normativo-estruturais*. Trata-se de características sistêmicas, que permeiam todo o texto, alterando substancialmente sua tônica.

O *primeiro fenômeno* se caracteriza pelo reforço ao princípio da separação de poderes, com a aquisição de mais independência e autonomia pelo Poder Judiciário, a partir do advento da Constituição de 1988.[18] Ao contrário do que ocorrera em Constituições anteriores, o STF permaneceu inalterado quanto à sua forma de composição – foram mantidos "o número, a forma de indicação e as garantias dos Ministros".[19] Isso fez com que não só os ministros individualmente tivessem suas garantias protegidas, como também o órgão passou a disfrutar de maior autonomia no âmbito financeiro e orçamentário.

Esse panorama de consolidação e de perenidade do arranjo do Tribunal é, certamente, uma das razões que o colocam como uma instituição forte. Dito de outro modo, o Supremo Tribunal Federal, como instituição, tem a vantagem de, há décadas, operar dentro de limites institucionais estáveis, o que deveria lhe dar uma maior dimensão de como e quando agir.

No que tange à redação, a Constituição acabou por incluir em seu bojo detalhes sobre diversas temáticas, a fim de veicular um *projeto de nação*. Segundo o Ministro e Professor Luís Roberto Barroso,[20] esse fenômeno é chamado de "constitucionalização abrangente" – inúmeras matérias que "antes eram deixadas para o processo político majoritário e para a legislação ordinária" foram introjetadas no texto constitucional. Em consequência disso, pretensões antes pertencentes ao âmbito de deliberação legislativa infraconstitucional se tornaram sindicáveis perante a jurisdição constitucional, isto é, são potenciais pretensões jurídicas.

Nesse particular, observa-se o *segundo fenômeno*: a influência da *constitucionalização dos princípios*,[21] que afeta a racionalidade judicial em todas as instâncias. A veiculação de conteúdos sob esse alto grau de abstração intensifica a carga axiológica no ordenamento jurídico, porém não pode torná-lo dependente de juízos valorativos. Em outras palavras, o princípio não se confunde com o valor, pois que não deixa de ser uma norma, que opõe direitos a deveres e permissões a proibições; porém, decerto, o princípio obriga o intérprete a adotar operações lógicas que vão além da literalidade e do silogismo, chaves pelas quais se aplicam as regras.

---

[18] SADEK, Maria Tereza Aina. Judiciário: mudanças e reformas. *Revista de Estudos Avançados*, São Paulo, v. 18, n. 51, 2004. p. 82.

[19] ARGUELHES, Diego Werneck; RIBEIRO, Leandro Molhano. Criatura e/ou criador: transformações do Supremo Tribunal Federal sob a Constituição de 1988. *Revista Direito GV*, v. 12, n. 2, p. 405-440, maio 2016. p. 409.

[20] BARROSO, Luís Roberto. Judicialização, ativismo judicial e legitimidade democrática. *[Syn]Thesis*, Rio de Janeiro, v. 5, n. 1, 2012. p. 4.

[21] ALEXY, Robert. *Teoria dos direitos fundamentais*. Tradução de Virgílio Afonso da Silva da 5ª edição alemã. São Paulo: Malheiros, 2008. p. 144-179.

À medida que a Constituição brasileira prescreve os fundamentos da República e se vale de diretrizes gerais que irradiam para todo o direito, ela criaria uma ordem objetiva de princípios. Em uma situação ideal, o ordenamento principiológico não se pautaria pela hierarquização, isto é, não suscitaria relações de prevalência absoluta. Também idealmente, a reação que tal estrutura deveria provocar nos juízes seria a preocupação em estabelecer relações fundamentadas de preferência, para demonstrar quais são as circunstâncias de fato e de direito que conduzem à aplicação do princípio no *caso concreto*.

Aqui, cumpre notar que nenhuma teoria da argumentação jurídica nega a influência de concepções subjetivas na escolha das premissas e no enquadramento das condições fáticas e jurídicas. No entanto, sob a influência desses marcos teóricos, o magistrado teria um elevado ônus argumentativo para racionalizar o processo psíquico de decisão, deixando claro como a solução do caso dialoga com as normas existentes.

Infere-se, portanto, que a enumeração de princípios dá origem a uma margem interpretativa maior. Nesse ponto, os agentes da jurisdição brasileira não poderiam limitar seu alinhamento filosófico a argumentos procedimentais, para os quais a Carta somente se ocuparia de aspectos formais do processo decisório. Porque a redação da nossa Constituição impõe cláusulas abertas, nossos juízes dificilmente poderiam nortear seu modo de agir em teorias procedimentais estritas. Em contrapartida, a orientação axiológica do texto constitucional não é uma licença para que se estabeleçam quaisquer relações de causalidade.

Perante as características do nosso sistema, é preciso admitir que as decisões judiciais, por vezes, enfrentarão demandas com forte apelo moral. Nesses casos, o que se espera é a habilidade de operar com princípios de forma responsável. Com responsabilidade, quero dizer que os Tribunais não podem enxertar conteúdos que são muito distantes do que a forma jurídica do princípio permite. Essa delimitação jurídica dos princípios, quando não é trazida no bojo da própria Constituição, resultaria de construções jurisprudenciais, das análises da doutrina, das consequências que certas escolhas interpretativas desencadearão e até da forma como o caso é apresentado por quem peticiona.

Diante dessa imbricada situação, os julgadores devem manejar os valores que a própria comunidade política escolheu proteger, primando por uma fundamentação que seja transparente quanto aos argumentos que decorrem de critérios jurídicos e aos argumentos que advêm de juízos valorativos que a Constituição propõe. Ainda que a prática dos Tribunais – por suas limitações temporais, espaciais e institucionais – não possa seguir fielmente os métodos das teorias *standard* da argumentação, tampouco seu *modus operandi* pode ser decisionista, em que as relações de prevalência entre princípios não estão lastreadas por elementos do caso, mas sim por uma lógica intuitiva e pouco fundamentada.

3.2 Reações a incentivos normativos específicos

Nessa categoria de incentivos, aponto dispositivos que instituem regras de competência. Os fatores que descreverei a seguir estão mais relacionados à dinâmica interna do Tribunal, pois disciplinam os casos em que Supremo atua e os legitimados a acessar cada via de controle. Assim, denominei esses incentivos de *específicos*, porque dependem mais de critérios que a Constituição enumerou em normas pontuais, em contraposição à categoria anterior, cujo enfoque recaia sobre a posição do Supremo na interação institucional e sobre o desafio do Judiciário, desde a primeira até a última instância, em decidir a partir de princípios.

O *terceiro fenômeno* consiste nos novos contornos do sistema brasileiro de controle de constitucionalidade, com a ampliação das competências da Corte.[22] Em meio ao nosso sistema híbrido,[23] que combina características tanto do sistema estadunidense quanto do austríaco-germânico, a Constituição conferiu ao STF funções típicas de, pelo menos, três instituições distintas, à luz das mais diversas estruturas constitucionais ao redor do mundo:[24] (i) a função de *tribunal constitucional*, com fulcro na alínea "a" do art. 102, I, devendo processar e julgar originariamente a ação direta de inconstitucionalidade, com a impugnação de lei ou ato normativo federal ou estadual, e a ação declaratória de constitucionalidade de lei ou ato normativo federal; (ii) a função de *foro especializado*, competência atribuída pelas alíneas "b", "c" e "d" do art. 102, I, no processamento de ações penais originárias, cujos réus são as mais altas autoridades do sistema político brasileiro; e (iii) a função de *tribunal* último *de apelação*, com base nos critérios do art. 102, III, ao julgar os recursos extraordinários relativos às causas decididas em única ou última instância.

Por fim, o *quarto fenômeno* diz respeito ao fim do monopólio do procurador-geral da República na propositura de ações de controle concentrado. O art. 103 da Constituição de 1988 expandiu os canais de acesso à jurisdição constitucional, pois ampliou o rol dos entes legitimados para discutir em abstrato a constitucionalidade de uma lei.

Dessa forma, o referido artigo "abriu inúmeras portas de entrada para demandas sociais e de minorias políticas na antes restrita agenda do STF".[25] Desde que atendido o requisito de atuação em nível nacional, movimentos sociais e outros grupos focais de interesse são legitimados para propor perante o órgão máximo do Judiciário suas demandas, não atendidas nem sequer ouvidas pelas instituições majoritárias no processo político ordinário. Outrossim, a Corte passou a ter "dezenas de portas de acesso diferentes" pelas quais "indivíduos [e] instituições podem [se] utilizar para levar uma determinada questão ao conhecimento dos ministros".[26]

Lado outro, esses *players*, não raras vezes, passaram a adotar um comportamento estratégico: ao serem derrotados no processo político majoritário, judicializam suas posições para as rediscutir e buscar reverter situações normativas desfavoráveis.

---

[22] O Tribunal deixou de exercer somente sua competência de tribunal uniformizador do direito federal infraconstitucional, que passou a ser exercida pelo Superior Tribunal de Justiça (STJ).

[23] Sobre o tema, ver ARANTES, Rogério Bastos. O sistema híbrido de controle de constitucionalidade das leis no Brasil. *Revista CEJ*, Brasília, v. 1, n. 1, jan./abr. 1997.

[24] VIEIRA, Oscar Vilhena. Supremocracia. *Revista Direito GV*, São Paulo, v. 4, n. 2, p. 441-464, jul./dez. 2008. p. 447.

[25] ARGUELHES, Diego Werneck; RIBEIRO, Leandro Molhano. Criatura e/ou criador: transformações do Supremo Tribunal Federal sob a Constituição de 1988. *Revista Direito GV*, v. 12, n. 2, p. 405-440, maio 2016. p. 413.

[26] ARGUELHES, Diego Werneck; RIBEIRO, Leandro Molhano. Criatura e/ou criador: transformações do Supremo Tribunal Federal sob a Constituição de 1988. *Revista Direito GV*, v. 12, n. 2, p. 405-440, maio 2016. p. 413.

Ora, a postura em comento não deixa de ser uma subversão da lógica tradicional do processo decisório e está no cerne da discussão sobre o nível ótimo – ou, ao menos, o melhor nível possível – de intervenção judicial. É justamente acerca dessa temática que versarão os próximos tópicos.

3.3 Para que os incentivos não se tornem um convite à intervenção excessiva

Mediante a descrição dos acontecimentos recentes e das mudanças que ocasionaram, fica patente que o protagonismo do Poder Judiciário é um fenômeno complexo, cujo manejo requer um raciocínio flexível dos operadores do direito, abertos ao diálogo com soluções proferidas em outras jurisdições, porém atentos aos processos históricos nacionais.

No Brasil, perante a plêiade de compromissos que a Constituição de 1988 assume com os cidadãos e considerando a dificuldade do avanço de certas pautas nos debates parlamentares, o desafio do Supremo Tribunal Federal consiste em identificar em quais demandas de alta relevância política, moral ou econômica cabe uma solução mais interventiva, com o posicionamento no mérito, ou uma postura mais dialógica, em que apenas propicia um espaço institucional de restituição do diálogo entre as partes, impedindo que se decidam prematuramente pautas com potencial de discussão na esfera pública.

4 Os riscos da supremacia judicial: diálogos entre o Supremo Tribunal Federal e a sociedade

Até o presente momento, levantamos evidências que confirmam a seguinte hipótese: a relação entre o Supremo e a Constituição de 1988 é simbiótica. Ao passo em que a Constituição tenha estruturalmente permitido o protagonismo assumido pelo Tribunal, o Supremo se coloca como o guardião de sua normatividade, no intuito de assegurar o seu cumprimento em momentos de crise e de tensão institucionais.

Nessa relação de reforço mútuo, a Constituição moldou a estrutura do Tribunal e expandiu suas competências, de forma a ressignificar sua missão institucional. Em contrapartida, nos últimos 30 anos de experiência constitucional, o Tribunal capitaneou a consolidação da Constituição: (i) defendeu e assegurou as salvaguardas fundamentais dos cidadãos nela previstas; (ii) definiu os sentidos de suas cláusulas abertas; (iii) dirimiu questões de alto desacordo político e moral; e (iv) concedeu força normativa às promessas constitucionais.

Partindo dos marcos teóricos do constitucionalismo popular, apresentados pela primeira parte deste trabalho, os acadêmicos brasileiros se mostram reticentes à posição de destaque do Supremo Tribunal Federal. Isso porque defendem que a Constituição não pode *vir a ser* um documento estritamente técnico, distante do povo, com seu significado manejado somente por juristas.[27] Em sua visão, a interpretação

---

[27] GODOY, Miguel G. *Devolver a Constituição ao povo*: crítica à supremacia judicial e diálogos institucionais. Belo Horizonte: Fórum, 2017.

constitucional legítima pode e deve advir de estruturas sociais e políticas para além do Supremo Tribunal Federal.

Em trabalho prévio, analisei as possíveis incompletudes e deficiências que essa perspectiva do constitucionalismo popular pode apresentar, tendo em vista exemplos extraídos da experiência do Tribunal.[28] No entanto, no presente artigo, farei o caminho inverso: explorarei como as atividades decisórias do Supremo têm combatido essas críticas, para não perpetuar de um modo de agir que promova a supremacia judicial.

Segundo a lição de Joaquim Falcão e de Fabiana Luci de Oliveira, um dos *loci* nos quais a interlocução entre a Corte e a sociedade se intensificou foi justamente "na disputa e produção do sentido exigível da Constituição".[29] Outrossim, a interpretação constitucional se apresenta, cada vez mais, como um espaço aberto de deliberação. Se é comum reconhecer o STF como detentor do "monopólio da interpretação exigível",[30] é necessário perceber, também, que não tem se distanciado do ideal de Peter Häberle de uma "sociedade aberta dos intérpretes da constituição".[31]

No ímpeto de não compactuar com o *modus operandi* de uma supremacia judicial excludente, a Corte busca a permeabilidade a argumentos de vários setores – consequentemente, de diversas áreas do conhecimento – na construção da interpretação constitucional.[32] Isso tem sido feito a partir de, pelo menos, dois mecanismos: *a realização de audiências públicas* e a *admissão de amici curiae*. Em demandas nas quais se observam maiores controvérsias morais e/ou consequências econômicas, o resultado das relações comunicativas entre o STF e a sociedade aponta para uma jurisdição constitucional cujas decisões são legítimas aos olhos dos demais partícipes da comunidade política.

Ora, é interessante notar que a pluralização da jurisdição foi realizada por meio de mudanças procedimentais, priorizando-se a abertura de canais de participação no âmbito do processo de tomada de decisão, que até então era muito autocentrado e técnico. Os avanços mencionados desvelam uma instituição que está comprometida não com a imposição externa e definitiva de valores e visões, mas que se abre para dar "vez e voz" às múltiplas camadas populacionais.

De uma perspectiva formal, a Lei nº 9.868/99 foi a responsável por inserir ambas as figuras na jurisdição constitucional brasileira.[33] Assim, pode-se afirmar:

---

[28] FUX, Luiz. O papel do Supremo Tribunal Federal e a salvaguarda das manifestações sociais: para além da dicotomia substancialismo e procedimentalismo. *In*: FUX, Luiz; ARAUJO, Valter Shuenquener de (Coord.). *Jurisdição constitucional II*: cidadania e direitos fundamentais. Belo Horizonte: Fórum, 2017.

[29] FALCÃO, Joaquim; OLIVEIRA, Fabiana Luci de. O STF e a agenda pública nacional: de outro desconhecido a Supremo protagonista? *Lua Nova*, São Paulo, n. 88, p. 429-469, 2013. p. 430.

[30] FALCÃO, Joaquim; OLIVEIRA, Fabiana Luci de. O STF e a agenda pública nacional: de outro desconhecido a Supremo protagonista? *Lua Nova*, São Paulo, n. 88, p. 429-469, 2013. p. 431.

[31] HÄBERLE, Peter. Hermenêutica constitucional – A sociedade aberta dos intérpretes da Constituição: contribuição para interpretação pluralista e "procedimental" da Constituição. *Revista Direito Público*, Brasília, v. 11, n. 60, 2014.

[32] Cumpre notar, no entanto, que ainda existem barreiras relativas ao acesso desses mecanismos de participação do Tribunal. Todavia, é inegável o mérito de tais iniciativas do STF de modo a se afastar de um paradigma de supremacia judicial sufocante.

[33] GODOY, Miguel G. *Devolver a Constituição ao povo*: crítica à supremacia judicial e diálogos institucionais. Belo Horizonte: Fórum, 2017. p. 187.

a Jurisdição Constitucional no Brasil adota, hoje, um modelo procedimental que oferece alternativas e condições as quais tornam possível, de modo cada vez, mais intenso, a interferência de uma pluralidade de sujeitos, argumentos e visões no processo constitucional.[34]

Para ilustrar essa tese, podemos tomar dois exemplos: a ADI nº 4.650,[35] sobre o financiamento de campanhas políticas, e a ADC nº 42,[36] sobre o Código Florestal, ambas de minha relatoria.

No primeiro caso, a ADI foi ajuizada, em 2011, pela Ordem dos Advogados do Brasil (OAB), a fim de questionar dispositivos da Lei dos Partidos Políticos (Lei nº 9.906/95) e das Eleições (Lei nº 9.504/97). As inconstitucionalidades alegadas se relacionavam à autorização de doações de recursos de pessoas jurídicas privadas para campanhas eleitorais de partidos e de candidatos. À época, ressaltei a importância da colaboração da sociedade para com a Suprema Corte, mormente porque o financiamento de campanhas se apresenta como um tema central para nossa democracia, cuja regulação resultante da decisão se pautou por evitar cooptações, causadoras de fortes prejuízos ao sistema político-representativo.

Nesse processo, seis *amici curiae* foram admitidos e uma audiência pública foi realizada, nos dias 23 e 24.6.2013, para que fosse possível não só compreender informações técnicas relevantes para a demanda, como também escutar aqueles que seriam, direta e indiretamente, influenciados pela decisão. Do ponto de vista qualitativo, foram aceitos como *amici curiae* e como expositores partidos políticos, institutos de pesquisa e instituições do âmbito acadêmico, a exemplo da Clínica de Direitos Fundamentais da Faculdade de Direito da UERJ.

No segundo caso, estavam em discussão os dispositivos do Código Florestal, no julgamento conjunto da Ação Declaratória de Constitucionalidade nº 42 (ADC nº 42) e das ações diretas de inconstitucionalidade (ADI) nº 4.901, nº 4.902, nº 4903 e nº 4.937. Convocou-se uma audiência pública para o dia 18.4.2018, da qual participaram inúmeros movimentos sociais, como o Núcleo Amigos da Terra Brasil; importantes acadêmicos e pesquisadores, como o Mater Natura – Instituto de Estudos Ambientais; representantes de órgãos governamentais relacionados à questão ambiental, e empresa de setores da economia impactados pela lei.

Nessa ocasião, os *amici* foram mais assertivos quanto à falta de capacidade institucional do Poder Judiciário para deliberar sobre os limites de exploração econômica dos recursos naturais. As informações prestadas por especialistas e as objeções dos setores impactados pelo marco legal (Lei nº 12.651/2012) foram essenciais para proferir uma decisão empiricamente informada. Percebe-se, assim, a importância prática da participação dos segmentos sociais e de especialistas da área para o alcance de um desfecho técnico e participativo.

---

[34] MENDES, Gilmar Ferreira; VALE, André Rufino do. O pensamento de Peter Häberle na jurisprudência do Supremo Tribunal Federal. *Observatório da Jurisdição Constitucional*, Brasília, ano 2, 2008/2009. p. 4.
[35] BRASIL. Supremo Tribunal Federal. ADI 4650. Rel. Min. Luiz Fux, Pleno, j. 17/09/2015. *DJe*, 24 fev. 2016.
[36] BRASIL. Supremo Tribunal Federal. ADC 42. Rel. Min. Luiz Fux, Pleno, j. 28/02/2018. *DJe*, 8 mar. 2018.

5 Conclusão

A celebração dos trinta anos desde a promulgação da Carta de 1988 descortina uma série de reflexões sobre as conquistas e os desafios na consolidação do regime democrático. Decerto, a Constituição Cidadã criou condições para um ambiente de liberdade, de igualdade e de participação cívica. Em paralelo ao processo de construção de uma identidade nacional nos moldes do Estado Democrático de Direito, o Supremo Tribunal Federal, ao assumir novas posições no arranjo institucional, despontou como um importante agente de transformações sociais. Com esse intuito, reiteradamente atuaria para assegurar a normatividade das garantias fundamentais, para arbitrar conflitos políticos sensíveis e para solucionar controvérsias econômicas de alta complexidade.

Conforme observei na primeira parte, o protagonismo exercido pelo STF no processo decisório não é exclusividade do Brasil. Ao contrário, em escala global, Cortes Supremas em vários países, por meio do exercício da *judicial review*, resolvem litígios cujas questões de fundo são altamente relevantes para o funcionamento do sistema democrático de suas nações. A intervenção mais ativa dos órgãos de cúpula do Poder Judiciário seria, portanto, um dos componentes do fenômeno de relativa homogeneidade de elementos textuais em Constituições, com a expansão do conjunto de direitos e a consequente apreciação de múltiplos aspectos da vida, que passaram a ser sindicáveis perante a jurisdição constitucional.

Nesse panorama, demonstrei como a nossa Carta veiculou incentivos que, por sua vez, permitiram intervenções com injunções mais fortes por parte do Supremo. Com efeito, a aquisição de maior autonomia e independência pelo Tribunal é reforçada por dispositivos que ampliam os critérios de acesso à via do controle concentrado de constitucionalidade. Somando-se a isso, a incorporação de princípios na racionalidade judicial é um mecanismo importante para que os julgadores sejam capazes de proferir decisões adequadas a demandas cada vez mais plurais. Os referidos exemplos são interessantes para observarmos que os incentivos normativo-estruturais e normativos específicos – enumerados em um rol não exaustivo – não atuam isoladamente, mas é justamente a conjugação deles que leva a uma compreensão macrossistêmica do fenômeno.

Entretanto, a conquista de protagonismo pelos tribunais não é indene de críticas, ainda que, conforme ilustramos, existam motivos plausíveis para crer que se trata de uma relação mutuamente constitutiva ante a Constituição. No caso brasileiro, a problematização em torno da legitimidade judicial não raras vezes desconsidera que a deferência excessiva dos tribunais aos demais poderes – especialmente ao Poder Legislativo – pode significar, ressalvada a análise casuística, uma conivência com o entrave à discussão de pautas colocadas à margem pelo processo político ordinário. Ciente dos limites de sua atuação, quando percebe necessária a excepcional intervenção judicial no conflito, o Supremo Tribunal Federal tem priorizado aberturas procedimentais, mediante dois mecanismos principais: a realização de audiências públicas e a admissão de *amici curiae*.

Nesse ímpeto de proferir decisões empiricamente informadas, pela inafastabilidade do dever de decidir em demandas sociais, políticas e econômicas de alto impacto, o Tribunal tem se utilizado desses mecanismos para galgar maior legitimidade decisória e para ter acesso a opiniões abalizadas. Certamente, são fatores que adicionam a *expertise* interdisciplinar e a necessária consideração de impactos à leitura de disposições normativas. Com as questões desafiadoras que se lhe impõe diuturnamente, o Supremo precisa adotar modos de agir que realcem o seu papel de guardião da Constituição, porém que não suplantem suas limitações institucionais. Para tanto, sem hesitações, na medida em que se torna necessário, o Tribunal deve dispensar o discurso jurídico hermético e escutar os atores políticos e os especialistas sobre as controvérsias que, além de tangenciar as garantias constitucionais, demandam conhecimento extrajurídico sobre o contexto e sobre os impactos das soluções juridicamente possíveis.

O que se afigura o maior desafio do Supremo Tribunal Federal é prestar sua jurisdição sem perder de vista a função de proteção das minorias nem olvidar a importância de preservar e eventualmente expandir as conquistas democráticas de todos os cidadãos. Nos últimos trinta anos, o Supremo Tribunal Federal tem se comportado como o árbitro último dos conflitos e o fiel da balança de nossa democracia, sempre disposto a dialogar com os demais atores, com vistas ao fortalecimento do processo político e o respeito a uma comunidade política plural. A despeito dos inúmeros desafios que tivemos nessa trajetória, os resultados positivos de reforço à estabilidade institucional alcançados desde 1988 testemunham a favor de nosso futuro. Certo é que o Supremo Tribunal Federal permanecerá firme em seu mister de guardião maior da Constituição da República Federativa do Brasil.

Referências

ACKERMAN, Bruce. The rise of world constitutionalism. *Virginia Law Review*, v. 83, n. 4, p. 771-797, 1997.

ALEXY, Robert. *Teoria dos direitos fundamentais*. Tradução de Virgílio Afonso da Silva da 5ª edição alemã. São Paulo: Malheiros, 2008.

ALLAN, James. An unashamed majoritarian critical notice. *Dalhousie Law Journal*, v. 27, n. 2, 2004.

ARANTES, Rogério Bastos. O sistema híbrido de controle de constitucionalidade das leis no Brasil. *Revista CEJ*, Brasília, v. 1, n. 1, jan./abr. 1997.

ARGUELHES, Diego Werneck; RIBEIRO, Leandro Molhano. Criatura e/ou criador: transformações do Supremo Tribunal Federal sob a Constituição de 1988. *Revista Direito GV*, v. 12, n. 2, p. 405-440, maio 2016.

BARROSO, Luís Roberto. Judicialização, ativismo judicial e legitimidade democrática. *[Syn]Thesis*, Rio de Janeiro, v. 5, n. 1, 2012.

BICKEL, Alexander M. *The least dangerous branch*: the Supreme Court at the bar of politics. 2. ed. New Haven: Yale University Press, 1986.

BRASIL. Supremo Tribunal Federal. ADC 42. Rel. Min. Luiz Fux, Pleno, j. 28/02/2018. *DJe*, 8 mar. 2018.

BRASIL. Supremo Tribunal Federal. ADI 4650. Rel. Min. Luiz Fux, Pleno, j. 17/09/2015. *DJe*, 24 fev. 2016.

CARVALHO NETTO, Menelick de. A hermenêutica constitucional sob o paradigma do Estado Democrático de Direito. In: OLIVEIRA, Marcelo Andrade Cattoni de (Org.). *Jurisdição e hermenêutica constitucional no Estado Democrático de Direito*. Belo Horizonte: Mandamentos, 2004.

CARVALHO NETTO, Menelick de. Racionalização do ordenamento jurídico e democracia. *Revista Brasileira de Estudos Políticos*, Belo Horizonte, n. 88, p. 81-108, 2003.

CHOUDHRY, Sujit. *The migration of constitutional ideas*. Cambridge: Cambridge University Press, 2006.

CHUEIRI, Vera Karam de; GODOY, Miguel G. Constitucionalismo e democracia – Soberania e poder constituinte. *Revista Direito GV*, São Paulo, v. 6, n. 1, p. 159-174, jan. 2010.

DWORKIN, Ronald. *A matter of principle*. Cambridge: Harvard University Press, 1985.

ELY, J. H. *Democracia e desconfiança*: uma teoria do controle judicial de constitucionalidade. São Paulo: WMF Martins Fontes, 2010.

FALCÃO, Joaquim; OLIVEIRA, Fabiana Luci de. O STF e a agenda pública nacional: de outro desconhecido a Supremo protagonista? *Lua Nova*, São Paulo, n. 88, p. 429-469, 2013.

FRIEDMAN, Barry. The birth of an academic obsession: the history of the countermajoritarian difficulty, part five. *The Yale Law Journal*, v. 112, p. 153-259, 2002.

FUX, Luiz. A jurisdição constitucional na experiência do Supremo Tribunal Federal: uma caminhada democrática, independente e corajosa. In: FUX, Luiz; ARAUJO, Valter Shuenquener de (Coord.). *Jurisdição constitucional II*: cidadania e direitos fundamentais. Belo Horizonte: Fórum, 2017.

FUX, Luiz. O papel do Supremo Tribunal Federal e a salvaguarda das manifestações sociais: para além da dicotomia substancialismo e procedimentalismo. In: FUX, Luiz; ARAUJO, Valter Shuenquener de (Coord.). *Jurisdição constitucional II*: cidadania e direitos fundamentais. Belo Horizonte: Fórum, 2017.

FUX, Luiz; SANTOS, Pedro Felipe de Oliveira. Constituições e cultura política: para além do constitucionalismo contramajoritário. In: LEITE, George Salomão; NOVELINO, Marcelo; ROCHA, Lilian R. L. (Org.). *Liberdade e fraternidade*: a contribuição de Ayres Britto para o direito. 1. ed. Salvador: JusPodivm, 2017.

GODOY, Miguel G. *Devolver a Constituição ao povo*: crítica à supremacia judicial e diálogos institucionais. Belo Horizonte: Fórum, 2017.

GROPPI, Tânia. El uso de precedentes extranjeros por parte de los tribunales constitucionales. In: CAVALLO, Gonzalo Aguilar. *Diálogo entre jurisdiciones*. Santiago: Librotecnia, 2014.

HÄBERLE, Peter. Hermenêutica constitucional – A sociedade aberta dos intérpretes da Constituição: contribuição para interpretação pluralista e "procedimental" da Constituição. *Revista Direito Público*, Brasília, v. 11, n. 60, 2014.

HIRSCHL, Ran. The new constitutionalism and the judicialization of pure politics worldwide. *Fordham Law Review*, New York, v. 75, n. 2, 2006.

JACKSON, Vicki. Constitutional comparisons: convergence, resistence and engagement. *Harvard Law Review*, Cambridge, v. 119, p. 109-128, 2005.

KRAMER, Larry D. Popular constitutionalism, circa 2004. *California Law Review*, Berkeley, v. 92, n. 4, 2004.

KRAMER, Larry D. *The people themselves*: popular constitutionalism and judicial review. Cambridge: Oxford University Press, 2005.

LAW, David; MILA, Versteeg. The ideology and evolution of global constitutionalism. *California Law Review*, v. 99, n. 5, 2011.

MENDES, Gilmar Ferreira; VALE, André Rufino do. O pensamento de Peter Häberle na jurisprudência do Supremo Tribunal Federal. *Observatório da Jurisdição Constitucional*, Brasília, ano 2, 2008/2009.

MICHELMAN, Frank I. *Brennan and democracy*. Nova Jersey: Princeton University Press, 1999.

NIEUWENHUIS, Aernout. Freedom of speech: USA vs Germany and Europe. *Netherlands Quaterly of Human Rights*, v. 18, n. 2, p. 195-214, 2000.

POST, Robert C; SIEGEL, Reva B. Roe Rage: democratic constitutionalism and backlash. *Harvard Civil Rights-Civil Liberties Law Review*, v. 42, 2007.

ROCHA, Antônio Sérgio. Genealogia da Constituinte: do autoritarismo à democracia. *Lua Nova*, São Paulo, v. 88, p. 29-87, 2013.

SADEK, Maria Tereza Aina. Judiciário: mudanças e reformas. *Revista de Estudos Avançados*, São Paulo, v. 18, n. 51, 2004.

SCALIA, Antonin. A matter of interpretation: Federal Courts and the law. *Princeton University Paperbacks*, 1997.

TATE, C. N.; VALLINDER, T. *The global expansion of judicial power*. New York: New York University Press, 1995.

TUSHNET, Mark. Against judicial review. *Harvard Law School Public Law & Legal Theory Working Paper Series*, n. 9-20, 2009.

TUSHNET, Mark. Popular Constitutionalism as a Political Law. *Chicago-Kent Law Review*, v. 81, p. 991-1006, 2006.

TUSHNET, Mark. *Taking the Constitution away from the Courts*. Princeton: Princeton University Press, 1999.

VIEIRA, Oscar Vilhena. Supremocracia. *Revista Direito GV*, São Paulo, v. 4, n. 2, p. 441-464, jul./dez. 2008.

WALDRON, Jeremy. The core of the case against judicial review. *The Yale Law Journal*, v. 115, n. 6, p. 1346-1406, 2006.

Informação bibliográfica deste texto, conforme a NBR 6023:2018 da Associação Brasileira de Normas Técnicas (ABNT):

FUX, Luiz. Jurisdição constitucional e democracia: o Supremo Tribunal Federal como árbitro do diálogo. *In*: FUX, Luiz. *Jurisdição Constitucional III*: república e direitos fundamentais. Coordenação de Valter Shuenquener de Araujo. Belo Horizonte: Fórum, 2019. p. 9-24. ISBN 978-85-450-0691-6.

ACO Nº 1.044 – FEDERALISMO FISCAL EM DEBATE: DESONERAÇÃO DAS EXPORTAÇÕES E A COMPENSAÇÃO DOS ESTADOS-MEMBROS

ABHNER YOUSSIF MOTA ARABI

1 Contextualização do caso

Na ACO nº 1.044 (de relatoria do Ministro Fux, julgada pelo Plenário do STF em 30.11.2016), outro aspecto federativo de destaque foi colocado em discussão, dessa vez sob uma vertente fiscal. Analisava-se, ali, a discussão dos critérios de compensação financeira aos estados-membros em razão da perda arrecadatória decorrente da política de exoneração do Imposto sobre Circulação de Mercadorias e Serviços (ICMS) sobre a exportação, promovida pela União.

A ação foi proposta pelo estado do Mato Grosso contra a União, requerendo a recomposição da perda financeira que os estados-membros da Federação tiveram a partir das desonerações do ICMS incidente nas operações de exportação. Em breve síntese, impugnando os critérios de cálculo do repasse feito pela União aos estados, o autor requeria que fosse fixado novo montante percentual, a partir dos cálculos que apresentava.

2 Questão jurídica debatida

O referido processo de ampliação da desoneração das exportações foi iniciado pela Lei Complementar nº 87/1996, sendo posteriormente constitucionalizado a partir de previsão da Emenda Constitucional nº 42/2003, que estabeleceu a imunidade de ICMS para as operações que destinem mercadorias ao exterior em geral (art. 155, §2º, XII, "a", da CRFB/88). Em comparação com a redação original do dispositivo constitucional, essa nova redação representou ampliação das hipóteses de imunidade, que antes se limitavam aos produtos industrializados.

Após fazer uma detalhada evolução histórica do tratamento normativo do tema – mediante várias alterações à Lei Kandir (Lei Complementar nº 87/1996) – e analisando as diversas sistemáticas de repasse sucessivamente adotadas – especialmente a de seguro-garantia ou seguro-receita e a de negociação político-legislativa –, o voto proferido pelo Ministro Fux destaca que essa mesma emenda constitucional

(EC) acrescentou um art. 91 ao Ato das Disposições Constitucionais Transitórias (ADCT), representando a instauração de novas diretrizes ao tratamento normativo da questão. Com efeito, essa nova previsão de estatura constitucional passava a prever que o montante compensatório a ser entregue pela União aos estados e ao Distrito Federal seria definido em lei complementar, a partir de critérios, prazos e condições nela previstos, podendo considerar, para tanto, alguns aspectos já indicados pelo dispositivo do ADCT (o vulto das exportações de produtos primários e semielaborados, a relação entre as exportações e as importações, os créditos derivados de aquisições destinadas ao ativo permanente e a efetiva manutenção e aproveitamento do crédito de ICMS).

A norma passou a estabelecer, também, obrigação de repartição dessas quantias recebidas com os municípios e, no que aqui mais interessa, previu que enquanto não fosse editada a lei complementar que se passava a exigir permaneceria vigente o sistema de entrega de recursos então estabelecido no art. 31 e Anexo da Lei Complementar nº 87/1996 (com a redação conferida pela Lei Complementar nº 115/2002). Esse sistema anterior, em breve síntese, constituía a definição dos montantes de repasse por meio de negociações políticas travadas no âmbito legislativo do Congresso Nacional, sem que houvesse qualquer relação de pertinência ou proporcionalidade com o montante que cada estado-membro efetivamente deixava de ganhar. Dessa forma, alegava-se, por esse aspecto, a existência de uma omissão inconstitucional, consubstanciada na edição da nova lei complementar que o art. 91 do ADCT passava a exigir.

O caso foi especialmente relevante porque introduziu a discussão de alguns aspectos de destaque relativamente ao federalismo fiscal. Cumpre ressaltar que, à época de seu julgamento, aflorava a situação de crise financeira vivenciada pelos entes públicos brasileiros, especialmente pelos estados-membros. Desde já se apontavam como causas desse cenário de crise, ao lado da irresponsabilidade de gastos e ineficiência de gestão, as perdas arrecadatórias que os entes federados menores sofreram sucessivamente.

Na linha das premissas federalistas já aduzidas em capítulo anterior deste mesmo livro, destaca-se que, além das prerrogativas administrativas, políticas e legislativas, as definições mínimas dessa forma de Estado envolvem também os aspectos relativos à divisão constitucional de recursos financeiros entre os entes federados, já que seus orçamentos e a aplicação das receitas que lhes são destinadas "são questões diretamente ligadas ao desempenho da autonomia de cada um deles e de suas prerrogativas atribuídas pelo regime federativo".[1] Deveras, não há como assegurar a autonomia, a auto-organização e o autogoverno sem que sejam garantidos recursos econômico-financeiros que subsidiem a concretização das decisões autonomamente tomadas. E isso não é peculiaridade do direito tributário ou financeiro, mas premissa básica que mesmo na vida cotidiana sem dificuldade pode ser constatada.

Com efeito, também no âmbito financeiro-tributário é possível identificar uma tendência centralizadora, que aqui se revela pelo fortalecimento das receitas

---

[1] ARABI, Abhner Youssif Mota. Desdobramentos financeiros do federalismo fiscal: participação no resultado da exploração de petróleo e o bônus de assinatura. In: GOMES, Marcus Lívio; ALVES, Raquel de Andrade Vieira; ARABI, Abhner Youssif Mota. *Direito financeiro e jurisdição constitucional*. Curitiba: Juruá, 2016. p. 13-14.

percebidas pela União e uma maior dependência dos entes menores em relação aos repasses federais de recursos financeiros. De modo mais direto, nota-se a proliferação de contribuições – forma tributária de criação quase que exclusiva da União e que, em regra, não integra a discriminação constitucional de composição dos Fundos de Participação dos Estados e dos Municípios – e o reflexo negativo de políticas exonerativas federais nos valores repassados aos mencionados Fundos de Participação – montantes que, a rigor, representam receitas originárias e de titularidade inicial dos respectivos entes federativos, nos termos dos arts. 159 e seguintes da CRFB/88 –; entre outros aspectos que conduzem a uma diminuição prática da autonomia dos entes federativos subnacionais. A partir de tal realidade, especialmente em relação aos estados e municípios de menor arrecadação tributária e diminuta capacidade financeira, exsurge um cenário de dependência para com o ente central, pelo qual se agravam as desigualdades sociais regionais (muitas vezes decorrentes de razões geográficas, climáticas e sociais, por exemplo), imprimindo mais essa distorção ao federalismo brasileiro.

Nesse cenário, os entes federativos subnacionais restam prejudicados sob duas frentes. De um lado, o ente federal aumenta a percepção de recursos financeiros por meio das contribuições tributárias, cuja arrecadação é exclusiva da União e não se submete a partilha. De outro, é enfraquecida também a sistemática constitucional de repasse por meio dos fundos de participação, fazendo secar grande e significativa parte das fontes de recursos para os estados, os municípios e o Distrito Federal.

Há que se destacar que a criação de unidades políticas autônomas e juridicamente iguais, dotadas também das capacidades de autoadministração e auto-organização, apenas é concretamente possível se a arquitetura jurídico-institucional fixada em seu documento constituinte assegurar a cada uma dessas unidades recursos financeiros e competências tributárias próprias que lhes permitam exercer, de forma plena, as atribuições que lhe foram destinadas. Em outras palavras: apenas se torna possível um modelo federalista se houver, necessariamente, uma mínima autonomia orçamentária, financeira, tributária e patrimonial que permita aos entes federados exercer suas competências próprias de forma independente – ainda que de forma coordenada – de ingerências do ente federal em suas esferas de poder.

E não se trata apenas de um ente federado ter mais ou menos receitas, tendo em vista que estas são destinadas ao cumprimento das atividades que buscam concretizar, nos mais diversos níveis, o interesse público. Se os estados-membros e os municípios passaram por um sucessivo processo de decréscimo de sua autonomia financeira, não foram proporcionalmente reduzidos os serviços públicos cuja execução lhes é atribuída pelo texto constitucional, cuja realização é obrigatória e não meramente facultativa ou recomendatória, ante a *força normativa da Constituição*.[2]

É necessário ter em mente a noção de que os direitos têm custos[3] e que, ante a escassez de recursos e a infinitude das necessidades, há que se prezar por uma maior eficácia alocativa, não apenas de forma a privilegiar as classes sociais menos

---

[2] HESSE, Konrad. *A força normativa da Constituição*. Tradução de Gilmar Ferreira Mendes. Porto Alegre: Sergio Antonio Fabris, 1991.
[3] HOLMES, Stephen; SUNSTEIN, Cass. *The cost of rights*: why liberty depends on taxes. New York/London: W. W. Norton & Company, 1999.

favorecidas, mas que também busque uma maior proporcionalidade e equidade na distribuição dos recursos públicos entre os entes federados. Não que a mera existência de mais recursos destinados aos entes subnacionais necessariamente implique uma maior eficácia alocativa; mas trata-se de mais uma distorção centralizadora no federalismo brasileiro, que se entende deva ser corrigida.

Todas essas preocupações é que constituem o pano de fundo do voto proferido pelo Ministro Luiz Fux no caso da ACO nº 1.044, que foi julgada em conjunto com a ADO nº 25 (de relatoria do Ministro Gilmar Mendes). Sob a perspectiva constitucional, o caso apresentava também uma situação interessante: se o reconhecimento da omissão inconstitucional parecia evidente (pela não edição da lei complementar exigida pelo *caput* do art. 91 do ADCT), havia que se reconhecer que o próprio dispositivo (em seu §3º) estabelecia qual seria a solução a ser adotada enquanto tal lei complementar não fosse editada. É claro que não se poderia convalidar a perenidade de uma solução que nasceu para ser temporária, mesmo quando estipulada pelo legislador constituinte derivado. Entretanto, nesse cenário em que a própria norma já prevê a solução a ser aplicada no estado de omissão, entende-se diminuído o espaço judicial de criação da solução para o caso concreto.

Dessa forma, ao final do julgamento, não obstante se tenha considerado haver omissão inconstitucional por parte do Congresso Nacional (consistente na não edição da lei complementar exigida pelo art. 91 do ADCT) – pelo que se revelava presente o estado de mora legislativa –, considerou-se, à unanimidade, improcedente o pedido formulado pelo estado do Mato Grosso, tendo em vista a previsão do art. 91, §3º, do ADCT e a ausência de capacidade institucional do STF para proceder aos cálculos solicitados. Em todo caso, adotando-se a técnica de decisão de apelo ao legislador, o Tribunal estabeleceu um prazo de 12 meses para que o Poder Legislativo federal editasse a referida lei, sob pena de que se determinasse ao Tribunal de Contas da União o cálculo do montante e das cotas do repasse (art. 161, parágrafo único da CRFB/88). Como de costume, porém, o prazo transcorreu sem que fosse editado o referido ato normativo.[4]

VOTO

O Senhor Ministro Luiz Fux (Relator): Senhor Presidente, eminentes pares, cinge-se a controvérsia à discussão dos critérios de compensação financeira aos Estados-membros em razão da perda financeira decorrente da política de exoneração do Imposto sobre Circulação de Mercadorias e Serviços (ICMS) sobre a exportação.

I – Da competência do Supremo Tribunal Federal

Ab initio, assento a competência desta Corte para processar e julgar originariamente o feito, nos termos do art. 102, I, 'f', do texto constitucional, que assim prevê:

---

[4] O tema foi objeto de artigo específico, ao qual se faz referência: ARABI, Abhner Youssif Mota Arabi; ALVES, Raquel de Andrade Vieira. Um ano depois. *Jota*, 30 nov. 2017. Disponível em: https://jota.info/colunas/constituicao-e-tributacao/um-ano-depois-30112017.

"Art. 102. Compete ao Supremo Tribunal Federal, precipuamente, a guarda da Constituição, cabendo-lhe:

I - processar e julgar, originariamente:

f) as causas e os conflitos entre a União e os Estados, a União e o Distrito Federal, ou entre uns e outros, inclusive as respectivas entidades da administração indireta;"

In casu, mesmo não se olvidando dos recentes julgados deste Tribunal no sentido de que o conflito sobre mero interesse patrimonial não enseja a aplicação do dispositivo constitucional, tenho por afirmada a competência originária desta Corte em razão de vislumbrar potencial conflito federativo na questão, notadamente em função da discussão relativa ao repasse de receitas pela União aos Estados-membros, envolvendo a direta interpretação de dispositivos constitucionais. Ressalte-se que o orçamento dos entes federados e a aplicação das receitas que lhes competem são questões diretamente ligadas ao desempenho da autonomia de cada um deles, ensejando o presente caso matéria potencialmente capaz de vulnerar o pacto federativo, pelo que a questão deve ser apreciada originariamente por esta Corte.

Assentada a competência do STF, passo ao exame de mérito.

II – Do Mérito

O sistema constitucional brasileiro, ao dispor sobre o sistema tributário nacional, prevê a competência estadual ou distrital para instituição de imposto sobre *"operações relativas à circulação de mercadorias e sobre prestações de serviços de transporte interestadual e intermunicipal e de comunicação, ainda que as operações e as prestações se iniciem no exterior"*, o ICMS (art. 155, II, da CRFB/88). Trata-se de importante fonte de receita para os Estados-membros, ao qual o texto constitucional dispensa minucioso tratamento.

Não é demais lembrar que essas disposições colocam-se dentro de uma forma de estado federalista, que, por meio da cooperação entre os entes federados, apresenta algumas definições mínimas, dentre as quais destacam-se também seus aspectos tributários e financeiros, como bem se assenta em doutrina:

"Dentro dessas definições mínimas, traço importante que também deve ser destacado diz respeito à divisão constitucional de recursos financeiros, (expressão aqui adotada em sentido amplo), seja em relação à definição dos bens públicos, a atribuição de sua titularidade e a participação nos resultados de sua exploração; seja em relação às receitas públicas e sua consectária repartição. Aliás, esse é um ponto particular de alta influência sobre o campo do Direito Financeiro, no qual se discute importante ferramenta para a execução do autogoverno, da auto-organização e da autoadministração dos entes federativos, das políticas públicas, da Federação e da própria democracia em geral: o orçamento público.

Com efeito, o orçamento dos entes federados e a aplicação das receitas que lhes competem são questões diretamente ligadas ao desempenho da autonomia de cada um deles e de suas prerrogativas atribuídas pelo regime federativo. Pode-se dizer, portanto, que a definição dos bens e receitas públicas, bem como as questões financeiro-orçamentárias a ela vinculadas, constitui traço fundamental à realização e concretização de uma federação como a brasileira"

(ARABI, Abhner Youssif Mota. *Desdobramentos Financeiros do Federalismo Fiscal: participação no resultado da exploração de petróleo e o bônus de assinatura*. In: GOMES, Marcus Lívio; ALVES, Raquel de Andrade Vieira; ARABI, Abhner Youssif Mota. Direito Financeiro e Jurisdição Constitucional. Curitiba: Juruá, 2016, p. 13/14).

Imerso nesse contexto constitucional federativo, o inciso X do §2º do art. 155 fixa alguns casos de imunidades específicas relativas ao ICMS, nos quais não há a incidência do tributo. A alínea 'a' do dispositivo assim dispõe:

> "Art. 155. Compete aos Estados e ao Distrito Federal instituir impostos sobre:
> [...]
> II - operações relativas à circulação de mercadorias e sobre prestações de serviços de transporte interestadual e intermunicipal e de comunicação, ainda que as operações e as prestações se iniciem no exterior
> [...]
> §2.º O imposto previsto no inciso II atenderá ao seguinte:
> [...]
> X - não incidirá:
> a) sobre operações que destinem mercadorias para o exterior, nem sobre serviços prestados a destinatários no exterior, assegurada a manutenção e o aproveitamento do montante do imposto cobrado nas operações e prestações anteriores; (Redação dada pela Emenda Constitucional nº 42, de 19.12.2003)"

Dessarte, desde a EC nº 42/2003, são imunes à tributação de ICMS as operações que destinem mercadorias ao exterior. Apesar de não ser essa a redação original do dispositivo constitucional, a referida emenda ampliou a hipótese de imunidade, diminuindo os casos de incidência do imposto.

Conforme sua redação original, o dispositivo constitucional excluía dos casos de imunidade as operações de exportação de produtos industrializados semielaborados, assim definidos em lei complementar, não abrangendo também as hipóteses de incidências de serviço, casos em que era de incidir o tributo. Veja-se, a propósito, a redação original do dispositivo, revogada pela EC nº 42/2003:

> "X – não incidirá:
> a) sobre operações que destinem ao exterior produtos industrializados, excluídos os semi-elaborados definidos em lei complementar;" (redação anterior, revogada pela EC 42/03)

Nesse sentido é que se afirma que a EC nº 42/03 contribuiu para a política de desoneração tributária das exportações, tanto de produtos como de serviços, excluindo a incidência do ICMS em tais operações. Observe-se, ainda, que mesmo nesses casos de não incidência do tributo o texto constitucional assegurou a *"manutenção e o aproveitamento do montante do imposto cobrado nas operações e prestações anteriores"*, conforme a já citada redação do art. 155, §2º, X, *'a'*. Se, por um lado, tais medidas estimularam o objetivo último de fomentar as exportações, contribuindo para a competitividade dos produtores brasileiros no mercado internacional; por outro, alimentaram o receio dos Estados em verem diminuída a sua arrecadação tributária.

A alteração constitucional, aliás, adotou o que já desde sua redação original dispunham os arts. 3º, II, e 32, I, da Lei Complementar nº 87/1996, tratando sobre o ICMS, *verbis*:

> "Art. 3º O imposto não incide sobre:
>
> [...]
>
> II - operações e prestações que destinem ao exterior mercadorias, inclusive produtos primários e produtos industrializados semi-elaborados, ou serviços;
>
> [...]
>
> Art. 32. A partir da data de publicação desta Lei Complementar:
>
> I - o imposto não incidirá sobre operações que destinem ao exterior mercadorias, inclusive produtos primários e produtos industrializados semi-elaborados, bem como sobre prestações de serviços para o exterior;"

Fundado nessa mesma *ratio essendi*, o constituinte derivado editou a Emenda Constitucional nº 42/2003, constitucionalizando a obrigação dos repasses devidos pela União aos Estados-membros decorrentes da desoneração das exportações no art. 91 no Ato das Disposições Constitucionais Transitórias – ADCT; *verbis*:

> Art. 91. A União entregará aos Estados e ao Distrito Federal o montante definido em lei complementar, de acordo com critérios, prazos e condições nela determinados, podendo considerar as exportações para o exterior de produtos primários e semi-elaborados, a relação entre as exportações e as importações, os créditos decorrentes de aquisições destinadas ao ativo permanente e a efetiva manutenção e aproveitamento do crédito do imposto a que se refere o art. 155, §2º, X, a. (Incluído pela Emenda Constitucional nº 42, de 19.12.2003)
>
> §1º Do montante de recursos que cabe a cada Estado, setenta e cinco por cento pertencem ao próprio Estado, e vinte e cinco por cento, aos seus Municípios, distribuídos segundo os critérios a que se refere o art. 158, parágrafo único, da Constituição. (Incluído pela Emenda Constitucional nº 42, de 19.12.2003)
>
> §2º A entrega de recursos prevista neste artigo perdurará, conforme definido em lei complementar, até que o imposto a que se refere o art. 155, II, tenha o produto de sua arrecadação destinado predominantemente, em proporção não inferior a oitenta por cento, ao Estado onde ocorrer o consumo das mercadorias, bens ou serviços. (Incluído pela Emenda Constitucional nº 42, de 19.12.2003)
>
> §3º Enquanto não for editada a lei complementar de que trata o caput, em substituição ao sistema de entrega de recursos nele previsto, permanecerá vigente o sistema de entrega de recursos previsto no art. 31 e Anexo da Lei Complementar nº 87, de 13 de setembro de 1996, com a redação dada pela Lei Complementar nº 115, de 26 de dezembro de 2002. (Incluído pela Emenda Constitucional nº 42, de 19.12.2003)
>
> §4º Os Estados e o Distrito Federal deverão apresentar à União, nos termos das instruções baixadas pelo Ministério da Fazenda, as informações relativas ao imposto de que trata o art. 155, II, declaradas pelos contribuintes que realizarem operações ou prestações com destino ao exterior. (Incluído pela Emenda Constitucional nº 42, de 19.12.2003)

Preocupou-se, portanto, em instituir uma espécie de repasse da União aos Estados e Distrito Federal, pelo qual se compensariam possíveis perdas arrecadatórias decorrentes do processo de desoneração das exportações, especialmente em relação àqueles entes federativos que realizam muitas operações de exportação e poucas de importação.

Aliás, a própria Lei Complementar nº 87/1996 (Lei Kandir) já criava um Fundo para compensação das perdas dos Estados em razão das inovações que trouxe, especialmente porque antes de sua edição, até 1996, os produtos primários e semielaborados poderiam ser objeto de incidência do ICMS. Desde então, Estados-membros e União discutem o montante a ser transferido a título dessa compensação: os primeiros desejando que seja equivalente pura e simplesmente ao que seria arrecadado em caso de incidência do imposto; e a União, apesar de reconhecer uma perda arrecadatória inicial, insiste que o impulso às atividades exportadoras elevaria, a longo prazo, a arrecadação de ICMS, eliminando as perdas dos Estados-membros.

Também a Lei Complementar nº 87/96, na mesma linha do que posteriormente implementado pela EC nº 42/2003, permitia a manutenção do crédito de ICMS que os exportadores possuíssem em relação a aquisições anteriores, desonerando efetivamente as exportações, já que, em caso de anulação desses créditos, o custo tributário anterior dessas operações estaria mantido. Nesse sentido, assim dispõe o art. 21, §2º, da citada Lei, cujo conteúdo é renovado pelo art. 32, II, do mesmo diploma normativo:

> Art. 21. O sujeito passivo deverá efetuar o estorno do imposto de que se tiver creditado sempre que o serviço tomado ou a mercadoria entrada no estabelecimento:
> [...]
> §2º Não se estornam créditos referentes a mercadorias e serviços que venham a ser objeto de operações ou prestações destinadas ao exterior ou de operações com o papel destinado à impressão de livros, jornais e periódicos. (Redação dada pela Lei Complementar nº 120, de 2005)
> [...]
> Art. 32. A partir da data de publicação desta Lei Complementar:
> II - darão direito de crédito, que não será objeto de estorno, as mercadorias entradas no estabelecimento para integração ou consumo em processo de produção de mercadorias industrializadas, inclusive semi-elaboradas, destinadas ao exterior;

Quanto ao ponto, observa-se que a redação original do §2º do art. 21 também preservava o direito à manutenção dos créditos, dispondo que *"não se estornam créditos referentes a mercadorias e serviços que venham a ser objeto de operações ou prestações destinadas ao exterior"*. Desse modo, diante desses dois pontos – a diminuição inicial de arrecadação e a manutenção dos créditos decorrentes de operações anteriores –, o legislador infraconstitucional já instituiu no Anexo daquela mesma Lei um método de repasse orçamentário da União para os Estados-membros, definido com base nas perdas que estes teriam em razão dessas duas alterações.

Sobre o ponto, relembra-se o ensinamento de Fernando Facury Scaff:

> "Como visto, a Lei Kandir atendia às reivindicações do setor produtivo exportador, pois acabava com a incidência tributária sobre as exportações, objeto de normas criadas pelos

Secretários de Fazenda no âmbito do CONFAZ, e permitia que os créditos de ICMS decorrentes desta operação exportadora fossem mantidos.

Porém os Estados usaram seu poder político para a obtenção de compensações – ainda mais porque a Lei Kandir previa queda na arrecadação do ICMS e a obrigação de respeitar o crédito decorrente das operações anteriores à exportação, duas medidas que impactariam negativamente a arrecadação estadual.

Esta compensação pleiteada pelos Estados – e que passou a ser conhecida como o Fundo da Lei Kandir – aparece no art. 32, no qual se constata a reafirmação das duas normas acima transcritas – a exonerativa das exportações e a que mantinha os créditos referentes aos insumos anteriores à exportação –, ao lado da aprovação de um Anexo que estabelecia um repasse orçamentário de créditos da União aos Estados, calculado sobre as perdas que estes teriam com estas duas medidas."

(SCAFF, Fernando Facury. *A desoneração das exportações e o fundo da Lei Kandir – Análise com foco no setor mineral. In*: Revista Fórum de direito financeiro e econômico: RFDFE, v. 1, nº 1, p. 39-56, maio/ago de 2012)

Desse modo, impõe-se discorrer sobre o referido Fundo estabelecido pela Lei Kandir, analisando suas disposições, finalidade, bem como as alterações posteriormente efetuadas.

Entre 1996 – data da promulgação da Lei Kandir – e 2002 – data da edição da Lei Complementar nº 115 –, a transferência de recursos a título de compensação realizava-se nos termos do Anexo da Lei Complementar nº 87/96, que implementou uma espécie de "seguro garantia" ou "seguro receita", no qual se previa que "*a União entregará recursos aos Estados e seus Municípios, atendidos limites, critérios, prazos e demais condições fixados neste Anexo, com base no produto da arrecadação do imposto estadual sobre operações relativas* à *circulação de mercadorias e sobre prestações de serviços de transporte interestadual e intermunicipal e de comunicação (ICMS), efetivamente realizada no período julho de 1995 a junho de 1996, inclusive*", conforme o item 1 do Anexo. Nesse modelo, previa-se um sistema de repasse mensal a ser efetuado pela União, na proporção de 75% para os Estados e 25% para seus Municípios, na mesma linha do que o texto constitucional já previa para a divisão de receitas recebidas a título de ICMS (art. 158, IV e parágrafo único, da CRFB/88).

Inicialmente, previa-se um valor total anual para os repasses aos Estados federados, fixando-se, mediante metodologia de cálculo também já prevista no Anexo, a quantia específica a ser repassada para cada um dos Estados e para o Distrito Federal. Portanto, a base de cálculo e os consectários percentuais de repasse eram estabelecidos, sob a sistemática da Lei Complementar nº 87/96, de acordo com o montante total anual fixado. Dentre outros fatores, a forma de cálculo levava em consideração os valores que os Estados deixariam de arrecadar com a ampliação da não incidência e manutenção dos créditos, havendo relação direta entre o que não mais se receberia e os repasses devidos pela União, pelo que se dizia ser uma espécie de "seguro garantia".

Na sequência, em 11 de julho de 2000, sobreveio a Lei Complementar nº 102, que alterou a Lei Kandir mas manteve a sistemática de vinculação entre as transferências da União e as perdas dos Estados decorrentes do processo de desoneração das exportações. A propósito, destaca-se os seguintes itens de seu Anexo:

"1. A entrega de recursos a que se refere o art. 31 da Lei Complementar no 87, de 13 de setembro de 1996, será realizada da seguinte forma:

1.1. no exercício financeiro de 2000, a União entregará aos Estados e aos seus Municípios o valor de R$ 3.864.000.000,00 (três bilhões e oitocentos e sessenta e quatro milhões de reais), distribuídos conforme os coeficientes de participação previstos no subitem 2.1;

[...]

2.1. no exercício de 2000, proporcional ao coeficiente individual de participação de: (tabela com os índices de cada Estado-membro)

2.2. no exercício de 2001, proporcional ao coeficiente resultante do somatório:

2.2.1. do valor das exportações de que trata o inciso II do art. 3º da Lei Complementar no 87, de 1996, que será apurado pela Secretaria de Comércio Exterior do Ministério do Desenvolvimento, Indústria e Comércio Exterior – Secex, considerando o valor das respectivas exportações de produtos primários e industrializados semi-elaborados, no período de novembro de 1999 a outubro de 2000, ou em outro período que dispuser o Conselho Nacional de Política Fazendária – Confaz, submetidas à incidência do ICMS em 31 de julho de 1996, e com base nas origens indicadas nas respectivas guias de exportação ou outros documentos que identifiquem o Estado exportador;

[...] 2.3. no exercício de 2002, proporcional ao coeficiente resultante do somatório:

2.3.1. do valor das exportações de que trata o inciso II do art. 3o da Lei Complementar no 87, de 1996, que será apurado pela Secex, considerando o valor das respectivas exportações de produtos primários e industrializados semi-elaborados, no período de novembro de 2000 a outubro de 2001, ou em outro período que dispuser o Confaz, submetidas à incidência do ICMS em 31 de julho de 1996, e com base nas origens indicadas nas respectivas guias de exportação ou outros documentos que identifiquem o Estado exportador;"

A grande inovação, porém, se deu com a Lei Complementar nº 115/2002, pela qual se alterou o método de repasse de recursos, substituindo aquela relação direta entre o que não mais se receberia e os repasses devidos pela União por um novo sistema de negociação política. Sobre o tema, novamente cita-se os ensinamentos de Fernando Facury Scaff:

"A Lei Complementar nº 102, de 11 de julho de 2000, manteve a lógica de vincular estas transferências intergovernamentais às perdas que os Estados tiveram com a desoneração das exportações. Estas projeções deveriam ser feitas pelo CONFAZ. Caso não fossem feitas, deveria vigorar o que antes existia, corrigido monetariamente.

Esta Lei também reafirmou a possibilidade de transferência dos créditos de ICMS anteriores à exportação para outros contribuintes dentro do próprio Estado, desde que este o permitisse. Os Estados deveriam prestar informações ao Ministério da Fazenda acerca do reconhecimento desses créditos, através de balancete ou relatório resumido da execução orçamentária mensal, o que, ao que parece, jamais ocorreu pela totalidade das 27 unidades subnacionais.

Posteriormente esta sistemática de cálculo foi alterada. Passou de 'seguro garantia' para uma espécie de 'livre negociação política'. Isto ocorreu através da Lei Complementar nº 115, de 26 de dezembro de 2002 e permanece até os dias atuais.

Passou a ser transferido não mais um valor apurado de conformidade com as perdas nas exportações, mas um valor aleatório estabelecido pelo jogo de forças político, consignado como crédito orçamentário. Deixou de existir a correlação entre o que havia sido desonerado das exportações e compensado aos exportadores através do reconhecimento de créditos.

[...]
Antes havia uma vinculação com a desoneração das exportações e uma correlação entre o que era repassado e a necessidade de reconhecer os créditos.

Posteriormente, a partir de critérios singelamente políticos de repasse, passou a haver o descolamento entre uma situação e a outra. O vínculo que antes existia tornou-se apenas um repasse orçamentário, uma simples transferência intergovernamental, sem qualquer correlação com o cálculo das perdas existentes fruto das alterações originalmente implementadas pela Lei Kandir – embora as alíquotas relativas ao repasse tivessem permanecido as mesmas, a mudança era apenas de base de cálculo."

(SCAFF, Fernando Facury. *A desoneração das exportações e o fundo da Lei Kandir – Análise com foco no setor mineral*. In: Revista Fórum de direito financeiro e econômico: RFDFE, v. 1, nº 1, p. 39-56, maio/ago de 2012)

Desse modo, a Lei Complementar nº 115/2002 inaugurou um novo sistema segundo o qual o montante a ser repassado pela União aos Estados passou a ser definido com base em fatores políticos, definidos na Lei Orçamentária da União, após aprovação pelo Congresso Nacional. Veja-se, a propósito, os seguintes itens do Anexo dessa Lei, *in litteris*:

"1. A entrega de recursos a que se refere o art. 31 da Lei Complementar no 87, de 13 de setembro de 1996, será realizada da seguinte forma:

1.1. a União entregará aos Estados e aos seus Municípios, no exercício financeiro de 2003, o valor de até R$ 3.900.000.000,00 (três bilhões e novecentos milhões de reais), desde que respeitada a dotação consignada da Lei Orçamentária Anual da União de 2003 e eventuais créditos adicionais;

1.2. nos exercícios financeiros de 2004 a 2006, a União entregará aos Estados e aos seus Municípios os montantes consignados a essa finalidade nas correspondentes Leis Orçamentárias Anuais da União;

[...]

1.5. A parcela pertencente a cada Estado, incluídas as parcelas de seus Municípios, será proporcional aos seguintes coeficientes individuais de participação: (tabela com os índices de cada Estado-membro)"

Dessarte, o sistema inicial de "seguro garantia" – no qual a compensação financeira a ser efetuada pela União tinha, em sua base de cálculo, direta relação com o montante que seria recebido pelos Estados a título de ICMS nas operações de exportação – foi substituído por um novo método baseado em critérios eminentemente políticos, conforme deliberação, negociação entre os Poderes Executivo e Legislativo – no qual representados os Estados-membros – e posterior aprovação pelo Congresso Nacional. Os coeficientes de partilha passam, nesse novo sistema, a ser fixos, sem relação com as operações de exportação empreendidas por cada Estado, o que, na prática, torna a compensação de cada Estado-membro em um montante politica e legalmente estipulado.

A princípio, essas novas disposições instituídas pela Lei Complementar nº 115/2002 deveriam vigorar até 2006, nos termos do item 1.2 do Anexo que se introduziu na Lei Kandir. Entretanto, com a finalidade precípua de evitar a necessária negociação periódica no Congresso Nacional decorrente desse novo modelo, o constituinte derivado, por meio da supracitada Emenda Constitucional nº 42/2003, constitucionalizou os repasses devidos pela União aos Estados-membros decorrentes da desoneração das exportações, incluindo o art. 91 no Ato das Disposições Constitucionais Transitórias – ADCT, dispositivo sobre o qual se passa a tratar.

Em verdade, a inclusão do art. 91 no ADCT apenas constitucionalizou uma espécie de fundo de compensação que, como aqui demonstrado, já existia anteriormente na legislação infraconstitucional complementar. Tal processo de constitucionalização, imagina-se, teve lugar para que se evitasse a constante negociação política quanto ao tema, elemento decorrente do sistema implementado pela Lei Complementar nº 115/2002, estabelecendo critérios mais permanentes que podem ser observados pela nova lei complementar exigida para regulamentar a questão.

Entretanto, as inovações do dispositivo dizem respeito à fixação de critérios que podem ser considerados para a fixação do montante a ser entregue pela União a cada um dos Estados e ao Distrito Federal, tais como as exportações para o exterior de produtos primários e semielaborados, a relação entre as exportações e as importações de cada Estado-membro, os créditos decorrentes de aquisições destinadas ao ativo permanente e a efetiva manutenção e aproveitamento do crédito do imposto a que se refere o art. 155, §2º, X, 'a', da CRFB/88. Conforme a previsão do §2º do dispositivo, os repasses, que não são definitivos, devem ser realizados, conforme a definição em lei complementar, *"até que o imposto a que se refere o art. 155, II, tenha o produto de sua arrecadação destinado predominantemente, em proporção não inferior a oitenta por cento, ao Estado onde ocorrer o consumo das mercadorias, bens ou serviços"*.

Ao comentar tal dispositivo, José Afonso da Silva dispõe que:

> "O que a disposição transitória – também acrescentada pela Emenda Constitucional 42/2003 – prevê é um mecanismo de compensação das perdas dos Estados e Distrito Federal, levando-se em conta a relação entre exportação e importação."
>
> (DA SILVA, José Afonso. *Comentário Contextual* à *Constituição*, 9ª edição. São Paulo: Malheiros, 2014, p. 969)

Da mesma maneira, assim discorrem Fernando Facury Scaff e Luma Cavaleiro de Macedo Scaff:

> "[...] foi criado um mecanismo fiscal através da Lei Complementar 87/96, que vem sendo rotineiramente prorrogado por alterações legislativas.
>
> E para estimular estes Estados pelo forte incentivo que davam às exportações nacionais, foi criado o Fundo ora sob comento, no art. 91 do ADCT, pela EC 42/2003.
>
> Sua receita decorre da relação entre as exportações e as importações, considerados também os créditos decorrentes de aquisições destinadas ao ativo permanente e a efetiva manutenção e aproveitamento do crédito do ICMS decorrente de insumos de produtos destinados à exportação (art. 155, §2º, X, a, CF).
>
> [...]
>
> Os critérios, prazos e condições desse Fundo serão elaborados através de Lei Complementar, porém, enquanto esta não for editada, permanecerá vigente o sistema de entrega de recursos previsto no art. 31 e Anexo da Lei Complementar nº 115, de 26 de dezembro de 2002."

(*In*: *Comentários à Constituição do Brasil*. Coordenação Científica de J. J. Gomes Canotilho, Gilmar Ferreira Mendes, Ingo Wolfgan Sarlet. Coordenação Executiva de Léo Ferreira Leoncy. São Paulo: Saraiva/Almedina, 2013, p. 2.271).

Deveras, nota-se que tanto o texto constitucional transitório quanto a doutrina que o comenta são claros ao dispor sobre a necessidade da edição de nova lei complementar que dê tratamento à matéria, na qual podem ser adotados os critérios fixados pelo caput do art. 91 do ADCT. É dizer: a regulamentação da matéria foi atribuída a uma nova lei complementar ainda não editada, a qual deve dispor sobre os novos critérios de definição do montante a ser entregue pela União aos Estados e ao Distrito Federal, seus prazos e condições, nos termos do art. 91 do ADCT.

Não obstante ainda não tenha sido editada a lei complementar requerida, a referida Emenda, em dispositivo próprio (§4º), prevê que até que seja editado esse novo ato legislativo, devem ser adotados para o repasse os critérios estabelecidos no Anexo da Lei Complementar nº 87/96, com a redação que lhe conferiu a Lei Complementar nº 115/2002. Vale dizer: o próprio texto constitucional transitório já previu a solução a ser adotada até que seja editada a lei complementar exigida pelo dispositivo em comento – a qual ainda não foi editada –, período no qual devem ser obedecidas as disposições da Lei Complementar nº 115/2002. Consectariamente, não há qualquer espaço para atuação do Poder Judiciário na hipótese que possibilitasse a superação da necessária deferência à previsão legislativa expressa, alterando a disposição constitucional já existente sobre o tema.

Outrossim, anota-se que a legítima atuação supletiva do Poder Judiciário, em geral, limita-se às situações em que se configura omissão inconstitucional de outros Poderes. Quanto ao ponto, relembra-se passagem de obra de Abhner Youssif, *verbis*:

> "Ressalte-se, uma vez mais, que o exercício de tais competências suplementares pelo Poder Judiciário apenas se dá de forma transitória, isto é, até que se dê a edição do respectivo diploma legislativo de incumbência dos legisladores. Isso porque não é dado a estes últimos a opção sobre conceder ou não determinado direito, visto que já são declarados expressamente por previsão constitucional; mas cabe-lhes apenas dispor sobre a formatação e modo de tratamento que se dará ao direito já existente. O que ocorre, entretanto, é que diante dessa conduta do Poder Judiciário, a qual se entende constitucionalmente respaldada, os reais responsáveis pela edição das leis regulamentadoras acabam por se acomodar, e diante da situação já resolvida, não atuam no sentido de dar o devido tratamento legislativo às matérias. O que daí não se pode afirmar é que o Poder Judiciário, que atua em função de uma atuação omissiva e inerte do Legislativo (ou melhor, de uma não-atuação legislativa), estaria usurpando competências constitucionalmente repartidas. Conforme se tem mostrado durante todo esse livro, a atuação do Poder Judiciário é legítima diante da inércia dos outros Poderes, em especial o Legislativo, uma vez que se dá no sentido de afirmação e concretização de direitos fundamentais."
>
> (ARABI, Abhner Youssif Mota. *A tensão institucional entre Judiciário e Legislativo: diálogo, controle de constitucionalidade e a legitimidade da atuação do Supremo Tribunal Federal*. Curitiba: Editora Prismas, 2015, p. 77/78).

In casu, não obstante se reconheça a existência de certa mora legislativa, uma vez que não editada a lei complementar constitucionalmente exigida, não se configura verdadeira hipótese de omissão inconstitucional, uma vez que o próprio legislador, de antemão e preventivamente, já previu de forma expressa a solução a ser adotada enquanto não editado o referido ato legislativo. Ainda que não se defenda a eternização de uma situação desenhada como solução temporária, não há hipótese que enseje a atuação supletiva do Poder Judiciário na questão.

Ressalte-se, aliás, que os Estados-membros puderam participar do próprio processo legislativo tanto de feitura das leis complementares aqui indicadas, quanto da própria Emenda Constitucional nº 42/2003, seja na Câmara dos Deputados – órgão de representação popular –, seja no Senado Federal – órgão de representação dos Estados-membros da federação. Não se trata, portanto, de ato discricionário ou ilegal da União, visto que a fixação dos métodos e índices de repasse das receitas aos Estados-membros se deu mediante o devido processo legislativo, que culminou na aprovação e promulgação dos atos normativos regentes da matéria.

A propósito, cito o seguinte trecho do parecer oferecido pelo Procurador-Geral da República nos autos (fls. 133/134):

> "As sucessivas modificações do cálculo se devem aos ajustes políticos, financeiros e contábeis relacionados ao menor ou maior ganho financeiro decorrente da recomposição de caixa dos Estados em função de novas formas de receita ou incremento das já existentes.
>
> Inexiste ofensa à regra constitucional pela União, uma vez que o conjunto normativo disciplinar dessa matéria foi submetido a discussões políticas e técnicas no âmbito do Congresso Nacional, o que significa dizer que os Estados tiveram, por meio de seus representantes, pleno espaço de participação e influência no resultado final de cada uma das inúmeras alterações da Lei Kandir, inclusive na própria Lei Complementar 115/2002, que vinculou os montantes globais ao estipulado nas leis orçamentárias anuais da União, e da Emenda Constitucional 42/2003, que alçou à órbita constitucional a atual redação do anexo da Lei Complementar 87/1996.
>
> Consigne-se ainda que o acordo estabelecido entre a União e os Estados com vistas à desoneração das exportações, além de não conter qualquer inconstitucionalidade, não pode ser imputado integralmente aos cofres federais. O arranjo de um novo perfil de tributação pelo consumo foi alterado não só em benefício da União, mas em favor de toda a cadeia produtiva do país, sabidamente fonte primária de receitas tributárias para todos os entes da federação.
>
> A perda expressiva por parte dos Estados nos primeiros momentos da redução tributária foi sanada com um alto custo para a União, como entidade coordenadora da federação e a mais próspera. Entretanto, o subsídio deveria ser provisório e, intuitivamente, decrescente, dada a viabilidade do prazo de novas receitas que o estímulo tributário acabou por gerar nas economias locais."

Ademais, como traço importante para que se melhor compreenda o então cenário da regulamentação das transferências devidas pela União aos Estados sobre as quais aqui se trata, importante fazer menção ainda à Medida Provisória nº 368/2007 – convertida na Lei nº 11.512/2007 –, a qual dispunha *"sobre a prestação de auxílio financeiro pela União aos Estados e aos Municípios, no exercício de 2007, com o objetivo de fomentar as exportações do País"*. Sobre tal ato normativo, destaco os seguintes excertos da exposição de motivos nº 52/2007-MF, que apresentava a indicada Medida Provisória (grifos nossos):

"4. Como é sabido, a Constituição da República determina a não-incidência do ICMS sobre as exportações, bem como assegura o direito aos exportadores à manutenção e ao aproveitamento dos créditos do referido imposto sobre os insumos utilizados na elaboração dos produtos exportados. Os Estados, entretanto, relutam em dar eficácia ao referido comando. Em certa medida, essa relutância se justifica porque, em decorrência do sistema de partilha horizontal da receita do ICMS, uma parcela do valor do imposto nas operações interestaduais é atribuída ao Estado de origem dos produtos, fazendo com que, no caso dos créditos de ICMS relativos aos insumos das exportações, o Estado de localização do exportador tenha que arcar com o ônus (crédito) de um imposto eventualmente recolhido a outro Estado.

5. O Ministério da Fazenda tem o entendimento de que esse problema deve ser equacionado com a introdução de um novo modelo para a tributação de ICMS nas operações de comércio exterior e vem trabalhando para a construção desse novo modelo em entendimentos com os governos estaduais e com os segmentos exportadores.

6. Contudo, enquanto não se concretiza a mudança de modelo que exige a aprovação de uma emenda constitucional, e embora não exista perda de arrecadação do ICMS, nos termos definidos pelo Anexo da Lei Complementar nº 87, de 13 de setembro de 1996, em que a arrecadação de cada Estado nos anos posteriores à publicação da Lei deveria superar a arrecadação obtida no ano anterior, ampliada e atualizada pela inflação, resta enfrentar os problemas decorrentes da tributação do ICMS no comércio exterior com base na transferência de recursos da União aos Estados.

7. *Tais transferências vêm sendo feitas nos* últimos *anos conjugando duas rubricas orçamentárias. A primeira dá cumprimento ao disposto no §3º do art. 91 do ADCT, o qual preceitua que, enquanto não for editada a lei complementar prevista em seu caput, permanecerá vigente o sistema de entrega de recursos previsto no art. 31 e Anexo da Lei Complementar nº 87, de 1996, com a redação dada pela Lei Complementar nº 115, de 26 de dezembro de 2002. A segunda, por meio de transferências específicas com vistas* à *prestação de auxílio financeiro pela União aos Estados e Municípios com o objetivo de fomentar as exportações do País, realizadas, nos exercícios de 2004 a 2006, nos termos das Leis nº 10.966, de 9 de novembro de 2004, 11.131, de 1º julho de 2005, e 11.289, de 30 de março de 2006.*

8. Contrariamente ao ocorrido nos exercícios anteriores – quando parcela das dotações destinadas ao auxílio financeiro aos estados foi alocada nos termos da Lei Complementar nº 87, de 1996 -, no exercício de 2007, a Lei Orçamentária, Lei nº 11.451, de 7 de fevereiro de 2007, contemplou a alocação da totalidade dos recursos destinados à compensação financeira dos estados, R$ 3,9 bilhões, na rubrica '*Transferências a Estados, Distrito Federal e Municípios para compensação das Exportações – Auxílio Financeiro aos Estados, ao Distrito Federal e aos Municípios para o Fomento das Exportações*', sem contemplar qualquer dotação na rubrica Lei Complementar nº 87. de 1996.

9. Contudo, a Lei de Diretrizes Orçamentárias de 2007, Lei nº 11.439, de 29 de dezembro de 2006, dispôs em seu art. 12 que '*a Lei Orçamentária de 2007 discriminará em categorias de programação específicas as dotações destinadas: ... XVII –* à *complementação financeira a que se refere a Lei Complementar nº 87, de 1996, e ao auxílio financeiro aos Estados, Distrito Federal e Municípios para fomento das exportações, bem como* às *compensações de mesma natureza que venham a ser instituídas, mantendo-se a proporcionalidade fixada na Lei Orçamentária para 2006*".

10. Assim, faz-se necessária a redistribuição da citada rubrica orçamentária a fim de contemplar a entrega de recursos na rubrica da Lei Complementar nº 87, de 1996, o que está sendo devidamente providenciado pelo Ministério do Planejamento, Orçamento e Gestão, com vistas a abertura dos créditos extraordinários cabíveis e concomitante anulação parcial da dotação orçamentária destinada ao Auxílio Financeiro aos Estados, ao Distrito Federal e aos Municípios para o Fomento das Exportações.

11. Em vista de que já foram distribuídos aos Estados e Municípios, por intermédio da Medida Provisória nº 335, de 23 de fevereiro de 2007, R$ 975.000.000,00 (novecentos e setenta e cinco milhões de reais) da rubrica do o Auxílio Financeiro aos Estados, ao Distrito Federal e aos Municípios para o Fomento das Exportações, a presente proposta de medida provisória está regulamentado a distribuição dos recursos remanescentes, no valor de R$ 975.000.000,00 (novecentos e setenta e cinco milhões de reais). A entrega deses recursos será efetuada em nove parcelas, na forma fixada por esta Medida Provisória e pela Secretaria do Tesouro Nacional do Ministério da Fazenda, observando os coeficientes individuais de participação de cada unidade federada, constantes de anexo à proposta de medida provisória."

Dessarte, resta evidenciado que desde há muito a União parece estar atenta às mudanças perpetradas no ordenamento jurídico regente da matéria, não havendo, em sua conduta, traços de ilegalidade. Diante da não edição da nova lei complementar exigida pelo *caput* do art. 91 do ADCT, aplica-se seu §3º, que já previa a aplicação da redação conferida pela Lei Complementar nº 115/02 ao Anexo da Lei Complementar nº 87/96. Se há insatisfação dos Estados quanto ao não atendimento dos critérios sugeridos pelo caput art. 91 do ADCT – os quais podem ser adotados apenas quando da edição da nova lei complementar exigida pelo dispositivo –, deve ela ser politicamente resolvida em seu lugar institucionalmente apropriado – o Poder Legislativo –, buscando a edição da lei complementar a que se refere o art. 91 do ADCT. Não há, no caso, qualquer espaço para atuação e eventual provimento jurisdicional.

Quanto ao mais, em relação às provas documentais acostadas pelo autor aos autos, observo que também não lhe assiste razão. No ponto, o Estado-autor alega que *"em reunião de 14-03-07, o GT-47 referendou a proposta de Mato Grosso"*, em que *"foram construídos os cenários com as propostas sugeridas neste relatório e incluída a regra de transição na metodologia"* (fls. 5).

O excerto se refere a Relatório elaborado em uma das reuniões do Grupo de Trabalho 47 do CONFAZ (fls. 14/22), convocado para *"concluir trabalhos referentes aos novos coeficientes para a partilha do auxílio financeiro para o fomento das exportações a serem aplicados nos meses de abril a dezembro de 2007 e analisar propostas apresentadas pelos Estados de Rondônia e do Mato Grosso"* (fls. 14).

Entretanto, tal relatório não se revela suficiente para comprovar qualquer de suas alegações, tampouco representa elemento fático capaz de afastar a tese jurídica aqui fixada. Como em seu próprio teor se destaca, *"o objetivo do GT não é apresentar uma proposta e sim analisar e referendar cenários, desde que tecnicamente consistentes; em síntese, construir um leque de opções para que os secretários possam se posicionar"* (fls. 14).

Ressalte-se, nesse sentir, que os critérios de fixação dos índices de repasse foram fixados por meio da edição de leis aprovadas no Congresso Nacional, não podendo eventual relatório do CONFAZ se sobrepor a tal iniciativa legislativa. Nessa mesma linha, destaca-se trecho da contestação em que a União contradita o referido documento (fls. 51):

"Embora demonstrada a improcedência da alegação, cabe ainda relembrar que a decisão do CONFAZ quanto à fixação dos referidos coeficientes de participação também se submete, como não poderia deixar de ser, à aprovação do Congresso Nacional, o que de fato já aconteceu com as citadas Medidas Provisórias que dispuseram sobre a entrega do Auxílio Financeiro (a MP nº 355/07 foi convertida na Lei nº 11.492/07 e a

MP nº 368/07, na Lei nº 11.512/07). Desse modo, não houve uma decisão discricionária ou ilegal do Poder Executivo Federal."

Quanto ao ponto, pertinente citar uma vez mais o seguinte trecho do parecer oferecido pelo Procurador-Geral da República nos autos (fls. 133/135):

"Diante do cenário apresentado, há de se observar que a prova documental apresentada pelo Estado de Mato Grosso não se mostra idônea a amparar a pretensão do autor.

Isso porque, conforme o relatório de reunião do Grupo de Trabalho 47, acostado às fls. 14/16, e seu anexo de fls. 17/22, trazidos ao feito pelo autor, depreende-se que, conforme deliberado no âmbito do CONFAZ, seriam distribuídos ao Estado de Mato Grosso, de janeiro a março de 2007, 4,46524% do valor total entregue às unidades da Federação, percentual que corresponde ao constante do anexo da Medida Provisória 335/2007. O coeficiente pleiteado pelo autor, de 8,82981%, somente seria atingido a partir do mês de outubro de 2007, também conforme o anexo do relatório, que espelha, inclusive a regra de transição proposta pelo próprio demandante naquela oportunidade.

Pondere-se, outrossim, que tais documentos, alusivos a somente uma reunião realizada entre os Secretários de Fazenda, Finanças, Receita e Tributação dos Estados e do Distrito Federal, não necessariamente refletem a totalidade das deliberações do CONFAZ quanto à matéria em exame.

Confirmam essa ideia os ofícios juntados aos autos pela União, enviados pela Coordenadoria dos Secretários de Fazenda dos Estados e Distrito Federal junto ao CONFAZ ao Secretário Executivo do Ministério da Fazenda (fls. 98/100). Desses expedientes, extrai-se que os agentes políticos estaduais, em um primeiro momento, aprovaram a distribuição dos recursos em percentuais idênticos aos constantes da Medida Provisória 355/2007, bem como, em ocasião posterior, manifestaram-se pela manutenção dos coeficientes de participação de cada unidade da Federação no total dos valores que foram repassados.

As informações constantes dos documentos trazidos pela ré, portanto, revelam que o panorama das deliberações promovidas no âmbito do CONFAZ é muito mais amplo do que faz supor o Estado do Mato Grosso e, ao contrário do que sustenta o autor, foi levado em consideração pela União.

Verifica-se, pois, que razão não assiste ao Estado-autor."

III – Conclusão

Ex positis, julgo improcedente o pedido formulado pelo Estado do Mato Grosso, condenando-o, ainda, ao pagamento dos honorários advocatícios, os quais, nos termos do art. 20, §4º, do CPC/1973 – ao tempo do qual ajuizada a ação –, fixo em R$ 5.000,00 (cinco mil reais).

É como voto.

Informação bibliográfica deste texto, conforme a NBR 6023:2018 da Associação Brasileira de Normas Técnicas (ABNT):

ARABI, Abhner Youssif Mota. ACO nº 1.044 – Federalismo fiscal em debate: desoneração das exportações e a compensação dos estados-membros. In: FUX, Luiz. *Jurisdição Constitucional III*: república e direitos fundamentais. Coordenação de Valter Shuenquener de Araujo. Belo Horizonte: Fórum, 2019. p. 25-41. ISBN 978-85-450-0691-6.

ADI Nº 2.663 – FEDERALISMO COOPERATIVO: VALORIZAÇÃO DA COMPETÊNCIA LEGISLATIVA ESTADUAL COMO INSTRUMENTO DE PLURALISMO POLÍTICO E EXPERIMENTALISMO DEMOCRÁTICO

ABHNER YOUSSIF MOTA ARABI

1 Contextualização do caso

Na ADI nº 2.663 (de relatoria do Ministro Fux, julgada pelo Plenário do STF em 8.3.2017), uma interessante questão federalista foi posta em debate. Tratava-se de ação ajuizada pelo governador do Rio Grande do Sul contra a Lei nº 11.743/2002 daquele estado, em que se alegava a existência de violação aos arts. 22, I, e 155, §2º, XII, "g", da Constituição da República. O referido ato normativo estabelecia mecanismo de incentivo a empresas que financiassem bolsas de estudo aos professores que necessitam completar a formação pedagógica, abrindo-se a possibilidade de que se exigisse, em contrapartida, que os beneficiários lhes prestassem serviços destinados à implementação de projetos de alfabetização ou de aperfeiçoamento de seus empregados. Previa-se, ainda, a possibilidade de que o Poder Executivo local concedesse ao empresário participante do programa incentivo de 50% (cinquenta por cento) da bolsa concedida, consubstanciado em deduções nos débitos relativos ao Imposto sobre Operações Relativas à Circulação de Mercadorias e sobre Prestações de Serviços de Transporte Interestadual e Intermunicipal e de Comunicação (ICMS).

A partir dessas disposições, a impugnação da inconstitucionalidade de tal lei guiava-se por duas frentes. Por um lado, alegava-se violação à competência privativa da União para legislar sobre direito civil e do trabalho, entendendo que a legislação estadual incorria nessas temáticas. De outro, aduzia-se a inconstitucionalidade do benefício fiscal concedido, eis que, relativamente ao ICMS, a Constituição exige prévia deliberação dos estados e do Distrito Federal (art. 155, §2º, XII, "g", da CRFB/88), requisito que inexistiria na hipótese. São esses dois aspectos centrais que se passa a comentar.

2 Questões jurídicas debatidas

Inicialmente, parte-se do ponto que se considera o mais destacado do voto proferido pelo Ministro Luiz Fux na ADI nº 2.663: a valorização da competência legislativa estadual exercida no caso. Partindo de premissas teóricas que remontam à necessidade de que se confira uma interpretação menos centrípeta ao federalismo brasileiro, o voto proferido no caso apresenta a necessidade de que sejam robustecidas, dentro dos limites constitucionais, as iniciativas legislativas locais e regionais, que se destinam a dar enfrentamento específico a problemas próprios, sem que se comprometa a necessária unidade e identidade que deve existir de forma comum entre os entes federados.

Com efeito, a forma federalista de estado é adotada no Brasil desde a instituição da República, mediante premissas segundo as quais o poder político deve ser estruturado de forma descentralizada entre entidades federativas distintas e igualmente autônomas, às quais se atribuem competências próprias e recursos financeiros de sua exclusiva titularidade, além das prerrogativas de autonomia, auto-organização e autoadministração. Apesar de suas origens norte-americanas, a disseminação do federalismo como forma de organização política pelo mundo culminou na pluralidade de *federalismos*, conforme as adaptações feitas por cada país na estruturação de seu próprio estado, de acordo com as peculiaridades de cada local e a realidade político-social sobre a qual se estruturará. Assim é que não há um federalismo, senão variados modelos.

Entre todos eles, porém, para que se afirme estar diante de uma forma federalista de estado, há de se ter presentes alguns elementos comuns mínimos que lhe dão identidade: a existência de entes federados distintos e juridicamente iguais; as prerrogativas de autonomia, auto-organização e autoadministração atribuídas aos entes federativos; a repartição de competências legislativas e administrativas; além da divisão das receitas públicas e da existência de formas de representação dos entes federados menores junto a órgãos federais. O que se quer destacar – e nesse sentido é claro o voto ora comentado – é que deve ser ínsito a tal forma de estado que a unidade política conviva com a possibilidade de diversidade de organização local e regional, conciliando os diversos interesses e realidades existentes em cada um dos entes federados.

Nesse contexto, porém, o modelo de organização e distribuição de competências não se estabelece de modo estático, pelo que a organização da arquitetura institucional e a interação entre as forças políticas oscilam em movimentos pendulares entre os entes federados, ora em direção à centralização, ora em direção à descentralização, o que implica uma maior ou menor autonomia local diante do ente federal. Entretanto, o que mais recentemente se tem notado é uma tendência excessivamente centralizadora na repartição das competências constitucionais entre os entes federativos brasileiros, as quais se concentram junto ao ente federal.

No que aqui interessa, destaca-se a centralização das competências legislativas e a interpretação que a elas se dá (arts. 22 a 24 da CRFB/88), privilegiando as competências privativas da União em prejuízo às concorrentes. Para tal fenômeno, como no voto de destaque, podem ser apontadas duas razões principais: a própria engenharia constitucional brasileira (que privilegia, por exemplo, competências privativas e exclusivas da União em detrimento de competências concorrentes); e a postura interpretativa comumente adotada no momento de aplicação do direito (e aqui se faz referência especial ao Supremo Tribunal Federal, como guardião da Constituição), que tradicionalmente se inclina à prevalência das ações federais unitárias em detrimento das iniciativas locais. É dizer: apesar de se afirmar a existência de um federalismo de cooperação, em que os entes autônomos colaboram igualmente para a realização dos objetivos constitucionais, em certos momentos, a realidade brasileira tem se aproximado muito mais de um federalismo de integração, de destacado caráter centrípeto.

Além dessas premissas, o voto proferido pelo Ministro Fux põe luz sobre a importância de que sejam privilegiadas as iniciativas legislativas locais e regionais como mecanismos de estímulo ao pluralismo político, além de se tratar de oportunidades de experimentalismo local de soluções que, se exitosas, poderiam ser ampliadas em nível nacional, como verdadeiros laboratórios experimentais da democracia. Com especial relevância, destaca-se a proposição que assenta a necessidade de que o STF adote, nos casos de conflitos quanto ao exercício de competência legislativa, uma postura privilegiadora das iniciativas locais e regionais, desde que compatíveis com a Constituição da República. A partir daqui, ter-se-ia um guia interpretativo mais consentâneo ao pluralismo político e ao federalismo de cooperação, estabelecendo a regra inicial de que cada ente federativo exerça suas prerrogativas de autonomia, auto-organização e autoadministração, fazendo suas próprias escolhas institucionais e normativas.

Dessa forma, em privilégio à iniciativa estadual de desenvolvimento de programa que buscava aprimorar a formação dos professores locais, prevaleceu a constitucionalidade do ato normativo estadual, sob o entendimento de que seu núcleo temático dizia respeito à educação e ao ensino (art. 24, IX, da CRFB/88). Afastou-se, portanto, a alegação de que se estaria a legislar indevidamente sobre direito civil ou do trabalho, entendendo que o núcleo normativo do ato legislativo impugnado se referia à matéria de educação e ensino, para a qual a Constituição estabelece competência legislativa concorrente.

Por fim, o outro aspecto envolvido no caso dizia respeito à inconstitucionalidade do benefício fiscal concedido como contrapartida pela lei estadual. Como regra, o texto constitucional condiciona a concessão de benefícios fiscais à edição de lei específica, conforme previsão do art. 150, §6º. Entretanto, em relação ao ICMS, exige-se requisito adicional: prévia deliberação entre os estados e o Distrito Federal (art. 155, §2º, XII, "g"). Tal exigência constitucional é regulamentada pela Lei Complementar nº 24/1975, que exige decisão unânime dos estados-membros reunidos junto ao Conselho Nacional de Política Fazendária – Confaz. Sua *ratio essendi* é estabelecer limites à *guerra fiscal*, não obstante caibam críticas significativas ao critério da unanimidade, eis que limitam sobremaneira o exercício da autonomia de cada estado-membro, que fica condicionado ao consentimento dos demais.

De todo modo, na ADI nº 2.663, entendeu-se ser inconstitucional o benefício concedido, justamente por inexistir prévia deliberação dos estados e do Distrito Federal autorizando a instituição de tal benesse. Destaca-se, ainda, que ante ao longo lapso temporal desde a edição da lei até a declaração de sua inconstitucionalidade, o Ministro Fux, por razões de segurança jurídica dos contribuintes alcançados pelas normas ali analisadas, propôs a modulação dos efeitos da decisão de inconstitucionalidade (art. 27 da Lei nº 9.868/99), no que foi acompanhado pela maioria dos demais ministros. Ficou estabelecida, assim, a inconstitucionalidade do art. 3º da norma impugnada, com excepcionais efeitos *ex nunc*. Manteve-se, portanto, o núcleo essencial da norma objurgada, privilegiando a iniciativa legislativa empreendida pelo estado do Rio Grande do Sul.

VOTO

O Senhor Ministro Luiz Fux (Relator): Senhor Presidente, eminentes pares, cinge-se a controvérsia à discussão da constitucionalidade ou não da Lei nº 11.743/02, do Estado do Rio Grande do Sul, que assegura a prestação de serviços na área de educação e possibilita incentivo a empresas que financiarem bolsas de estudo aos professores que necessitam complementar a formação pedagógica, com benefício fiscal relativo ao ICMS.

I – Premissas teóricas: federalismo de cooperação, pluralismo e seus consectários fiscais

A forma de Estado federalista adotada pela Constituição de 1988 consubstancia-se por um arranjo institucional que envolve a partilha vertical do poder entre diversas unidades políticas autônomas, que coexistem no interior de um único Estado soberano. Trata-se de um modelo de organização política que busca conciliar a unidade com a diversidade.

Embora existam diferentes modelos de federalismo, há alguns elementos mínimos sem os quais uma federação se descaracterizaria. Dentre estes elementos, destaca-se a efetiva autonomia política dos entes federativos, que se traduz nas prerrogativas do autogoverno, auto-organização e autoadministração.

Neste aspecto, apesar de se dizer *de cooperação*, a federação brasileira ainda se revela altamente centralizada, muitas vezes beirando o federalismo meramente nominal. Como já consignei quando da apreciação da ADI 4.060 (de minha relatoria, Tribunal Pleno, DJe de 4/5/2015), vislumbro dois fatores essenciais para esse quadro. O primeiro é de índole *jurídico-positiva*: a engenharia constitucional brasileira, ao promover a partilha de competências entre os entes da federação (CRFB, arts. 21 a 24), concentra grande quantidade de matérias sob a autoridade privativa da União. O segundo fator é de natureza *jurisprudencial*. Não se pode ignorar a contundente atuação do Supremo Tribunal Federal ao exercer o controle de constitucionalidade de lei ou ato federal e estadual, especialmente aquele inspirado no *princípio da simetria* e numa leitura excessivamente inflacionada das competências normativas da União.

O cenário, porém, não é estático. A tensão latente entre centralização e descentralização acaba por gerar uma dinâmica ao longo da existência do regime federativo, que se manifesta por oscilações entre a maior e a menor autonomia local em face da unidade nacional. É o que aponta com precisão Marco Aurélio Marrafon:

> "[...] para além do aspecto estrutural de distribuição de competências e delimitação das esferas próprias de atuação dos entes federados, o federalismo se realiza como um processo dinâmico em que ocorrem novos rearranjos na organização estatal em virtude das condições históricas, culturais, políticas e econômicas ele cada país em determinados períodos.

Assim, por vezes a tensão federativa direciona o pêndulo rumo à centralização da autoridade política e administrativa, para, em outros momentos, oscilar a favor da descentralização.

A análise do caso brasileiro demonstra que essas oscilações podem ocorrer, inclusive, dentro de uma mesma estrutura constitucional".

(MARRAFON, Marco Aurélio. *Federalismo brasileiro: reflexões em torno da dinâmica entre autonomia e centralização*. In: Direito Constitucional Brasileiro. Vol. II: organização do Estado e dos Poderes (Org. CLÈVE, Clèmerson Merlin. São Paulo: Editora Revista dos Tribunais, 2014, p. 117-118)

Dessarte, à luz de tal dinamicidade, a postura dessa Corte em casos de litígios constitucionais em matéria de competência legislativa deve se desenvolver no sentido de prestigiar as iniciativas regionais e locais, a menos que ofendam norma expressa e inequívoca da Constituição. Essa diretriz parece ser a que melhor se acomoda à noção de federalismo cooperativo, como sistema que visa a promover o pluralismo nas formas de organização política.

As vantagens de um modelo como este foram apresentadas, em doutrina, pelo magistério dos professores Daniel Sarmento e Cláudio Pereira de Souza Neto, *verbis*:

"Ao invés de assumir os riscos envolvidos nas grandes apostas de reforma global das instituições nacionais, como tem sido feito, talvez seja melhor experimentá-las no plano local de governo. A aplicação de novas ideias ou arranjos políticos em algum estado ou município precursor pode servir como teste. É claro que muitas experiências podem dar errado, mas os riscos para a sociedade são menores do que quando se pretende realizar reformar nacionais de um só golpe. Não por outra razão, o Juiz Louis Brandeis, da Suprema Corte norte-americana, chamou os governos estaduais de 'laboratórios da democracia': 'É um dos felizes incidentes do sistema federal que um único e corajoso Estado possa, se os seus cidadãos escolherem, servir de laboratório; e tentar experimentos econômicos e sociais sem risco para o resto do país'."

(SARMENTO, Daniel; PEREIRA NETO, Cláudio Pereira de. *Direito constitucional: teoria, história e métodos de trabalho*. Belo Horizonte: Fórum, 2012, p. 335)

Essa necessidade de revitalização descentralizadora do federalismo brasileiro já foi também registrada em doutrina pelo Ministro Ricardo Lewandowski, cujas lições reproduzo, *verbis*:

"Entre nós, o resgate do princípio federativo passa pela valorização da chamada 'competência residual' dos estados, consagrada no artigo 25, §1º, da Constituição Federal: 'São reservadas aos Estados as competências que não lhes sejam vedadas por esta Constituição'. Essa competência nos vem da tradição norte-americana segundo a qual as treze ex-colônias britânicas, transformadas em Estados, ao se unirem, entregaram à União apenas algumas das rendas e competências que possuíam originalmente, mantendo as demais. Não se ignora que o rol de competências enumeradas à União (arts. 21 e 22 da CF) é muito vasto, mas é preciso descobrir novas searas normativas que possam ser trilhadas pelos estados.

Depois, cumpre explorar ao máximo as 'competências concorrentes' previstas no art. 24 da Constituição vigente, impedindo que a União ocupe todos os espaços legislativos, usurpando a competência dos estados e do Distrito Federal nesse setor. Afinal, o §1º do art. 24 estabelece, com todas as letras, que 'no âmbito da legislação concorrente, a competência da União limita-se a estabelecer normas gerais'. E mais: o §3º consigna que, 'inexistindo lei federal sobre normas gerais, os Estados exercerão a competência legislativa plena, para atender às suas peculiaridades'.

No Supremo Tribunal Federal, considerada a sua atual composição, já há uma visível tendência no sentido do fortalecimento do federalismo, prestigiando-se a autonomia dos estados e dos municípios, a partir de inúmeras decisões, especialmente nas áreas da saúde, do meio ambiente e do consumidor".

(LEWANDOWSKI, Enrique Ricardo. *Considerações sobre o federalismo brasileiro*. In: Revista de Justiça e Cidadania, nº 157. Rio de Janeiro: Editora JC, 2013, p. 17)

Não se pode perder de vista que a República Federativa do Brasil tem como um de seus fundamentos o pluralismo político (CRFB, art. 1º, V). Propõe-se, assim, que a regra geral deva ser a liberdade para que cada ente federativo faça as suas escolhas institucionais e normativas, as quais já se encontram bastante limitadas por outras normas constitucionais materiais que restringem seu espaço de autonomia.

Sob outro enfoque, ao dispor sobre o sistema tributário nacional, o texto constitucional brasileiro prevê a competência estadual ou distrital para instituição de imposto sobre *"operações relativas à circulação de mercadorias e sobre prestações de serviços de transporte interestadual e intermunicipal e de comunicação, ainda que as operações e as prestações se iniciem no exterior"*, o ICMS (art. 155, II, da CRFB/88). Trata-se de importante fonte de receita para os Estados-membros, ao qual o texto constitucional dispensa minucioso tratamento.

Não é demais lembrar que também essas disposições colocam-se dentro de um Estado federalista, em cujas definições mínimas se destacam seus aspectos tributários e financeiros, como Abhner Youssif bem assenta em doutrina:

"Dentro dessas definições mínimas, traço importante que também deve ser destacado diz respeito à divisão constitucional de recursos financeiros, (expressão aqui adotada em sentido amplo), seja em relação à definição dos bens públicos, a atribuição de sua titularidade e a participação nos resultados de sua exploração; seja em relação às receitas públicas e sua consectária repartição. Aliás, esse é um ponto particular de alta influência sobre o campo do Direito Financeiro, no qual se discute importante ferramenta para a execução do autogoverno, da auto-organização e da autoadministração dos entes federativos, das políticas públicas, da Federação e da própria democracia em geral: o orçamento público.

Com efeito, o orçamento dos entes federados e a aplicação das receitas que lhes competem são questões diretamente ligadas ao desempenho da autonomia de cada um deles e de suas prerrogativas atribuídas pelo regime federativo. Pode-se dizer, portanto, que a definição dos bens e receitas públicos, bem como as questões financeiro-orçamentárias a ela vinculadas, constitui traço fundamental à realização e concretização de uma federação como a brasileira"

(ARABI, Abhner Youssif Mota. *Desdobramentos Financeiros do Federalismo Fiscal: participação no resultado da exploração de petróleo e o bônus de assinatura*. In: GOMES, Marcus Lívio; ALVES, Raquel de Andrade Vieira; ARABI, Abhner Youssif Mota. Direito Financeiro e Jurisdição Constitucional. Curitiba: Juruá, 2016, p. 13/14).

Imerso nesse contexto constitucional federativo, em regra, a competência tributária abrange como consectário lógico a possibilidade de instituição de benefícios fiscais, de que são exemplos as isenções, a concessão de crédito presumido e a redução da base de cálculo do tributo. Bastaria, para tanto, a edição de *lei específica* pelo ente tributante, nos termos do art. 150, §6º, da CRFB/88.

Entretanto, a parte final desse mesmo dispositivo revela que o texto constitucional estabeleceu regime particular a respeito do modo como tais exonerações fiscais podem ser instituídas em relação ao ICMS. Com efeito, para tal tributo, exige-se prévia *deliberação entre os Estados-membros* (art. 155, §2º, XII, 'g', da CRFB/88). Nos dizeres de Geraldo Ataliba, *"o princípio geral segundo o qual 'quem pode tributar pode isentar' sofre aqui peremptória exceção"*, uma vez que *"os Estados podem instituir o ICM, mas não podem estabelecer isenções livremente"* (ATALIBA, Geraldo. *Lei Complementar na Constituição*. São Paulo: Editora Revista dos Tribunais, 1971, p. 80).

Essa exigência constitucional específica evidencia a preservação do equilíbrio horizontal na tributação, dada a relevância do regime do ICMS para a manutenção da harmonia do pacto federativo (TORRES, Ricardo Lobo. *Tratado de direito constitucional financeiro e tributário*, vol. IV, Rio de Janeiro: Ed. Renovar, 2007, p. 295). Com efeito, se fosse lícito a cada ente federativo regional a instituição de exonerações fiscais de forma independente, o resultado que daí adviria seria a cognominada *guerra fiscal*, com a busca irrefreável pela redução da carga tributária em cada Estado, de forma a atrair empreendimentos e capital para o respectivo território, em prejuízo, em última análise, para a própria forma de estado federalista e seus consectários fiscais.

Deveras, a aludida exigência constitucional restou regulamentada pela recepção pela CRFB/88 da Lei Complementar nº 24/75, que *"Dispõe sobre os convênios para a concessão de isenções do imposto sobre operações relativas* à *circulação de mercadorias, e dá outras providências"*. O âmbito de incidência da exigência de convênio é especificado pelo art. 1º da referida Lei, cuja redação é a seguinte:

> "Art. 1º - As isenções do imposto sobre operações relativas à circulação de mercadorias serão concedidas ou revogadas nos termos de convênios celebrados e ratificados pelos Estados e pelo Distrito Federal, segundo esta Lei.
>
> Parágrafo único - O disposto neste artigo também se aplica:
>
> I - à redução da base de cálculo;
>
> II - à devolução total ou parcial, direta ou indireta, condicionada ou não, do tributo, ao contribuinte, a responsável ou a terceiros;
>
> III - à concessão de créditos presumidos;
>
> IV - à quaisquer outros incentivos ou favores fiscais ou financeiro-fiscais, concedidos com base no Imposto de Circulação de Mercadorias, dos quais resulte redução ou eliminação, direta ou indireta, do respectivo ônus;
>
> V - às prorrogações e às extensões das isenções vigentes nesta data."

Do ponto de vista histórico, na clássica doutrina de José Souto Maior Borges, em comentário à dispositivo semelhante contido na Constituição de 1967, na redação da Emenda nº 1/1969, colhem-se os seguintes ensinamentos, *verbis*:

> "Tal dispositivo representa o ponto culminante da legislação que vem disciplinando com critérios progressivamente restritivos as isenções do ICM, dadas as dificuldades de adaptação desse tributo ao sistema federal brasileiro. Dificuldades de adaptação

que resultam sobretudo da circunstância de serem os impostos sobre a circulação [...] tributos federais por natureza, embora o ICM, em homenagem ao elemento histórico ou a critérios de historicidade que ainda persistiram no sistema tributário brasileiro, mesmo após a reforma tributária nacional, esteja atribuído à competência legislativa dos Estados-membros e Distrito Federal. A identificação do ICM como um imposto federal decorre de que, não obstante seja a sua hipótese de incidência um fato localizado – a circulação – os seus efeitos econômicos são inevitavelmente difundidos por todo o território nacional. Essa característica agrava a problemática das isenções no âmbito das operações interestaduais e mesmo das operações internas."
(BORGES, José Souto Maior. *Lei Complementar Tributária*. São Paulo: Editora Revista dos Tribunais, 1975, p. 167).

Aliomar Baleeiro também destaca a especificidade constitucional erigida para a concessão de benefícios fiscais ao ICMS:

"[...] o princípio federal interfere com o tema das isenções e das demais exonerações tributárias, tanto no âmbito interno como no externo. No âmbito interno, a competência dos Estados-Membros para concessão de isenções em relação ao Imposto sobre a Circulação de Mercadorias e Serviços de Transporte e Comunicação (ICMS) não pode ser exercida individual e unilateralmente por qualquer um deles. A Constituição de 1969 já previa, e a de 1988 manteve o princípio de que cabe à lei complementar 'regular a forma como, mediante deliberação dos Estados e do Distrito Federal, isenções, incentivos e benefícios fiscais serão concedidos e revogados'. Portanto, os convênios ou convenções interestaduais, firmados para a concessão dessas isenções e outros benefícios relativos a esse imposto estadual, são ato de manifestação colegiada prévia de vontade de todos os Estados. [...] no plano interno, a forma federal de Estado traz, como consequência, o fenômeno das isenções conveniais [...]".
(BALEEIRO, Aliomar. *Direito tributário brasileiro*, atualizada por Misabel Abreu Machado Derzi. Rio de Janeiro: Forense, 2015, p. 217)

À luz dessas premissas, passo então ao exame do ato normativo ora impugnado.

II – Do mérito

II.1 Da alegação de vício de competência legislativa

Ab initio, analiso a alegação de inconstitucionalidade dos artigos 1º e 2º da lei estadual impugnada, sob o fundamento de que teriam violado a competência legislativa privativa da União para dispor sobre direito civil, vício que persistiria também acaso se entendesse se tratar de direito trabalhista (art. 22, I, da CRFB/88).

Os referidos dispositivos dispõem que as empresas que patrocinarem bolsas de estudo para professores que ingressam em curso superior poderão exigir dos beneficiários que lhes prestem serviço para a implementação de projetos de alfabetização ou de aperfeiçoamento de seus empregados, bem como para outras atividades compatíveis com a sua formação profissional. Prossegue asseverando que estes serviços serão prestados após a conclusão do curso, por tempo proporcional ao período em que vigorou a bolsa, não podendo ultrapassar a 4 (quatro) anos, nem obrigar o beneficiário a mais de 2 (duas) horas diárias de trabalho. Permite-se, ainda, que a prestação dos serviços ocorra durante a realização do curso, se a bolsa for concedida pela própria Instituição de Ensino Superior.

Entretanto, tenho que a norma impugnada não padece de inconstitucionalidade quanto ao ponto. Isso porque os dispositivos ora analisados visam a incentivar e estimular a formação de professores em nível superior. Trata-se, portanto, de matéria de educação à qual a Constituição atribui competência legislativa concorrente (art. 24, IX, da CRFB/88). Ao dissertar sobre o exercício das competências concorrentes ali encartadas, o Ministro Gilmar Mendes assim pontua em sede doutrinária:

> "A Constituição Federal prevê, além de competências privativas, um condomínio legislativo, de que resultarão normas gerais a serem editadas pela União e normas específicas, a serem editadas pelos Estados-membros. O art. 24 da Lei Maior enumera as matérias submetidas a essa competência concorrente, incluindo uma boa variedade de matérias como o direito tributário e financeiro, previdenciário e urbanístico, conservação da natureza e proteção do meio ambiente [...]
> A divisão de tarefas está contemplada nos parágrafos do art. 24, de onde se extrai que cabe à União editar normas gerais – i. é, normas não-exaustivas, leis-quadro, princípios amplos, que traçam um plano, sem descer a pormenores. Os Estados-membros e o Distrito Federal podem exercer, com relação às normas gerais, competência suplementar (art. 24, §2º), o que significa preencher claros, suprir lacunas".
> (MENDES, Gilmar Ferreira, COELHO, Inocêncio Mártires, e BRANCO, Paulo Gustavo Gonet. *Curso de Direito Constitucional*. 3ª Edição. São Paulo: Saraiva: 2008, p. 822)

Em consonância com as premissas teóricas firmadas nesse voto, cumpre não adotar uma interpretação que infle a compreensão das *normas gerais*, o que afastaria a autoridade normativa dos entes regionais e locais para tratar dos temas sujeitos ao condomínio legislativo vertical. Apesar de sua indefinição semântica, o estabelecimento de *normas gerais* deve se limitar à previsão de bases principiológicas, fixação de diretrizes, mediante disposições de menor densidade normativa e sem que se esgote as possibilidades de regulação da matéria. Assim é que, não havendo necessidade autoevidente de uniformidade nacional na disciplina da temática, proponho prestigiar a iniciativa local em matéria de competências legislativas concorrentes.

Consectariamente, note-se que os artigos 1º e 2º apenas estabelecem que as empresas que facultativamente patrocinarem bolsas de estudo para professores poderão exigir dos beneficiários, em contrapartida, serviços na área educacional. Trata-se de instrumento indutivo de mera permissão, não estando as empresas interessadas sequer obrigadas à exigência da contraprestação.

Dessa sorte, enfatizo que no caso se evidencia a coerência e compatibilidade dos mencionados preceitos normativos com as normas gerais editadas pela União sobre o tema, notadamente no que diz respeito às disposições da Lei de Diretrizes e Bases da Educação (Lei nº 9.394/1996) que, em seu artigo 87, §4º, preceituava:

> "Art. 87. É instituída a Década da Educação, a iniciar-se um ano a partir da publicação desta Lei.
> [...]
> §4º Até o fim da Década da Educação somente serão admitidos professores habilitados em nível superior ou formados por treinamento em serviço."

Note-se que a superveniente revogação do §4º pela Lei federal nº 12.796/2013 não acarreta qualquer prejuízo ao que se afirma, mercê de se tratar de norma temporária – vinculada ao prazo da "Década da Educação" (art. 87 da LDB) – em cuja vigência foi editada a Lei Estadual 11.743/2002.

Dessarte, revela-se inexistente o alegado vício de inconstitucionalidade formal, porquanto não se legislou sobre Direito Civil, tampouco sobre Direito do Trabalho. De modo diverso, está-se diante de matéria concernente a educação, a respeito da qual se estabelece a competência legislativa concorrente (art. 24, IX, da CRFB/88), cabendo à União estabelecer as normas gerais e aos Estados-membros e ao Distrito Federal suplementá-las, no afã de afeiçoá-las às particularidades regionais.

Deveras, esse foi o entendimento firmado por esta Corte no julgamento de casos análogos, conforme exemplificam os seguintes precedentes:

"AÇÃO DIRETA DE INCONSTITUCIONALIDADE. DIREITO CONSTITUCIONAL. PARTILHA DE COMPETÊNCIA LEGISLATIVA CONCORRENTE EM MATÉRIA DE EDUCAÇÃO (CRFB, ART. 24, IX). LEI ESTADUAL DE SANTA CATARINA QUE FIXA NÚMERO MÁXIMO DE ALUNOS EM SALA DE AULA. QUESTÃO PRELIMINAR REJEITADA. IMPUGNAÇÃO FUNDADA EM OFENSA DIRETA À CONSTITUIÇÃO. CONHECIMENTO DO PEDIDO. AUSÊNCIA DE USURPAÇÃO DE COMPETÊNCIA DA UNIÃO EM MATÉRIA DE NORMAS GERAIS. COMPREENSÃO AXIOLÓGICA E PLURALISTA DO FEDERALISMO BRASILEIRO (CRFB, ART. 1º, V). NECESSIDADE DE PRESTIGIAR INICIATIVAS NORMATIVAS REGIONAIS E LOCAIS SEMPRE QUE NÃO HOUVER EXPRESSA E CATEGÓRICA INTERDIÇÃO CONSTITUCIONAL. EXERCÍCIO REGULAR DA COMPETÊNCIA LEGISLATIVA PELO ESTADO DE SANTA CATARINA AO DETALHAR A PREVISÃO CONTIDA NO ARTIGO 25 DA LEI Nº 9.394/94 (LEI DE DIRETRIZES E BASES DA EDUCAÇÃO NACIONAL). PEDIDO JULGADO IMPROCEDENTE.

1. O princípio federativo brasileiro reclama, na sua ótica contemporânea, o abandono de qualquer leitura excessivamente inflacionada das competências normativas da União (sejam privativas, sejam concorrentes), bem como a descoberta de novas searas normativas que possam ser trilhadas pelos Estados, Municípios e pelo Distrito Federal, tudo isso em conformidade com o pluralismo político, um dos fundamentos da República Federativa do Brasil (CRFB, art. 1º, V).

2. A invasão da competência legislativa da União invocada no caso sub judice envolve, diretamente, a confrontação da lei atacada com a Constituição (CRFB, art. 24, IX e parágrafos), não havendo que se falar nessas hipóteses em ofensa reflexa à Lei Maior. Precedentes do STF: ADI nº 2.903, rel. Min. Celso de Mello, DJe-177 de 19-09-2008; ADI nº 4.423, rel. Min. Dias Toffoli, DJe-225 de 14-11-2014; ADI nº 3.645, rel. Min. Ellen Gracie, DJ de 01-09-2006.

3. A prospective overruling, antídoto ao engessamento do pensamento jurídico, revela oportuno ao Supremo Tribunal Federal rever sua postura prima facie em casos de litígios constitucionais em matéria de competência legislativa, para que passe a prestigiar, como regra geral, as iniciativas regionais e locais, a menos que ofendam norma expressa e inequívoca da Constituição de 1988.

4. A competência legislativa do Estado-membro para dispor sobre educação e ensino (CRFB, art. 24, IX) autoriza a fixação, por lei local, do número máximo de alunos em sala de aula, no afã de viabilizar o adequado aproveitamento dos estudantes.

5. O limite máximo de alunos em sala de aula não ostenta natureza de norma geral, uma vez que dependente das circunstâncias peculiares a cada ente da federação, tais

como o número de escola colocadas à disposição da comunidade, a oferta de vagas para o ensino, o quantitativo de crianças em idade escolar para o nível fundamental e médio, o número de professores em oferta na região, além de aspectos ligados ao desenvolvimento tecnológico nas áreas de educação e ensino.

6. Pedido de declaração de inconstitucionalidade julgado improcedente."

(ADI 4.060, rel. Min. Luiz Fux, Tribunal Pleno, DJe de 4/5/2015)

"AÇÃO DIRETA DE INCONSTITUCIONALIDADE. LEI DISTRITAL Nº 3.694, DE 8 DE NOVEMBRO DE 2005, QUE REGULAMENTA O §1º DO ART. 235 DA LEI ORGÂNICA DO DISTRITO FEDERAL QUANTO À OFERTA DE ENSINO DA LÍNGUA ESPANHOLA AOS ALUNOS DA REDE PÚBLICA DO DISTRITO FEDERAL. AUSÊNCIA DE AFRONTA À CONSTITUIÇÃO DA REPÚBLICA.

1. Competência concorrente entre a União, que define as normas gerais e os entes estaduais e Distrito Federal, que fixam as especificidades, os modos e meios de cumprir o quanto estabelecido no art. 24, inc. IX, da Constituição da República, ou seja, para legislar sobre educação.

2. O art. 22, inc. XXIV, da Constituição da República enfatiza a competência privativa do legislador nacional para definir as diretrizes e bases da educação nacional, deixando as singularidades no âmbito de competência dos Estados e do Distrito Federal.

3. Ação direta de inconstitucionalidade julgada improcedente."

(ADI 3.669, rel. Min. Cármen Lúcia, Tribunal Pleno, DJe de 29/6/2007)

"AÇÃO DIRETA DE INCONSTITUCIONALIDADE. LEI DO ESTADO DO PARANÁ 9.346/1990. MATRÍCULA ESCOLAR ANTECIPADA. ART. 24, IX E PARÁGRAFO 2º DA CONSTITUIÇÃO FEDERAL. COMPETÊNCIA CONCORRENTE PARA LEGISLAR SOBRE EDUCAÇÃO.

A lei paranaense 9.346/1990, que faculta a matrícula escolar antecipada de crianças que venham a completar seis anos de idade até o final do ano letivo de matrícula, desde que preenchidos determinados requisitos, cuida de situação excepcional em relação ao que era estabelecido na lei federal sobre o tema à época de sua edição (lei 5.692/1971 revogada pela lei 9.394/1996, esta alterada pela lei 11.274/2006).

Atuação do Estado do Paraná no exercício da competência concorrente para legislar sobre educação.

Ação direta julgada improcedente."

(ADI 682, relator para o acórdão o Min. Joaquim Barbosa, Tribunal Pleno, DJe de 11/5/2007)

"CONSTITUCIONAL. EDUCAÇÃO. LEI DE DIRETRIZES E BASES DA EDUCAÇÃO. LEI 9.394, DE 1996. COMPETÊNCIA LEGISLATIVA CONCORRENTE: CF, ART. 24. COMPETÊNCIA ESTADUAL CONCORRENTE NÃO-CUMULATIVA OU SUPLEMENTAR E COMPETÊNCIA CONCORRENTE ESTADUAL CUMULATIVA.

I. - O art. 24 da CF compreende competência estadual concorrente não-cumulativa ou suplementar (art. 24, §2º) e competência estadual concorrente cumulativa (art. 24, §3º). Na primeira hipótese, existente a lei federal de normas gerais (art. 24, §1º), poderão os Estados e o DF, no uso da competência suplementar, preencher os vazios da lei federal de normas gerais, a fim de afeiçoá-la às peculiaridades locais (art. 24, §2º); na segunda hipótese, poderão os Estados e o DF, inexistente a lei federal de normas gerais, exercer a competência legislativa plena "para atender a suas peculiaridades" (art. 24, §3º).

Sobrevindo a lei federal de normas gerais, suspende esta a eficácia da lei estadual, no que lhe for contrário (art. 24, §4º).

II. - A Lei 10.860, de 31.8.2001, do Estado de São Paulo foi além da competência estadual concorrente não-cumulativa e cumulativa, pelo que afrontou a Constituição Federal, art. 22, XXIV, e art. 24, IX, §2º e §3º.

III. - Ação direta de inconstitucionalidade julgada procedente, declarada a inconstitucionalidade da Lei 10.860/2001 do Estado de São Paulo."

(ADI 3.098, rel. Min. Carlos Velloso, Tribunal Pleno, DJe de 10/3/2006)

Portanto, dessume-se das premissas aqui elencadas a *constitucionalidade* formal dos arts. 1º e 2º da Lei nº 11.743/02, do Estado do Rio Grande do Sul.

II.2 Da concessão inconstitucional de benefício fiscal relativo ao ICMS

Em relação ao art. 3º, também à luz das premissas já acima evidenciadas, o ato normativo impugnado erige benefício fiscal unilateralmente, em desacordo com as normas constitucionais. Dessarte, ao criar nova hipótese de dedução (equivalente a 50% – cinquenta por cento – do valor da bolsa prevista nos arts. 1º e 2º), evidencia-se a instituição de tratamento fiscal mais favorável sem o necessário convênio interestadual prévio que o autorizasse (art. 155, §2º, XII, 'g', da CRFB/88). Nos termos da Lei Complementar nº 24/1975, recepcionada pela ordem constitucional vigente, a antecedente deliberação dos Estados e do Distrito Federal é exigida para os casos de isenções em geral, tais como redução da base de cálculo; devolução total ou parcial, direta ou indireta, condicionada ou não, do tributo, ao contribuinte, a responsável ou a terceiros; concessão de créditos presumidos; bem como quaisquer outros incentivos ou favores fiscais ou financeiro-fiscais, dos quais resulte redução ou eliminação, direta ou indireta, do respectivo ônus.

À luz de tais parâmetros, é uníssona a jurisprudência desta Suprema Corte ao proclamar a invalidade de leis estaduais que, a despeito da ausência de convênio interestadual, tenham concedido favores fiscais relativamente ao ICMS, conforme exemplificam os seguintes precedentes:

"I. TRIBUTÁRIO. LEI ESTADUAL QUE INSTITUI BENEFÍCIOS FISCAIS RELATIVOS AO ICMS. AUSÊNCIA DE CONVÊNIO INTERESTADUAL PRÉVIO. OFENSA AO ART. 155, §2º, XII, g, DA CF/88. II. CONTROLE DE CONSTITUCIONALIDADE. MODULAÇÃO DOS EFEITOS TEMPORAIS. 1. A instituição de benefícios fiscais relativos ao ICMS só pode ser realizada com base em convênio interestadual, na forma do art. 155, §2º, XII, g, da CF/88 e da Lei Complementar nº 24/75. 2. De acordo com a jurisprudência do STF, o mero diferimento do pagamento de débitos relativos ao ICMS, sem a concessão de qualquer redução do valor devido, não configura benefício fiscal, de modo que pode ser estabelecido sem convênio prévio. [...]"

(ADI 4.481, rel. Min. Roberto Barroso, Tribunal Pleno, julgada em 11/3/2015, DJe de 19/5/2015)

"AÇÃO DIRETA DE INCONSTITUCIONALIDADE. TRIBUTÁRIO. ISENÇÃO FISCAL. ICMS. LEI COMPLEMENTAR ESTADUAL. EXIGÊNCIA CONSTITUCIONAL DE CONVÊNIO INTERESTADUAL (CF, ART. 155, §2º, XII, 'g'). DESCUMPRIMENTO.

RISCO DE DESEQUILÍBRIO DO PACTO FEDERATIVO. GUERRA FISCAL. INCONSTITUCIONALIDADE FORMAL. CONCESSÃO DE ISENÇÃO À OPERAÇÃO DE AQUISIÇÃO DE AUTOMÓVEIS POR OFICIAIS DE JUSTIÇA ESTADUAIS. VIOLAÇÃO AO PRINCÍPIO DA ISONOMIA TRIBUTÁRIA (CF, ART. 150, II). DISTINÇÃO DE TRATAMENTO EM RAZÃO DE FUNÇÃO SEM QUALQUER BASE RAZOÁVEL A JUSTIFICAR O DISCRIMEN. INCONSTITUCIONALIDADE MATERIAL. PROCEDÊNCIA DO PEDIDO. 1. O pacto federativo reclama, para a preservação do equilíbrio horizontal na tributação, a prévia deliberação dos Estados-membros para a concessão de benefícios fiscais relativamente ao ICMS, na forma prevista no art. 155, §2º, XII, 'g', da Constituição e como disciplinado pela Lei Complementar nº 24/75, recepcionada pela atual ordem constitucional. 2. In casu, padece de inconstitucionalidade formal a Lei Complementar nº 358/09 do Estado do Mato Grosso, porquanto concessiva de isenção fiscal, no que concerne ao ICMS, para as operações de aquisição de automóveis por oficiais de justiça estaduais sem o necessário amparo em convênio interestadual, caracterizando hipótese típica de guerra fiscal em desarmonia com a Constituição Federal de 1988. 3. A isonomia tributária (CF, art. 150, II) torna inválidas as distinções entre contribuintes "em razão de ocupação profissional ou função por eles exercida", máxime nas hipóteses nas quais, sem qualquer base axiológica no postulado da razoabilidade, engendra-se tratamento discriminatório em benefício da categoria dos oficiais de justiça estaduais. 4. Ação direta de inconstitucionalidade julgada procedente."

(ADI 4.276, rel. Min. Luiz Fuz, Tribunal Pleno, julgada em 20/8/2014, DJe de 18/9/2014)

"TRIBUTÁRIO. IMPOSTO SOBRE CIRCULAÇÃO DE MERCADORIAS E PRESTAÇÃO DE SERVIÇOS DE COMUNICAÇÃO E DE TRANSPORTE INTERMUNICIPAL E INTERESTADUAL. ISENÇÃO CONCEDIDA A TÍTULO DE AUXÍLIO-TRANSPORTE AOS INTEGRANTES DA POLÍCIA CIVIL E MILITAR EM ATIVIDADE OU INATIVIDADE. AUSÊNCIA DE PRÉVIO CONVÊNIO INTERESTADUAL. PERMISSÃO GENÉRICA AO EXECUTIVO. INCONSTITUCIONALIDADE. LEI 13.561/2002 DO ESTADO DO PARANÁ. 1. A concessão de benefício ou de incentivo fiscal relativo ao ICMS sem prévio convênio interestadual que os autorize viola o art. 155, §2º, XII, g da Constituição. 2. Todos os critérios essenciais para a identificação dos elementos que deverão ser retirados do campo de incidência do tributo (regra-matriz) devem estar previstos em lei, nos termos do art. 150, §6º da Constituição. A permissão para que tais elementos fossem livremente definidos em decreto do Poder Executivo viola a separação de funções estatais prevista na Constituição. Ação Direta de Inconstitucionalidade julgada procedente."

(ADI 2.688, rel. Min. Joaquim Barbosa, Tribunal Pleno, julgada em 1/6/2011, DJe de 26/8/2011)

"AÇÃO DIRETA DE INCONSTITUCIONALIDADE - INEXISTÊNCIA DE PRAZO DECADENCIAL - ICMS - CONCESSÃO DE ISENÇÃO E DE OUTROS BENEFÍCIOS FISCAIS, INDEPENDENTEMENTE DE PREVIA DELIBERAÇÃO DOS DEMAIS ESTADOS-MEMBROS E DO DISTRITO FEDERAL - LIMITAÇÕES CONSTITUCIONAIS AO PODER DO ESTADO-MEMBRO EM TEMA DE ICMS (CF, ART. 155, 2., XII, "G") - NORMA LEGAL QUE VEICULA INADMISSÍVEL DELEGAÇÃO LEGISLATIVA EXTERNA AO GOVERNADOR DO ESTADO - PRECEDENTES DO STF - MEDIDA CAUTELAR DEFERIDA EM PARTE. AÇÃO DIRETA DE INCONSTITUCIONALIDADE E PRAZO DECADENCIAL: O ajuizamento da ação direta de inconstitucionalidade não esta sujeito a observância de qualquer prazo de natureza prescricional ou de caráter decadencial, eis que atos inconstitucionais jamais se convalidam pelo mero decurso do tempo. Súmula 360. Precedentes do STF. DIREITO DE PETIÇÃO E AÇÃO DIRETA:

O direito de petição, presente em todas as Constituições brasileiras, qualifica-se como importante prerrogativa de caráter democrático. Trata-se de instrumento jurídico-constitucional posto à disposição de qualquer interessado - mesmo daqueles destituídos de personalidade jurídica -, com a explicita finalidade de viabilizar a defesa, perante as instituições estatais, de direitos ou valores revestidos tanto de natureza pessoal quanto de significação coletiva. Entidade sindical que pede ao Procurador-Geral da República o ajuizamento de ação direta perante o STF. Provocatio ad agendum. Pleito que traduz o exercício concreto do direito de petição. Legitimidade desse comportamento. ICMS E REPULSA CONSTITUCIONAL A GUERRA TRIBUTARIA ENTRE OS ESTADOS-MEMBROS: O legislador constituinte republicano, com o propósito de impedir a 'guerra tributaria' entre os Estados-membros, enunciou postulados e prescreveu diretrizes gerais de caráter subordinante destinados a compor o estatuto constitucional do ICMS. Os princípios fundamentais consagrados pela Constituição da República, em tema de ICMS, (a) realçam o perfil nacional de que se reveste esse tributo, (b) legitimam a instituição, pelo poder central, de regramento normativo unitário destinado a disciplinar, de modo uniforme, essa espécie tributaria, notadamente em face de seu caráter não-cumulativo, (c) justificam a edição de lei complementar nacional vocacionada a regular o modo e a forma como os Estados-membros e o Distrito Federal, sempre após deliberação conjunta, poderão, por ato próprio, conceder e/ou revogar isenções, incentivos e benefícios fiscais. CONVENIOS E CONCESSÃO DE ISENÇÃO, INCENTIVO E BENEFICIO FISCAL EM TEMA DE ICMS: A celebração dos convênios interestaduais constitui pressuposto essencial a valida concessão, pelos Estados-membros ou Distrito Federal, de isenções, incentivos ou benefícios fiscais em tema de ICMS. Esses convênios - enquanto instrumentos de exteriorização formal do prévio consenso institucional entre as unidades federadas investidas de competência tributária em matéria de ICMS - destinam-se a compor os conflitos de interesses que necessariamente resultariam, uma vez ausente essa deliberação intergovernamental, da concessão, pelos Estados-membros ou Distrito Federal, de isenções, incentivos e benefícios fiscais pertinentes ao imposto em questão. O pacto federativo, sustentando-se na harmonia que deve presidir as relações institucionais entre as comunidades políticas que compõem o Estado Federal, legitima as restrições de ordem constitucional que afetam o exercício, pelos Estados-membros e Distrito Federal, de sua competência normativa em tema de exoneração tributaria pertinente ao ICMS. MATÉRIA TRIBUTARIA E DELEGAÇÃO LEGISLATIVA: A outorga de qualquer subsidio, isenção ou crédito presumido, a redução da base de cálculo e a concessão de anistia ou remissão em matéria tributária só podem ser deferidas mediante lei especifica, sendo vedado ao Poder Legislativo conferir ao Chefe do Executivo a prerrogativa extraordinária de dispor, normativamente, sobre tais categorias temáticas, sob pena de ofensa ao postulado nuclear da separação de poderes e de transgressão ao princípio da reserva constitucional de competência legislativa. Precedente: ADIn 1.296-PE, Rel. Min. CELSO DE MELLO."

(ADI 1.247-MC, rel. Min. Celso de Mello, Tribunal Pleno, julgado em 17/8/1995, DJ 8/9/1995)

Impende considerar que não se desconhece o entendimento de que o aludido vício de inconstitucionalidade apenas exsurge diante da possibilidade, ainda que potencial, de se gerar a competição entre os Estados-membros pela atração de investidores e agentes econômicos em geral, tal como afirmado na ADI 3.421 (rel. Min. Marco Aurélio, Tribunal Pleno, DJe de 28/5/2010). Na hipótese, enfrentava-se a alegação de inconstitucionalidade de outorga de benefício a igrejas e templos de qualquer crença para exclusão do ICMS nas contas de serviços públicos de água, luz, telefone e gás, assim se assentando no voto do Ministro relator:

"A lei complementar relativa à disciplina da matéria é a nº 24/75. Nela está disposto que, ante as peculiaridades do ICMS, benefícios fiscais hão de estar previstos em instrumento formalizado por todas as unidades da Federação. Indago: o preceito alcança situação concreta que objetive beneficiar, sem que se possa apontar como alvo a cooptação, não o contribuinte de direito, mas o contribuinte de fato, presentes igrejas e templos de qualquer crença, quanto a serviços públicos estaduais próprios, delegados, terceirizados ou privatizados de água, luz, telefone e gás? A resposta é negativa.

A proibição de introduzir-se benefício fiscal, sem o assentimento dos demais estados, tem como móvel evitar competição entre as unidades da Federação e isso não acontece na espécie. Friso, mais uma vez, que a disciplina não revela isenção alusiva a contribuinte de direito, a contribuinte que esteja no mercado, mas a contribuintes de fato, de especificidade toda própria, ou seja, igrejas e templos, notando-se, mais, que tudo ocorre no tocante ao preço de serviços públicos e à incidência do ICMS.

Está-se diante de opção político-normativa possível, não cabendo cogitar de discrepância com as balizas constitucionais referentes ao orçamento, sendo irrelevante o cotejo buscado com a Lei de Responsabilidade Fiscal, isso presente o controle abstrato de constitucionalidade. No caso, além da repercussão quanto à receita, há o enquadramento da espécie na previsão da primeira parte do §6º do artigo 150 da Carta Federal, o qual remete a isenção a lei específica."

Entretanto, a situação ora enfrentada é diversa, uma vez que diretamente direcionada ao contribuinte de direito do imposto e fazendo exsurgir a potencial possibilidade de guerra fiscal entre os Estados-membros. Dessarte, o ato normativo impugnado instituiu, unilateralmente, regime tributário mais favorável, em ofensa ao art. 155, §2º, XII, 'g', da CRFB/88.

Destaco, ainda, que o Ministério Público Federal também se manifestou pela inconstitucionalidade do dispositivo, ao afirmar que *"a Lei estadual em tela trata, ainda, evidentemente, em seu art. 3º [...] de benefícios e incentivos fiscais relativos ao ICMS, fazendo-o em desconformidade com a Carta da República, [...] visto não haver o incentivo sob enfoque sido instituído mediante convênio celebrado entre os Estados e o Distrito Federal"*.

Por fim, mercê das razões de segurança jurídica dos contribuintes alcançados pelas normas ora analisadas, proponho sejam modulados os efeitos da decisão de inconstitucionalidade do art. 3º da norma impugnada, conferindo-lhes efeitos *ex nunc*, nos termos do art. 27 da Lei nº 9.868/99, a contar da publicação da ata do presente julgamento.

III – Do Dispositivo

Ex positis, *julgo parcialmente procedente* o pedido formulado, a fim de declarar a inconstitucionalidade do art. 3º da Lei nº 11.743/02, do Estado do Rio Grande do Sul, conferindo à decisão efeitos *ex nunc*, a partir da publicação da ata deste julgamento (art. 27 da Lei nº 9.868/99).

É como voto.

Informação bibliográfica deste texto, conforme a NBR 6023:2018 da Associação Brasileira de Normas Técnicas (ABNT):

ARABI, Abhner Youssif Mota. ADI nº 2.663 – Federalismo cooperativo: valorização da competência legislativa estadual como instrumento de pluralismo político e experimentalismo democrático. *In*: FUX, Luiz. *Jurisdição Constitucional III*: república e direitos fundamentais. Coordenação de Valter Shuenquener de Araujo. Belo Horizonte: Fórum, 2019. p. 43-58. ISBN 978-85-450-0691-6.

RE Nº 835.558 – REPERCUSSÃO GERAL: COMPETÊNCIA DA JUSTIÇA FEDERAL PARA PROCESSAR E JULGAR CRIMES AMBIENTAIS TRANSNACIONAIS

ALDO JOSÉ BARROS BARATA DE OLIVEIRA

1 Contextualização do caso

No RE nº 835.558, discutiu-se o Tema nº 648 da repercussão geral. Tratava-se, na origem, de denúncia oferecida pelo Ministério Público Federal, perante a Justiça Federal, imputando ao denunciado a prática dos crimes do art. 29, §1º, III, e §4º, I, da Lei nº 9.605/98 e, por três vezes, a do art. 299 c/c art. 71 do Código Penal, em razão das condutas irregulares de manter em cativeiro e exportar animais silvestres da fauna brasileira, inclusive espécimes ameaçados de extinção.

O juízo federal de primeiro grau declinou da sua competência por entender que a Justiça Estadual seria competente para processar e julgar os crimes ambientais.

O Tribunal Regional, ao julgar o recurso em sentido estrito, manteve a ausência de competência da Justiça Federal para julgar crimes ambientais, sob o fundamento de que não se vislumbraria lesão direta a qualquer bem, serviço ou interesse da União, especialmente em razão de que a proteção ao meio ambiente constitui matéria afeta à competência comum, portanto, envolvendo todos os entes da federação.

Distribuídos os autos, o Plenário Virtual do Supremo Tribunal Federal, em julgamento concluído no dia 3.5.2013, reconheceu a repercussão geral do tema.

2 *Quaestio iuris* debatida

A controvérsia consistia na fixação da competência para julgamento de crimes ambientais transnacionais. O objeto em discussão não era novidade na Suprema Corte. A questão da competência em matéria ambiental-penal já fora discutida em copiosos julgamentos diante dos órgãos fracionários do Tribunal. Todavia, necessário se fez revisitar o tema, dessa vez sob o pálio da repercussão geral.

Naquela assentada, o Ministro Luiz Fux iniciou seu voto destacando que a Constituição Federal estabeleceu a repartição das competências jurisdicionais dos órgãos do Poder Judiciário, restando à Justiça Estadual a competência residual (arts. 125 e 126). Especificamente quanto ao caráter residual da competência da Justiça Estadual para processar e julgar os crimes ambientais é que surgia a controvérsia deste julgado.

Durante seu denso voto, o Ministro Luiz Fux enfrentou a questão em diversas frentes, sempre voltado ao princípio da solidariedade intergeracional encartado no art. 225 do Texto Constitucional de 1988, o qual consagra que "todos têm direito ao meio ambiente ecologicamente equilibrado, bem de uso comum do povo e essencial à sadia qualidade de vida, impondo-se ao Poder Público e à coletividade o dever de defendê-lo e preservá-lo para as presentes e futuras gerações".

Aliás, imersa nesse contexto e preocupada com a efetividade do direito ao meio ambiente, a Constituição incumbiu ao Poder Público, no inc. VII do §1º do mesmo dispositivo, "proteger a fauna e a flora, vedadas, na forma da lei, as práticas que coloquem em risco sua função ecológica, provoquem a extinção de espécies ou submetam os animais a crueldade".

Outro aspecto enfatizado no voto diz com o nobre e atual tema da *ecologia*, assinalando como sua principal diretriz a iminente necessidade de confrontar as adversidades ambientais contemporâneas, as quais já se mostram, comprovadamente, aptas a colocar em perigo a vida no planeta, no paradigma da sociedade de risco. Deveras, a crise ambiental revela "especial dramaticidade nos problemas que suscita, porquanto ameaçam a viabilidade do *continuum* das espécies".

Ressaltou-se que a interdependência entre as diversas formas de vida, associada ao reconhecimento de que a afetação de apenas um dos seus fatores possui o condão de gerar consequências significativas a todo o complexo, reclama políticas voltadas à sua conservação, considerando especialmente a estrutura internacional como forma de colaboração global. Neste contexto, diante dos riscos apresentados em atividades que influenciam diretamente o equilíbrio e a segurança ambientais, tornou-se conveniente, para além de medidas preventivas, a aplicação do princípio da precaução em matéria ambiental.

Para além desses vetores de interpretação, a questão da competência pôde ser resolvida a partir da análise específica das normas consagradas no direito interno e no direito convencional, conduzindo-se à conclusão de que a transnacionalidade do crime ambiental, voltado à exportação de animais silvestres, atinge interesse direto, específico e imediato da União, sob o viés da garantia da segurança ambiental no plano internacional, em atuação conjunta com a Comunidade das Nações.

Discutiu-se, ainda, a ausência de tipificação do delito em tratado internacional de que o Brasil fosse signatário, razão pela qual a transnacionalidade, *per se*, seria insuficiente para justificar a competência da Justiça Federal.

A definição dos animais envolvidos na controvérsia revelou-se, do mesmo modo, capítulo a merecer debate. No ponto, o Ministro Ricardo Lewandowski aventou uma ampliação interpretativa, de modo a recair na competência da Justiça Federal todos os animais silvestres que fossem indevidamente exportados, ou levados, para o exterior, mesmo aqueles que não estivessem em extinção ou não fossem propriamente exóticos. Explicitou que, da forma originalmente apresentada, estaria se qualificando animais silvestres, restringindo-se, assim, o universo de ações puníveis e de competência da Justiça Federal.

Outro tópico que fez exsurgir certa discussão tratava dos documentos internacionais em que estariam inseridos os animais merecedores de proteção a justificar a competência da Justiça Federal. O Ministro Roberto Barroso, apesar de concordar com a competência proposta, sugeriu a extensão da ideia de tratados e convenções para abarcar a noção de compromissos internacionais, no que foi acompanhado por outros colegas.

Nessa linha, o Ministro Dias Toffoli recomendou não colocar na tese a expressão "tipificados em tratado ou convenção", mas, sim, "que o Brasil assumiu o compromisso".

Resumidamente, houve convergência de entendimento acerca da necessidade de fixação da competência da Justiça Federal quando o crime ambiental fosse cometido em detrimento de interesses da União ou de seus entes; quando previsto em tratado, convenção, ou até mesmo em compromissos e documentos internacionais, para aqueles que detêm uma visão mais abrangente; e, por fim, quando iniciada a sua execução no Brasil, cometido a bordo de navios ou aeronaves, ressalvada a competência da Justiça Militar.

Destarte, a Corte Constitucional, guiada pelo denso voto do Ministro Luiz Fux, assentou que o envio clandestino de animais silvestres ao exterior reclama interesse direto da União no controle de entrada e saída de animais do território nacional, bem como na observância dos compromissos do Estado brasileiro com a comunidade internacional, para a garantia conjunta de concretização do que estabelecido nos acordos internacionais de proteção do direito fundamental à segurança ambiental. Assim, a natureza transnacional do delito ambiental de exportação de animais silvestres atrai a competência da Justiça Federal, nos termos do art. 109, IV, da Constituição Federal de 1988.

Prosseguindo no julgamento, o Tribunal, por unanimidade e nos termos do voto do relator, deu provimento ao recurso extraordinário, concluindo pela competência da Justiça Federal para o processamento e julgamento do crime ambiental de caráter transnacional que envolva os animais em questão.

Nesse contexto, as questões aqui delineadas conduziram o Plenário do Supremo Tribunal Federal a concluir pela fixação da seguinte tese de repercussão geral, qual seja: "Compete à Justiça Federal processar e julgar o crime ambiental de caráter transnacional que envolva animais silvestres, ameaçados de extinção e espécimes exóticas ou protegidas por compromissos internacionais assumidos pelo Brasil".

Por conseguinte, em que pese as divergências pontuais durante o julgamento quanto à fixação da tese, sua fixação contou com o apoio da ampla maioria do Plenário. Trata-se de julgamento de grande repercussão e forte impacto prático e social, tornando-se indispensável a detida análise do voto condutor proferido pelo Ministro Luiz Fux.

VOTO

O *thema iudicandum*, com repercussão geral reconhecida, gravita em torno da definição do órgão jurisdicional competente para processar e julgar aqueles acusados de crime ambiental transnacional, nos termos da Carta Maior, especialmente em face da suposta existência ou não de interesse federal.

A matéria não é novidade no Tribunal. Diversos foram os julgamentos colegiados envolvendo a questão da competência em matéria ambiental-penal, em ambas as turmas. Contudo, ante a ausência do caráter vinculante atribuído a essas decisões, volta-se a debatê-lo uma vez mais, agora sob o manto da repercussão geral.

Os requisitos intrínsecos e extrínsecos de admissibilidade do apelo extremo foram preenchidos, estando presentes a tempestividade, o prequestionamento, a legitimidade e o interesse recursal. Além disso, o Plenário reconheceu a repercussão geral da matéria (Tema 648 - Competência da Justiça Federal para processar e julgar crimes ambientais transnacionais).

Ante o exposto, admito o presente recurso extraordinário e passo ao exame do mérito.

A controvérsia *sub examine* consiste, em síntese, na fixação da competência para julgamento de crimes ambientais transnacionais.

Segundo a tradicional definição de Liebman, competência é a *"quantidade de jurisdição cujo exercício é atribuído a cada órgão ou grupo de órgãos"* (LIEBMAN apud CINTRA, Antônio Carlos de Araújo, GRINOVER, Ada Pellegrini, DINAMARCO, Cândido Rangel. Teoria geral do processo. São Paulo: Malheiros, 31ª ed., 2015, p. 266). Para Mirabete, é *"a medida e o limite da jurisdição, é a delimitação do poder jurisdicional"* (MIRABETE, Julio Fabbrini. Processo penal. São Paulo: Atlas, 18ª ed., 2007, p. 156).

Complementando as lições citadas, Cintra, Grinover e Dinamarco doutrinam:

> *"[...] a função jurisdicional, que é uma só e atribuída abstratamente a todos os órgãos integrantes do Poder Judiciário, passa por um processo gradativo de concretização, até chegar-se à determinação do juiz competente para determinado processo. Através das regras legais que atribuem a cada órgão o exercício da jurisdição com referência a dada categoria de causas (regras de competência) excluem-se os demais órgãos jurisdicionais para que só aquele deva exercê-la ali, em concreto"* (CINTRA, Antônio Carlos de Araújo, GRINOVER, Ada Pellegrini, DINAMARCO, Cândido Rangel. Teoria geral do processo. São Paulo: Malheiros, 31ª ed., 2015, p. 266).

Ainda na vigência da Constituição pretérita, era interpretação corrente que os crimes praticados contra a fauna eram de competência federal.

Isso porque, em 1967, promulgou-se a Lei 5.197, conhecida como Lei de Proteção da Fauna, cujo art. 1º assentara:

> *"Os animais de quaisquer espécies, em qualquer fase do seu desenvolvimento e que vivem naturalmente fora do cativeiro, constituindo a fauna silvestre, bem como seus ninhos, abrigos e criadouros naturais são propriedades do Estado, sendo proibida a sua utilização, perseguição, destruição, caça ou apanha."*

A expressão "Estado" constante do texto legal, segundo magistério de José Afonso da Silva, deve ser entendida *"no sentido de pessoa jurídica de Direito Internacional, não como Estado-membro da Federação"*. (Comentário contextual à Constituição. São Paulo, Malheiros: 9ª ed., 2014, p. 866)

Destarte, sendo propriedade do Estado brasileiro, era assente que cabia à Justiça Federal seu julgamento. O Supremo Tribunal Federal, sob a égide da Constituição pretérita, assim decidiu:

"*CONFLITO DE JURISDIÇÃO. COMPETÊNCIA DA JUSTIÇA FEDERAL PARA O PROCESSO E JULGAMENTO DAS CONTRAVENÇÕES PENAIS RELATIVAS A FAUNA SILVESTRE E A FLORESTAS, COMO PREVISTAS NAS LEIS NS. 5.197, DE 03.01.67 E 4.771, DE 15.9.65. CONFLITO CONHECIDO, PARA DECLARAR A COMPETÊNCIA DO TRIBUNAL SUSCITANTE*" (CJ 6.364, Rel. Min. Néri da Silveira, Plenário, DJ de 27/5/1983).

"*FAUNA SILVESTRE. CAÇA. CONTRAVENÇÃO. JUSTIÇA COMPETENTE PARA O PROCESSO. CONFLITO DE JURISDIÇÃO. CONTRAVENÇÃO PREVISTA NO ART-27 DA LEI N° 5.197, DE 03.01.67. COMPETÊNCIA DA JUSTIÇA FEDERAL PARA O PROCESSO E JULGAMENTO DESSA INFRAÇÃO. CONFLITO DE JURISDIÇÃO CONHECIDO E DECLARADA A INCOMPETÊNCIA DA JUSTIÇA ESTADUAL E A NULIDADE DOS ATOS DECISÓRIOS POR ELA PRATICADOS, COM A DETERMINAÇÃO DA REMESSA DOS AUTOS À JUSTIÇA FEDERAL, SEÇÃO DO ESTADO DE SÃO PAULO*" (CJ 6.277, Rel. Min. Soares Muñoz, Plenário, DJ de 10/4/1981).

Seguindo essa orientação, é dizer, com base na premissa de que os animais silvestres estariam incluídos entre os bens da União, o e. Superior Tribunal de Justiça chegou a editar o verbete 91 de sua súmula, com o seguinte conteúdo: "*Compete à Justiça Federal processar e julgar os crimes praticados contra a fauna*".

O texto constitucional vigente a partir de 1988 restou explícito em termos de competência.

É que a Constituição Federal procedeu à repartição das competências jurisdicionais, mediante a opção de definir, expressamente, o que compete ao Supremo Tribunal Federal (art. 102), ao Superior Tribunal de Justiça (art. 105), aos Tribunais Regionais Federais e aos juízes federais (arts. 108 e 109), à Justiça do Trabalho (art. 114) e à Justiça Militar (art. 124), delegando à lei complementar a fixação da competência dos tribunais e juízes eleitorais (art. 121), restando à Justiça Estadual a competência residual (arts. 125 e 126).

Nesse segmento, *a competência da Justiça Federal está expressamente prevista no texto constitucional*, nos seguintes termos:

"*Art. 109. Aos juízes federais compete processar e julgar:*

I - as causas em que a União, entidade autárquica ou empresa pública federal forem interessadas na condição de autoras, rés, assistentes ou oponentes, exceto as de falência, as de acidentes de trabalho e as sujeitas à Justiça Eleitoral e à Justiça do Trabalho;

II - as causas entre Estado estrangeiro ou organismo internacional e Município ou pessoa domiciliada ou residente no País;

III - as causas fundadas em tratado ou contrato da União com Estado estrangeiro ou organismo internacional;

IV - os crimes políticos e as infrações penais praticadas em detrimento de bens, serviços ou interesse da União ou de suas entidades autárquicas ou empresas públicas, excluídas as contravenções e ressalvada a competência da Justiça Militar e da Justiça Eleitoral;

V - os crimes previstos em tratado ou convenção internacional, quando, iniciada a execução no País, o resultado tenha ou devesse ter ocorrido no estrangeiro, ou reciprocamente;

V-A - as causas relativas a direitos humanos a que se refere o §5º deste artigo;

VI - os crimes contra a organização do trabalho e, nos casos determinados por lei, contra o sistema financeiro e a ordem econômico-financeira;

> *VII - os habeas corpus, em matéria criminal de sua competência ou quando o constrangimento provier de autoridade cujos atos não estejam diretamente sujeitos a outra jurisdição;*
>
> *VIII - os mandados de segurança e os habeas data contra ato de autoridade federal, excetuados os casos de competência dos tribunais federais;*
>
> *IX - os crimes cometidos a bordo de navios ou aeronaves, ressalvada a competência da Justiça Militar;*
>
> *X - os crimes de ingresso ou permanência irregular de estrangeiro, a execução de carta rogatória, após o 'exequatur', e de sentença estrangeira, após a homologação, as causas referentes à nacionalidade, inclusive a respectiva opção, e à naturalização;*
>
> *XI - a disputa sobre direitos indígenas".*

Especificamente no que concerne aos crimes ambientais, inexiste dispositivo constitucional ou legal expresso que determine o ramo do Judiciário a que compete seu julgamento.

Impende anotar que a Lei de Crimes Ambientais, em dispositivo que veio a ser objeto de veto presidencial e, por isso, não entrou em vigor, estabelecia que *"O processo e julgamento dos crimes previstos nesta lei caberão à Justiça Estadual, com a interveniência do Ministério Público respectivo, quando tiverem sido praticados no território de Município que não seja sede de vara da Justiça Federal, com recurso para o Tribunal Regional Federal"* a (redação original do parágrafo único do artigo 26 da Lei 9.605/1998).

Nas razões do veto, registrou-se o seguinte:

> *"A formulação equivocada contida no presente dispositivo enseja entendimento segundo o qual todos os crimes ambientais estariam sujeitos à competência da Justiça Federal.*
>
> *Em verdade, são de competência da Justiça Federal os crimes praticados em detrimento de bens e serviços ou interesse da União, ou de suas entidades autárquicas ou empresas públicas. Assim sendo, há crimes ambientais de competência da Justiça Estadual e da Justiça Federal. A intenção do legislador de permitir que o processo-crime de competência da Justiça Federal seja instaurado na justiça estadual, quando a localidade não for sede de Juízo Federal (CF, art. 109, §3º), deverá, pois, ser perseguida em projeto de lei autônomo".*

Portanto, em regra, o processo e o julgamento dos crimes ambientais estão submetidos ao mesmo regime de repartição de competências jurisdicionais estabelecidas na Constituição Federal.

O inc. IV do art. 109 supra reproduzido determina que compete aos juízes federais processar e julgar as infrações penais praticadas em detrimento de bens, serviços ou interesse da União ou de suas entidades autárquicas ou empresas públicas. Em seguida, o inc. V inclui na mesma competência os crimes previstos em tratado ou convenção internacional, quando, iniciada a execução no País, o resultado tenha ou devesse ter ocorrido no estrangeiro, ou reciprocamente. Por último, a teor do inc. IX, eventual crime cometido a bordo de navios ou aeronaves igualmente atrairá competência federal.

Em suma, excepcionalmente, será competente a Justiça Federal se o crime ambiental praticado atentar contra bens, serviços ou interesse da União ou de suas entidades autárquicas ou empresas públicas, se for previsto em tratado ou convenção internacional, ou cometido a bordo de navios ou aeronaves. Como cediço, pode-se incluir no mesmo rol de competências federais o crime ambiental conexo com outro crime federal.

Em linha com essa nova realidade, em 8/11/2000, o STJ cancelou o enunciado 91 de sua súmula citado alhures, pois, em regra, o julgamento de crimes ambientais caberá, de fato, à Justiça Estadual.

Cabe esmiuçar, então, cada uma dessas hipóteses excepcionais de competência federal.

Ao discorrer sobre o trio "bens, serviços ou interesse", leciona Vladimir Souza Carvalho:

"[...] essa tricotomia é de significado simples, se definido por si só, dada a força com que cada termo encerra, embora, às vezes, se entrelacem, visto se confundirem ou serem sinônimos uns dos outros. A infração, atingindo um desses requisitos, vulnera os outros, visto ser difícil delimitar a esfera do bem, do serviço e a do interesse, de forma que um não interfira na outra. O bem é serviço e se constitui em interesse. O serviço é bem e veste o traje do interesse. O interesse é bem e é serviço" (Competência da Justiça Federal. 3ª. ed., Curitiba: Juruá, 1998, p. 316).

Note-se que a competência para "preservar as florestas, a fauna e a flora" passou a ser atribuição comum da União, dos Estados, do Distrito Federal e dos Municípios (CF/88, art. 23, VII). Deveras, a Carta Magna previu que "todos têm direito ao meio ambiente ecologicamente equilibrado, bem de uso comum do povo e essencial à sadia qualidade de vida, impondo-se ao Poder Público e à coletividade o dever de defendê-lo e preservá-lo para as presentes e futuras gerações" (CF/88, art. 225, caput), incumbindo ao Poder Público "proteger a fauna e a flora, vedadas, na forma da lei, as práticas que coloquem em risco sua função ecológica, provoquem a extinção de espécies ou submetam os animais a crueldade" (CF/88, art. 225, §1º, VII). De se destacar que, ao determinar os deveres de defesa, preservação e proteção ao "Poder Público", não houve distinção quanto ao ente federado, repousando sobre todos tais obrigações.

Ressalte-se, ainda, que não se confunde "patrimônio nacional" com "bem da União". Na dicção do §4º do art. 225 da CF/88, "a Floresta Amazônica brasileira, a Mata Atlântica, a Serra do Mar, o Pantanal Mato-Grossense e a Zona Costeira são patrimônio nacional, e sua utilização far-se-á, na forma da lei, dentro de condições que assegurem a preservação do meio ambiente, inclusive quanto ao uso dos recursos naturais".

No ponto, ensina Renato Brasileiro de Lima:

"A locução patrimônio nacional revela proclamação de defesa de interesses do Brasil diante de eventuais ingerências estrangeiras, concitando todos à defesa dos ecossistemas citados no mencionado artigo, até porque há casos em que o particular será dono de parcelas de trechos contidos nesses ecossistemas, como também dentro deles foram criados parques nacionais e municipais. Portanto, patrimônio nacional não se confunde com os bens pertencentes à União" (Curso de Processo Penal. Niterói: Impetus, 2013, p. 405).

Nessa direção é antiga a jurisprudência da Corte, verbis:

"Competência. Crime previsto no artigo 46, parágrafo único, da Lei nº 9.605/98. Depósito de madeira nativa proveniente da Mata Atlântica. Artigo 225, §4º, da Constituição Federal.

- *Não é a Mata Atlântica, que integra o patrimônio nacional a que alude o artigo 225, §4º, da Constituição Federal, bem da União*. - *Por outro lado, o interesse da União para que ocorra a competência da Justiça Federal prevista no artigo 109, IV, da Carta Magna tem de ser direto e específico, e não, como ocorre no caso, interesse genérico da coletividade, embora aí também incluído genericamente o interesse da União*. - *Conseqüentemente, a competência, no caso, é da Justiça Comum estadual. Recurso extraordinário não conhecido"* (RE 300.244, Rel. Min. Moreira Alves, Primeira Turma, DJ de 19/12/2001).

Será competente a Justiça Federal sempre que o crime ocorrer em bem da União, como nos casos de fato ocorrido no interior de unidade de conservação ou parque federal, ou de extração irregular de recursos minerais - ouro (HC 111.762, Rel. Min. Cármen Lúcia, Segunda Turma, DJe de 4/12/2012).

Igualmente atrai a competência federal o crime praticado em detrimento a serviço da União ou de suas entidades autárquicas ou empresas públicas como, exemplificativamente, na hipótese de crime praticado por servidor público federal ou se houver embaraço ou impedimento ao exercício das atividades fiscalizatórias de órgão ou entidade federal, como o IBAMA (RE 502.915, Rel. Min. Sepúlveda Pertence, Primeira Turma, DJe de 27/4/2007).

O interesse da União, para que tenha o condão de deslocar a competência para a esfera federal, deve ser direto e específico. Se, entretanto, configurar interesse genérico, mediato ou indireto, mantem-se a regra geral, que é a competência estadual para tratar de crimes ambientais, ainda que haja atividade fiscalizatória exercida pelo IBAMA, insuficiente, por si só, de gerar deslocamento da competência.

A propósito, é farta a jurisprudência da Corte no sentido do que foi exposto.

[...]

No que pertine aos tratados internacionais, assim me manifestei por ocasião do reconhecimento da repercussão geral da matéria discutida nestes autos:

> *"O Brasil, desde 1965, é signatário de Convenções e acordos internacionais como a Convenção para a Proteção da Flora, da Fauna e das Belezas Cênicas Naturais dos Países da América (ratificada pelo Decreto Legislativo nº 3, de 1948, em vigor no Brasil desde 26 de novembro de 1965, promulgado pelo Decreto nº 58.054, de 23 de março de 1966); a Convenção de Washington sobre o Comércio Internacional das Espécies da Flora e da Fauna Selvagens em Perigo de Extinção (CITES ratificada pelo Decreto-Lei nº 54/75 e promulgado pelo Decreto nº 76.623, de novembro de 1975) e a Convenção sobre Diversidade Biológica CDB (ratificada pelo Brasil por meio do Decreto Legislativo nº 2, de 8 de fevereiro de 1994), o que demonstra sua preocupação e interesse na proteção e conservação da biodiversidade e recursos biológicos nacionais.*
>
> *Por outro lado, o Brasil ratificou sua adesão ao Princípio da Precaução, ao assinar a Declaração do Rio, durante a Conferência das Nações Unidas sobre Meio Ambiente e Desenvolvimento (RIO 92) e a Carta da Terra, no Fórum Rio + 5.*
>
> *Segundo este princípio fundamental de direito internacional ambiental, os povos devem estabelecer mecanismos de combate preventivos às ações que ameaçam a utilização sustentável dos ecossistemas, biodiversidade e florestas, fenômeno jurídico que a toda evidência implica aparente conflito entre as competências da Justiça estadual e federal."*

Recorde-se que compete aos juízes federais processar e julgar os *"crimes previstos em tratado ou convenção internacional, quando, iniciada a execução no País, o resultado tenha ou devesse ter ocorrido no estrangeiro, ou reciprocamente"* (CF/88, art. 109, V). Assim, além da previsão em tratado ou convenção, necessário, concomitantemente, o caráter de internacionalidade do delito.

Nos termos do dispositivo constitucional em comento, apenas a presença desses três requisitos tornará competente a Justiça Federal para o julgamento em questão.

Deveras, a transnacionalidade, per se, não gera a competência da Justiça Federal. Tampouco a previsão de crime em tratado ou convenção internacional do qual faça para a República Federativa do Brasil, isoladamente, constitui-se como requisito suficiente, à luz da norma constitucional, para deslocar o julgamento, automaticamente, para a Justiça Federal.

Consectariamente, exige-se a incidência simultânea da transnacionalidade e da assunção de compromisso internacional de reprimir criminalmente a conduta delitiva, constante de tratados ou convenções internacionais, para que a conduta atraia a competência da Justiça Federal.

Em caso semelhante, envolvendo crime definido no Estatuto da Criança e do Adolescente, o Plenário desta Corte decidiu:

> "RECURSO EXTRAORDINÁRIO. REPERCUSSÃO GERAL RECONHECIDA. PENAL. PROCESSO PENAL. CRIME PREVISTO NO ARTIGO 241-A DA LEI 8.069/90 (ESTATUTO DA CRIANÇA E DO ADOLESCENTE). COMPETÊNCIA. DIVULGAÇÃO E PUBLICAÇÃO DE IMAGENS COM CONTEÚDO PORNOGRÁFICO ENVOLVENDO CRIANÇA OU ADOLESCENTE. CONVENÇÃO SOBRE DIREITOS DA CRIANÇA. DELITO COMETIDO POR MEIO DA REDE MUNDIAL DE COMPUTADORES (INTERNET). INTERNACIONALIDADE. ARTIGO 109, V, DA CONSTITUIÇÃO FEDERAL. COMPETÊNCIA DA JUSTIÇA FEDERAL RECONHECIDA. RECURSO DESPROVIDO.
> 1. À luz do preconizado no art. 109, V, da CF, a competência para processamento e julgamento de crime será da Justiça Federal quando preenchidos 03 (três) requisitos essenciais e cumulativos, quais sejam, que: a) o fato esteja previsto como crime no Brasil e no estrangeiro; b) o Brasil seja signatário de convenção ou tratado internacional por meio do qual assume o compromisso de reprimir criminalmente aquela espécie delitiva; e c) a conduta tenha ao menos se iniciado no Brasil e o resultado tenha ocorrido, ou devesse ter ocorrido no exterior, ou reciprocamente. [...]"
> (RE 628.624, Red. para o acórdão Min. Edson Fachin, Plenário, DJe de 6/4/2016).

Assim, em regra, ausente a previsão da conduta criminosa em tratado internacional, ou não caracterizada sua transnacionalidade, incide a regra geral da competência da Justiça Estadual para o processo e julgamento de eventual crime ambiental praticado.

A última hipótese constitucional expressa no art. 109 que possibilita a competência da Justiça Federal para tratar de crime ambiental refere-se àquele cometido a bordo de navios ou aeronaves, ressalvada a competência da Justiça Militar (CF/88, art. 109, IX).

Ainda que a norma constitucional não se refira expressamente aos crimes ambientais, basta para fixar a competência federal que haja a prática de um crime, qualquer que seja ele, *"a bordo de navios ou aeronaves"*.

Nessa direção:

> "Competência da Justiça Federal: crime praticado a bordo de navios ou aeronaves (art. 109, IX, da Constituição): Precedente (HC 80.730, Jobim, DJ 22.3.02). É da jurisprudência do STF que, para o fim de determinação de competência, a incidência do art. 109, V, da Constituição,

independe da espécie do crime cometido 'a bordo de navios ou aeronaves', cuja persecução, só por isso, incumbe por força da norma constitucional à Justiça Federal" (HC 85.059, Rel. Min. Sepúlveda Pertence, Primeira Turma, DJ de 29/4/2005).

Com relação à conexão ou à continência entre crimes federais e estaduais, aplica-se a regra prevista no art. 78, IV, do Código de Processo Penal, verbis:

> "Art. 78. Na determinação da competência por conexão ou continência, serão observadas as *seguintes regras:*
> [...]
> *IV - no concurso entre a jurisdição comum e a especial, prevalecerá esta."*

Tal critério, perfeitamente de acordo com a Constituição, há muito vem sendo aplicado por esta Corte, como se observa do julgado a seguir reproduzido, levado a cabo em 1991:

> *"Competência: Justiça Federal: crime contra o patrimônio de empresa pública federal: extensão aos crimes conexos: nulidade consequente do processo e da denúncia: jurisprudência do Supremo Tribunal Federal. A competência criminal da Justiça Federal ordinária constitui jurisdição especial em relação a da Justiça comum dos Estados, para os efeitos do art. 78, IV, CPP e, portanto, atrai para a sua esfera o processo dos crimes conexos aquele que a tenha determinado. Cuida-se da chamada 'competência de atribuições', de matriz constitucional, cuja falta acarreta a nulidade 'ex radice' do processo, seja por carência absoluta de jurisdição do órgão judiciário que presidiu aos atos instrutórios, seja pela decorrente ilegitimidade 'ad causam' do Ministério Público estadual"* (HC 68.399, Rel. Min. Sepúlveda Pertence, Primeira Turma, DJ de 15/3/1991).

No mesmo sentido: HC 114.689, Rel. Min. Ricardo Lewandowski, Segunda Turma, DJe de 29/8/2013.

Em suma, haverá competência federal para julgar *crimes ambientais* nos casos previstos no art. 109 da Constituição Federal, com as pertinentes ressalvas constitucionais à competência da Justiça Militar e da Justiça Eleitoral, que podem ser assim sintetizados:

> *(i) se atentarem contra bens da União ou de suas entidades autárquicas ou empresas públicas (art. 109, IV, CF/88);*
>
> *(ii) se atentarem contra serviços da União ou de suas entidades autárquicas ou empresas públicas (art. 109, IV, CF/88);*
>
> *(iii) se atentarem contra interesse da União ou de suas entidades autárquicas ou empresas públicas, de forma direta e específica (art. 109, IV, CF/88);*
>
> *(iv) previstos em tratado ou convenção internacional, quando, iniciada a execução no País, o resultado tenha ou devesse ter ocorrido no estrangeiro, ou hipótese inversa (art. 109, V, CF/88);*
>
> *(v) se cometidos a bordo de navios ou aeronaves (art. 109, IX, CF/88);*
>
> *(vi) se cometidos em conexão ou continência com outro crime de competência da Justiça Federal (art. 109 da CF/88 c/c art. 78, IV, do CPP).*

Impende destacar, dentre estas hipóteses, a competência da Justiça Federal para o processo e julgamento das *"causas relativas a direitos humanos",* incluída pela Emenda Constitucional 45/2004 no texto constitucional (art. 109, V-A).

Deveras, nas hipóteses de graves violações de direitos humanos, passou-se a admitir que *"o Procurador-Geral da República, com a finalidade de assegurar o cumprimento de obrigações decorrentes de tratados internacionais de direitos humanos dos quais o Brasil seja parte, poderá suscitar, perante o Superior Tribunal de Justiça, em qualquer fase do inquérito ou processo, <u>incidente de deslocamento de competência para a Justiça Federal</u>"* (art. 109, §5º, CF/88).

É indene de dúvidas que as violações ambientais mais graves, que temos recentemente testemunhado não apenas no plano internacional mas, também, em nosso próprio país, podem repercutir de modo devastador na esfera dos direitos humanos e fundamentais de toda uma comunidade.

No magistério especializado de Édis Milaré, o mínimo existencial ecológico seria essencial à preservação da integridade física, moral e intelectual das pessoas, razão pela qual constituiria direito fundamental personalíssimo, uma vez que está interligado com a própria dignidade da pessoa humana (MILARÉ, Édis. *Direito ao ambiente: a gestão ambiental em foco*. 7ª ed. São Paulo: Editora Revista dos Tribunais, 2011, p. 136).

Consectariamente, é inegável que graves violações ambientais podem constituir, a um só tempo, graves violações de direitos humanos, máxime se considerarmos que o núcleo material elementar da dignidade humana, conforme lição acadêmica do Ministro Luís Roberto Barroso, *"é composto do mínimo existencial, locução que identifica o conjunto de bens e utilidades básicas para a subsistência física e indispensável ao desfrute da própria liberdade. Aquém daquele patamar, ainda quando haja sobrevivência, não há dignidade"*.

À luz de toda essa evolução jurídica relativa ao tratamento dos crimes ambientais – nos planos legal, constitucional, convencional, jurisprudencial e doutrinário -, é que deve ser resolvida a questão sub judice, no que pertine à definição de Justiça competente para o julgamento de delitos ambientais que envolvam *crime internacional contra a fauna silvestre, nativa ou em rota migratória*.

In casu, o crime envolveu *exportação ilegal de animais silvestres da fauna brasileira para os Estados Unidos da América*.

A denúncia, na origem, foi oferecida pelo Ministério Público Federal perante a Justiça Federal, imputando ao ora recorrido a prática do crime contra a fauna tipificado no art. 29, §1º, III, e §4º, I, da Lei 9.605/98, em concurso com o delito de falsidade ideológica (art. 299 do Código Penal), por três vezes, em continuidade delitiva, em razão das condutas irregulares de manter em cativeiro e exportar animais silvestres da fauna brasileira.

O tipo penal previsto no caput do art. 29 da Lei de Crimes Ambientais criminaliza a conduta de *"Matar, perseguir, caçar, apanhar, utilizar <u>espécimes da fauna silvestre, nativos ou em rota migratória</u>, sem a devida permissão, licença ou autorização da autoridade competente, ou em desacordo com a obtida"*.

Por seu turno, dispõe o §1º, III, que *"Incorre nas mesmas penas: III – quem vende, expõe à venda, <u>exporta</u> ou adquire, guarda, tem em cativeiro ou depósito, utiliza ou transporta ovos, larvas ou espécimes da <u>fauna silvestre, nativa ou em rota migratória</u>, bem como produtos e objetos dela oriundos, provenientes de criadouros não autorizados ou sem a devida permissão, licença ou autorização da autoridade competente"*.

Por fim, nos termos do §4º, I, do mesmo artigo, *"A pena é aumentada de metade, se o crime é praticado: I - contra espécie rara ou considerada ameaçada de extinção, ainda que somente no local da infração"*.

Em primeiro grau, o juízo federal declinou da sua competência, ao entendimento de que, em regra, compete à Justiça Estadual processar e julgar os crimes ambientais.

O Tribunal Regional, ao julgar o recurso em sentido estrito, manteve a ausência de competência da Justiça Federal para julgar crimes ambientais, fundamentando-se decisões do Superior Tribunal de Justiça que, em tese, em casos como os destes autos, afastariam a configuração de lesão direta a qualquer bem, serviço ou interesse da União, e ainda porque a proteção do meio ambiente constitui matéria afeta à competência comum, envolvendo todos os entes da federação.

Em face deste acórdão foi interposto recurso extraordinário. Sustenta-se a competência da Justiça Federal para julgar crimes ambientais, quando iniciada a execução no País, o resultado tenha ou devesse ter ocorrido no estrangeiro, ou vice-versa.

O Ministério Público sustenta que crimes que ultrapassam as fronteiras nacionais, com exportação clandestina e ilegal de animais da fauna nativa, *evidenciam ofensa direta ao patrimônio da União, porquanto o controle de saída e entrada do país está relacionado à soberania do Estado brasileiro, atraindo a competência da Justiça Federal para julgar a causa, nos termos do art. 109, IV - segunda parte, da Carta Magna.*

Por fim, alega a transnacionalidade do delito, uma vez que os documentos que embasaram a denúncia demonstram remessas em grande quantidade de animais vivos, sem autorização do Ibama e por meio do correio aéreo para os Estados Unidos da América, caracterizando o interesse federal na causa, a fim de evitar mercancia ilegal de animais, inclusive por meio cruel, e evitar possíveis danos à reputação do país junto à comunidade internacional.

A Procuradoria-Geral da República manifestou-se pelo provimento do apelo extremo. O parecer recebeu a seguinte ementa:

> *"AGRAVO NO RECURSO EXTRAORDINÁRIO. CRIME AMBIENTAL – EXPORTAÇÃO IRREGULAR DE ANIMAIS SILVESTRES. FIXAÇÃO PELO TRF/3ª REGIÃO DA COMPETÊNCIA DA JUSTIÇA ESTADUAL. OFENSA AO ARTIGO 109, INCISO V, DA CF/88. TRANSNACIONALIDADE DO DELITO. COMPROMISSOS ASSUMIDOS PELO BRASIL PERANTE A COMUNIDADE INTERNACIONAL. COMPETÊNCIA DA JUSTIÇA FEDERAL.*
>
> *Parecer pelo provimento do recurso extraordinário para reconhecer a competência da Justiça Federal para processamento e julgamento do feito".*

No caso concreto, a *vexata quaestio*, então, cinge-se à definição do órgão judicante competente para processo e julgamento do crime ambiental cometido.

Analisando a exordial, conclui-se que as condutas imputadas, em tese, não afetaram bens ou serviços da União, não foram cometidas a bordo de navios ou aeronaves e inexiste conexão ou continência com outro crime federal. Ademais, os crimes pelos quais é acusado o recorrido não têm previsão em tratado internacional de que o país seja parte.

Resta, destarte, a questão do interesse federal em jogo.

Deveras, ele está nitidamente presente.

Inicialmente, insta consignar que, em razão da interpretação restritiva que se confere à expressão interesse da união, prevista no art. 109, IV, da CF/88, a participação do IBAMA como órgão fiscalizador não se revela suficiente para firmar, em definitivo, a competência da Justiça Federal.

Com efeito, o entendimento jurisprudencial se firmou no sentido de que *"a atividade de fiscalização ambiental exercida pelo IBAMA [...] configura interesse genérico, mediato ou indireto da União, para os fins do art. 109, IV, da Constituição"* (HC 81.916, Rel. Min. Gilmar Mendes, Segunda Turma, DJ de 11/10/2002).

Nada obstante, no cenário da sociedade de risco, buscam-se, hodiernamente, soluções para o desenvolvimento econômico que estejam em consonância com a sustentabilidade, porquanto garantia da própria vida humana e da dignidade, valor maior do ordenamento jurídico de um Estado Democrático de Direito.

É nesta realidade que se inserem os instrumentos internacionais assinados pela República Federativa do Brasil, no sentido da proteção da fauna, a demonstrar o interesse da União na proteção e conservação da biodiversidade e, por conseguinte, dos recursos dos biológicos nacionais, não apenas quanto às condutas praticadas dentro do território nacional, mas, especialmente, buscando impedir a prática de delitos ambientais que extrapolem nossas fronteiras e configurem transnacionalidade.

O interesse da União no cumprimento do compromisso assumido perante a Comunidade Internacional restaria violado diante de tráfico internacional de animais silvestres, o que afeta, no cenário atual, interesse direto e específico previsto no art. 109, IV, da Constituição da República.

Sobressai da doutrina de Flávio Paixão, *in verbis*:

> *"O novo movimento ecológico, surgido em meados do século XX, e intensificado nas últimas três décadas daquele século, já nasce marcado pela sua riqueza de vertentes, que convergem numa linha diretriz principal de <u>urgência no enfrentamento de problemas ambientais reais, que já logram pôr em perigo a própria vida na Terra</u>. Uma iminente ruptura, antecipada em mais acuradas projeções técnicas, teria causa num processo em curso que apontava no sentido do esgotamento das bases materiais de reprodução de um <u>modelo econômico predatório, quadro que suscitava novas reflexões no campo da economia, da sociologia, da filosofia e, naturalmente, do direito</u>, ao lado, mesmo, das premissas antropocêntricas que passam a ser postas em causa. Todas essas ciências viram-se obrigadas a repensar seus postulados e a analisar elementos novos, <u>num contexto de problemas concretos que desafiavam soluções – tais como o esgotamento dos recursos naturais, o aquecimento global, chuvas ácidas etc. [...]</u> Sobre essa complexidade, <u>a crise ambiental revela especial dramaticidade nos problemas que levanta, que põem em causa a viabilidade do 'continuum das espécies'</u>. Mas, para além desse aspecto existencial os problemas ambientais se destacam por revelar extraordinária complexidade, desafiadora de novos padrões de análises.*
>
> *Para limitar a abordagem à perspectiva jurídica, que nesse particular não se distancia completamente das discussões travadas nesses campos afins, <u>os problemas ambientais já surgem inseridos num contexto espacial ampliado, revelando a nova realidade global. A regulação individualizada em apenas um desses níveis pode nada significar em termos de eficácia, circunstância que renova a importância das instituições internacionais. O papel das instituições que compõem a comunidade internacional, diante desse quadro marcado pela dependência entre os Estados, terá de se dar numa linha de coordenação de políticas, segundo a lógica da responsabilidade compartilhada, expressa em regulação internacional centrada no multilateralismo.</u>*
>
> *[...]*

> *Talvez a mais importante contribuição propiciada pelos estudos ecológicos seja a identificação da especial complexidade do fenômeno ambiental, que se revela na interdependência das matrizes que unem as diferentes formas de vida e que a alteração de apenas um dos fatores nelas presentes tem consequências significativas em todo o conjunto. Algumas dessas consequências podem ser de tal modo intensas ao ponto de escapar de qualquer previsibilidade científica. O direito terá, assim, que operar sob condições de incerteza na busca de atingir um estado de segurança ambiental, recorrer a soluções conservadoras, como se vê na adoção pelo direito ambiental de intervenções limitativas, em nome dos princípios da prevenção e da precaução"* (MOURA JÚNIOR, Flávio Paixão de. O direito constitucional ambiental: a Constituição como via a ecologização do direito; algumas considerações. In: SOUZA NETO, Cláudio Pereira de; SARMENTO, Daniel. *A constitucionalização do direito: fundamentos teóricos e aplicações específicas*. Rio de Janeiro: Lumen Juris, 2007, p. 783/802).

Releva notar que, diante dos riscos envolvidos nas atividades que intervêm no equilíbrio e na segurança ambientais, passou-se a fortalecer, para além das medidas preventivas, a aplicação do princípio da *precaução* em matéria ambiental – "Vorsorgepreinzip", no direito alemão, ou *"precautionary principle"*, no direito inglês.

As primeiras bases deste princípio, no plano internacional do direito ambiental, foram firmadas na Declaração do Rio/92 sobre Meio Ambiente e Desenvolvimento Sustentável, cujo art. 15 estabeleceu o seguinte: *"Com o fim de proteger o meio ambiente, o princípio da precaução deverá ser amplamente observado pelos Estados, de acordo com suas capacidades. Quando houver ameaça de danos graves ou irreversíveis, a ausência de certeza científica absoluta não será utilizada como razão para o adiamento de medidas economicamente viáveis para prevenir a degradação ambiental"*.

Na lição de Milaré, *"a prevenção trata de riscos ou impactos já conhecidos da ciência, ao passo que a precaução se destina a gerir riscos ou impactos desconhecidos"* (Milaré, 2011, p. 1069).

Granziera, de modo semelhante, especifica que *"a precaução tende à não autorização de determinado empreendimento, se não houver certeza científica de que ele não causará no futuro um dano irreversível. A prevenção versa sobre a busca da compatibilização entre a atividade a ser licenciada e a proteção ambiental"* (GRANZIERA, Maria Luíza Machado. *Direito ambiental*. 2ª ed. São Paulo: Editora Atlas, 2011, p. 60).

Neste quadro, merecem destaque, para a resolução do caso concreto, os seguintes instrumentos assinados e ratificados pelo Brasil:

> I - Convenção para a Proteção da Flora, da Fauna e das Belezas Cênicas Naturais dos Países da América (ratificada pelo Decreto Legislativo nº 3, de 1948, em vigor no Brasil desde 26 de novembro de 1965, promulgado pelo Decreto nº 58.054/1966);
>
> II - Convenção de Washington sobre o Comércio Internacional das Espécies da Flora e da Fauna Selvagens em Perigo de Extinção - CITES (ratificada pelo Decreto-Lei nº 54/1975 e promulgado pelo Decreto nº 76.623/1975);
>
> III - Convenção sobre Diversidade Biológica - CDB (ratificada pelo Brasil por meio do Decreto Legislativo nº 2/1994, entrada em vigor com o Decreto 2.519, de 16/03/1998).

Outrossim, o Brasil ratificou sua *adesão ao Princípio da Precaução*, ao assinar a Declaração do Rio, durante a Conferência das Nações Unidas sobre Meio Ambiente e Desenvolvimento (RIO 92) e a Carta da Terra, no "Fórum Rio+5"; *este princípio fundamental de direito internacional ambiental, os povos devem estabelecer mecanismos de combate preventivos* às *ações que ameaçam a utilização sustentável dos ecossistemas, biodiversidade e florestas*, fenômeno jurídico que a toda evidência implica interesse direto da União quando a conduta revele repercussão no plano internacional.

A União, mercê de sua personalidade jurídica de direito interno e de direito internacional, representa o Estado Brasileiro plano internacional, recaindo sob seu interesse direto a observância dos instrumentos internacionais assinados e ratificados, máxime em relação a condutas criminosas que, por sua repercussão transnacional, violem o controle de fronteiras com o qual o país tenha se comprometido perante a comunidade das nações.

Oportuna a lição dos professores Luiz Alberto David Araújo e Vidal Serrano Nunes Júnior a respeito:

> *"Com a reunião dos Estados-membros em derredor de um pacto federativo surge a necessidade de uma ordem central que venha a corporificar este e as competências que, em homenagem a ele, não devem pertencer a cada um dos entes federados, mas à ordem central. Só assim ficará caracterizada a existência de um único Estado, de um só país, dotado de soberania e fundamentado em uma Constituição. Essa ordem central é a União Federal. [...]*
>
> *Essa razão de existir, como bem observou Michel Temer, faz da União uma figura de duas faces, que tanto 'age em nome próprio como em nome da Federação. Ora se manifesta por si, como pessoa jurídica de capacidade política, ora em nome do Estado Federal' (Elementos de Direito Constitucional, cit., p. 77).*
>
> *A União age em nome de toda a Federação quando, no plano internacional, representa o País, ou, no plano interno, intervém em um Estado-membro. Outras vezes, porém, a União age por si, como nas situações em que organiza a Justiça Federal, realiza uma obra pública ou organiza o serviço público federal"* (Curso de Direito Constitucional. 11ª ed. São Paulo: Saraiva, 2007, p. 281)

A República Federativa do Brasil, ao firmar a Convenção para a Proteção da Flora, da Fauna e das Belezas Cênicas Naturais dos Países da América, em vigor no Brasil desde 1965, assumiu, dentre outros, o compromisso de *"tomar as medidas necessárias para a superintendência e regulamentação das importações, exportações e trânsito de espécies protegidas de flora e fauna, e de seus produtos, pelos seguintes meios: a) concessão de certificados que autorizem a exportação ou trânsito de espécies protegidas de flora e fauna ou de seus produtos; b) Proibição da importação de quaisquer exemplares de fauna ou flora protegidos pelo país de origem, e de seus produtos, se estes não estão acompanhados de um certificado expedido de acordo com as disposições do parágrafo 1º deste Artigo, autorizando sua exportação"*.

Por seu turno, na Convenção sobre Diversidade Biológica (CDB), o Artigo 8º, letras *c, d, g, h, k,* dispõe que cada Parte Contratante deve promover as seguintes medidas:

> *"c) Regulamentar ou administrar recursos biológicos importantes para a conservação da diversidade biológica, dentro ou fora de áreas protegidas, a fim de assegurar sua conservação e utilização sustentável;*
>
> *d) Promover a proteção de ecossistemas, habitats naturais e manutenção de populações viáveis de espécies em seu meio natural;*
>
> *[...]*

g) Estabelecer ou manter meios para regulamentar, administrar ou controlar os riscos associados à utilização e liberação de organismos vivos modificados resultantes da biotecnonologia que provavelmente provoquem impacto ambiental negativo que possa afetar a conservação e a utilização sustentável da diversidade biológica, levando também em conta os riscos para a saúde humana;

h) Impedir que se introduzam, controlar ou erradicar espécies exóticas que ameacem os ecossistemas, habitats ou espécies;

[...]

k) Elaborar ou manter em vigor a legislação necessária e/ou outras disposições regulamentares para a proteção de espécies e populações ameaçadas".

No plano interno, verifica-se evolução no interesse federal de fiscalização dos crimes ambientais, com a Lei 7.735/1989, que criou o *"Instituto Brasileiro do Meio Ambiente e dos Recursos Naturais Renováveis – IBAMA, autarquia federal dotada de personalidade jurídica de direito público, autonomia administrativa e financeira, vinculada ao Ministério do Meio Ambiente, com a finalidade de: I - exercer o poder de polícia ambiental; II - executar ações das políticas nacionais de meio ambiente, referentes às atribuições federais, relativas ao licenciamento ambiental, ao controle da qualidade ambiental, à autorização de uso dos recursos naturais e à fiscalização, monitoramento e controle ambiental, observadas as diretrizes emanadas do Ministério do Meio Ambiente; e III - executar as ações supletivas de competência da União, de conformidade com a legislação ambiental vigente"* (art. 2º).

De seu turno, coube à Portaria IBAMA 93/1998 tratar da importação e da exportação da fauna silvestre, nos termos seguintes:

"Art. 1º - A importação e a exportação de espécimes vivos, produtos e subprodutos da fauna silvestre brasileira e da fauna silvestre exótica, serão normalizadas por esta Portaria.

Parágrafo Único - Excetuam-se para efeito desta Portaria, os peixes e os invertebrados aquáticos não listados nos Apêndices da CITES e os animais considerados domésticos para efeito de operacionalização do IBAMA, conforme Anexo 1 da presente Portaria.

Art. 2º - Para efeito desta Portaria, considera-se:

I - Fauna Silvestre Brasileira: são todos aqueles animais pertencentes às espécies nativas, migratórias e quaisquer outras, aquáticas ou terrestres, que tenham seu ciclo de vida ocorrendo dentro dos limites do Território Brasileiro ou águas jurisdicionais brasileiras.

[...]

Art. 3º - A importação e a exportação poderá ser realizada somente por pessoa jurídica de direito público ou privado e registrada junto ao IBAMA.

Parágrafo Único - Em caso excepcional, poderá ser autorizada a importação e a exportação por pessoa física, mediante parecer favorável".

A Portaria em comento previu, ainda, diversas obrigações e outras exigências impostas a quem pretender importar ou exportar animais vivos da fauna silvestre nativa.

A *ratio essendi* de todas essas normas permite que se conclua que, diante de crimes que afetem um bem altamente complexo, como sói ser a segurança e o equilíbrio ambientais, para os quais se revela imprescindível a colaboração de todas as Nações, a transnacionalidade, em casos que tais, atrai a competência da Justiça Federal, ainda que o delito não esteja expressamente tipificado em tratados e convenções, uma vez que resta configurado o interesse direto da União no alcance do compromisso internacionalmente assumido.

In casu, consta da inicial que o recorrido exportou irregularmente, em 06/03/2006, *"do Brasil para os Estados Unidos, espécimes da fauna silvestre nativa"* e que, em 06/12/2006, *"guardava e mantinha em cativeiro ou depósito espécimes da fauna silvestre nativa"*, sem a devida permissão, licença ou autorização competente.

Convém ressaltar que não há tratado internacional que criminalize, especificamente, as condutas descritas na denúncia.

De toda sorte, há compromisso firmado pelo Brasil perante a comunidade internacional de proteção da fauna silvestre, inclusive no que pertine à exportação de animais vivos.

O art. 29 da Lei de Crimes Ambientais, que é objeto da inicial, prevê tipo de conduta variada, figurando, entre as ações típicas, o ato de *"exportar"* animais silvestres, nativos ou em rota migratória.

Neste prisma, a *"exportação"* de animais silvestres, à vista dos compromissos assumidos internacionalmente pelo país, afeta o interesse direto da União no *controle de entrada e saída de animais no território nacional*, como exercício da soberania do Estado brasileiro na concretização do que estabelecido nos acordos internacionais de que o país é signatário.

Nesse sentido também é o entendimento da Procuradoria-Geral da República (fl. 535), *verbis*:

> "No caso em testilha, como observado, verificados os fortes indícios que sinalizam para a transnacionalidade do delito e a adesão do Brasil a tratados e convenções internacionais que visam à tutela do meio ambiente, é manifesto o interesse federal e, por consequência, a competência da Justiça Federal para processar e julgar o feito".

Também reforça essa conclusão a manifestação, no âmbito doutrinário, do procurador federal Roberto Luis Luchi Demo, nos seguintes termos:

> *"[...] a competência dos crimes contra a fauna silvestre é da Justiça Federal somente se a conduta ocorrer em terras de propriedade da União ou de suas entidades autárquicas ou fundacionais, quando caracterizado seu interesse direto e específico. Do contrário, a competência é da Justiça Estadual para, exemplificadamente, processar e julgar o abate de animal silvestre em fazenda particular e a manutenção em cativeiro de animal silvestre sem a devida permissão.*
> *[...]*
> *Mas, <u>atrai a competência da Justiça Federal o delito envolvendo espécies ameaçadas de extinção; a conduta envolvendo ato de contrabando de animais silvestres, peles e couros de anfíbios ou répteis para o exterior; a introdução ilegal de espécie exótica no país; além de conduta que ultrapassa os limites de um</u> único <u>Estado ou as fronteiras do país</u>. Nestes casos, há interesse específico, direto e imediato da União, <u>para os fins do art. 109, IV, CF</u>"* (Competência penal originária da Justiça Federal: desenho constitucional na jurisprudência e a novidade da Reforma do Judiciário. In Revista de Doutrina do Tribunal Regional Federal da 4ª Região, 6ª edição, 2005, grifei).

Diante de tudo quanto exposto, fica patente que a conduta em tese praticada pelo recorrido tem potencial para atingir diretamente interesse da União.

Constatada a prática, em tese, de infração penal em detrimento de interesse direto da União, compete à Justiça Federal seu processo e julgamento, nos termos do art. 109, IV, da CF/88.

Ex positis, DOU PROVIMENTO ao recurso extraordinário, com a fixação da seguinte tese jurídica: *"Compete à Justiça Federal processar e julgar o crime ambiental de caráter transnacional que envolva animais silvestres, ameaçados de extinção e espécimes exóticas ou protegidas por Tratados e Convenções internacionais"*.

É como voto.

Informação bibliográfica deste texto, conforme a NBR 6023:2018 da Associação Brasileira de Normas Técnicas (ABNT):

OLIVEIRA, Aldo José Barros Barata de. RE nº 835.558 – Repercussão geral: competência da Justiça Federal para processar e julgar crimes ambientais transnacionais. *In*: FUX, Luiz. *Jurisdição Constitucional III*: república e direitos fundamentais. Coordenação de Valter Shuenquener de Araujo. Belo Horizonte: Fórum, 2019. p. 59-76. ISBN 978-85-450-0691-6.

RE Nº 597.854 – GRATUIDADE EM PÓS-GRADUAÇÕES PÚBLICAS: A COPARTICIPAÇÃO PRIVADA COMO INSTRUMENTO PARA A MÁXIMA EFETIVIDADE DO DIREITO SOCIAL

ANDRÉA DA FONSECA SANTOS TORRES MAGALHÃES

O Recurso Extraordinário nº 597.854 é um caso difícil. A tese de que "a garantia constitucional da gratuidade de ensino não obsta a cobrança por universidades públicas de mensalidade em cursos de especialização" diz muito menos do que o Plenário deliberou no dia 20.4.2017. Não se trata apenas do alcance subjetivo do precedente, sabidamente multiplicado pela repercussão geral, mas da importância da discussão travada e, sobretudo, do desfecho do caso, que inauguram uma nova perspectiva de repartição dos custos de direitos sociais.

O caso concreto não demanda maiores digressões. Na origem, foi impetrado mandado de segurança individual em face do diretor da Faculdade de Direito da Universidade Federal de Goiás, visando ao não pagamento de mensalidade do curso de Pós-Graduação em Direito Constitucional, com lastro no princípio da gratuidade do ensino público em estabelecimentos oficiais.

Embora a questão originalmente se restringisse à pós-graduação *lato sensu* e a tese tenha sido fixada apenas quanto à cobrança de mensalidade, o debate em Plenário assumiu proporções bem maiores. O caso põe em xeque o dogma da exclusividade dos recursos públicos no financiamento de direitos sociais, mormente quando em jogo sua máxima efetividade. Dez ministros, a partir da manifestação de diversos *amici curiae*, conferiram ao caso a adjudicação pragmática que o direito admite e o contexto impõe.

Em síntese, a relevância do voto do Ministro Luiz Fux no RE nº 597.854 para a jurisdição constitucional brasileira decorre de três importantes contribuições: (i) a abertura da norma constitucional à realidade subjacente como estratégia de promoção do direito fundamental; (ii) a revisão da dicotomia público-privado na repartição social dos custos de direitos sociais; e (iii) a relação dialógica entre os poderes a partir da ampliação do debate em Plenário. É o que se verá doravante.

1 O viés consequencialista inerente à máxima efetividade

É sabido que a interpretação constitucional deve servir de instrumento para assegurar a otimização da efetividade da Constituição. O princípio interpretativo da máxima efetividade, para tanto, impõe que a uma norma seja atribuído o sentido que lhe dê maior eficácia.[1] Para além da qualidade da norma para produzir efeitos jurídicos, a efetividade corresponde ao cumprimento efetivo da norma, sua atuação prática que corresponde à "aproximação, tão íntima quanto possível, entre o *dever ser* normativo e o *ser* da realidade social".[2]

A finalidade da proposição constitucional não pode ser sacrificada em virtude de uma mudança na situação. No entanto, "uma mudança das relações fáticas pode – ou deve – provocar mudanças na interpretação da Constituição",[3] como se reconhece desde a teoria concretista, que inova ao admitir a abertura do texto constitucional ao intérprete, qualificada pela influência recíproca entre norma e fato.[4] A solução que se apresenta é, então, uma interpretação construtiva, cujo dinamismo contribui para assegurar tanto a normatividade quanto a estabilidade da Constituição.

Por meio da normatividade do texto constitucional, a Constituição modifica a realidade subjacente, demonstrando sua força própria, motivadora e ordenadora. Em contrapartida, na interpretação da Constituição, deixada conscientemente aberta, permite-se a definição do conteúdo constitucional à luz da realidade concreta, revelada pela livre discussão, decisão e configuração das forças políticas.[5] Essa possibilidade de conciliação entre a força conformadora e emancipatória da Constituição e o respeito às oscilações fáticas da realidade assegura uma força ativa à Constituição.

É por essa força que a máxima efetividade se abre ao consequencialismo. O princípio apregoa que, entre as alternativas plausíveis, o intérprete prestigie a interpretação que produza resultados mais consentâneos com a proteção constitucional. A produção de resultados deve observar objetivamente o contexto em que se situa, de modo a se despir de capturas ideológicas ou demagógicas quando estas esvaziam a proteção constitucional conferida a determinado direito.[6]

O contexto fático, no presente caso, é evidente. O sucateamento da educação pública e o absoluto fracasso do Estado em assegurar recursos mínimos são consensos que ululam do debate público, das intermitentes greves e das avaliações internacionais.

O conteúdo constitucional da proteção conferida ao direito à educação tampouco deixa dúvidas. São claros o fim e os meios que orientam o intérprete na máxima efetividade deste direito. O propósito do direito fundamental à educação, densificado no art. 205, corresponde ao pleno desenvolvimento da pessoa, seu

---

[1] CANOTILHO, J. J. Gomes. *Direito constitucional e teoria da Constituição*. Coimbra: Almedina, 2003. p. 1224.
[2] BARROSO, Luís Roberto. O começo da história. A nova interpretação constitucional e o papel dos princípios no direito brasileiro. In: BARROSO, Luís Roberto. *O novo direito constitucional brasileiro*: contribuições para a construção teórica e prática da jurisdição constitucional no Brasil. Belo Horizonte: Fórum, 2013. p. 169.
[3] HESSE, Konrad. *A força normativa da Constituição*. Porto Alegre: Sergio Antonio Fabris, 1991. p. 23.
[4] HESSE, Konrad. *A força normativa da Constituição*. Porto Alegre: Sergio Antonio Fabris, 1991. p. 26.
[5] SOUZA NETO, Claudio Pereira de; SARMENTO, Daniel. *Direito constitucional*: teoria, história e métodos de trabalho. Belo Horizonte: Fórum, 2014. p. 193-195.
[6] MAGALHÃES, Andréa. *Jurisprudência da crise*: uma perspectiva pragmática. Rio de Janeiro: Lumen Juris, 2017.

preparo para o exercício da cidadania e sua qualificação para o trabalho. Em âmbito universitário, é o que se efetiva pelo acesso aos níveis mais elevados do ensino, da pesquisa e da criação artística, segundo a capacidade de cada um, e pelas demais garantias dispostas no art. 208.

É bem verdade que a Constituição indica a gratuidade como um dos princípios a embasar o ensino público. A classificação tripartite da educação universitária – ensino, pesquisa e extensão – delimita o alcance normativo da gratuidade, como claramente desenvolvido no voto do Ministro Luiz Fux, sendo de aplicação restrita a cursos em que predomine pesquisa ou extensão. Não fosse o bastante, no art. 206 são listados outros mandados de otimização, como o pluralismo de ideias, a liberdade de pensamento e a garantia de padrão de qualidade, cuja harmonização impede o sacrifício de qualquer deles.

O financiamento misto da pós-graduação pública se apresenta, então, como uma solução conciliatória. Ao passo que se mostra consentânea aos limites exegéticos que o constituinte fixou, visa a promover os resultados práticos de proteção do direito à educação. Corresponde à melhor interpretação, por ser mais efetiva e consequente.

Tal instrumento, fique claro, não flexibiliza direitos nem esvazia a força normativa da Constituição. Ao contrário, pretende assegurar-lhe a efetividade ao garantir a sobrevivência do ensino universitário de qualidade, o que somente se viabiliza se conforme à realidade socioeconômica atual do país. A irrealizabilidade da decisão, como sobejamente enfrentado pelos teóricos constitucionalistas ao longo dos séculos,[7] compromete a vontade da Constituição e, assim, sua efetividade e durabilidade.

2 O anacronismo da dicotomia público-privado na repartição dos custos de direitos sociais

A obsolescência da dicotomia público privado na Administração Pública não é novidade. As empresas semiestatais, cuja gestão privada não desvirtua a natureza pública; a regulação relutante, que preserva a maioria do capital de empresas privatizadas nas mãos de fundos públicos; as concessões patrocinadas, cuja participação privada complementa a pública, são alguns dos exemplos de que o capital privado pode ser bem-vindo na persecução do interesse público.

Integrante da classificação de serviços compartilhados, a educação pode ser prestada tanto pelo setor público, quanto pelo privado, respeitando em ambos os casos a forte regulação estatal, que o órgão ministerial exerce. Ao superar a dicotomia público-privado, o serviço não passa a ser privado.

Eis uma observação importantíssima. A educação pública das universidades públicas não deixa de ser pública. Com o perdão da redundância, o cofinanciamento privado não desvirtua a natureza do serviço prestado. Isso porque a seleção dos professores, funcionários, alunos e fornecedores mantem-se tal e qual, assim como se mantêm hígidos os propósitos e princípios constitucionais da educação, a exemplo da universalização, da equalização de oportunidades educacionais e da formação para o trabalho, como destacou, com a clareza que o caracteriza, o Ministro Luiz Fux.

---

[7] ALEXY, Robert. *Teoria da argumentação jurídica*: a teoria do discurso racional como teoria da fundamentação jurídica. Rio de Janeiro: Forense, 2013. p. 202.

Da mesma forma, o Estado não se desincumbe de seu dever de custear a manutenção da estrutura pública universitária. A sobrevivência da universidade não passa a depender desses recursos privados, que são necessariamente *complementares*. Essa distinção é essencial para que o ensino superior público não fique suscetível às oscilações dos interesses privados.

A principal contribuição do voto, quanto ao mérito, deve-se justamente a essa nova perspectiva de repartição dos custos de direitos sociais, em especial, do direito à educação. A exclusividade de recursos públicos não corresponde à força motriz da obrigação estatal direta. Assim se cala qualquer crítica leviana que sugira que o cofinanciamento privado implicaria a privatização da universidade pública.

Ao se admitir a criação de fundos de ex-alunos, a celebração de convênios com laboratórios e editoras, o aluguel de espaços comuns a grandes redes ou a cobrança de matrícula para cursos eletivos surge uma valiosa complementação de caixa com a qual se pode aprimorar a qualidade do ensino e as condições de fruição do serviço.

Atribuir a exclusividade do custeio de pesquisa ao setor público socializa os riscos e privatiza as recompensas. Isso porque, considerada a relevância dos centros de pesquisa e inovação das universidades públicas, espaços científicos e tecnológicos potencialmente de ponta, o proveito dessas pesquisas é muitas vezes apropriado pelo setor privado em atividades de alta rentabilidade, como laboratórios farmacêuticos, setor automotivo e tecnologia digital.[8] Não há aqui qualquer censura à lucratividade privada ou pública, nem ao papel do Estado em assumir riscos vultosos deixados por lacunas privadas, mas, havendo interesse da iniciativa privada em socializar os custos,[9] mesmo de um direito social como a educação superior, a prática deve ser estimulada.

3 A relação dialógica que exsurge do não dito

Como o objeto original se cingia ao pleito do impetrante, o recurso extraordinário se desenhou às voltas de mensalidade e pós-graduação *lato sensu*. Não foi essa, no entanto, a proporção conferida ao caso nos debates em Plenário. Em especial, com a extensão defendida pelo Ministro Luiz Fux em seu voto, a discussão alcançou outras formas de financiamento privado, como convênios de empresas, laboratórios e escritórios, além de estender-se a outros cursos universitários em que predominam atividades de pesquisa e extensão, inclusive os de mestrado e doutorado. Ao final, a tese fixada se limitou a chancelar a cobrança de mensalidades em cursos de especialização, como sói ocorrer em respeito ao devido processo legal.

O debate não foi em vão. A ampliação do escopo do caso em Plenário pode reverberar em outros poderes, resultando em uma relação dialógica sutil, mas profícua.

---

[8] MAZZUCATO, Mariana. *O Estado Empreendedor*: desmascarando o mito do setor público vs. setor privado. São Paulo: Portfolio-Penguin, 2014.

[9] Quanto à socialização dos custos e retornos por meio da tributação, importa considerar que a universidade pública representa uma das maiores formas de concentração de renda, haja vista que toda a sociedade arca, uma minoria já favorecida economicamente se beneficia e perpetua-se a estratificação social sob as vestes da igualdade de oportunidades ou meritocracia. Nesse sentido, quanto aos gastos públicos desproporcionais entre as etapas de educação, *vide* Gráfico 15 de BRASIL. Ministério da Fazenda. *Relatório de efeito redistributivo da política fiscal no Brasil*. Brasília: Ministério da Fazenda, 2017.

Por *diálogos* compreende-se as interações entre os tribunais e os poderes políticos em matéria constitucional, sobretudo no exercício da jurisdição constitucional.[10] De acordo com as teorias dialógicas, a jurisdição constitucional é um produto da elaboração conjunta de juízes e outros atores constitucionais, não cabendo ao Judiciário o monopólio da interpretação da Constituição. As Cortes não fixam suas políticas isoladas de tribunais superiores ou de outros poderes.[11]

Reconhecer a interdependência de suas ações em uma visão de longo prazo configura um comportamento estratégico de todos os poderes públicos.[12] Uma das formas de se observar essa interação ocorre por meio das *reações antecipadas*, segundo a qual atores institucionais procuram olhar à frente para identificar as respostas às suas ações e, assim, avaliam a conveniência de eventualmente alterá-las.[13] Como as sinalizações permitem que os outros atores calculem qual resposta se deve dar à certa situação, sutilezas podem ser suficientes.[14]

Tratando-se de jurisdição constitucional, o exemplo mais comum desse tipo de influência política corresponde à antecipação de reversões legislativas de jurisprudência, o que a doutrina considera um artifício proveitoso para reconciliar os valores democráticos com a atuação do Judiciário.[15]

Na via inversa, a Corte pode provocar a reação antecipada de outros poderes por meio de suas decisões, que representam uma forte sinalização a informar a conduta alheia. De modo direto, o diálogo se verifica pela (in)eficácia das decisões. De modo indireto, pode haver uma antecipação a partir dos meros debates, a sugerir um posicionamento da Corte em casos análogos eventualmente instaurados.

É o que pode ocorrer a partir do Recurso Extraordinário nº 597.854. Com o voto do Ministro Luiz Fux e os sucessivos debates em Plenário, sinalizou-se favoravelmente ante a possibilidade de criação de outras formas de coparticipação privada em cursos de pós-graduação. No entanto, caso seja essa a vontade dos poderes políticos democraticamente eleitos, o diálogo poderá ser perfeito.

Há diversas vantagens decorrentes da antecipação. Como uma forma de diálogo, a reação antecipada reduz o *déficit* democrático da Corte em eventuais futuras ações, ao estimular uma postura ativa dos agentes na expressão da vontade coletiva. Como especificidade, a vantagem mais evidente corresponde à reserva de capital institucional, vez que o diálogo se efetiva sem que seja necessário um desgaste político entre os entes.[16] Já sob uma perspectiva mais colaborativa, a antecipação

---

[10] BATEUP, Christine. The dialogic promise: assessing the normative potential of theories of constitutional dialogue. *New York University School of Law Public Law & Legal Theory Research Paper Series Working Paper*, n. 5-24, 2005. p. 1.

[11] SEGAL, Jeffrey A. Judicial behavior law. In: WHITTINGTON, Keith et al. *The Oxford Handbook of Law and Politics*. Nova York: Oxford University Press, 2008.

[12] SPILLER, Pablo; GELY, Rafael. Strategic judicial decision making. In: WHITTINGTON, Keith et al. *The Oxford Handbook of Law and Politics*. Nova York: Oxford University Press, 2008.

[13] FRIEDMAN, Barry. The politics of judicial review. *Texas Law Review*, v. 84, n. 2, 2005. p. 312.

[14] BATEUP, Christine. The dialogic promise: assessing the normative potential of theories of constitutional dialogue. *New York University School of Law Public Law & Legal Theory Research Paper Series Working Paper*, n. 5-24, 2005. p. 12.

[15] FISHER, Louis. *Constitucional dialogues* – Interpretation as a political process. Oxford: Princeton University Press, 1988.

[16] FRIEDMAN, Barry. The politics of judicial review. *Texas Law Review*, v. 84, n. 2, 2005. p. 315.

pode aumentar a eficácia da deliberação, que produz efeitos práticos para além da tese fixada, e reduzir os custos de decisão,[17] vez que potencialmente evita novos questionamentos judiciais.

É evidente que a constitucionalidade de eventuais novas normas poderá ser submetida ao crivo da Corte, cujo veredicto não encontra qualquer constrangimento. Sem efeitos vinculantes, coisa julgada ou palavra de cavalheiro, trata-se de mera sinalização – tão fugaz quanto sutil. No entanto, a distribuição de custos políticos, de decisão e democráticos na jurisdição constitucional é uma realidade ainda mais pungente que a distribuição dos custos dos direitos sociais, cuja releitura se curva às conjunturas político-econômicas. São essas reflexões, sofisticadas e complexas, que fazem deste recurso extraordinário muito mais do que um caso difícil: um novo paradigma.

VOTO

CONSTITUCIONAL E ADMINISTRATIVO. RECURSO EXTRAORDINÁRIO COM REPERCUSSÃO GERAL. COBRANÇA DE MENSALIDADE EM CURSO DE PÓS-GRADUAÇÃO LATO SENSU POR INSTITUIÇÃO PÚBLICA DE ENSINO. CURSO DE ESPECIALIZAÇÃO. POSSIBILIDADE. DELIMITAÇÃO DO ALCANCE DO ARTIGO 206, IV, DA CRFB. MÁXIMA EFETIVIDADE DO DIREITO À EDUCAÇÃO. PRINCIPIO DA VEDAÇÃO DA PROTEÇÃO INSUFICIENTE. RECURSO PROVIDO.

1. Os cursos de pós-graduação de instituições públicas mantidos com recursos privados não encerram prática violadora da garantia constitucional de gratuidade do *ensino* público (art. 206, IV, CRFB). É que nem todas as atividades desenvolvidas na universidade pública são de ensino, sendo certo que apenas estas restam cobertas pelo princípio da gratuidade.

2. O conceito de ensino, por expressa previsão constitucional, distingue-se de educação, pesquisa e extensão (art. 207, CRFB). Na pós-graduação *lato sensu* predominam as características de extensão e pesquisa. O *núcleo essencial da gratuidade de ensino* é composto por ensino fundamental, ensino médio e ensino superior de graduação.

3. A gratuidade ampla e geral a qualquer forma de educação é exegese que não se coaduna com a Constituição Federal.

4. A superinclusão de previsões constitucionais engessa o representante eleito e captura a decisão por interesses ideológicos do intérprete. *Ressalvadas as determinações já fixadas pelo constituinte*, como a gratuidade do ensino público e da educação básica, cabe ao poder público, democraticamente, definir com máxima eficiência os instrumentos necessários para viabilizar o atingimento dessas metas, dentre os quais se inserem as formas de financiamento.

5. A concessão de bolsas, isenções ou empréstimos atende o dever estatal de assegurar a equalização de oportunidades educacionais (art. 211, §1º, CRFB), o acesso aos níveis mais elevados de educação (art. 208, V, CRFB) e formação para o trabalho (art. 214, IV, CRFB), consistindo em meio menos prejudicial ao direito à educação que a vedação a qualquer forma de financiamento privado.

6. A exegese dos dispositivos constitucionais que versam o direito à educação não pode conduzir ao sucateamento da prestação do serviço público, com o evidente e imediato

---

[17] SUNSTEIN, Cass. *Constitutional personae*: heroes, soldiers, minimalists, and mutes. Oxford: Oxford University Press, 2015. p. xv-xvi.

prejuízo do alunado e da sociedade, por isso que o *direito social* à *educação pública deve ser interpretado de forma a atender* à *sua máxima efetividade.*

7. A interpretação que, sob as vestes de uma pretensa proteção ao alunado, impõe a exclusividade de recursos públicos ao financiamento de cursos de pós-graduação em universidades públicas, em um contexto notório de escassez e sucateamento da educação em todos os níveis, é financeiramente irresponsável e nociva à prestação do próprio direito. Por tal razão, macularia também o princípio da proporcionalidade, especialmente na sua vertente da *proibição de proteção deficiente (Untermassverbot)*, na medida em que se encaminharia para o esvaziamento da proteção constitucionalmente prevista ao direito à educação.

8. *Recurso extraordinário a que se dá provimento.*

O SENHOR MINISTRO LUIZ FUX: Há um admirável consenso sobre a relevância do direito à educação na formação do indivíduo e no desenvolvimento do país. À educação, direito social de indiscutível fundamentalidade, sempre foi atribuído papel de prestígio pelos constituintes no Brasil.

O regramento constitucional sofisticado demonstra a consciência dos efeitos que uma educação apropriada provoca na formação e capacitação do indivíduo, na consolidação de um Estado efetivamente democrático e no desenvolvimento econômico e social do país. No entanto, a previsão expressa não se traduz em resultados favoráveis em termos qualitativos ou quantitativos. A educação no Brasil continua demandando esforços redobrados para que os fins expressos no texto constitucional se concretizem.

É sob uma tal perspectiva pragmática, que prestigia a efetiva intenção civilizatória e dignificadora do constituinte, que entendo que a melhor interpretação dos dispositivos constitucionais que tratam do direito à educação é aquela que assegura *a sua máxima efetividade* – em termos quantitativos e *qualitativos*.

Assim, em respeito aos quase trinta anos que tenho de magistério e ao amor que sinto pela UERJ, que faz parte da minha vida, entendo *constitucional o financiamento privado em curso de pós-graduação em universidade pública.*

Como bem exposto nos votos que me antecederam, a admissibilidade de recursos privados em instituições de educação pública gira em torno do alcance do artigo 206, IV, da CRFB, que possui a seguinte redação:

Art. 206. O ensino será ministrado com base nos seguintes princípios:
IV - gratuidade do ensino público em estabelecimentos oficiais;

De um lado, os defensores dos recursos exclusivamente públicos alegam que (i) a literalidade do dispositivo constitucional não admite interpretações restritivas, (ii) a abertura semântica da previsão permitiria, em último grau, a privatização do ensino público e (iii) a sociedade contribui para o financiamento da educação por meio das exações tributárias. Em complemento, aludem ao RE 500.171, de relatoria do Ministro Ricardo Lewandowski, em que o Plenário considerou inconstitucional a cobrança de taxa de matrícula em universidades públicas sob o fundamento da ampla gratuidade:

"EMENTA: ADMINISTRATIVO. ENSINO SUPERIOR. ESTABELECIMENTO OFICIAL. COBRANÇA DE TAXA DE MATRÍCULA. INADMISSIBILIDADE. EXAÇÃO JULGADA INCONSTITUCIONAL. I - A cobrança de matrícula como requisito para que o estudante possa cursar universidade federal viola o art. 206, IV, da Constituição. II - Embora configure ato burocrático, a matrícula constitui formalidade essencial para que o aluno tenha acesso à educação superior. III - As disposições normativas que integram a Seção I, do Capítulo III, do Título VIII, da Carta Magna devem ser interpretadas à dos princípios explicitados no art. 205, que configuram o núcleo axiológico que norteia o sistema de ensino brasileiro".[18]

Tal precedente deu ensejo à edição da súmula vinculante 12, segundo a qual *"[a] cobrança de taxa de matrícula nas universidades públicas viola o disposto no art. 206, IV, da Constituição Federal"*. No entanto, em decisão da Presidência, o ministro Gilmar Mendes reduziu o escopo da súmula ao consignar que *"[a] análise dos precedentes desta Suprema Corte que motivaram a aprovação da Súmula Vinculante nº 12 não tratam de qualquer curso realizado pelas universidades públicas, mas apenas dos cursos de ensino superior"*.[19]

Por outro, os defensores de uma coparticipação privada em cursos de pós-graduação sustentam (i) a delimitação do alcance da expressão "ensino"; e (ii) a interpretação sistemática com dispositivos constitucionais que preveem a "colaboração da sociedade" e a "prioridade ao atendimento das necessidades do ensino obrigatório".

Sendo essa a síntese dos argumentos aduzidos, passo à análise mais detida dos que fundamentam meu voto.

(i) delimitação do alcance do artigo 206, IV, da CRFB: a pós-graduação *lato sensu* não se insere na expressão "ensino"

O artigo 206, inciso IV, da CRFB estabelece a "gratuidade do ensino público", sem reservas ou ressalvas. Convém, então, afastar o caso concreto (pós-graduação *lato sensu*) da hipótese prevista no dispositivo, ou seja, no conceito de ensino público.

Para tanto, delimito o conceito de ensino sob uma perspectiva *baseada nos métodos literais e topográficos*, a fim de distingui-lo de educação, pesquisa ou extensão. Assim, como se verá adiante, *nenhuma forma de pós-graduação seria a priori necessariamente gratuita*.

A Constituição possui diversas referências a "ensino", distinguindo-o de educação, pesquisa, ciência ou inovação. Cite-se, por exemplo, o disposto no artigo 24, inciso IX, segundo o qual *"compete à União, aos Estados e ao Distrito Federal legislar concorrentemente sobre educação, cultura, ensino, desporto, ciência, tecnologia, pesquisa, desenvolvimento e inovação"*.

O texto constitucional expressamente qualifica como ensino os níveis fundamental e médio, referindo-se a ensino também ao dispor sobre universidades. Nesse último caso, no entanto, enfatiza a indissociabilidade entre *ensino, extensão e pesquisa* (Art. 207. *As universidades gozam de autonomia didático-científica, administrativa e de gestão financeira e patrimonial, e obedecerão ao princípio de indissociabilidade entre ensino, pesquisa e extensão*). Ora, o que é *indissociável não é idêntico*, senão sequer seria necessária tal

---

[18] RE 500171, Relator Min. Ricardo Lewandowski, Tribunal Pleno, julgado em 13/08/2008
[19] Rcl 8596 MC, Relator: Min. CARLOS BRITTO, Presidente Min. GILMAR MENDES, julgado em 10/07/2009

previsão. Assim, na universidade convivem diversas formas de educação, como ensino, extensão e pesquisa. Nem todas as atividades desenvolvidas na universidade pública são de ensino, sendo que apenas estas estariam cobertas pelo princípio da gratuidade, previsto no art. 206, IV.

Parece razoável supor que, havendo três formas indissociáveis de educação na universidade – ensino, pesquisa e extensão –, *a pós-graduação se insira no conceito de extensão*, como a próprio nomenclatura sugere ("pós-"). Assim, ainda que se refira a mestrado e doutorado acadêmicos, a pós-graduação corresponde a uma extensão da graduação e os elementos envolvidos, como aulas, grupos de pesquisas, produção acadêmica e estágios docentes, apenas corroboram o princípio da indissociabilidade.

Assim, *apenas o ensino fundamental, o ensino médio e o ensino superior de graduação comporiam o núcleo essencial da gratuidade de ensino* de que trata o artigo 206, IV, CRFB.

A fragilidade dessa terceira interpretação, por sua vez, se deve à possibilidade de eventualmente a cobrança de mensalidade se estender às atividades de pesquisa realizadas na *graduação*. No entanto, essas atividades adjetivas apenas refletem a indissociabilidade de ensino, pesquisa e extensão, sem que tenham o condão de transformar o ensino universitário de graduação em *essencialmente* de pesquisa.

(ii) interpretação sistemática dos dispositivos constitucionais que preveem a "colaboração da sociedade" e a "prioridade ao atendimento das necessidades do ensino obrigatório": a pós-graduação não precisa contar com recursos exclusivamente públicos

A educação, que intitula a Seção I do Capítulo III da Constituição, constitui direito social mais amplo e abrange também ensino, pesquisa e extensão. Possui sua disciplina geral positivada no artigo 205, que, assim, aplica-se a todas as suas modalidades. Estabelece o dispositivo que *"a educação, direito de todos e dever do Estado e da família, será promovida e incentivada com a colaboração da sociedade, visando ao pleno desenvolvimento da pessoa, seu preparo para o exercício da cidadania e sua qualificação para o trabalho"*.

A *promoção e o incentivo "com a colaboração da sociedade"* têm ensejado diversas interpretações. Os defensores da exclusividade dos recursos públicos enfatizam que, por meio de exações tributárias, a sociedade já colabora com esse e outros serviços públicos. Efetivamente, os recursos advêm dos cofres públicos, mormente dependentes de receita tributária. No entanto, essa origem, via de regra, é a mesma para qualquer gasto público, sem que haja idêntica previsão para outros direitos sociais no texto constitucional.

A previsão, especifica para o direito à educação, parece possuir um contexto mais amplo, que requer da sociedade uma postura mais ativa e participativa. Não se refere necessariamente à cobrança de mensalidade, mas também a admite, impedindo uma postura passiva, que distribui os ônus apenas ao Estado. Se essa participação é mais sensível em níveis básicos de educação, na escolaridade superior possui *menores riscos de captura ideológica e apresenta-se mais promissora tanto para o alunado quanto para eventuais parceiros privados*.

Ademais, as pós-graduações, ainda que admitam fontes de financiamento que onerem o aluno, como mensalidades, estão protegidos pelas outras garantias constitucionais inerentes ao direito à educação. É o caso de (i) direito de todos; (ii) dever do Estado; (iii) indissociabilidade entre ensino, pesquisa e extensão; (iv) atendimento educacional especializado aos portadores de deficiência; (v) acesso aos níveis mais elevados do ensino, da pesquisa e da criação artística, segundo a capacidade de cada um; (vi) função redistributiva e supletiva, de forma a garantir equalização de oportunidades educacionais; e (vii) ações integradas para formação para o trabalho e promoção humanística, científica e tecnológica do País.

Por tal razão, a delimitação do alcance da expressão "ensino", que afasta a gratuidade dos cursos de pós-graduação, não se confunde com a privatização do ensino superior. *Por ser dever do Estado, o poder público continua obrigado a assegurar que o cidadão tenha acesso* à *pesquisa e* à *criação artística de excelência e* à *formação para o trabalho, suplementando a oferta privada*, o que não se confunde com gratuidade, nem impõe a manutenção de universidade pública.

Da mesma forma, por ser direito de todos, *o Estado deve assegurar a "equalização de oportunidades educacionais", no exercício de sua função redistributiva e respeitada a capacidade de cada um, o que impõe subsídios, bolsas, patrocínios e outras isenções* às *mensalidades eventualmente cobradas*. Foi como ressaltou o ministro relator em seu voto e como dispõe o artigo 77, §2º, da Lei de Diretrizes e Bases da Educação Nacional (*"As atividades universitárias de pesquisa e extensão poderão receber apoio financeiro do Poder Público, inclusive mediante bolsas de estudo"*).

Some-se, ainda, que a distinção entre ensino e educação não impede a extensão da gratuidade a outras formas de educação, mas apenas que isso depende de uma previsão específica. É o caso da gratuidade da educação infantil, assegurada por expressa previsão constitucional (art. 208, I). Estabelece o artigo 208, inciso I, que *"o dever do Estado com a educação será efetivado mediante a garantia de educação básica obrigatória e gratuita dos 4 (quatro) aos 17 (dezessete) anos de idade (...);"*. *As demais formas de educação, tais como os cursos de pós-graduação, estão sujeitas ao regime de financiamento estabelecido por norma infraconstitucional, em prestígio ao princípio democrático*, como se verá adiante.

Embora às pós-graduações, que não se inserem no conceito de ensino, não se aplique o percentual reservado pelo artigo 212, que se limita a "manutenção e desenvolvimento do *ensino*", *podem* receber apoio financeiro público, quando, então, o financiamento será misto ou mesmo exclusivamente público. É que, conforme estabelece o artigo 213, §2º, com redação dada pela EC 85/2015, *"as atividades de pesquisa, de extensão e de estímulo e fomento* à *inovação realizadas por universidades e/ou por instituições de educação profissional e tecnológica poderão receber apoio financeiro do Poder Público"*.

Mesmo que se inserissem nos recursos públicos de que trata o artigo 212, o que ocorre com a graduação, há uma ordem de prioridades que não prestigia o ensino superior. Nos termos do parágrafo terceiro, *"a distribuição dos recursos públicos assegurará prioridade ao atendimento das necessidades do ensino obrigatório, no que se refere a universalização, garantia de padrão de qualidade e equidade, nos termos do plano nacional de educação"*. A previsão constitucional não "abandona" as universidades públicas, mas, ao contrário, apenas se coaduna com o tanto ora exposto. Explica-se.

Justamente por admitir a colaboração da sociedade de forma mais direta em cursos de pesquisa e extensão, as universidades públicas contam com fontes adicionais e suplementares de financiamento ao ensino superior, como mensalidades dos cursos de pós-graduação ou convênios, que podem servir de *"subsídio cruzado" para benefício de toda a universidade*, complementando as verbas públicas recebidas na forma do artigo 212. É o que tem sido observado em diversas instituições.

Se os argumentos literal e sistemático não bastassem, a possibilidade de financiamento privado em cursos de pós-graduação decorre também do *argumento teleológico*. A melhor interpretação dos dispositivos constitucionais que tratam do direito à educação não pode ser aquela que conduz ao sucateamento da prestação do serviço público, com o evidente e imediato prejuízo do alunado e da sociedade. Ora, o *direito social à educação pública deve ser interpretado de forma a atender à sua máxima efetividade*, o que corresponde ao atendimento dos princípios e diretrizes dispostos pelo constituinte.

A interpretação literal e isolada do artigo 206, IV, da Constituição prejudica o acesso universal a uma educação pública de excelência, esvaziando o conteúdo dos outros dispositivos aqui mencionados. Não se trata do argumento consequencialista da crise financeira e do sucateamento, que merece também o devido destaque, mas da concordância prática dos dispositivos constitucionais que tratam especificamente do direito à educação.

A interpretação que, sob as vestes de uma pretensa proteção ao alunado, impõe a exclusividade de recursos públicos ao financiamento de cursos de pós-graduação em universidades públicas, em um contexto notório de escassez e sucateamento da educação em todos os níveis, é financeiramente irresponsável e nocivo à prestação do próprio direito.

Por tal razão, a tramitação da PEC 395/2014 macularia também o princípio da proporcionalidade, especialmente na sua vertente da *proibição de proteção deficiente* (*Untermassverbot*), na medida em que o processo legislativo vergastado se encaminharia para o esvaziamento da proteção constitucionalmente prevista ao direito à educação assegurado no artigo 6º e regulado na Seção I do Capítulo III da Constituição.

A respeito da proibição da proteção deficiente, trago à baila as lições de Daniel Sarmento e Cláudio Pereira de Souza Neto:

"A ideia de proporcionalidade como proibição da proteção deficiente (Untermassverbot) desenvolveu-se no direito constitucional germânico a partir da concepção de que os direitos fundamentais não são meros direitos subjetivos negativos, mas possuem também uma dimensão objetiva, na medida em que tutelam certos bens jurídicos e valores que devem ser promovidos e protegidos diante de riscos e ameaças originários de terceiros. Reconheceu-se, portanto, um dever de proteção estatal dos direitos fundamentais = mesmo os de matriz liberal -, que se estende ao Legislativo, à Administração Pública e ao Poder Judiciário. Este dever de proteção é também chamado de imperativo de tutela. Daí decorre que o princípio da proporcionalidade também pode ser manejado para controlar a observância pelo Estado deste dever de proteção, de forma a coibir a sua inação ou atuação deficiente".[20]

---

[20] SARMENTO, Daniel. SOUZA NETO, Cláudio Pereira de. Direito constitucional: teoria, história e métodos de trabalho. Belo Horizonte: Fórum, 2013. p. 481)

Dessa forma, tem-se que a atuação do legislador, ainda que constituinte, deve ser pautada pelo propósito de assegurar a máxima efetividade do direito fundamental. Tratando-se de direitos sociais, a proibição à proteção insuficiente pauta a extensão da obrigação positiva que pode ser exigida do Estado.

No caso, a restrição absoluta a qualquer forma de financiamento privado em universidades públicas, sem que tenha sido essa a vontade manifestada pelo constituinte originário, sequer contribui para um outro objetivo legítimo. Ainda que o fizesse, a possibilidade de se conceder bolsas, isenções ou empréstimos atenderia ao dever estatal de assegurar a equalização de oportunidades educacionais, o acesso aos níveis mais elevados de educação e formação para o trabalho, consistindo em meio menos prejudicial ao direito à educação.

(iii) interpretação sistêmica da Constituição Social e da Constituição Econômica: compatibilidade entre as ordens pela vontade das instâncias democráticas

Em que pesem as frequentes referências à Constituição Social, Ordem Social ou Estado Social de Direito, os direitos sociais previstos na Constituição não podem ser analisados isoladamente. Em outros termos, a Constituição Social e a Econômica compõem uma unidade, que impõe uma interpretação harmoniosa. Em muitos momentos, o constituinte demonstrou a ambiguidade das opções feitas por uma constituição compromissória em um sistema capitalista. Dessa forma, valoriza-se o trabalho e livre iniciativa, a dignidade e a propriedade, a universalização de direitos sociais e a responsabilidade fiscal, sempre nos limites do texto constitucional.

No que o constituinte não estabeleceu, cabe ao legislador e administrador disciplinar, oscilando conforme os interesses da maioria representada. Assim, em governos mais liberais ou diante da escassez de recursos, é possível admitir-se uma participação mais significativa de financiamentos privados, com convênios e mensalidades. Tendencialmente, o legislador tem estimulado formas de coparticipação entre setores público e privado, conquanto isso se reverta em prol da sociedade e dos beneficiados diretos – no caso, os alunos.

São escolhas legítimas, feitas pelos poderes democraticamente eleitos. Não cabe ao intérprete lhes engessar a atuação. Nesse sentido, José Vicente Santos de Mendonça e Cláudio Pereira de Souza Neto advertem para os riscos de uma leitura muito inclusiva dos dispositivos constitucionais:

> "*A ideia de concepções fundamentalistas dos direitos fundamentais se traduz pela tentativa de inserir, no campo do que está fechado ao dissenso político, doutrinas abrangentes particulares. São fundamentalistas por não tratarem as demais doutrinas como dignas de igual respeito, não lhes reconhecendo a possibilidade de atribuírem conteúdo* às *prescrições legais mesmo se apoiadas pelas deliberações majoritárias. Ao incorporarem pretensões abrangentes ao conteúdo da livre iniciativa, e, ato seguinte, procederem* à *fundamentalização-releitura de diversos dispositivos constitucionais relativos* à *intervenção do Estado na economia, essas interpretações cerceiam o espaço democrático e tornam constitucionalmente necessário o que é politicamente contingente*".[21]

---

[21] SOUZA NETO, Cláudio Pereira de; MENDONÇA, José Vicente Santos de. Fundamentalização e fundamentalismo na interpretação do princípio constitucional da livre iniciativa. A constitucionalização do direito: fundamentos teóricos e aplicações específicas. Rio de Janeiro: Lúmen Juris, 2006. p. 15

A partir da redação do artigo 206, inciso IV, não se pode alargar interpretativamente o alcance do dispositivo a ponto de admitir a gratuidade ampla e geral a qualquer forma de *educação*. A super-inclusão de previsões constitucionais engessa o representante eleito e captura a decisão por interesses ideológicos do intérprete.

Ademais, no artigo 214, o constituinte estabeleceu metas e diretrizes ao plano nacional de educação, como a melhoria da qualidade do ensino, a formação para o trabalho e a promoção humanística, científica e tecnológica do País. A educação é, assim, um direito social, assegurado individualmente a todos, que atende também ao *interesse público de desenvolvimento do país*. Isso justifica o estabelecimento de *políticas públicas* voltadas ao melhor atendimento dos objetivos constitucionais.

Ressalvadas as determinações já fixadas pelo constituinte, como a gratuidade do *ensino* público e da educação básica, cabe ao poder público, democraticamente, definir *com máxima eficiência* os instrumentos necessários para viabilizar o atingimento dessas metas, dentre os quais se inserem as formas de financiamento.

Ademais, como realçado no belo voto do Ministro Relator, a educação é serviço público, ensejando a proteção consumerista aos usuários, no caso os alunos. Além do direito do consumidor, a qualidade do ensino também é assegurada pela livre concorrência, que deve ser estimulada. Quanto mais cursos houver no mercado, mais competitivas serão as alternativas aos cidadãos, a despeito da gratuidade da oferta.

Ex positis, acompanho o relator no *conhecimento e provimento* do recurso extraordinário.

Informação bibliográfica deste texto, conforme a NBR 6023:2018 da Associação Brasileira de Normas Técnicas (ABNT):

MAGALHÃES, Andréa da Fonseca Santos Torres. RE nº 597.854 – Gratuidade em pós-graduações públicas: a coparticipação privada como instrumento para a máxima efetividade do direito social. In: FUX, Luiz. *Jurisdição Constitucional III*: república e direitos fundamentais. Coordenação de Valter Shuenquener de Araujo. Belo Horizonte: Fórum, 2019. p. 77-89. ISBN 978-85-450-0691-6.

RE Nº 966.177 – QO – QUESTÃO DE ORDEM NO JULGAMENTO DE REPERCUSSÃO GERAL. SUSPENSÃO DA PRESCRIÇÃO DA PRETENSÃO PUNITIVA DOS CRIMES PROCESSADOS NAS AÇÕES PENAIS SOBRESTADAS COM FUNDAMENTO NO ART. 1.035, §5º, DO CPC

BRUNO JACOBY DE LAMARE

I Contextualização

O Plenário do Supremo Tribunal Federal, em julgamento concluído na data de 7.6.2017, resolveu questão de ordem no Recurso Extraordinário nº 966.177/RS, acolhendo, por maioria, voto condutor do Min. Relator Luiz Fux no sentido de atribuir interpretação conforme a Constituição ao art. 116, I, do CP, para o fim de declarar que a única interpretação do aludido dispositivo compatível com a Constituição Federal é aquela segundo a qual a suspensão do prazo de prescrição da pretensão punitiva resultante da necessidade de resolução de questão externa de que dependa o reconhecimento da existência do crime abrange a hipótese de sobrestamento de ações penais determinada com fundamento no art. 1.035, §5º, do CPC. Em síntese: declarou-se que esse último dispositivo legal é passível de aplicação ao universo das ações penais, conforme avaliação discricionária do relator do recurso extraordinário paradigma, e, quando aplicado, é causa de suspensão da prescrição dos delitos atingidos pela medida de sobrestamento.

Convém esclarecer que, em julgamento concluído na data de 4.11.2016, o Supremo Tribunal Federal reconhecera a repercussão geral da questão constitucional suscitada no RE nº 966.177/RS, constituindo o Tema nº 924 da repercussão geral da Corte Constitucional, *in verbis*: "Tipicidade das condutas de estabelecer e explorar jogos de azar em face da Constituição da República de 1988. Recepção do 'caput' do art. 50 do Decreto-Lei nº 3.688/1941 (Lei das Contravenções Penais)".

Ocorre que, no curso posterior da marcha processual, ainda antes do julgamento do mérito do recurso extraordinário paradigma e mesmo sem que tivesse havido qualquer determinação expressa do Min. Relator Luiz Fux pela aplicação do disposto no art. 1.035, §5º, do CPC, sobreveio aos autos ofício oriundo do Juízo da 2ª Vara

Criminal de Itajaí/SC, noticiando que alguns tribunais do país, entre os quais o Tribunal de Justiça do Estado de Santa Catarina, haviam recomendado a suspensão de todo e qualquer processo (incluindo procedimentos investigatórios) relacionado à contravenção penal de estabelecer ou explorar jogos de azar, o que, além dos prejuízos à isonomia e à segurança jurídica resultantes do fato de que a medida de sobrestamento não fora equanimemente adotada em todo território nacional, acarretava o risco concreto de prescrição dos delitos objeto dos processos e procedimentos que foram, efetivamente, suspensos.

Diante do quadro fático que lhe foi noticiado, suscitou o min. relator questão de ordem, com o objetivo de oportunizar à Corte Constitucional, em julgamento colegiado, o esclarecimento não apenas das dúvidas objeto de consulta pelo Juízo interessado, como também de outras questões pertinentes ao caso concreto cuja elucidação se afigurava como necessária com o intuito de conferir maior segurança à futura aplicação do instituto da repercussão geral. Nesse prisma de análise, não há dúvidas em se afirmar que a sobredita iniciativa do Ministro Luiz Fux alcançou o objetivo proposto, uma vez que o paradigmático julgamento realizado pelo Plenário do Supremo Tribunal na apreciação da questão de ordem trouxe relevantes luzes para o aclaramento do instituto em questão, sobretudo no que tange aos limites e efeitos de sua aplicação ao universo penal e processual penal.

Mostrava-se, efetivamente, necessário esclarecer, antes de tudo, se a medida de sobrestamento prevista no §5º do art. 1.035 do CPC era, de modo universal ou eventualmente limitada a determinadas espécies de ações, aplicável aos processos de natureza penal e processual penal. Caso, então, na resolução dessa primeira questão fundamental, se reconhecesse a aplicabilidade plena ou restrita da sobredita medida processual ao universo analisado, impunha-se a elucidação das consequências de tal aplicação, mormente no que condiz ao risco de prescrição da pretensão punitiva que, inevitavelmente, adviria aos crimes objeto de processamento nos processos que viessem a ser suspensos. Ocorre que, conforme bem destacado pelo ministro relator na introdução de seu voto, o julgamento do mérito do recurso com repercussão geral reconhecida, não raras vezes, protrai-se no tempo, considerando extensa lista de paradigmas a serem julgados pelo Supremo Tribunal Federal.

II Comentários às premissas adotadas no voto condutor do Ministro Luiz Fux

Com o desiderato de harmonizar a instrumentalidade do instituto da repercussão geral com a preservação da efetividade da persecução penal, assentou-se o voto condutor do Ministro Relator Luiz Fux, a partir da interpretação constitucional das normas aplicáveis, nas seguintes premissas principais:

(a) a medida de suspensão processual prevista no §5º do art. 1.035 do CPC não é consequência automática e necessária da decisão proferida pelo Plenário do STF que reconhece a repercussão geral da questão constitucional discutida em recurso extraordinário, só produzindo efeitos se e quando determinada expressamente pelo relator do recurso paradigma, o qual, ademais, poderá modular os efeitos em questão;

(b) se for da discricionariedade do relator determiná-la, a referida medida de suspensão é passível de aplicação no âmbito dos recursos extraordinários de natureza penal e processual penal;

(c) nesse último caso, poderá abarcar apenas ações penais (relação processual penal angularizada), não incidindo sobre procedimentos investigatórios; sendo que, no âmbito daquelas, jamais poderá abranger processos em que houver réu preso preventivamente, ressalvada, ainda, em qualquer caso, a possibilidade de produção de provas de natureza urgente;

(d) uma vez aplicada nos recursos extraordinários de natureza penal e processual penal, a medida de sobrestamento calcada no art. 1.035, §5º, do CPC implica a suspensão do prazo prescricional da pretensão punitiva relativo aos crimes objeto das ações penais sobrestadas;

(e) não se trata de criação de nova hipótese de suspensão de prazo prescricional não prevista na legislação penal, mas sim de aplicação da hipótese prevista no art. 116, I, do CP, interpretada conforme a Constituição para o fim de também abranger o suporte fático-processual ora analisado;

(f) a interpretação conforme a Constituição, seja como modalidade decisória, seja como técnica hermenêutica, possui como fundamento os princípios da unidade e concordância prática das normas constitucionais, visando a, no caso em tela, afastar o espectro de violação aos seguintes postulados consagrados na Carta Magna – (f.1) o exercício da função acusatória pelo Ministério Público; (f.2) o princípio da paridade de armas, consectário do princípio do contraditório; (f.3) o princípio da proporcionalidade na acepção de vedação à proteção penal deficiente;

(g) a interpretação conforme a Constituição realizada no presente caso observa os limites reconhecidos pela jurisprudência do STF para sua aplicação como modalidade decisória ou técnica hermenêutica, uma vez que não implica violação à expressão literal do texto infraconstitucional nem à vontade do legislador.

Do exame das premissas acima elencadas – todas, é importante que se diga, constitutivas das razões de decidir do julgado, tendo sido, assim, referendadas pela maioria do Plenário da Corte Constitucional –, verifica-se que a relevância do voto ora analisado em muito extrapola a questão central atinente à suspensão da prescrição da pretensão punitiva relativa aos crimes objeto das ações penais sobrestadas, uma vez que foram debatidos aspectos outros relacionados à repercussão geral constitucional cujo esclarecimento afigura-se como de vital importância para a disseminação do instituto em um contexto balizado pela segurança jurídica.

Entre esses, merece destaque, em especial, o apontamento de que o efeito suspensivo de que trata o §5º do art. 1.035 do CPC não é consequência necessária, mas apenas possível, do julgamento que reconhece a repercussão geral da questão constitucional debatida. No caso, essa interpretação do dispositivo não apenas é coerente com a regulação da repercussão geral em um plano sistemático, como também é a que melhor harmoniza o instituto com o princípio da segurança jurídica, uma vez que tanto consagra o poder discricionário do relator de não adotar ou modular a determinação de sobrestamento quando visualizar a possibilidade de a medida provocar efeitos sociais indesejados, passíveis de comprometer a credibilidade do ordenamento junto aos destinatários da norma (plano de análise do qual é caro o princípio da presunção da constitucionalidade das leis); quanto, a partir da concentração da prerrogativa discricionária na figura do relator do recurso extraordinário paradigma, afasta a possibilidade de adoção de soluções conflitantes quanto ao problema analisado, efeito indesejado esse que, conforme relatado, estava a se produzir inclusive no âmbito da temática pertinente ao presente recurso extraordinário (jogos de azar), na medida em que, antes do julgamento da questão de ordem, a medida de sobrestamento havia sido objeto de regulação diversa por parte de diferentes tribunais.

Por outro lado, no que é pertinente, propriamente, à questão central do julgamento da questão de ordem, para o fim de se evitar tautologia quanto à ampla análise constitucional realizada no curso do voto do Ministro Relator Luiz Fux, a seguir transcrito, mormente no que condiz aos postulados que seriam afetados caso não preponderasse a saída hermenêutica sugerida, o que merece ser destacado com maior ênfase é a compatibilidade da solução adotada com o sistema de regulação do instituto da prescrição da pretensão punitiva previsto na legislação penal brasileira.

Não se mostra, com efeito, por demais enfatizar: não se criou, em sede jurisdicional, modalidade suspensiva da prescrição não prevista em lei, o que, evidentemente, afrontaria o princípio fundamental da separação dos poderes; demonstrou-se que a interpretação proposta, a contemplar o suporte fático-processual previsto no §5º do art. 1.035 do CPC, era compatível, no plano da hermenêutica constitucional, com modalidade de suspensão da prescrição já prevista no Código Penal, qual seja, aquela elencada no inc. I do art. 116.

Mais ainda: demonstrou-se que, a par de necessária para o afastamento do espectro de violação aos fundamentos constitucionais afetados, a interpretação conforme a Constituição sugerida pelo min. relator e acolhida pelo Plenário observava, rigorosamente, os limites consagrados pela jurisprudência da Corte Constitucional para a aplicação da aludida técnica, seja para fins decisórios, seja para fins de hermenêuticos, uma vez que compatível com a expressão literal do texto interpretado e consentânea com a vontade do legislador na regulação do instituto. Ocorre, no primeiro caso, que o julgamento de mérito do recurso extraordinário, quando pertinente à compatibilidade do tipo penal com a Constituição Federal, caracteriza, sem maiores esforços semânticos, "resolução, em outro processo, de questão de que dependa a existência do crime", justamente a hipótese de incidência prevista no inc. I do art. 116 do CP. Por outro lado, é evidente que a eventual aplicação, na seara penal, da medida de sobrestamento prevista no §5º do art. 1.035 do CPC implicará óbice ao prosseguimento da persecução penal, o que se coaduna com o pressuposto fático que constitui fundamento para todas as hipóteses de suspensão do prazo de prescrição da pretensão punitiva previstas na legislação brasileira, qual seja, a ocorrência de fato legal ou processual legítimo que impeça a atuação do Estado-acusador.

De todo o exposto, verifica-se, em breve sumário, a relevância da contribuição do voto ora analisado para a evolução da jurisdição constitucional, porquanto jogou luzes para a efetivação, em um cenário compromissado com a segurança jurídica, de instituto tão caro para a organicidade do direito, como a repercussão geral constitucional; e, concomitantemente, afastou quadro de violação a postulados consagrados na Carta Magna cuja observância afigura-se como fundamental para preservação da efetividade da persecução penal; o que nada mais que assegurou, em última análise, a unidade e concordância prática das normas constitucionais examinadas.

VOTO DO MIN. RELATOR LUIZ FUX NO RE Nº 966.177/RS – QUESTÃO DE ORDEM

O Senhor Ministro Luiz Fux (Relator) – [...] A *vexata quaestio* diz respeito ao alcance da suspensão processual preconizada no art. 1.035, §5º, da novel norma processual civil e os seus efeitos sobre os processos de natureza penal cuja matéria tenha sido objeto de repercussão geral reconhecida por esta Corte, em especial no que condiz à possibilidade de suspensão do prazo prescricional da pretensão punitiva relativa aos crimes processados no âmbito de ações penais sobrestadas enquanto não ocorre o julgamento do recurso extraordinário oriundo do processo paradigma.

Analisando o instituto jurídico em questão, anoto que o requisito da repercussão geral foi introduzido no ordenamento jurídico nacional a fim de priorizar o papel do Supremo Tribunal Federal como corte constitucional, além de garantir a celeridade do sistema processual (artigo 5º, LXXVIII, da CRFB) e a organicidade do direito.

Uma vez conferida à Corte Constitucional, por meio da Emenda Constitucional nº 45/2004, a prerrogativa de não admitir recurso extraordinário cuja repercussão geral constitucional não tivesse sido demonstrada pelo recorrente, estabeleceu-se com o Código de Processo Civil de 2015, em avanço à regulamentação daquela norma constitucional, não apenas que o Supremo Tribunal Federal não conhecerá dos recursos extraordinários cuja questão constitucional não tenha tido sua repercussão geral reconhecida (artigo 1.035, *caput*, do CPC), como também que, em contrapartida, quando houver o reconhecimento de dita repercussão, caberá ao Relator do processo paradigma na Corte Constitucional determinar a suspensão do processamento de todos os processos pendentes, individuais ou coletivos, que versem sobre a questão e tramitem no território nacional (artigo 1.035, §5º, do CPC).

[...]

Inicialmente, impende aferir se, apesar da literalidade da redação trazida pelo §5º evidenciar sua cogência, o sobrestamento previsto pelo dispositivo seria, efetivamente, consequência automática do reconhecimento da repercussão geral ou se exigiria, para produzir efeitos, a prolação de despacho pelo relator do recurso extraordinário paradigma, bem como se, neste último caso, poderiam os efeitos do sobrestamento ser objeto de modulação pelo relator.

No que pertine a tal questão, de plano, cabe estabelecer a seguinte premissa: embora a sistemática da repercussão geral vise a preservar a organicidade do direito, impende que se faculte ao relator dispor, discricionariamente, acerca da possibilidade de sobrestamento, sob pena de se sobrepor a aplicação do instituto a valores outros que também possuem fundamento constitucional, tais como a segurança jurídica e a própria efetividade da persecução penal, atrelada ao princípio da proporcionalidade e a consequente vedação à proteção penal insuficiente.

Para alicerçar tal constatação, cabe mencionar, exemplificativamente, os temas já reconhecidos como de repercussão geral pelo Supremo Tribunal Federal que, embora versem sobre matéria penal, não tratam, diretamente, da constitucionalidade de uma determinada figura típica, mas, dispondo sobre questões concernentes aos critérios para aplicação da pena ou sobre institutos de natureza processual, aplicam-se, indistintamente, a todos ou a uma considerável parcela dos delitos previstos pelo legislador pátrio. Nesse contexto, caso se considerasse que o sobrestamento dos processos correlatos fosse uma consequência necessária da repercussão geral, todos os processos penais em tramitação no território nacional que, por exemplo, envolvessem réus potencialmente reincidentes seriam suspensos se esta Corte Constitucional afetasse à sobredita sistemática a discussão concernente à constitucionalidade do instituto da reincidência enquanto circunstância qualificadora. Não se trata, evidentemente, da intenção preconizada pelo legislador, uma vez que uma consequência de tal natureza comprometeria, de modo irreversível, a efetividade da persecução penal.

Da mesma forma, mostra-se perfeitamente possível cogitar da existência de questões concernentes a outros ramos do direito que, tendo tido sua percussão geral constitucional reconhecida, não justificariam, por sua natureza, para fins de preservação da segurança jurídica, o sobrestamento irrestrito de todas as relações processuais que delas tratassem. Não por acaso, aliás, analogicamente, existe, no âmbito do controle concentrado de constitucionalidade, mecanismo processual que possibilita a este Tribunal, mesmo diante do reconhecimento da inconstitucionalidade de ato normativo, modular, visando à preservação da segurança das relações jurídicas consolidadas, os efeitos, no tempo, da declaração de nulidade realizada.

Cumpre, portanto, em suma, quanto a esta primeira questão prejudicial, que se faculte ao relator do recurso extraordinário paradigma não apenas dispor se, conforme as circunstâncias peculiares de cada tema de repercussão geral reconhecida, irá ou não determinar o sobrestamento dos processos correlatos, como também, se for o caso, modular os efeitos de tal sobrestamento. Consectariamente, em se entendendo que a sobredita determinação de sobrestamento consiste em questão afeta à discricionariedade do relator, mostra-se imperativo apontar que não consistirá ela em consequência automática do reconhecimento da repercussão geral, dependendo, assim, da necessária prolação de despacho do relator para produzir efeitos.

Outra questão cuja resolução prévia se afigura como necessária versa sobre a própria aplicabilidade da hipótese de suspensão processual prevista no §5º supra transcrito ao âmbito dos processos de natureza penal.

Sobre o ponto, impende referir que, em havendo, como é sabido, diferentes processos de natureza penal cuja matéria já foi reconhecida como de repercussão geral constitucional por este Supremo Tribunal Federal, não se visualiza qualquer óbice à aplicação do dispositivo aos processos de natureza penal. Ocorre, simplesmente, que o recurso extraordinário, independentemente de, a título exemplificativo, versar sobre matéria cível, penal, trabalhista, previdenciária ou tributária, possui índole essencialmente constitucional, sendo esta, em consequência, a natureza do instituto da repercussão geral constitucional àquele aplicável e, consectariamente, de todas as regras previstas para regular a adoção da aludida sistemática. Desse modo, não se visualiza qualquer óbice à incidência da regra prevista no §5º do art. 1035 do CPC, independentemente de qual seja a natureza da relação processual originária em cujos autos se visualizou a existência de questão constitucional de repercussão geral, da onde advém a aplicabilidade do instituto, igualmente, ao âmbito penal e processual penal.

Por fim, nesse plano preliminar de análise, uma ressalva merece ser efetuada: o §5º do art. 1.035 aponta, expressamente, que apenas os *processos* que versem sobre a mesma questão do paradigma podem ser sobrestados. Isto significa, ao se transpor o instituto para a seara processual penal, que os inquéritos policiais e demais procedimentos investigatórios correlatos, independentemente de serem conduzidos pela Autoridade Policial ou Ministério Público, não serão alcançados pela ordem de sobrestamento exarada do relator do processo paradigma, porquanto aqueles, em virtude da ausência de angularização que lhes é inerente, inclusive a não justificar a exigência de observância do princípio do contraditório, não podem, tecnicamente, ser qualificados como *processo*, mas sim como *procedimento*.

Estabelecidas essas premissas normativas, impende ressalvar que o julgamento do mérito do recurso com repercussão geral reconhecida, na maioria das vezes, protrai-se no tempo, especialmente em razão da extensa lista de paradigmas a serem julgados pelo Pretório Excelso.

Tal situação tem reflexos peculiares nos recursos que tratam de matéria criminal, uma vez que, salvo as exceções constitucionalmente estipuladas, nesses casos, a pretensão manifestada no processo (pretensão punitiva) está sujeita a prazos prescricionais. É imperioso, por conseguinte, que se encontre uma solução que a um só tempo permita o julgamento dos *leading cases* por este tribunal após a reflexão e amadurecimento da sua compreensão sobre as questões que lhe são apresentadas, sem que a decisão em seguida proferida se esvazie de efetividade pela prescrição da pretensão punitiva. Diante de tal contexto de interesses conflitantes, o instituto da repercussão geral, por mais ínclitos propósitos que apresente (celeridade processual e unidade do direito), pode incorrer em afronta a outros valores constitucionalmente tutelados, sobretudo nos processos criminais.

Isso se dá em razão de o instituto em questão causar a paralisação da ação penal, sem, contudo, haver previsão legal expressa de sustação do prazo prescricional do delito *sub examine*. Vejamos.

Atualmente, são hipóteses de suspensão da prescrição expressamente previstas no ordenamento jurídico nacional: *i)* os incisos I e II do artigo 116 do Código Penal tratam, respectivamente, da questão a ser resolvida, em outro processo, da qual dependa o reconhecimento da existência do crime e da suspensão enquanto o agente cumpre pena no estrangeiro; *ii)* o artigo 366 do Código de Processo Penal estabelece a suspensão do processo e do prazo prescricional quando o réu citado por edital não comparecer nem constituir defensor; *iii)* o artigo 368 do Código de Processo Penal fixa a suspensão nos casos de acusado citado em Estado estrangeiro mediante carta rogatória; *iv)* o parágrafo 5º do artigo 53 da Constituição Federal determina a suspensão do prazo prescricional, em razão da sustação do andamento da ação, enquanto durar o mandado do parlamentar contra o qual foi recebida a denúncia, conforme parágrafo 3º do mesmo dispositivo; *v)* o parágrafo 6º do artigo 89 da Lei nº 9.099/95 prevê a suspensão da prescrição em casos de aplicação do instituto da suspensão condicional do processo; *vi)* o artigo 9º da Lei nº 10.684/2003 (objeto da ADI 3002, distribuída ao Min. Celso de Mello) determina a suspensão da prescrição de determinados delitos que elenca, quando há inclusão do agente em regime de parcelamento tributário.

Como se depreende de todas essas situações indicadas acima, a suspensão do prazo prescricional tem sempre como pressuposto um fato que impeça a atuação do Estado-acusador, o que decorre de aplicação do princípio interpretativo *ubi eadem ratio ibi eadem dispositio*.

É de se reconhecer, contudo, por exclusão, que não há, no ordenamento jurídico nacional, previsão expressa para a suspensão do prazo prescricional incidente nas ações penais que, por decisão do relator do recurso extraordinário paradigma, tiverem sido sobrestadas em virtude da sistemática da repercussão geral constitucional.

Nesse contexto, é preciso que esta Corte explicite os limites aos quais esse mecanismo, criado para a propagação da celeridade processual e uniformização das decisões judiciais, será submetido, sob pena de violação de outros princípios de igual estatura constitucional, o que afrontaria os postulados da unidade e da concordância prática das normas constitucionais (CANOTILHO, José Joaquim Gomes. *Direito constitucional e teoria da Constituição*. Coimbra: Almedina, 7ª Edição, 2003, p. 1.183-1.186).

O que se propõe, para tanto, diante da sobredita ausência de previsão expressa quanto à suspensão do prazo prescricional no âmbito dos processos criminais sobrestados, é que se aplique a técnica hermenêutica da *interpretação conforme a Constituição* para que se proceda a uma interpretação da hipótese fático-processual trazida pelo art. 116, I, do CP, justamente uma das causas de suspensão da prescrição já reconhecidas pelo legislador pátrio, que se afigure como compatível com as demais normas consagradas na Constituição Federal no que pertine ao exercício do poder punitivo estatal, viabilizando a compreensão de que a hipótese cogitada já se encontra compreendida no âmbito de incidência da regra já expressa.

Ou seja, em suma, não se trata de criar nova hipótese de suspensão de prazo prescricional até então não prevista em lei, mas sim de compreender, a partir de um legítimo exercício de hermenêutica constitucional, que a hipótese de suspensão de prazo prescricional ora cogitada já se encontra prevista no ordenamento.

Nesse plano de análise, cabe destacar, inicialmente, que são, justamente, os supracitados postulados da unidade e da concordância prática das normas constitucionais que fundamentam a *interpretação conforme* à *Constituição* tanto como técnica de interpretação geral de normas infraconstitucionais quanto como modalidade decisória aplicável no âmbito do controle de constitucionalidade.

É próprio, com efeito, da *interpretação conforme* à *Constituição* que, diante de duas ou mais interpretações possíveis de um ato normativo infraconstitucional, ou, em se tratando de controle difuso, se confira prevalência àquela que melhor se compatibilize com o sistema constitucional onde se encontra inserido (técnica de interpretação) ou, em se tratando de controle concentrado, se preserve a validade da lei com base na exclusão das interpretações possíveis que forem incompatíveis com a Constituição (modalidade de decisão), o que, em última análise, em ambos os casos, visa a preservar a supremacia do texto constitucional, impondo que as normas jurídicas ordinárias sejam interpretadas em consonância com aquele (MENDES, Gilmar Ferreira; COELHO, Inocêncio Mártires e BRANCO, Paulo Gustavo Gonet. Curso de Direito Constitucional. São Paulo: Saraiva, 2ª Edição, rev. e atualiz., 2008, p. 1.255).

[...]

Da mesma forma, reportando-se, por analogia, à técnica decisória da *declaração de inconstitucionalidade de caráter limitativo ou restritivo*, consagrada, no ordenamento jurídico nacional, no art. 27 da Lei Federal nº 9.689/99, impende destacar que são os mesmos postulados da unidade e da concordância prática das normas constitucionais acima referidos que, diante das hipóteses de incidência trazidas em lei, fundamentam a possibilidade de relativização do princípio da nulidade e viabilizam a modulação temporal dos efeitos da declaração de inconstitucionalidade (MENDES, Gilmar Ferreira; COELHO, Inocêncio Mártires; BRANCO, Paulo Gustavo Gonet. *Curso de Direito Constitucional*. São Paulo: Saraiva, 2ª Edição, rev. e atualiz., 2008, p. 1.268).

[...]

Delimitado o substrato principiológico que justifica a adoção do princípio da *interpretação conforme* à *Constituição* - afronta aos postulados da unidade e da concordância prática das normas constitucionais -, vejamos quais são, no presente caso, as normas de assento constitucional que restam violadas ao não se interpretar a legislação infraconstitucional aplicável de modo a compreender o sobrestamento decorrente do mecanismo processual da repercussão geral constitucional como hipótese de suspensão do prazo prescricional da pretensão punitiva.

Constato, *ab initio*, inequívoca privação do *Parquet* do exercício de sua função institucional insculpida no inciso I do artigo 129 da Constituição Federal. Reconhecida a repercussão geral de questão constitucional de viés criminal, fica o Ministério Público cerceado da sua prerrogativa de promover a ação penal, visto que os processos criminais que tratem do mesmo tema ficam sobrestados, aguardando o julgamento do *leading case*. E é bom notar que não pode o órgão ministerial sequer se insurgir contra esse sobrestamento, uma vez que a decisão que o determina não admite impugnação por recurso, nem por mandado de segurança, consoante entendimento pacífico do Supremo Tribunal Federal:

> *Agravo regimental em mandado de segurança. 2. Não cabe mandado de segurança contra ato jurisdicional de Ministro do STF. 3. Irrecorribilidade da decisão que aplica a sistemática da repercussão geral. Precedentes. 4. Agravo regimental a que se nega provimento.* (MS 28.982 AgR, Rel. Min. Gilmar Mendes, Pleno, DJe de 15/10/2010).

[...]

Note-se que, enquanto o Ministério Público fica totalmente impedido de exercitar a pretensão punitiva estatal, continua correndo o prazo prescricional que levará à sua extinção, paradoxalmente, pela demora no seu exercício.

Percebe-se nitidamente aqui, destarte, não só o cerceamento da prerrogativa acusatória do *Parquet*, mas também da paridade de armas que é consectário do princípio do contraditório. Com efeito: de um lado, o acusado se beneficia da prescrição em andamento, enquanto de outro, o órgão acusador nada pode fazer senão aguardar o julgamento do mérito da controvérsia com repercussão geral reconhecida, enfrentando impassivelmente, muitas vezes, a causa extintiva de punibilidade pela mora que não lhe é atribuível, tudo resultando na impunidade do réu. O desequilíbrio entre as posições jurídicas da acusação e da defesa se torna evidente, evocando a lição do mestre LUIGI FERRAJOLI, quando afirma que *o contraditório, de fato, consiste no confronto público e antagonista entre as partes em condições de paridade* (*Direito e razão: teoria do garantismo penal*. São Paulo: Editora Revista dos Tribunais, 3ª Edição, 2010, p. 690).

Retomando a temática das prerrogativas institucionais do *Parquet*, é importante destacar, ademais, que a prerrogativa de exercício exclusivo da ação penal pública, atribuída ao Ministério Público, configura forma de manifestação da própria soberania do Estado. De fato, a Constituição Federal de 1988 alçou essa instituição a um patamar que nunca havia atingido no Brasil, erigindo-a à condição de primaz protetora dos preceitos democráticos e dos direitos fundamentais mais caros à sociedade, como se pode extrair com clareza solar do seu art. 127, *caput*.

Tendo o artigo 127 da Constituição Federal incumbido o Ministério Público da defesa da ordem jurídica, do regime democrático e dos interesses sociais e individuais indisponíveis, não pode a legislação infraconstitucional contrariar tais mandamentos, não se admitindo, portanto, que seja tal órgão manietado em uma das suas funções mais fundamentais, que é a de buscar a satisfação da pretensão estatal soberana de punir (MAZZILLI, Hugo Nigro. *Introdução ao Ministério Público*. São Paulo: Saraiva, 7ª Edição, 2008, p. 65). Enfim, sendo essa a destinação institucional traçada pela Constituição Federal para o *Parquet*, toda a legislação infraconstitucional, assim como os mecanismos e instrumentos por ela criados, devem-lhe irrestrita submissão.

E não é só. O princípio da proporcionalidade, implicitamente consagrado pelo texto constitucional, propugna pela proteção dos direitos fundamentais não apenas contra os excessos estatais, mas igualmente contra a proteção jurídica insuficiente. A proteção insuficiente pode exsurgir nas ocasiões em que o Estado demonstra desinteresse ou omissão na efetiva aplicação das sanções penais, declinando do seu dever de proteger os bens jurídicos mais relevantes para sociedade, que o Direito Penal tutela. Nesse sentido, trago à colação precedente deste Supremo Tribunal Federal:

> 1. CONTROLE DE CONSTITUCIONALIDADE DAS LEIS PENAIS. 1.1. Mandatos Constitucionais de Criminalização: A Constituição de 1988 contém um significativo elenco de normas que, em princípio, não outorgam direitos, mas que, antes, determinam a criminalização de condutas (CF, art. 5º, XLI, XLII, XLIII, XLIV; art. 7º, X; art. 227, §4º). Em todas essas normas é possível identificar um mandato de criminalização expresso, tendo em vista os bens e valores envolvidos. Os direitos fundamentais não podem ser considerados apenas como proibições de intervenção (Eingriffsverbote), expressando também um postulado de proteção (Schutzgebote). Pode-se dizer que os direitos fundamentais expressam não apenas uma proibição do excesso (Übermassverbote), como também podem ser traduzidos como proibições de proteção insuficiente ou imperativos de tutela (Untermassverbote). Os mandatos constitucionais de criminalização, portanto, impõem ao legislador, para o seu devido cumprimento, o dever de observância do princípio da proporcionalidade como proibição de excesso e como proibição de proteção insuficiente. 1.2. Modelo exigente de controle de constitucionalidade das leis em matéria penal, baseado em níveis de intensidade: Podem ser distinguidos 3 (três) níveis ou graus de intensidade do controle de constitucionalidade de leis penais, consoante as diretrizes elaboradas pela doutrina e jurisprudência constitucional alemã: a) controle de evidência (Evidenzkontrolle); b) controle de sustentabilidade ou justificabilidade (Vertretbarkeitskontrolle); c) controle material de intensidade (intensivierten inhaltlichen Kontrolle). O Tribunal deve sempre levar em conta que a Constituição confere ao legislador amplas margens de ação para eleger os bens jurídicos penais e avaliar as medidas adequadas e necessárias para a efetiva proteção desses bens. Porém, uma vez que se ateste que as medidas legislativas adotadas transbordam os limites impostos pela Constituição o que poderá ser verificado com base no princípio da proporcionalidade como proibição de excesso (Übermassverbot) e como proibição de proteção deficiente (Untermassverbot), deverá o Tribunal exercer um rígido controle sobre a atividade legislativa, declarando a inconstitucionalidade de leis penais transgressoras de princípios constitucionais [...] (HC 104.410, Rel. Min. Gilmar Mendes, 2ª Turma, DJe de 27/03/2012).

[...]
Sobressai, por conseguinte, do sistema jurídico-constitucional, que a tarefa do legislador deve plena atenção aos direitos fundamentais, em especial quando legisla na esfera do direito penal, seja no plano material ou no processual. Isso significa que o legislador está vinculado a deveres de proteção perante a sociedade, concernentes à tutela de direitos, bens e valores encartados no próprio texto constitucional, sendo-lhe defesa a elaboração de normas que proporcionem proteção insuficiente. Essa é a lição doutrinária do ilustre Min. *LUÍS ROBERTO BARROSO*:

> *No direito brasileiro, a tipificação de condutas penais e a fixação de penas aplicáveis são matérias reservadas à lei e, mais que isso, são privativas de lei formal. Doutrina e jurisprudência reconhecem ampla liberdade de conformação ao legislador na definição dos crimes e das sanções, de acordo com as demandas sociais e com as circunstâncias políticas e econômicas de cada época. Respeitadas as proibições e as imposições de atuação, a matéria é largamente relegada à deliberação das maiorias parlamentares. Nada obstante, o respeito aos direitos fundamentais impõe à atividade legislativa limites máximos e limites mínimos de tutela. A Constituição funciona como fonte de legitimação e de limitação do legislador.*
>
> *[...] o direito penal atua como expressão do dever de proteção do Estado aos bens jurídicos constitucionalmente relevantes, como a vida, a dignidade, a integridade das pessoas e a propriedade. A tipificação e delitos e a atribuição de penas também são mecanismos de proteção a direitos fundamentais. Sob essa perspectiva, o Estado pode violar a Constituição por não resguardar adequadamente determinados bens, valores ou direitos, conferindo a eles proteção deficiente, seja pela não-tipificação de determinada conduta, seja pela pouca severidade da pena prevista. Nesse caso, a violação do princípio da razoabilidade-proporcionalidade ocorrerá na modalidade da vedação da insuficiência.* (Curso de direito constitucional contemporâneo: os conceitos fundamentais e a construção do novo modelo. São Paulo: Saraiva, 2009, p. 379).

In casu, insta reconhecer a ofensa ao princípio constitucional da proporcionalidade, na sua vertente da vedação de proteção deficiente, na medida em que a fragilização da tutela penal do Estado, mediante o impedimento do exercício regular da ação penal, deixa a descoberto direitos fundamentais como a vida, o patrimônio, a dignidade sexual, entre outros que o Estado deveria salvaguardar por meio da norma penal.

[...]

A necessária e suficiente proteção a direitos fundamentais pode ser efetivada por meio de normas processuais, daí decorrendo, logicamente, que a deficiência de proteção também pode advir de uma ordem jurídica processual que não tutele adequadamente esses direitos. Na hipótese em exame, é justamente isso o que se observa: a não suspensão do prazo prescricional em razão de uma causa suspensiva do trâmite processual, ditada pelo próprio ordenamento jurídico, implica renúncia tácita do Estado ao exercício regular da sua pretensão punitiva e, por via de consequência, ofensa a direitos fundamentais, que não estão sendo suficientemente protegidos.

A despeito do Direito Penal ser regido pelo cânone da intervenção mínima, atuando como *ultima ratio*, é imprescindível que todos os instrumentos jurídicos que lhe são inerentes preencham as condições mínimas para alcançarem o fim último de resguardarem os bens jurídicos que se propõem a proteger. Sendo assim, se o legislador atua de forma a criar situações de proteção deficiente de direitos fundamentais, o intérprete pode intervir para formular regime jurídico de melhor proteção, extraindo-o diretamente de tais direitos, uma vez que a eficácia dos direitos fundamentais é direta e a sua aplicabilidade é imediata (artigo 5º, §1º, da Constituição Federal).

Demais disso, em face do princípio *"contra non valentem agere non currit praescriptio"*, temos que a prescrição não pode correr contra quem não pode agir. A lei não pode criar situações de incompatibilidade lógica, ou seja, não é aceitável impossibilitar a parte de agir e, ao mesmo tempo, puni-la pela sua inércia.

Consectariamente, na presença de obstáculo intransponível ao *ius persequendi*, imperiosa é a dilação do prazo prescricional, não se admitindo que a lei discipline mecanismo de paralisação da ação e, simultaneamente, permita a continuidade do lapso temporal.

Depreende-se, em suma, a partir da análise dos argumentos acima elencados, que diversas são as normas constitucionais que, direta ou indiretamente, são violadas a partir da não-suspensão do prazo prescricional da pretensão punitiva no que condiz aos delitos que são objeto das ações penais que forem sobrestadas em decorrência da aplicação da sistemática processual da repercussão geral constitucional.

Diante de tal quadro, o que se propõe é, a partir da invocação dos postulados da unidade e concordância prática das normas constitucionais, afastar o sobredito espectro de violação a normas de assento constitucional, interpretando a legislação infraconstitucional que regula a suspensão dos prazos prescricionais da pretensão punitiva de modo a abranger, no que pertine à regra prevista no art. 116, I, do CP, a hipótese fática processual concernente ao sobrestamento de ações penais em decorrência do disposto no art. 1.035, §5º, do CPC.

Em síntese: dentre as diversas interpretações possíveis para o inciso I do art. 116 do CP, adotar aquela que se afigure como conforme a Constituição, ou seja, que melhor resguarde os demais fundamentos constitucionais potencialmente afetados (proteção da prerrogativa acusatória do Ministério Público para o exercício da pretensão punitiva estatal, proteção ao princípio da paridade de armas e vedação à proteção penal insuficiente), qual seja, a interpretação que compreenda a suspensão para aferição de repercussão geral enquanto fator externo condicionante ao prosseguimento da persecução penal.

Não se desconhece que a *interpretação conforme a Constituição*, tanto como técnica hermenêutica quanto como modalidade decisória, conhece limites, decorrendo eles da expressão literal da lei e, ainda, da chamada vontade do legislador. Neste contexto, a aplicação do sobredito princípio só é admissível *se não configurar violência contra a expressão literal do texto e não alterar o significado do texto normativo, com mudança radical da própria concepção original do legislador* (MENDES, Gilmar Ferreira; COELHO, Inocêncio Mártires e BRANCO, Paulo Gustavo Gonet. *Curso de Direito Constitucional*. São Paulo: Saraiva, 2ª Edição, rev. e atualiz., 2008, p. 1.255).

No presente caso, pode-se afirmar, com absoluta convicção, que o prevalecimento da interpretação sugerida nem descaracterizaria o texto normativo e nem contrariaria o fundamento principiológico que embasou a opção realizada pelo legislador.

O inciso I do art. 116 do CP prevê como hipótese de suspensão do prazo de prescrição da pretensão punitiva a ausência de resolução, *"em outro processo, de questão de que dependa a existência do crime"*.

Nesse contexto, em se tratando a questão de repercussão geral cogitada de discussão concernente à constitucionalidade de disposição passível de repercutir na tipicidade formal e material, antijuridicidade ou reprovabilidade de uma determinada conduta, mostra-se perfeitamente razoável afirmar, inclusive em atenção a parâmetros literais de hermenêutica, que, com a seleção de um processo paradigma para julgamento da questão e sobrestamento dos demais que versarem sobre o mesmo objeto, estará pendente de resolução, *em outro processo* (no processo paradigma), *questão de que dependa a existência do crime* que é cogitado nos processos sobrestados.

Ademais, conforme acima se destacou, não apenas a regra expressa no art. 116, I, do CP como também todas as demais hipóteses de suspensão do prazo prescricional da pretensão punitiva previstas no ordenamento jurídico nacional possuem como pressuposto um fato que impeça a atuação do Estado-acusador. Ou seja, a mesma vontade do legislador que fundamentou a opção expressa da prejudicialidade externa quanto ao reconhecimento do crime como causa suspensiva da prescrição - aplicação do princípio interpretativo *ubi eadem ratio ibi eadem dispositio* encontra-se presente na hipótese em comento, na qual se verifica a imposição de óbice legal (art. 1.035, §5º, do CPC) ao exercício da pretensão punitiva.

O reconhecimento da repercussão geral da controvérsia constitui verdadeiro embaraço à resolução do processo. Tal óbice deve ser compatibilizado com a suspensão do prazo prescricional, justamente por ter se formado uma barreira ao andamento regular do feito. Logo, se a ação penal foi ajuizada a tempo e não abarcada por nenhuma hipótese caracterizadora de inércia, questões estranhas ao processo e que impeçam o seu fluxo regular devem acarretar também a paralisação do prazo prescricional, sob pena de quebra da organicidade do sistema jurídico.

Trata-se, aqui, de empecilho à fluência da prescrição de todo aconselhável, para se evitar a contradição que exsurgiria da própria lei, ao obstar o exercício da pretensão e permitir a sua extinção por não ter sido exercida. Não está se admitindo, é bom que se diga, uma causa de suspensão por obstáculo de fato, a exemplo de situações como calamidade pública, invasão estrangeira ou incêndio de grande dimensão, entre outros, mas por imperativo de natureza jurídica, visto que é a própria lei que obstaculiza o exercício da pretensão punitiva.

À guisa de conclusão, faz-se necessário que se interprete o art. 116, I, do CP conforme a Constituição, para o fim de se entender que a suspensão do prazo prescricional para resolução de questão externa prejudicial ao reconhecimento do crime abrange a hipótese de suspensão do prazo prescricional nos processos criminais com repercussão geral reconhecida, considerando que a resolução da questão concernente à repercussão geral é, também, prejudicial ao reconhecimento do crime cogitado na ação penal sobrestada.

No caso, dita interpretação do art. 116, I, do CP conforme a Constituição se mostra possível porque o legislador, ao impor a suspensão dos processos sem instituir simultaneamente a suspensão dos prazos prescricionais, criou sistema processual que vulnera o exercício da pretensão punitiva que é manifestação da própria soberania do Estado, bem como o princípio do contraditório, além tornar deficiente a proteção jurídica ofertada aos direitos fundamentais pela norma penal. É imperioso, por conseguinte, que este tribunal dê força normativa e aplicabilidade imediata aos referidos fundamentos de assento constitucional, mantendo-se, com a suspensão do prazo prescricional nos processos criminais com repercussão geral reconhecida, a harmonia, unidade e sistematicidade do ordenamento jurídico.

Ex positis, proponho como solução para esta questão de ordem que, a partir de interpretação do art. 116, I, do CP conforme a Constituição, até o julgamento definitivo, pelo Supremo Tribunal Federal, do recurso extraordinário adotado como paradigma, se reconheça a suspensão do prazo de prescrição da pretensão punitiva relativa a todos os crimes objeto ações penais que, em território nacional, tiverem sido sobrestadas por força de vinculação ao Tema 924 da repercussão geral reconhecida por esta Corte.

Uma vez prevalecendo a tese defendida na presente questão de ordem, questão sensível passível de advir da sobredita sistemática decorre da possibilidade de haver, nas ações penais sobrestadas, réus em regime de prisão processual provisória, bem como se afigurar como imperiosa, sob risco de perecimento, a necessidade de se empreender medidas probatórias urgentes.

No que condiz a esta última possibilidade, a solução para o problema é singela, porquanto prevista expressa e claramente tanto no Código de Processo Civil quanto no Código de Processo Penal. De fato, o art. 314 do CPC, ao ressalvar ao Juízo a possibilidade de determinar a realização de atos urgentes a fim de evitar dano irreparável, previu hipótese geral de modulação passível de aplicação a todo e qualquer caso de suspensão da relação processual previsto pela legislação processual civil.

[...]

A mesma lógica foi empregada pelo legislador no art. 92, *caput*, do CPP, quando, prevendo a possibilidade de suspensão do curso da ação penal até a resolução definitiva de questão civil prejudicial concernente ao estado civil das pessoas, ressalvou que tal suspensão não obstava a inquirição de testemunhas, bem como a produção de outras provas de natureza urgente.

[...]

Trata-se, aliás, da mesma lógica adotada pelo art. 366 do CPP quando, ao prever a suspensão da ação e do curso do prazo prescricional nos casos de ausência do réu citado por edital, ressalva a possibilidade de o juiz determinar a produção antecipada de provas consideradas urgentes.

[...]

Nesse contexto, mostra-se perfeitamente possível compreender que o sobrestamento de ações penais, quando determinado pelo relator do processo extraordinário paradigma com fundamento no art. 1.035, §5º, do CPC, não inviabiliza a produção de provas de natureza urgente, medida que poderá ser adotada, em todo o território nacional, conforme deliberação de conveniência e oportunidade a ser realizada pelo juízo competente, respectivamente, por cada expediente sobrestado.

Estabelecidas essas premissas, não se visualiza qualquer óbice para que, com algum temperamento, seja adotada a mesma lógica de raciocínio para o âmbito das prisões cautelares.

Sobre o ponto, aliás, antes de tudo, cabe assentar como inafastável o apontamento de que não cabe cogitar da possibilidade de manter um réu preso provisoriamente enquanto estiver completamente paralisado o curso da relação processual a que a prisão estiver atrelada, bem como a fluência do prazo prescricional concernente às infrações penais cogitadas. Mostra-se, com efeito, imperiosa a necessidade de que, em sendo decretada a prisão preventiva, o Estado-julgador, sob pena de revogação da segregação processual, adote as medidas que estiverem ao seu alcance para garantir que o juízo de formação da culpa se efetive, se for o caso, no prazo mais exíguo possível, o que, por óbvio, se mostra incompatível com eventual sobrestamento da persecução por força da sistemática da repercussão geral constitucional.

Nesse contexto, o que se visualiza como possível, invocando, repita-se, a sobredita lógica aplicável às medidas probatórias urgentes, é conferir ao juízo de origem a mesma discricionariedade para, em entendendo como necessária a manutenção da prisão preventiva, afastar aquela ação penal específica do alcance da determinação de sobrestamento exarada pelo relator do recurso extraordinário paradigma, a ela conferindo regular prosseguimento. Ocorre que, no prisma de exame da prisão provisória, não são apenas determinados atos processuais que devem ser considerados urgentes; mas sim todo e qualquer ato concernente àquela relação processual, o que justifica, em última análise, que tais expedientes sejam, em sua integralidade, excluídos do regime de sobrestamento resultante da repercussão geral.

Ou seja, em suma, tais processos, enquanto neles houver réu em regime de segregação cautelar, escaparão à ordem de sobrestamento, devendo prosseguir até o limite, se for o caso, da formação da culpa pelas instâncias ordinárias. No caso, impende apenas que tal limite processual seja observado, uma vez que, na hipótese de ser interposto recurso extraordinário, este, em virtude de sua correlação com o recurso extraordinário paradigma, ficará necessariamente sobrestado até a resolução da questão constitucional concernente àquele último.

Todavia, de qualquer modo, esta última circunstância, ao obstar o processamento imediato do recurso extraordinário, apenas retardará o trânsito em julgado da decisão exarada pelas instâncias ordinárias, mas não impedirá a execução provisória do eventual decreto condenatório. Ocorre que o Plenário do STF, como é sabido, em julgamento realizado em 05/10/2016, ao indeferir, por maioria, as liminares pleiteadas nas Ações Declaratórias de Constitucionalidade nº 43 e 44, entendeu que o artigo 283 do Código de Processo Penal não impede o início da execução da pena após condenação em segunda instância e antes do efetivo trânsito em julgado do processo.

Em suma, tanto se mostra possível que o sobrestamento decorrente da adoção da sistemática da repercussão geral não obste a realização de medidas urgentes de produção de prova no âmbito dos expedientes sobrestados; quanto que, em havendo prisão cautelar, o processo, em sua integralidade, enquanto perdurar a segregação provisória, escape ao alcance da determinação geral de suspensão.

De todo o exposto, mostra-se possível sintetizar a partir das seguintes proposições as teses objeto do presente voto, sejam as relativas às questões prejudiciais, seja a concernente à própria questão de fundo pertinente à questão de ordem suscitada:
 a) a suspensão de processamento prevista no §5º do art. 1.035 do CPC não consiste em consequência automática e necessária do reconhecimento da repercussão geral realizada com fulcro no caput do mesmo dispositivo, sendo da discricionariedade do relator do recurso extraordinário paradigma determiná-la ou modulá-la;
 b) de qualquer modo, consoante o sobredito juízo discricionário do relator, a possibilidade de sobrestamento se aplica aos processos de natureza penal;

c) nesse contexto, em sendo determinado o sobrestamento de processos de natureza penal, opera-se, automaticamente, a suspensão da prescrição da pretensão punitiva relativa aos crimes que forem objeto das ações penais sobrestadas, a partir de interpretação conforme a Constituição do art. 116, I, do CP;

d) em nenhuma hipótese, o sobrestamento de processos penais determinado com fundamento no art. 1.035, §5º, do CPC abrangerá inquéritos policiais ou procedimentos investigatórios conduzidos pelo Ministério Público;

e) em nenhuma hipótese, o sobrestamento de processos penais determinado com fundamento no art. 1.035, §5º, do CPC abrangerá ações penais em que haja réu preso provisoriamente;

f) em qualquer caso de sobrestamento de ação penal determinado com fundamento no art. 1.035, §5º, do CPC, poderá o juízo de piso, no curso da suspensão, proceder, conforme à necessidade, à produção de provas de natureza urgente.

É como voto.

Informação bibliográfica deste texto, conforme a NBR 6023:2018 da Associação Brasileira de Normas Técnicas (ABNT):

LAMARE, Bruno Jacoby de. RE nº 966.177 – QO – Questão de ordem no julgamento de repercussão geral. Suspensão da prescrição da pretensão punitiva dos crimes processados nas ações penais sobrestadas com fundamento no art. 1.035, §5º, do CPC. In: FUX, Luiz. *Jurisdição Constitucional III*: república e direitos fundamentais. Coordenação de Valter Shuenquener de Araujo. Belo Horizonte: Fórum, 2019. p. 91-106. ISBN 978-85-450-0691-6.

PET Nº 5.705 – CRIMES CONTRA A HONRA, NOVAS TECNOLOGIAS E *FAKE NEWS*: EDIÇÃO DE VÍDEO PARA ATRIBUIR TEOR RACISTA A DISCURSO PARLAMENTAR

CARLA RAMOS MACEDO DO NASCIMENTO

1 Introdução

As redes sociais revolucionaram a tecnologia da informação e as comunicações no início do século XXI. Ampliados o *locus* público para a manifestação do pensamento, a capacidade de seu registro e o seu alcance por meio da rede mundial de computadores, sem maiores custos para o usuário, evidenciaram-se os danos do abuso do direito à liberdade de expressão, máxime por meio da disseminação de notícias falsas, sob aparência de verdade. O alentado debate sobre o uso de *fake news* em eleições erigiu uma série de desconfianças sobre as redes sociais, em especial quanto a prejuízos inesperados e paradoxais ao ambiente de debate democrático.

Neste artigo, propomos a leitura do voto do Ministro Luiz Fux na PET nº 5.705, como "estudo de caso" neste momento de aparente crise sistêmica gerada pelo uso das redes sociais como fonte de informação e, em última análise, pelo ambiente de pós-verdade que daí exsurge.

No precedente em exame, imputou-se a prática de crime de difamação, caracterizado no Código Penal como "Difamar alguém, imputando-lhe fato ofensivo à sua reputação".

Resumidamente, o caso era o seguinte: um determinado parlamentar (querelado) foi acusado de publicar, em sua página no Facebook, um vídeo editado do discurso de outro parlamentar (querelante), fazendo parecer que este último teria pregado intolerância racial e social. O vídeo foi "curtido" e replicado por vários seguidores. Porém, consultada a integralidade do discurso, percebia-se que a fala do parlamentar-querelante tinha sentido diametralmente oposta ao divulgado. Independentemente do mérito do julgamento, cuida-se de boa oportunidade de transcender o caso concreto para analisar sua contextualidade subjacente e refletir sobre as possibilidades que o sistema jurídico oferece, atualmente, de enfrentamento do problema, ainda que nos utilizando de velhas ferramentas como os "crimes contra a honra", revisitadas neste momento histórico em que os meios digitais favorecem a maledicência, o alarido e a destruição de reputações.

Na definição do problema, constata-se que as novas tecnologias permitem a não especialistas a edição e divulgação de vídeos na rede mundial de computadores, conferindo aparência de informação aos conteúdos transmitidos entre os usuários. A partir do momento em que a mensagem é publicada nas redes sociais, sua replicação instantânea potencializa não apenas os danos diretos do delito sobre a honra e a imagem pública do afetado como, ainda, os danos para a sociedade em geral, que passa a debater sobre notícias falsas, como se correspondessem efetivamente aos fatos.

O debate sobre as *fake news* e, simultaneamente, os clamores pela estrita observância do direito constitucional à liberdade de expressão inflamam opiniões e exigem rigor na circunscrição da esfera dos eventuais ilícitos, sob pena de conspurcar-se o ambiente democrático, propício à livre manifestação de ideias e, no plano da cidadania, único modo de garantir eleições livres. Por outro lado, a intervenção estatal preventiva pode assumir feição censória, razão pela qual ainda não há consenso quanto à viabilidade de se estabelecer um marco regulatório voltado à contenção dos danos causados pelo fenômeno.

Inicialmente, o próprio conceito de *fake news* resta controvertido. Para alguns estudiosos, o termo é até mesmo inútil: Wardle (2017) explica que a razão pela qual se busca um substituto é que se trata de mais do que "notícias", tratando-se de todo o "ecossistema de informação". Nos fóruns acadêmicos dedicados ao tema, o foco tem sido identificar os problemas delas oriundos, em vez de dispender tempo desnecessário na precisa conceituação do termo (v. Workshop Report da Yale University, produzido por BARON; CROOTOF, 2017). De toda sorte, há consenso quanto à compreensão de que não basta a falsidade da notícia, exigindo-se um elemento diferenciador, qual seja, o emprego de plataformas digitais voltadas à propagação intencional do conteúdo inverídico (ou *propaganda*). Diversos estudos vêm sendo divulgados, no Brasil e no mundo, sobre o tema da propagação de notícias falsas. O conceito de "guerrilha", por exemplo, foi adaptado para descrever o emprego de *blogs*, redes sociais, *e-mails*, mensagens instantâneas e agregadores multimídia, como o YouTube, como plataformas de hospedagem e divulgação das *fake news*. Essa "guerrilha" se estrutura mediante divisão de tarefas, assim definida por Marcelo Vitorino, professor de *marketing* político e digital da Escola Superior de Propaganda e Marketing (THATY, 2018): (i) um criador da notícia falsa – agência, profissionais contratados, cidadãos comuns ativistas, militantes ideológicos etc.; (ii) os hospedeiros, que são profissionais especializados em hospedar conteúdos sem deixar rastros; (iii) os disseminadores, que na maioria são cidadãos comuns ou ativistas; e (iv) um motivador, que paga a conta. Outra característica da notícia falsa, ressaltada por Rodrigo Flores (THATY, 2018), diretor de conteúdo do UOL, é que ela "mimetiza a notícia" e seu conteúdo é deliberadamente falso.

A divulgação das *fake news* se beneficia da ausência de controle de conteúdo nas redes sociais, propiciando um ambiente desregulamentado que favorece a prática de ilícitos. A descontextualização de fatos voltada à manipulação da opinião pública, conferindo aparência de notícia verdadeira ao conteúdo fraudulento ou mimetizando uma notícia de origem controlada, é apenas uma das possíveis roupagens com as quais as *fake news* se apresentam ao público, que as consome e retransmite, potencializando os danos à imagem de terceiros e à percepção da realidade. A gravidade do fato será tanto maior quanto mais a massa da população for propensa à manipulação, pois a desinformação generalizada reduz a capacidade crítica, como bem ilustrou George Orwell em sua obra máxima, *1984*.

Intrinsecamente vinculado à questão das *fake news* erige-se o direito à liberdade de manifestação do pensamento. Conforme lição de Daniel Sarmento (2006, p. 29), "A ideia básica da liberdade de expressão como instrumento para a obtenção da verdade parte da premissa de que, no contexto do debate livre entre pontos de vista divergentes sobre temas polêmicos, as melhores ideias prevalecerão". Essencial à própria concepção de democracia, a liberdade de expressão garante que todo indivíduo, grupo de indivíduos ou comunidade articule suas opiniões e ideias sem temor de retaliação, censura ou sanção. A Declaração Universal dos Direitos Humanos estatui, no art. 19, que "todos devem ter o direito de manter sua opinião sem interferência" e, mais ainda: "todos devem ter o direito à liberdade de expressão; este direito deve incluir a liberdade de buscar, receber e transmitir informações e ideias de todos os tipos, independentemente de fronteiras, seja oralmente, por escrito, impresso, em forma artística ou por qualquer outro meio de sua escolha".

Não se cuida, decerto, de um direito absoluto, e a própria Declaração da ONU prevê "especiais deveres e responsabilidades", podendo "por isso estar sujeito a restrições" quando necessário para "os direitos ou reputações de outros" ou para "a proteção da segurança nacional ou da ordem pública, da saúde pública ou da moral". Por se cuidarem de exceções ao sistema, essas limitações à liberdade de expressão devem ser interpretadas restritivamente, sob pena de fórmulas abstratas anularem a previsão deste direito como um princípio e um direito fundamental no Estado Democrático de Direito. Em regra, em Estados não ditatoriais, a censura se apresenta sob disfarce, que pode assumir a forma de discursos religiosos ou de moralidade pública, cuja verdadeira roupagem é o autoritarismo e a intolerância à liberdade, especialmente artística, na qual o livre pensar em regra não conhece tabus sociais. Não à toa, um atentado terrorista teria sido motivado por intolerância a uma capa de jornal com teor humorístico (*Charlie Hebdo*), seguindo-se de debates acalorados sobre a liberdade de expressão e sobre o relativismo das distintas concepções de liberdade, motivo de choque entre civilizações.

Ao direito de livre manifestação do pensamento atribui-se o que na jurisprudência da Suprema Corte americana e na doutrina especializada convencionou-se denominar *preferred position*. A fórmula *freedom of press, freedom of speech, freedom of religion are in a preferred position* constitui regra de julgamento pela qual o direito à informação e à liberdade de imprensa deve preponderar sobre os demais. O resultado direto deste desenvolvimento hermenêutico é a tese da resolução *a posteriori* de uma possível violação de outros direitos decorrente do exercício abusivo da liberdade de expressão e de imprensa, inadmitindo-se a censura prévia do conteúdo. Nada obstante, esta compreensão não é definitiva: são frequentes os desafios – discursos de ódio (*hate speeches*) (SARMENTO, 2006); manifestações criminosas de reparação impossível – *v. g.*, aquelas com potencial evidente de destruir candidaturas às vésperas do pleito eleitoral. O que fazer diante de casos difíceis, que impõem escolhas trágicas?

Em regra, a mera divulgação verbal de opiniões e ideias, por meio de manifestos, livros, filmes, jornais, programas televisivos, ainda que por algum motivo atinja terceiras pessoas, grupos ou comunidades, deve ser encarada como iniciadora de um debate, de um diálogo, qualificando-se como pura e simples expressão de um pensamento intelectual, filosófico, ideológico ou de qualquer outra natureza.

Somente quando se constatar que a intenção direta da divulgação não é simplesmente manifestar uma opinião e propor um debate, mas provocar danos, incitar ou reforçar preconceitos contra pessoas, grupos ou comunidades, então se estará diante de um ilícito, que poderá ser tipificado penalmente.

Os crimes contra a honra, associados à noção das excludentes anímicas – *v. g.*, *animus criticandi, animus jocandi, animus narrandi* – que descaracterizam a natureza delitiva da conduta, podem constituir uma ferramenta útil, um dispositivo jurídico voltado a impedir o abuso da livre manifestação do pensamento, à falta de legislação mais moderna e adaptada à nova realidade das redes sociais. Trata-se de uma resposta apta a contribuir para o controle das *fake news*, com a punição dos excessos cometidos por meio das novas tecnologias e das redes sociais. Esta seria apenas uma das respostas possíveis do sistema jurídico ao ruído gerado pelo abuso da liberdade de expressão – o Marco Civil da Internet (Lei nº 12.965/2014) prevê regras aplicáveis a usuários e provedores, inclusive com regra específica quanto aos danos decorrentes de conteúdo gerado por terceiros ("Art. 19. Com o intuito de assegurar a liberdade de expressão e impedir a censura, o provedor de aplicações de internet somente poderá ser responsabilizado civilmente por danos decorrentes de conteúdo gerado por terceiros se, após ordem judicial específica, não tomar as providências para, no âmbito e nos limites técnicos do seu serviço e dentro do prazo assinalado, tornar indisponível o conteúdo apontado como infringente, ressalvadas as disposições legais em contrário").

De toda sorte, nunca é demais lembrar que a complexidade da vida em sociedade e o calor dos debates – cada vez mais polarizados, especialmente em temas sensíveis como a liberdade de expressão – revelam que o direito gera expectativas exageradas quanto à sua capacidade de resolver problemas para os quais ainda não dispõe das ferramentas adequadas. O descompasso tecnológico da Justiça também expõe as lacunas do sistema jurídico. As normas existentes erigem-se como única ferramenta disponível para solucionar, pragmaticamente, os conflitos sociais. Ainda assim, vale a advertência de Shoshana Felman (2014), em interessante obra que analisa as (im)possibilidades do direito de resolver determinados conflitos:

> Sob os constrangimentos práticos de ter de prestar contas e estabelecer justiça, o direito tenta dar sentido ao abismo ou reduzir sua ameaça (sua insensatez, seu caos ininteligível) conferindo-lhe um nome, codificando-o ou subsumindo sua realidade (a qual é inatamente sem nome e inclassificável) à lógica classificadora e à coerência técnica e procedimental do julgamento. Mas, ao fazer isso, o direito (o julgamento ou o litígio) nega, inadvertidamente, a natureza abissal do abismo ao pretender, ou ao assumir, desorientadamente, que o abismo é alguma coisa a mais, algo que pode ser assimilado a regras conhecidas ou precedentes, algo que pode ser incluído, contido dentro da reconhecibilidade de conhecidas agendas. (FELMAN, 2014, p. 122-128)

2 PET nº 5.705 – Jean Wyllys *vs*. Éder Mauro

O voto proferido pelo Ministro Luiz Fux no julgamento da Petição nº 5.705 tinha por pano de fundo a divulgação, pelo Deputado Federal Éder Mauro, em sua página no Facebook, de um vídeo no qual o Deputado Federal Jean Wyllys aparece discursando da tribuna da Câmara dos Deputados. Ocorre que um trecho do discurso foi cortado e, com isso, o vídeo divulgado insinua que o discurso do parlamentar denotaria preconceito de raça e de origem social.

No voto condutor do acórdão de recebimento da queixa-crime, o relator, Ministro Luiz Fux, aplicou a tese de que, embora o vídeo contivesse discurso efetivamente proferido pelo parlamentar querelante, sua divulgação cortada/editada constituía indício suficiente do intuito fraudulento e, no caso, difamatório. Afastou-se, assim, a caracterização de mero exercício do direito à liberdade de expressão, bem como a incidência da imunidade parlamentar constitucionalmente conferida no art. 53 da CRFB/1988.

Confira-se o voto que procedeu ao enquadramento jurídico-penal da conduta e recebeu a denúncia:

VOTO

O Senhor Ministro Luiz Fux (Relator): Senhor Presidente, em primeiro lugar, registro que, neste momento de recebimento da queixa-crime, é verdade que o Código de Processo Penal se contenta com meros indícios. Por outro lado, é preciso que, efetivamente, haja elementos de convencimento capazes de conduzir ao recebimento da acusação contra detentor de prerrogativa de foro perante o Supremo Tribunal Federal.

A inicial acusatória deve alicerçar-se em elementos probatórios mínimos que demonstrem a materialidade do fato delituoso e indícios suficientes de autoria, em respeito aos princípios constitucionais do devido processo legal, do contraditório e da ampla defesa (artigo 5º, LIV e LV, da Constituição).

Os parâmetros legais para a admissão da acusação estão descritos nos artigos 41 e 395 do Código de Processo Penal. O primeiro, de conteúdo positivo, estabelece as matérias que devem constar da denúncia, já o segundo, de conteúdo negativo, estipula que o libelo acusatório não pode incorrer nas impropriedades a que se reporta.

Com efeito, a denúncia ou queixa que não contêm a exposição do fato criminoso, com todas as suas circunstâncias, além da classificação do crime, impede o exercício da ampla defesa, na medida em que submete o acusado à persecução penal, privando-o do contexto sobre o qual se desenvolverá a relação processual.

A subsunção do fato concreto ao tipo penal previsto na norma abstrata é pressuposto lógico do juízo de tipicidade exercido no ato de recebimento da denúncia ou da queixa-crime, sem o qual o fato narrado na inicial não dispõe de tipicidade formal, requisito fundamental para iniciar-se uma persecução penal.

Cezar Roberto Bitencourt leciona que:

> *"Há uma operação intelectual de conexão entre a infinita variedade de fatos possíveis da vida real e o modelo típico descrito na lei. Essa operação, que consiste em analisar se determinada conduta*

se adapta aos requisitos descritos na lei, para qualificá-lo como infração penal, chama-se "juízo de tipicidade", que na afirmação de Zaffaroni, "cumpre uma função fundamental na sistemática penal". Sem ele a teoria ficaria sem base, porque a antijuricidade deambularia sem estabilidade e a culpabilidade perderia sustentação pelo desmoronamento do seu objeto.

Quando o resultado desse juízo for positivo significa que a conduta analisada reveste-se de tipicidade. No entanto, a contrario sensu, quando o juízo de tipicidade for negativo estaremos diante da atipicidade da conduta, o que significa que a conduta não é relevante para o Direito Penal, mesmo que seja ilícita perante outros ramos jurídicos (v.g., civil, administrativo, tributário etc.)" (Bitencourt, Cezar Roberto. Tratado de direito penal: parte geral – 20ª ed. rev., ampl. e atual – São Paulo: Saraiva, 2014, p. 345).

Ademais, na esteira da jurisprudência deste Supremo Tribunal Federal, o juízo de recebimento da denúncia é de cognição sumária, isto é, independe de maiores aprofundamentos sobre o acervo probatório, bastando que haja materialidade na conduta e indícios de autoria, verbis:

"EMENTA: INQUÉRITO. IMPUTAÇÃO DOS CRIMES PREVISTOS NO ART. 317, §1º, C/C ART. 327, §2º, DO CÓDIGO PENAL E ART. 1º, V, VII e §4º, DA LEI 9.613/1998. AUSÊNCIA DE VIOLAÇÃO AOS PRINCÍPIOS DO CONTRADITÓRIO, DA AMPLA DEFESA E DO DEVIDO PROCESSO LEGAL. LICITUDE DOS ELEMENTOS PROBATÓRIOS COLHIDOS NA FASE INVESTIGATIVA. PRELIMINARES REJEITADAS. INDÍCIOS DE AUTORIA E MATERIALIDADE DEMONSTRADOS. SUBSTRATO PROBATÓRIO MÍNIMO PRESENTE. ATENDIMENTO DOS REQUISITOS DO ART. 41 DO CPP. DENÚNCIA RECEBIDA. 1. É cabível, também no âmbito da Lei 8.038/1990, assegurar ao órgão acusador a faculdade de réplica às respostas dos denunciados, especialmente quando suscitadas questões que, se acolhidas, poderão impedir a deflagração da ação penal. Só assim se estará prestigiando o princípio constitucional do contraditório (art. 5º, LV, CF), que garante aos litigantes, e não apenas à defesa, a efetiva participação na decisão judicial. Precedentes. 2. O Supremo Tribunal Federal possui clara orientação no sentido de que a regra da indivisibilidade da ação penal tem campo de incidência específico à ação penal privada (art. 48 do Código de Processo Penal). Precedentes. 3. As diligências questionadas foram promovidas e realizadas pela Documento assinado digitalmente conforme MP nº 2.200-2/2001 de 24/08/2001, que institui a Infraestrutura de Chaves Públicas Brasileira - ICP-Brasil. O documento pode ser acessado no endereço eletrônico http://www.stf.jus.br/portal/autenticacao/ sob o número 11767840. Supremo Tribunal Federal Inteiro Teor do Acórdão - Página 1 de 51 Ementa e Acórdão INQ 3979 / DF autoridade policial de maneira complementar, acompanhadas pelo Ministério Público e, principalmente, por delegação do Relator no Supremo Tribunal Federal, na forma prevista no art. 230-C do Regimento Interno do Supremo Tribunal Federal. 4. A eventual desconstituição de acordo de colaboração premiada tem âmbito de eficácia restrito às partes que o firmaram, não beneficiando nem prejudicando terceiros (HC 127.483, Rel. Min. DIAS TOFFOLI, Tribunal Pleno, DJe de 4.2.2016). Até mesmo em caso de revogação do acordo, o material probatório colhido em decorrência dele pode ainda assim ser utilizado em face de terceiros, razão pela qual não ostentam eles, em princípio, interesse jurídico em pleitear sua desconstituição, sem prejuízo, obviamente, de formular, no momento próprio, as contestações que entenderem cabíveis quanto ao seu conteúdo. Precedentes. 5. À luz dos precedentes do Supremo Tribunal Federal, o conteúdo dos depoimentos colhidos em colaboração premiada não é prova por si só eficaz, tanto que descabe condenação lastreada exclusivamente neles, nos termos do art. 4º, §16, da Lei 12.850/2013. 6. A fase processual do recebimento da denúncia é juízo de delibação, jamais de cognição exauriente. Não se pode, portanto, confundir os requisitos para o recebimento da denúncia, delineados no art. 41 do Código de Processo Penal, com o juízo de procedência da imputação criminal. Precedentes. 7. Denúncia que contém a adequada indicação das condutas delituosas imputadas, a partir de elementos aptos a tornar plausível a

acusação, o que permite o pleno exercício do direito de defesa. 8. Presença de substrato probatório mínimo em relação à materialidade e autoria. A existência de outros indícios reforça as declarações prestadas por colaboradores, tais como registros telefônicos, depoimentos, informações policiais e documentos apreendidos, o que basta neste momento de cognição sumária, em que não se exige juízo de certeza acerca de culpa. 9. Denúncia recebida" (Inq 3979-DF, Rel. Min. Teori Zavascki, Segunda Turma, Julgado em 27/09/2016, Dje de 15/12/2016).

Daí conclui-se que, em respeito às regras legais que disciplinam o recebimento da inicial acusatória, a descrição do fato supostamente criminoso deve ajustar-se à norma abstrata que prevê o tipo penal incriminador e descrever a consciência e vontade do agente de praticar o crime, nos crimes dolosos.

Com efeito, o juízo de subsunção do fato concreto à norma abstrata é corolário do princípio da presunção de inocência, pois a afirmação de que o recebimento de uma denúncia facilita a vida do investigado, porquanto ele terá melhores condições de comprovar a ausência da ilicitude, realmente representa uma blasfêmia contra a razão e a fé na Justiça.

Na verdade, um homem público, que tenha recebido contra si uma denúncia, ou queixa-crime, ostenta uma nódoa inapagável na sua vida, máxime quando se submete a uma prerrogativa de um foro único, como sói ser o Supremo Tribunal Federal, julgado numa única instância. De sorte que, nessas hipóteses, sempre se faz presente um cuidado bastante acurado no recebimento da denúncia ou queixa crime.

Por outro lado, presente a justa causa, isto é, havendo prova da materialidade e indícios suficientes de autoria, nada há de ilegal no constrangimento que representa responder a um processo crime.

In casu, o querelante imputa a prática do crime de difamação ao querelado, por ter este publicado, em sua página pessoal do Facebook, trecho de um vídeo contendo uma fala cortada do querelante, em edição voltada a imputar-lhe ideia preconceituosa contra pessoas negras e destituídas de recursos financeiros.

Assentadas essas premissas, passo à análise concreta da peça acusatória, a fim de identificar a existência, ou não, da descrição dos fatos criminosos e suas circunstâncias, cujo teor reproduzo:

"No dia 19 de maio de 2015, o Deputado Federal Delegado Eder Mauro publicou em sua página do Facebook vídeo editado ilicitamente com falso pronunciamento do Deputado Federal Jean Wyllys, ora querelante, durante reunião da Comissão Parlamentar de Inquérito que apura a Violência contra jovens e negros pobres no Brasil. A sessão da CPI ocorreu em 14 de maio de 2015.

A atitude ilícita do querelado resultou em manipulação criminosa de uma filmagem da comissão parlamentar. O Deputado Delegado, de forma ardilosa, recortou a frase TEM UM IMAGINÁRIO IMPREGNADO, SOBRETUDO NOS AGENTES DAS FORÇAS DE SEGURANÇA, DE QUE UMA PESSOA NEGRA E POBRE É POTENCIALMENTE PERIGOSA para transformá-la apenas em UMA PESSOA NEGRA E POBRE É POTENCIALMENTE PERIGOSA [...].

Em manipulação criminosa do vídeo mencionado, falsificando documento público, o Deputado Delegado Eder Mauro transformou o discurso do parlamentar Jean Wyllys, que criticava o preconceito praticado por agentes da segurança pública contra negros e pobres, num pronunciamento CONTRA negros e pobres. De acordo com o conteúdo publicado pelo querelado, Jean Wyllys disse o seguinte:

UMA PESSOA NEGRA E POBRE É POTENCIALMENTE PERIGOSA, É MAIS PERIGOSA DO QUE UMA PESSOA BRANCA DE CLASSE MÉDIA, ESSA É A VERDADE, ENTÃO DITO ISSO [...]

A realidade do pronunciamento foi totalmente invertida para prejudicar a atuação institucional do Deputado Jean Wyllys e acarretar uma série de discursos de ódio por centenas de milhares de pessoas em todos os setores sociais.

Para se ter uma ideia da grave manipulação feita na fala do querelante, eis o pronunciamento verdadeiro, extraído das notas taquigráficas oficiais da Câmara dos Deputados:

E aí a fala da Tatiana foi muito importante, porque ela traz essa dimensão histórica, que envolve a escravidão de negros; depois, a abolição, sem nenhuma política de inclusão no mercado de trabalho, a exclusão territorial; e, depois, toda uma produção de sentido que desqualifica essa comunidade como humana. Então, há um imaginário impregnado, sobretudo nos agentes das forças de segurança, de que uma pessoa negra e pobre é potencialmente perigosa, é mais perigosa do que uma pessoa branca de classe média. Esse é um imaginário que está impregnado na gente, uma dimensão aí. E os policiais partem desse imaginário" (pag. 37 das notas taquigráficas da CPI Violência contra jovens negros e pobres) (com grifos),

A difamação praticada pelo Deputado Delegado Eder Mauro foi publicada em página no Facebook e, no atual momento, possui 14.834 curtidas, 252.458 visualizações e 12.272 compartilhamentos. Tal fato demonstra, por si só, o negativo alcance do delito praticado, o que foi a real intenção do ora querelado na ocasião desta divulgação, haja vista que manipulou o vídeo original da fala do representante de forma livre e consciente para que o mesmo pudesse prejudicá-lo.

Repugnante atitude mereceu, por parte de outros Deputados membros da CPI Violência contra jovens negros e pobres, a devida reprovação. Nessa esteira, houve também a denúncia da flagrante manipulação da fala do querelante praticada pelo Deputado Delegado Eder Mauro com o objetivo meramente difamatório.

Após a publicação do criminoso vídeo, na sessão do dia 21/05/2015, reproduzida no DVD em anexo (DOC 02), o Deputado Federal Bebeto pronunciou-se denunciando o grave delito cometido e exigindo que fosse restabelecida a verdade para a própria segurança dos trabalhos da referida CPI, para que não pudesse haver manipulação de falas de outros Deputados.

A partir da preocupação explanada pelo deputado Bebeto, o próprio presidente da CPI, Deputado Federal Reginaldo Lopes, manifestou-se no sentido de que o vídeo, de fato, tratou-se de uma manipulação criminosa da fala do ora querelante, conforme pode-se observar na transcrição de sua fala abaixo (DOC 02):

"... eu já tenho aqui em mãos as notas taquigráficas. De fato, eu assisti o vídeo, e também li na totalidade a intervenção e a fala do Deputado Jean Wyllys, então o vídeo, ele tem, ele foi recortado, em quatro momentos, então você tem uma intervenção do Deputado Jean Wyllys, e o vídeo é (sic) quatro partes descontextualizado para a produção daquele vídeo que é totalmente fora do contexto e, portanto, o vídeo na íntegra já está disponível, nós vamos colocar ele no site da CPI, e a nota, eu estou esperando a revisão e vou encaminhar à presidência da Câmara, porque quem tem que encaminhar, ou pra corregedoria, ou para o conselho de ética, é o presidente da Câmara, então, portanto, eu quero aqui dizer que, de fato, é um recorte criminoso, porque ele tira do contexto ele pega do início da fala dito isto eu pergunto nenhum de vocês tocou no papel da legalização, da regulamentação, das drogas ilícitas como algo fundamental para reduzir outros crime, para reduzir o número de homicídios, de encarceramento, e parte, inclusive, tomar a atividade deste garotos dessa juventude que está nas favelas, numa atividade legal na qual eles podem se dedicar. Mas aí tem outra fala se a Souza Cruz pode enriquecer explorando [...]. Uma fala grande. Então você corta o todo é melhor que seja legal ou que seja ilegal, vão recortando aqui uma fala, e passa pela, por esse termo que gerou a maior polêmica e está totalmente fora de contexto. Né? Porque ele pega um pedacinho que fala uma pessoa negra [...], aí ele faz o recorte do vídeo, uma pessoa negra e pobre e potencialmente perigosa, é mais perigosa que uma pessoa branca e de classe média? Este é um imaginário que está impregnado no agente uma dimensão, aí não tem

correção ainda aqui, por isso que eu estou pedindo revisão, não tem revisão. E os policiais parte deste imaginário. Então o vídeo é totalmente, você pegando aqui as notas, né, está recortado em quatro momentos, e totalmente fora do contexto, então evidente que extremamente, nós temos que repudiar totalmente a quem produziu aquele vídeo e eu acho que a casa, através dos seus órgão devem encaminhar para que seja investigado."(309 a 601) (com grifos)

Após esta primeira fala do Presidente da CPI Violência contra jovens negros e pobres, Deputado Reginaldo Lopes, diversos deputados fizeram intervenções manifestando irrestrita solidariedade ao Deputado Jean Wyllys, bem como exigindo uma nota oficial da CPI repudiando o vídeo criminoso. O presidente, após as intervenções, ainda falou que (DOC 02):

"Por ofício, a presidência da CPI vai encaminhar o vídeo e as notas taquigráficas à corregedoria e à presidência da Câmara (E eu peço que encaminhe também à perícia da polícia federal, se possível. É fundamental), para fazer uma perícia da adulteração do vídeo. Segundo, eu já me posicionei, desde a primeira fala do Deputado Jean Wyllys, ao assistir o vídeo e também ler as notas taquigráficas, evidente que o vídeo é criminoso. É criminoso. Ele foi adulterado. Você pega uma fala extensa, o vídeo faz um recorte em quatro partes totalmente fora de contexto. Então, na página da CPI já tá disponibilizada as notas taquigráficas. Então, na condição de presidente da CPI, o que nós podemos fazer é (sic) esses encaminhamentos: vamos encaminhar à presidência da Câmara, vamos encaminhar à corregedoria e a pedido do Deputado Jean Wyllys, vamos encaminhar à polícia, para que a perícia, possa fazer uma análise sobre a adulteração... pra ter uma laudo técnico sobe a adulteração do vídeo. Evidente que as notas comprovam, mais o vídeo na sua totalidade, comprovam a adulteração." (1925 a 2041) (com grifos)

Ao final o presidente conclui (DOC 02):

"Então é evidente que não podemos aceitar nenhum tipo de adulteração em nenhuma fala de um membro dessa CPI fora do contexto. Por que, de fato, adulterar é crime, qualquer documento. Portanto, esse é o encaminhamento que eu estou fazendo por ofício pela presidência da CPI." (2212 a 2229) (com grifos)

Desta forma, Excelência, resta comprovado que houve o cometimento de um crime. E mais grave, por um agente político! Sendo assim, em virtude deste grave crime cometido, o querelante apresenta a presente demanda a este Supremo Tribunal Federal para as providências necessárias para que haja a devida responsabilização penal do querelado."

O crime de difamação está tipificado no art. 139 do Código Penal, in verbis:

Difamação
Art. 139 - Difamar alguém, imputando-lhe fato ofensivo à sua reputação:
Pena - detenção, de três meses a um ano, e multa.

Cezar Roberto Bitencourt, discorrendo sobre o verbo nuclear do crime de difamação, esclarece que *"para que ocorra a difamação é necessário que o fato seja determinado e que essa determinação seja objetiva, pois a imputação vaga, imprecisa ou indefinida não a caracteriza, podendo, eventualmente, adequar-se ao crime de injúria"*. (Bitencourt, Cezar Roberto. Tratado de direito penal, 2: parte especial: dos crimes contra a pessoa – 11ª ed. rev., ampl. e atual – São Paulo: Saraiva, 2011, p. 339)

Verificando a inicial acusatória, percebe-se que o querelante imputa a prática do crime de difamação ao querelado pelo fato de o mesmo ter publicado, em sua página pessoal do Facebook, vídeo com uma fala descontextualizada do peticionante, fazendo transparecer uma ideia racista e preconceituosa contra os negros e pobres por parte deste.

Extrai-se que o parlamentar-querelante afirmou, durante pronunciamento na Câmara dos Deputados, que *"há um imaginário impregnado, sobretudo nos agentes das forças de segurança, de que uma pessoa negra e pobre é potencialmente perigosa"*, e que, a partir do vídeo contendo a gravação deste pronunciamento, o parlamentar-querelado publicou, em seu perfil no Facebook, apenas o trecho em que o querelante aparece falando *"uma pessoa negra e pobre é potencialmente perigosa"*.

O ato de edição de vídeo, como forma de atribuir ao querelante a prática de conduta desonrosa à sua reputação, preenche as elementares do tipo penal da difamação.

Deveras, conceitua-se edição como o processo de selecionar, ordenar e ajustar um produto audiovisual, a fim de alcançar o resultado desejado sobre o público ao qual se dirige.

Na lição especializada de Jacques Aumont e Michel Marie, na obra "Dicionário teórico e crítico de cinema", a edição ou montagem *"tem por objetivo guiar o espectador, permitir-lhe seguir a narrativa facilmente"* e *"pode, também, produzir outros efeitos: efeitos sintáticos ou de pontuação, marcando, por exemplo, uma ligação ou uma disjunção; efeitos figurais, podendo, por exemplo, estabelecer uma relação de metáfora; [...] entre outros"* (AUMONT, Jacques; MARIE, Michel. Dicionário teórico e crítico de cinema. 2ª ed. Campinas: Papirus, 2006, p. 196).

Consectariamente, conclui-se que edição e publicação de vídeo editado constituem comportamentos orientados a produzir determinado efeito desejado por aquele que o edita e/ou publica.

In casu, a edição e a subsequente publicação, pelo querelante, do vídeo anteriormente editado, orientaram-se, em tese, a atribuir ao querelante, mediante ardil, fato ofensivo à sua honra (prática de preconceito), não se constatando a presença de mero *animus criticandi, narrandi* ou *defendendi* no ato narrado na inicial.

Assenta-se, dessa forma, não estar afastado, ao menos em tese, o *animus difamandi* do querelado, no ato de editar e publicar o vídeo, para atribuir-lhe conteúdo ofensivo à honra do querelante.

Com efeito, apesar de o fato imputado ser a publicação de um vídeo com fala do próprio querelante, há aparente *animus diffamandi* na conduta de manipular o discurso do congressista com intuito de atribui-lhe uma frase ofensiva à população negra e pobre, não se caracterizando, por isso mesmo, o chamado *animus narrandi*, aquele que o agente simplesmente relata um fato ocorrido.

Sendo assim, nem se diga que não houve "imputação de fato preciso e determinado".

Da análise do vídeo em questão, é possível, a princípio, determinar o fato objetivamente imputado, não sendo este o momento adequado para se tecer maiores considerações sobre o mérito da controvérsia. Preenchidos, desse modo, os requisitos do art. 41 do Código de Processo Penal.

A defesa sustentou, ainda, que os fatos narrados na denúncia foram praticados no exercício de atividade parlamentar, a impedir responsabilização cível ou penal, considerado o manto da imunidade material estabelecida no art. 53 da Constituição Federal.

Na esteira da jurisprudência do Supremo Tribunal Federal, a garantia constitucional da imunidade material protege o parlamentar, qualquer que seja o âmbito espacial (*locus*) em que exerça a liberdade de opinião, sempre que suas manifestações guardem conexão com o desempenho da função legislativa ou tenham sido proferidas em razão dela (prática *in officio* e *propter officium*, respectivamente). Neste sentido, vejam-se os seguintes acórdãos:

"CRIME CONTRA A HONRA. PARLAMENTAR. OFENSAS IRROGADAS QUE NÃO GUARDAM NEXO COM O EXERCÍCIO DO MANDATO. CONSEQUENTE INAPLICABILIDADE DA REGRA DO ART. 53 DA CF. CRIME DE INJÚRIA PRATICADO CONTRA FUNCIONÁRIO PÚBLICO EM RAZÃO DE SUAS FUNÇÕES. LEGITIMIDADE CONCORRENTE DO MINISTÉRIO PÚBLICO. SÚMULA 714 DESTE SUPREMO TRIBUNAL FEDERAL. REPRESENTAÇÃO. ATO QUE DISPENSA MAIORES FORMALIDADES. TRANSAÇÃO PENAL. IMPOSSIBILIDADE DE O PODER JUDICIÁRIO CONCEDER O BENEFÍCIO SEM A PROPOSTA DO TITULAR DA AÇÃO PENAL. FORO POR PRERROGATIVA DE FUNÇÃO QUE ABRANGE TAMBÉM A INVESTIGAÇÃO CRIMINAL. NULIDADE DE DEPOIMENTOS COLHIDOS POR AUTORIDADE INCOMPETENTE. INQUÉRITO PARA APURAR CRIME IMPUTADO A DEPUTADO FEDERAL. SUPERVISÃO QUE COMPETE AO SUPREMO TRIBUNAL FEDERAL. DENÚNCIA QUE, MESMO EXCLUÍDAS AS PROVAS PRODUZIDAS POR AUTORIDADE INCOMPETENTE, ESTÁ LASTREADA EM INDÍCIOS DE MATERIALIDADE E AUTORIA SUFICIENTES PARA SEU RECEBIMENTO. 1. A inviolabilidade dos Deputados Federais e Senadores, por opiniões palavras e votos, prevista no art. 53 da Constituição da República, é inaplicável a crimes contra a honra cometidos em situação que não guarda liame com o exercício do mandato. 2. O Ministério Público tem legitimidade ativa concorrente para propor ação penal pública condicionada à representação quando o crime contra a honra é praticado contra funcionário público em razão de suas funções. Nessa hipótese, para que se reconheça a legitimação do Ministério Público exige-se contemporaneidade entre as ofensas irrogadas e o exercício das funções, mas não contemporaneidade entre o exercício do cargo e a propositura da ação penal. 3. A representação, nos crimes de ação penal pública condicionada, é ato que dispensa maiores formalidades, bastando a inequívoca manifestação de vontade da vítima, ou de quem tenha qualidade para representá-la, no sentido de ver apurados os fatos acoimados de criminosos. 4. É firme a jurisprudência deste Supremo Tribunal Federal a respeito da impossibilidade de o Poder Judiciário conceder os benefícios previstos no art. 76 e 89 da Lei nº 9.099/95 sem que o titular da ação penal tenha oferecido a proposta. 5. A competência originária do Supremo Tribunal Federal para processar e julgar parlamentar federal alcança a supervisão de investigação criminal. Atos investigatórios praticados sem a supervisão do STF são nulos. 6. Denúncia que descreve fato típico e que está lastreada em indícios suficientes de autoria e materialidade, ainda que desconsiderados os colhidos por autoridade incompetente. 7. Denúncia recebida" (Inq. 3438, Primeira Turma, Rel. Min. Rosa Weber, DJE 10/02/2015).

"DENÚNCIA. CRIME CONTRA A HONRA. DECADÊNCIA DO DIREITO À REPRESENTAÇÃO. PRAZO. SEIS MESES A CONTAR DA DATA EM QUE A VÍTIMA TOMOU CIÊNCIA DOS FATOS OU DE QUEM É SEU AUTOR. ALEGAÇÃO DE INÉPCIA IMPROCEDENTE. PARLAMENTAR. OFENSAS IRROGADAS QUE NÃO GUARDAM NEXO COM O EXERCÍCIO DO MANDATO. CONSEQUENTE INAPLICABILIDADE DA REGRA DO ART. 53 DA CONSTITUIÇÃO DA REPÚBLICA. DOLO. ANÁLISE QUE, EM PRINCÍPIO, DEMANDA INSTRUÇÃO PROBATÓRIA. 1. Nos crimes de ação penal pública condicionada, a decadência do direito à representação conta-se da data em que a vítima tomou conhecimento dos fatos ou de quem é o autor do crime. Hipótese em que, à míngua de elementos probatórios que a infirme, deve ser tida por verídica a afirmação da vítima de que somente tomou conhecimento dos fatos decorridos alguns meses. 2. Não é inepta a denúncia que descreve fatos típicos ainda que de forma sucinta, cumprindo os requisitos do art. 41 do Código *de Processo Penal. 3. A inviolabilidade dos Deputados Federais e Senadores por opiniões palavras e votos, consagrada no art. 53 da Constituição da República, é inaplicável a crimes contra a honra cometidos em situação que não guarde liame com o exercício do mandato. 4. Não impede o recebimento da denúncia a alegação de ausência de dolo, a qual demanda instrução probatória para maior esclarecimento. 5. Denúncia recebida"* (Inq. 3672, Primeira Turma, Rel. Min. Rosa Weber, DJE 21/11/2014).

"CONSTITUCIONAL. AGRAVO REGIMENTAL EM RECURSO EXTRAORDINÁRIO. IMUNIDADE PARLAMENTAR MATERIAL. ENTREVISTA JORNALÍSTICA. NEXO DE CAUSALIDADE ENTRE A MANIFESTAÇÃO E O EXERCÍCIO DO MANDATO. INOCORRÊNCIA. EXISTÊNCIA DE DEVER DE REPARAÇÃO CIVIL. AGRAVO DESPROVIDO. 1. A imunidade parlamentar material, que confere inviolabilidade, na esfera civil e penal, a opiniões, palavras e votos manifestados pelo congressista (CF, art. 53, caput), incide de forma absoluta quanto às declarações proferidas no recinto do Parlamento. 2. Os atos praticados em local distinto escapam à proteção absoluta da imunidade, que abarca apenas manifestações que guardem pertinência, por um nexo de causalidade, com o desempenho das funções do mandato parlamentar. 3. Sob esse enfoque, irretorquível o entendimento esposado no Inquérito 1.024-QO, Relator o Ministro Celso de Mello, DJ de 04/03/05, verbis: E M E N T A: IMUNIDADE PARLAMENTAR EM SENTIDO MATERIAL (INVIOLABILIDADE) - SUPERVENIÊNCIA DA EC 35/2001 - ÂMBITO DE INCIDÊNCIA - NECESSIDADE DE QUE OS DELITOS DE OPINIÃO TENHAM SIDO COMETIDOS NO EXERCÍCIO DO MANDATO LEGISLATIVO OU EM RAZÃO DELE - INDISPENSABILIDADE DA EXISTÊNCIA DESSE NEXO DE IMPLICAÇÃO RECÍPROCA - AUSÊNCIA, NA ESPÉCIE, DESSE VÍNCULO CAUSAL - OCORRÊNCIA DA SUPOSTA PRÁTICA DELITUOSA, PELO DENUNCIADO, EM MOMENTO ANTERIOR AO DE SUA INVESTIDURA NO MANDATO PARLAMENTAR - CONSEQÜENTE INAPLICABILIDADE, AO CONGRESSISTA, DA GARANTIA DA IMUNIDADE PARLAMENTAR MATERIAL - QUESTÃO DE ORDEM QUE SE RESOLVE NO SENTIDO DE REJEITAR A OCORRÊNCIA DA ABOLITIO CRIMINIS E DE ORDENAR A CITAÇÃO DO CONGRESSISTA DENUNCIADO. - A garantia constitucional da imunidade parlamentar em sentido material (CF, art. 53, caput) - que representa um instrumento vital destinado a viabilizar o exercício independente do mandato representativo - somente protege o membro do Congresso Nacional, qualquer que seja o âmbito espacial (locus) em que este exerça a liberdade de opinião (ainda que fora do recinto da própria Casa legislativa), nas hipóteses específicas em que as suas manifestações guardem conexão com o desempenho da função legislativa (prática in officio) ou tenham sido proferidas em razão dela (prática propter officium), eis que a superveniente promulgação da EC 35/2001 não ampliou, em sede penal, a abrangência tutelar da cláusula da inviolabilidade. - A prerrogativa indisponível da imunidade material - que constitui garantia inerente ao desempenho da função parlamentar (não traduzindo, por isso mesmo, qualquer privilégio de ordem pessoal) - não se estende a palavras, nem a manifestações do congressista, que se revelem estranhas ao exercício, por ele, do mandato legislativo. - A cláusula constitucional da inviolabilidade (CF, art. 53, caput), para legitimamente proteger o parlamentar, supõe a existência do necessário nexo de implicação recíproca entre as declarações moralmente ofensivas, de um lado, e a prática inerente ao ofício congressional, de outro. Doutrina. Precedentes. - A situação registrada nos presentes autos indica que a data da suposta prática delituosa ocorreu em momento no qual o ora denunciado ainda não se encontrava investido na titularidade de mandato legislativo. Conseqüente inaplicabilidade, a ele, da garantia da imunidade parlamentar material. 4. In casu, não há como visualizar a ocorrência de nexo de causalidade entre as manifestações da agravante e as funções parlamentares por ela exercidas, já que os comentários acerca da vida privada do agravado em entrevista jornalística, atribuindo-lhe a prática de agressões físicas contra a esposa e vinculando o irmão deste a condutas fraudulentas, em nada se relacionam com o exercício do mandato. A hipótese não se encarta na imunidade

parlamentar material, por isso que viável a pretensão de reparação civil decorrente da entrevista concedida. 5. Agravo regimental desprovido" (RE 299.109-AgR, Primeira Turma, Rel. Min. Luiz Fux, DJE 01/06/2011).

In casu, a divulgação editada da fala do Querelante, por meio de ardil empregado pelo Querelado, teve, ao menos em tese, o objetivo principal de ofender a reputação daquele, sendo certo que não assistiria aos parlamentares - com esteio na imunidade estabelecida com fins de proteção (republicana) do livre exercício do mandato –, mesmo no exercício da crítica, o direito de empregar fraude, artifício ou ardil voltado a alterar a verdade da informação para desqualificar quem quer que seja.

Consectariamente, cuidando-se de manifestação veiculada em rede social, cujo conteúdo não se relaciona, ao menos numa análise prelibatória, à garantia do exercício da função parlamentar, não incide a imunidade prevista no art. 53 da Constituição Federal.

Ex positis, atendidos os pressupostos do art. 41; ausentes as causas de rejeição do art. 395, ambos do Código de Processo Penal; e não constatado liame manifesto a atrair a incidência da imunidade parlamentar material estabelecida no art. 53 da Constituição da República, recebo a queixa-crime.

É como voto.

Referências

BARON, Sandra; CROOTOF, Rebecca. *Fighting fake news* – workshop report. Disponível em: https://law.yale.edu/system/files/area/center/isp/documents/fighting_fake_news_-_workshop_report.pdf. Acesso em: 29 ago. 2017.

BRASIL. Supremo Tribunal Federal. PET 5705. Requerente: Jean Wyllys de Matos Santos. Requerido: Eder Mauro. Órgão Julgador: Primeira Turma. Rel. Min. Luiz Fux. Julgado em 13/10/2017, Ata nº 152/2017. *DJe*, n. 234, 11 out. 2017.

FELMAN, Shoshana. *O inconsciente jurídico*: julgamentos e traumas do século XX. Tradução de Ariani Bueno Sudatti. São Paulo: Edipro, 2014.

SARMENTO, Daniel. A liberdade de expressão e o problema do hate speech. *In*: SARMENTO, Daniel. *Livres e iguais*: estudos de direito constitucional. Rio de Janeiro: Lumen Juris, 2006.

THATY, Mônica. Fake news: o que são. *Câmara dos Deputados*, 7 maio 2018. Disponível em: http://www2.camara.leg.br/camaranoticias/radio/materias/REPORTAGEM-ESPECIAL/556723-FAKE-NEWS:-O-QUE-SAO.html?utm_campaign=boletim&utm_source=radio&utm_medium=email. Acesso em: 11 maio 2018.

WARDLE, Claire. *Fake news*. It's complicated. Disponível em: https://medium.com/1st-draft/fake-news-its-complicated-d0f773766c79. Acesso em: 16 fev. 2017.

Informação bibliográfica deste texto, conforme a NBR 6023:2018 da Associação Brasileira de Normas Técnicas (ABNT):

NASCIMENTO, Carla Ramos Macedo do. PET nº 5.705 – Crimes contra a honra, novas tecnologias e fake news: edição de vídeo para atribuir teor racista a discurso parlamentar. *In*: FUX, Luiz. *Jurisdição Constitucional III*: república e direitos fundamentais. Coordenação de Valter Shuenquener de Araujo. Belo Horizonte: Fórum, 2019. p. 107-119. ISBN 978-85-450-0691-6.

RE Nº 705.423 – IMPACTOS DA POLÍTICA ISENTIVA DA UNIÃO NO FUNDO DE PARTICIPAÇÃO DOS MUNICÍPIOS E O STF COMO TRIBUNAL DA FEDERAÇÃO

MARCUS LÍVIO GOMES

RAQUEL DE ANDRADE VIEIRA ALVES

I O federalismo fiscal brasileiro e o papel da Suprema Corte

Um aspecto importante do federalismo é o aspecto financeiro, que atua como espécie de pressuposto para o exercício da autonomia política e administrativa dos entes que compõem a Federação. É justamente a análise desse aspecto que constitui objeto de estudo do federalismo fiscal, a partir do qual é possível compreender as relações intergovernamentais que marcam o grau de desenvolvimento de um Estado federal.

Entretanto, o federalismo fiscal não se esgota apenas na análise financeira do relacionamento entre os entes federados, sendo indispensável para tal fim a aferição da relação de compatibilidade entre os encargos administrativos atribuídos a cada ente e as respectivas rendas destinadas ao seu imprescindível custeio. Com isso, pode-se dizer que a essência do regime reside no equilíbrio entre a atribuição de competências aos estados-membros e a correspondente discriminação de rendas que garantirá a estes últimos a capacidade para o exercício de suas competências.

Nesse ponto, há duas maneiras de se assegurar a autonomia financeira de determinado ente, através da discriminação de rendas: (i) a primeira é a atribuição de competências próprias para a instituição de tributos; e (ii) a segunda é representada pelos mecanismos de transferências intergovernamentais e de participações de um ente no produto da arrecadação dos demais.

Há estados em que os entes subnacionais não possuem uma competência tributária significativa, de modo que a maior parte de sua receita é oriunda de transferências intergovernamentais do Governo central. À primeira vista, poder-se-ia dizer que, em estados como esses, que prestigiam a concentração de receitas no ente central, para depois reparti-las, a Federação se assemelharia mais a um Estado unitário do que propriamente a um Estado federal. Contudo, quando se observa o modelo federativo alemão, em que a maior parte dos tributos decorre de leis federais com repasse posterior de receitas aos estados, essa ideia não subsiste.

Isso porque o modelo de federalismo fiscal alemão, apesar de baseado essencialmente em impostos federais, não redunda em uma perda de autonomia dos entes subnacionais em razão da centralização de competências pelo Governo central. Tal se deve ao fato de que os estados possuem direito de participação na elaboração da legislação fiscal em condições de igualdade com a União, podendo ainda fazer uso do direito de veto absoluto à proposta de lei federal que vá de encontro aos seus objetivos.

Assim, apesar de a competência ser da União, os estados participam efetivamente das políticas fiscais nacionais. Trata-se do denominado "federalismo de política conjunta",[1] em que há representação direta do Executivo estadual no Conselho Federal alemão (*Bundesrat* – é o órgão constitucional da União, equivalente ao Senado brasileiro, porém com mais atribuições e forma de composição diversa – funções: consultiva, deliberativa, de mediação e ainda tem a atribuição de eleger metade dos juízes do Tribunal Constitucional Federal).

Por isso, é essencial ressaltar que o estudo do federalismo fiscal demanda uma abordagem complexa e vai muito além da simples relação financeira entre os entes federados, dependendo fundamentalmente do próprio sistema político em que se insere.

No Brasil, tal como em outros países, o contexto político influenciou muito a relação entre os entes federados, cuja história é marcada por uma alternância cíclica entre períodos de concentração e desconcentração de poder. Atualmente, porém, tem-se identificado uma tendência de concentração de recursos financeiros nas mãos do Governo Federal, enquanto os orçamentos dos estados e municípios estão à míngua de recursos financeiros suficientes para fazer frente aos seus devidos encargos administrativos.

A questão é que essa centralização de recursos tem redundado em uma correspondente centralização política, como consequência direta da atuação da União nos últimos anos, que tem prestigiado o incremento da arrecadação por meio da instituição de novas contribuições, as quais não correspondem ao seu perfil constitucional, em detrimento da arrecadação dos principais impostos federais (o imposto de renda – IR e o imposto sobre produtos industrializados – IPI).[2]

Nesse sentido, se é certo que a Constituição de 1988 consolidou a tendência à descentralização fiscal, surgida no final da década de 1970 em resposta à centralização de recursos operada durante o Governo Militar, é igualmente verdadeiro que esse movimento não veio acompanhado de uma expansão considerável das bases tributárias dos entes subnacionais. Na verdade, o próprio constituinte, ciente da insuficiência de bases de tributação para todos os entes e das diferenças socioeconômicas regionais,

---

[1] DERZI, Misabel Abreu Machado; BUSTAMANTE, Thomas da Rosa de. O princípio federativo e a igualdade: uma perspectiva crítica para o sistema jurídico brasileiro a partir da análise do modelo alemão. In: DERZI, Misabel Abreu Machado; BATISTA JUNIOR, Onofre Alves; MOREIRA, André Mendes (Org.). *Federalismo e tributação*. Belo Horizonte: Arraes, 2015. v. 2. p. 474-478.

[2] Para um aprofundamento, ver: ALVES, Raquel de Andrade Vieira. *Federalismo fiscal brasileiro e as contribuições*. Rio de Janeiro: Lumen Juris, 2017.

instituiu um amplo e complexo sistema de transferências intergovernamentais e de participações no produto da arrecadação, que visavam justamente promover o equilíbrio financeiro da Federação.

No sistema federativo pátrio, portanto, optou-se por garantir a autonomia financeira dos entes através da discriminação de rendas *pela fonte* (*discriminação horizontal de rendas*) – atribuição de competências tributárias próprias – e *pelo produto* (*discriminação vertical de rendas*) – participações de um ente no produto da arrecadação de outro.[3]

Ocorre que o referido sistema constitucional de garantia da autonomia financeira dos entes federados vem sofrendo um sensível abalo, propiciado pela política de austeridade do Governo Federal iniciada a partir de meados da década de 1990, e mantida ao longo dos anos por meio da manipulação, na prática, do sistema constitucional de repartição de receitas tributárias, o que revela uma clara tentativa da União de reaver parte dos recursos que lhe foram retirados com o advento da nova Carta Constitucional.

A política de burla à sistemática constitucional de repartição de receitas tributárias se resume, basicamente, à expansão extraordinária da arrecadação federal via contribuições, acompanhada por sucessivas desonerações de impostos federais. Na prática, a União tem criado novas espécies de contribuições e majorado as já existentes, sem, contudo, respeitar o seu perfil jurídico-constitucional, fazendo uso dessa espécie tributária única e exclusivamente em função da sua não submissão à sistemática de partilha de receitas tributárias com os demais entes. Em paralelo, concede isenções de IR e IPI, sob a justificativa de estimular a economia nacional, os quais, por sua vez, têm quase metade da arrecadação partilhada com estados e municípios por meio de fundos, o que já não ocorre com as contribuições, à exceção das Cide-combustíveis.

Para completar esse quadro, há ainda o mecanismo de Desvinculação de Receitas da União – DRU, criado para ser provisório, mas que vem sendo prorrogado por anos a fio, desde a sua instituição, em 1994, e que permite ao Governo Federal atualmente desvincular trinta por cento da arrecadação das contribuições das finalidades para as quais elas foram criadas, alcançando inclusive as taxas, a partir da Emenda Constitucional nº 93, de 2016. Referida emenda alterou o ADCT para prorrogar a DRU e estabelecer também a desvinculação de receitas no âmbito dos estados, do Distrito Federal e dos municípios.

Nesse ponto, à medida que a União aumenta a sua arrecadação por meio de contribuições, em detrimento dos impostos federais, ela cria um problema orçamentário, porque toda a arrecadação advinda dessas espécies já está comprometida com as finalidades constitucionais para as quais elas foram criadas, não havendo margem de manobra para o administrador flexibilizar o emprego dessas receitas.

Dessa forma, com o tempo, o orçamento federal vai ficando "engessado", de modo que a maior parte das receitas geradas já está vinculada a gastos sociais e econômicos específicos. Com isso, pouco sobra para a composição do chamado

---

[3] LOBO, Rogério Leite. *Federalismo fiscal brasileiro*: discriminação de rendas tributárias e centralidade normativa. Rio de Janeiro: Lumen Juris, 2006. p. 84-85.

superávit primário, que irá amortizar os juros da dívida pública e, consequentemente, mostrar aos credores internos e externos a solvência do país. A solução encontrada para isso foi justamente a criação do mecanismo de desvinculação de parte das receitas da União, entre as quais estão as contribuições – e agora também as taxas.[4]

Entretanto, a solução para o "engessamento" orçamentário da União é bem mais simples: bastaria ao Governo Federal fazer uso adequado dos impostos de sua competência, cuja arrecadação, por natureza, não pode estar vinculada a nenhuma despesa específica. Porém, tendo à sua disposição um mecanismo que lhe permite desvincular parte da arrecadação de suas receitas exclusivas, obviamente prefere o Governo incrementar seu orçamento via contribuições e posteriormente lançar mão da DRU, a ter de repartir parte do montante arrecadado com estados e municípios.

Então, essa política fiscal federal – centrada basicamente: (i) no incremento da arrecadação via contribuições que não atentam ao seu perfil; (ii) em desonerações sucessivas de IR e IPI, os quais compõem parcela significativa do Fundo de Participação dos Estados e Municípios; e (iii) na expansão e prorrogação reiterada do mecanismo da DRU – acaba de certa forma comprometendo a autonomia financeira dos entes subnacionais e, consequentemente, contribui para o desequilíbrio do Pacto Federativo.

Esse quadro representa a imagem atual do federalismo fiscal brasileiro e constitui terreno fértil para o desenvolvimento de inúmeros conflitos federativos, levados quase sempre – para não dizer sempre – à apreciação da Corte Suprema, a quem compete realizar a mediação dos litígios entre as unidades integrantes da Federação.

A judicialização dos conflitos federativos fundados na disputa por recursos financeiros se deve não só à própria configuração do sistema tributário brasileiro, que está todo inserido na Constituição, mas, principalmente, à função básica inerente às Supremas Cortes dentro do Estado Federal.

À exemplo do fenômeno ocorrido no modelo americano, também no Brasil – guardadas as devidas diferenças –, o Judiciário tem exercido um papel fundamental na formação e definição do federalismo pátrio. Na lição José de Oliveira Baracho,[5] o STF possuiria três papéis de destaque em relação à atividade jurisdicional: o de Corte Constitucional; o de Corte de Revisão; e o de Tribunal Federação, atuando como árbitro dos conflitos entre os níveis de governo.

Este último remonta aos *Federalist Papers* (*Artigos Federalistas*), elaborados por Alexander Hamilton, John Jay e James Madison, responsáveis pelo arcabouço político-jurídico da Constituição americana de 1787, em que a essencialidade do texto constitucional e respectiva distribuição de poder entre os entes federados aparece como a própria justificativa para a criação do Poder Judiciário, como árbitro de eventuais conflitos.

Tais conflitos estão diretamente relacionados à busca pelos entes federados da limitação do poder dos demais que, no contexto brasileiro – marcado pela forte

---

[4] Ver também: ALVES, Raquel de Andrade Vieira. A "nova" desvinculação de receitas da União e o pacto federativo. *Conjur*, 15 set. 2016. Disponível em: https://www.conjur.com.br/2016-set-15/raquel-alves-dru-pacto-federativo. Acesso em: 25 maio 2018.

[5] BARACHO, José Alfredo de Oliveira. O Supremo Tribunal Federal, como Corte Constitucional e Tribunal da Federação. *Revista Jurídica Lemi*, v. 11, n. 133, p. 1-38, dez. 1978.

tendência à concentração de poder no Governo central, aliado ao caráter trino e ao elevado número de atores envolvidos (União, estados e municípios) –, acabam sendo potencializados, conferindo, assim, relevo ainda maior à atuação do Poder Judiciário, no exercício da jurisdição constitucional, para a manutenção do equilíbrio federativo.

II A controvérsia submetida à análise do STF por meio do julgamento do RE nº 705.423 e a importância da divergência fixada para o estudo do federalismo fiscal brasileiro

Diante do panorama apresentado e da relevante função que possui o Supremo Tribunal Federal em relação à mediação de conflitos entre os níveis de governo, diversas questões envolvendo disputas de recursos, que, no fundo, estão relacionadas diretamente à disputa de poder entre os entes federados, têm sido levadas à apreciação da Corte.

Uma das questões mais importantes analisadas pelo STF dentro desse contexto foi justamente a relativa ao impacto das desonerações de IR e IPI, concedidas pelo Governo Federal nos últimos anos, no cálculo do montante que compõe o Fundo de Participação dos Municípios, com amparo na redação do art. 159, I, alíneas "b" e "d", da Constituição Federal, que determina caber a estes últimos parcela do "produto da arrecadação" dos impostos sobre a renda e proventos de qualquer natureza e sobre produtos industrializados, no percentual que menciona.[6]

O ponto central da discussão consistia, portanto, em saber se de fato a expressão "produto da arrecadação" pressuporia a efetiva arrecadação dos impostos federais para que se pudesse falar em direito subjetivo dos entes municipais à respectiva partilha, não havendo qualquer direito por parte destes últimos antes disso; ou se a redação do texto constitucional permitiria interpretação no sentido de que as receitas partilhadas constituiriam recursos próprios dos municípios desde a sua origem, não sendo possível se submeterem, assim, a qualquer redução em função de políticas isentivas desenvolvidas pela União Federal.

O caso concreto submetido à apreciação da Corte envolvia, originariamente, uma ação ordinária com pedido de antecipação de tutela, ajuizada pelo município de Itabi em face da União, a fim de que fosse considerado no cálculo do Fundo de Participação dos Municípios o montante relativo às desonerações de IR e IPI, concedidas pelo Governo Federal, nos últimos cinco anos. O município requeria ainda a devolução dos referidos valores, a serem apurados em sede de liquidação de sentença.

O Juízo de 1ª instância concedeu a antecipação de tutela, com base no entendimento do STF, em sede de repercussão geral, no RE nº 572.762,[7] a qual foi suspensa,

---

[6] "Art. 159. A União entregará: I - do produto da arrecadação dos impostos sobre renda e proventos de qualquer natureza e sobre produtos industrializados, 49% (quarenta e nove por cento), na seguinte forma: [...] b) vinte e dois inteiros e cinco décimos por cento ao Fundo de Participação dos Municípios; [...] d) um por cento ao Fundo de Participação dos Municípios, que será entregue no primeiro decêndio do mês de dezembro de cada ano; [...]".

[7] "CONSTITUCIONAL. ICMS. REPARTIÇÃO DE RENDAS TRIBUTÁRIAS. PRODEC. PROGRAMA DE INCENTIVO FISCAL DE SANTA CATARINA. RETENÇÃO, PELO ESTADO, DE PARTE DA PARCELA

posteriormente, pelo Desembargador Presidente do TRF da 5ª Região, nos autos da SS nº 4.074/SE. Em seguida, proferiu sentença julgando totalmente procedentes os pedidos formulados pelo município de Itabi, interpretando o art. 159, I, "b" e "d", da Constituição Federal, a fim de determinar que a União utilizasse no cálculo do FPM a base de cálculo correspondente a 23,5% do produto da arrecadação do IR e do IPI, sem a exclusão de todos os valores relativos a benefícios, incentivos e isenções fiscais concedidos pelo Governo Federal. Ademais, determinou também a restituição da diferença entre os valores repassados dos últimos cinco anos, a contar do ajuizamento da demanda, corrigidos pela Selic, com base nos dados do Tesouro Nacional e da Receita Federal.

Interposta apelação pela União Federal, o Tribunal *a quo* reformou a sentença de 1º grau, ao argumento de que quando a Constituição previu que o "produto da arrecadação" seria repartido, referiu-se apenas ao que fora arrecadado. Além disso, a sistemática de repartição constitucional de receitas tributárias não teria o condão de alterar a competência da União para instituição do imposto de renda e do imposto sobre produtos industrializados.

Contra o acórdão, o município de Itabi interpôs o competente recurso extraordinário, com fundamento na alínea "a" do permissivo constitucional, alegando violação ao disposto no art. 159, inc. I, alíneas "b" e "d", da Constituição Federal, tendo em vista que a União não poderia conceder renúncia fiscal dos valores relativos à arrecadação do IR e do IPI na parte que caberia aos municípios, vez que assim procedendo estaria renunciando a valores que não lhe pertencem. Ao final, salientou que para que a autonomia política concedida pelo constituinte aos entes federados fosse real, efetiva, e não apenas virtual, seria necessário preservar com rigor a sua autonomia financeira, não se permitindo, no tocante à repartição de receitas tributárias, qualquer condicionamento arbitrário dos entes responsáveis pelos repasses a que eles fazem jus.

Ante a importância e a abrangência do tema, o relator à época, Ministro Ricardo Lewandowski, se manifestou pelo reconhecimento da repercussão geral da questão, tendo o Plenário da Corte, à unanimidade, seguido seu entendimento, em sessão realizada virtualmente em 8.5.2013. Posteriormente, considerando que o Ministro Ricardo Lewandowski passou a ocupar a Presidência do Tribunal, assumiu a relatoria do caso o Ministro Edson Fachin, que o liberou para julgamento em agosto de 2016.

Nesse contexto, em sessão realizada em 17.11.2016, o recurso extraordinário do município de Itabi foi julgado pelo Plenário da Corte que, por maioria, houve por bem desprovê-lo, fazendo um *distinguishing* entre o que foi decidido pelo STF no RE nº 572.762 e o caso em análise. Com base nisso, nos termos do voto do relator, Ministro Edson Fachin, consignou-se não haver um direito subjetivo de índole constitucional, por parte dos municípios, com aptidão para infirmar o livre exercício da competência

---

PERTENCENTE AOS MUNICÍPIOS. INCONSTITUCIONALIDADE. RE DESPROVIDO. I - A parcela do imposto estadual sobre operações relativas à circulação de mercadorias e sobre prestações de serviços de transporte interestadual e intermunicipal e de comunicação, a que se refere o art. 158, IV, da Carta Magna pertence de pleno direito aos Municípios. II - O repasse da quota constitucionalmente devida aos Municípios não pode sujeitar-se à condição prevista em programa de benefício fiscal de âmbito estadual. III - Limitação que configura indevida interferência do Estado no sistema constitucional de repartição de receitas tributárias. IV - Recurso extraordinário desprovido" (Pleno. Min. Ricardo Lewandowski. *DJ*, 5 set. 2008).

tributária da União, inclusive em relação aos incentivos e renúncias fiscais, desde que observados os parâmetros de controle constitucionais, legislativos e jurisprudenciais atinentes à desoneração.

Entendeu a maioria da Corte, portanto, que o montante correspondente às desonerações de IR e IPI procedidas pela União nos últimos anos não deveria integrar a base de incidência do percentual destinado ao Fundo de Participação dos Municípios, em uma interpretação estrita da expressão "produto da arrecadação", contida no art. 159, I, "b" e "d", da Constituição Federal. Na sessão seguinte, em 23.11.2016, foi fixada a seguinte tese, para fins de repercussão geral:

> É constitucional a concessão regular de incentivos, benefícios e isenções fiscais relativos ao Imposto de Renda e Imposto sobre Produtos Industrializados por parte da União em relação ao Fundo de Participação de Municípios e respectivas quotas devidas às Municipalidades.

Nesse ponto, se, por um lado, é possível afirmar que o STF deixou escapar uma boa oportunidade para frear as distorções promovidas pelo Governo Federal em relação à repartição constitucional de receitas tributárias, com a possibilidade de determinar a inclusão do montante desonerado nos cálculos dos valores destinados ao FPM, por outro, é preciso reconhecer que a divergência marcada pelo Ministro Luiz Fux, na ocasião, e acompanhada pelo Ministro Dias Toffoli, representa um paradigma em termos de federalismo fiscal.

Não obstante a argumentação da tese vencedora, no sentido de que o reconhecimento do pleito municipal acabaria por limitar o exercício da competência tributária pela União, o Ministro Luiz Fux, utilizando a feliz expressão cunhada pelo Professor Regis Fernandes de Oliveira, assentou que as participações no produto da arrecadação constituiriam direito próprio do município, não passível de ser subtraído pelo exercício da competência tributária da União em relação à concessão de incentivos fiscais, dado não ser possível a esta última fazer "cortesia com o chapéu alheio".[8]

Em seu voto vencido, o Ministro Luiz Fux, após um breve retrospecto acerca do modelo federativo brasileiro e da importância da partilha do produto da arrecadação tributária entre os entes, como forma de garantia de sua autonomia financeira e correção das disparidades regionais, destacou que o Governo Federal só abriu mão de receitas de IR e IPI de tal forma porque possuía à sua disposição receitas exclusivas, provenientes da instituição de tributos não partilháveis com os estados e municípios – no caso, as receitas arrecadadas com as contribuições.

Assim, a divergência pontuou a necessidade de uma abordagem complexa para a questão federativa, deixando claro que a análise isolada dos fenômenos não é suficiente para a compreensão adequada da discussão. Com isso, ressaltou que o próprio constituinte originário atrelou o exercício da competência tributária da União em relação aos principais impostos federais à garantia da suficiência de recursos às unidades subnacionais, por intermédio do mecanismo de partilha. Em razão disso, não seria possível concluir que o Judiciário, ao determinar a consideração do montante

---

[8] OLIVEIRA, Régis Fernandes de. *Curso de direito financeiro*. 6. ed. rev., atual. e ampl. São Paulo: Revista dos Tribunais, 2014. p. 129.

desonerado no cálculo do FPM, estaria limitando a competência da União, pois o próprio constituinte assim o fez ao definir as bases financeiras da Federação brasileira, inspirado em um modelo de federalismo cooperativo.

O Ministro Luiz Fux ressaltou, ainda, que em diversos casos que versavam questão idêntica à dos autos, decididos inclusive pelo Plenário da Corte, foram aplicadas as mesmas conclusões obtidas no julgamento do RE nº 572.762, restando consignada a irrelevância da *efetiva arrecadação* do tributo para o desfecho da lide. Assim, teria a Corte, a pretexto de fazer um mero *distinguishing* entre os casos, promovido verdadeira reinterpretação do que fora decidido pelo Plenário no RE nº 572.762, operando-se, na prática, um *overruling* disfarçado.

Foi trazido aos autos, também pela divergência, o estudo técnico elaborado pelo Tribunal de Contas da União nos autos do Processo TC nº 019.806/2014-0, em atendimento à deliberação do Plenário no Acórdão nº 2.518/2012, com o objetivo de examinar a política de alocação de recursos federais aos municípios mediante transferências voluntárias, o qual trouxe relevantes conclusões acerca do tema. Uma delas, por exemplo, indica que grande parte do impacto das desonerações provocado no montante que compõe o FPM se deve às isenções de imposto de renda e não às de IPI, o que faz com que o argumento relativo à extrafiscalidade do imposto perca importância no caso.

Finalmente, e sem a pretensão de esgotar a análise de um tema – e respectivo voto – tão rico, é importante ressaltar a menção específica da divergência ao papel de destaque da atuação da Corte Suprema na definição do modelo federativo, por meio da mediação de conflitos entre o Governo Central e os entes subnacionais, tolhendo os excessos e calibrando as forças entre as esferas de poder.

Apesar de ter sido vencida, a posição divergente manifestada pelo Ministro Luiz Fux foi essencial para o debate que se instaurou entre os ministros presentes à sessão, entre os quais muitos manifestaram desconforto com a situação atual do federalismo pátrio, expondo as suas vicissitudes, não obstante tenham seguido a posição do Relator.

Desse modo, seja pela provocação do debate – demasiadamente necessário – em torno da situação atual do pacto federativo brasileiro, seja pelos dados técnicos trazidos aos autos, ou, ainda, pela abordagem complexa do tema e pelo destaque para a atuação judicial no presente contexto, a contribuição do Ministro Luiz Fux em seu voto divergente, no RE nº 705.423, tem tudo para figurar como bibliografia obrigatória em matéria de federalismo fiscal brasileiro.

VOTO

O SENHOR MINISTRO LUIZ FUX (RELATOR): "[...] Como se vê, cabe a esta Corte analisar, através da presente repercussão geral, se a política isentiva da União em relação aos principais impostos federais deve ou não ser levada em consideração no cálculo da parcela destinada aos Fundos de Participação dos Municípios, diante do que dispõe o art. 159, I, b e d da CRFB/88, que determina caber a estes últimos parcela do *produto da arrecadação* dos impostos sobre a renda e proventos de qualquer natureza e sobre produtos industrializados, no percentual que menciona.

O ponto principal da discussão consiste, portanto, em saber se de fato a expressão *produto da arrecadação* pressupõe que o tributo seja primeiro arrecadado, não havendo que se falar em qualquer direito por parte dos entes subnacionais antes disso. Sob essa ótica, haveria uma rígida separação entre os planos: da competência para instituição de tributos e o da arrecadação, o que, de certa forma, prestigia a posição da dogmática jurídica tradicional que tem defendido uma rígida segregação entre o Direito Tributário e o Direito Financeiro.

Em contrapartida, reconhecendo-se que a atividade financeira estatal – como fenômeno complexo que é – demanda uma análise interdisciplinar, que não se reduz à semântica e à sintaxe no campo tributário, mas, como leciona o Professor Ricardo Lobo Torres, aparece em constante diálogo com outras disciplinas jurídicas e extrajurídicas, mercê do coeficiente de normatividade que a todas informa, é possível – e mesmo desejável – que se verifique o alcance hermenêutico da expressão *produto da arrecadação*, constante no art. 159, I, b e d, da CRFB/88, à luz do Princípio Federativo e dos aspectos essenciais que o informam.

Para tanto, contudo, é importante que se parta de algumas premissas, relativas ao contexto atual do federalismo fiscal brasileiro e ao papel crucial que desempenham as participações no produto da arrecadação para fins de garantia da autonomia dos Municípios, dentro do modelo federativo desenhado pelo constituinte de 1988. A partir daí então será possível delimitar o alcance da expressão utilizada pelo legislador constituinte que melhor se coaduna com a abordagem complexa do fenômeno financeiro.

A seguir, tais premissas serão brevemente expostas para, então, proceder-se à análise do caso concreto.

I. O federalismo fiscal brasileiro e a importância das participações no produto da arrecadação, para fins de garantia da autonomia financeira dos Municípios.

O federalismo brasileiro é marcado por movimentos pendulares, que oscilam entre centralização de poderes e receitas nas mãos do Entre Central e descentralização, com aumento da participação dos Estados e Municípios na política nacional ao longo da história.

O Estado Federal brasileiro nasceu a partir da Constituição de 1891 e após a proclamação da República em 1889, como fruto da luta dos liberais contra o Poder Moderador, que centralizava na pessoa do Imperador a administração do Império do Brasil. Nesse sentido, cada uma das antigas províncias formou um Estado e o antigo Município Neutro se transformou no Distrito Federal (COSTA, Evandro Gomes da. A Reforma Tributária e a Autonomia Financeira das Entidades Subnacionais. In: CONTI, José Maurício (org.). Federalismo Fiscal. Barueri: Manole, 2004. p. 140).

Esse destaque é importante, pois o modelo federativo pátrio foi construído em um período relativamente tranquilo da história nacional, já que não havia movimentos separatistas como em outras partes do mundo. Contudo, a sua evolução foi marcada por disputas de poder entre o governo central e as oligarquias regionais, responsáveis pelo citado movimento pendular que marca a história federativa brasileira.

Importante ressalvar que, na medida em que o governo militar passou a negociar com os governadores, buscando apoio, as antigas restrições orçamentárias foram sendo removidas, permitindo-se aos Estados a utilização de seus bancos e emissão de títulos, a fim de incrementar as receitas estaduais. Diante desse cenário, a ideia que prevaleceu na Constituinte de 1988 era a de que somente a descentralização política e fiscal conseguiria consolidar a democracia (REGIS, André. O novo federalismo brasileiro. Rio de Janeiro: Forense, 2009. p. 05).

Assim, sob a influência dessas ideias, a Constituição de 1988 não só reconheceu a autonomia das entidades subnacionais, como elevou os Municípios à categoria de entes federados, passando, dessa forma, a integrarem a organização político-administrativa da República Federativa do Brasil, ao lado da União, dos Estados e do Distrito Federal.

A Constituição de 1988 consolidou então a tendência à descentralização fiscal, surgida no final da década de 1970, em resposta à centralização de receitas do governo militar. Essa descentralização, contudo, embora tenha sido acompanhada de algumas medidas de aumento de bases tributárias dos entes subnacionais, como a inclusão dos serviços de transporte interestadual e intermunicipal na competência dos Estados, foi proporcionada basicamente por um crescimento considerável na participação dos entes na arrecadação federal, sobretudo dos Municípios, que passaram a receber uma expressiva parcela das receitas disponíveis da União, mediante a ampliação dos mecanismos de transferência.

Os Municípios, assim, não só aumentaram a sua participação na arrecadação federal, como passaram a receber diretamente da União os recursos que lhes foram constitucionalmente assegurados e que anteriormente lhes eram repassados pelos Estados.

Entretanto, após a redemocratização do país e especificamente durante o primeiro mandato do Presidente Fernando Henrique Cardoso, que estabeleceu uma série de medidas estabilizadoras da economia e ao mesmo tempo de redução da autonomia estatal, as quais faziam parte do pacote do Plano Real (1994), iniciou-se um processo de consolidação de uma nova relação entre os entes federados, marcada pela recomposição de receitas pela União, aliada a uma forte dependência municipal das receitas federais e ao enfraquecimento gradual do papel político do Estado dentro da Federação.

Esse modelo perdura até os dias atuais e se mantém, basicamente, através de três fatores: 1) diminuição dos valores repassados aos Fundos de Participação dos Estados e dos Municípios, em razão da política isentiva da União em relação aos principais impostos de sua competência IR e IPI, o que se discute *in casu*; 2) aumento extraordinário da arrecadação mediante contribuições, como forma preferencial de incremento da arrecadação federal, justamente por estas não se submeterem à sistemática de partilha do produto da arrecadação à exceção das Cide-Combustíveis; e 3) prorrogações sucessivas e expansão gradativa da DRU, que permite que a União dê continuidade à política de aumento da arrecadação via contribuições e possa, em seguida, desvincular parcela de sua receita para empregar em outros setores, que não o social, ao invés de prestigiar a instituição dos impostos de sua competência que, por natureza, não possuem destinação vinculada.

A consequência inevitável disso é uma forte dependência dos Municípios dos recursos transferidos pela União, seja em decorrência de expressa previsão constitucional, seja através de transferências voluntárias, efetivadas mediante a celebração de Convênios e nem sempre concedidas mediante critérios técnicos e objetivos.

Grande parte dos Municípios, especialmente os menores, possui uma arrecadação irrisória de impostos próprios, ainda mais considerando que as principais bases de tributação municipal se resumem ao ISS e ao IPTU, de modo que em Municípios de potencial econômico reduzido, sobretudo por razões geográficas, a defasagem na arrecadação do primeiro é grande, tendo estes como base principal a arrecadação do segundo; insuficiente para fazer face às despesas no cumprimento das necessidades públicas.

[...]

E nem poderia ser diferente em um país como o Brasil, marcadamente reconhecido pelas desigualdades regionais, e que conta com a quinta maior extensão territorial do mundo e mais de cinco mil Municípios.

Essas disparidades regionais podem e devem ser compensadas através das participações na arrecadação federal, justamente pela sua natureza incondicionada e por representarem recursos próprios dos entes subnacionais desde o seu surgimento. Ademais, as participações no produto da arrecadação aparecem como um importante instrumento de cooperação entre os entes, seguindo cada vez mais a tendência mundial de flexibilização na distribuição de recursos, a fim de promover uma maior integração entre as unidades que compõem a Federação.

Assim, através das participações no produto da arrecadação, como medidas compensatórias destinadas a equilibrar a diferença na divisão constitucional de bases tributárias entre os entes que integram a Federação, bem como amenizar as disparidades regionais existentes, o fato é que a própria Constituição reconhece o desequilíbrio das fontes de receita, trazendo mecanismos de equalização.

No entanto, atualmente o que se tem observado é um desvirtuamento desses mecanismos através de um decréscimo ao longo dos anos na arrecadação dos impostos federais cuja receita é partilhada, de modo que a percentagem da receita tributária federal destinada aos Municípios desde a promulgação da Constituição tem diminuído consideravelmente.

Enquanto isso, as transferências voluntárias do Governo Federal aos demais entes têm crescido desde meados da década de 1990, apontando que estes últimos estão conseguindo compensar esse decréscimo nas receitas decorrentes de participações na arrecadação federal através das transferências intergovernamentais, efetuadas por intermédio de Convênios com a União.

Dessa forma, as receitas provenientes de Convênios firmados com a União, que deveriam servir de mola propulsora de programas governamentais específicos, estão sendo utilizadas muitas vezes para cobrir despesas correntes. Ou, ainda, grande parte dos Municípios brasileiros, com as receitas de participações inteiramente comprometidas, acabam dependendo das transferências intergovernamentais para saldar qualquer investimento ou despesa nova, desvirtuando as transferências voluntárias como instrumento de aperfeiçoamento do federalismo fiscal.

O que acaba ocorrendo nesse cenário de escassez de receitas é que as transferências voluntárias, em que os critérios políticos e partidários são decisivos para concessão, acabam atuando em grande medida como instrumentos de subordinação dos Municípios à vontade política da União. Some-se a isso o fato de que boa parte dos programas específicos financiados através da celebração de Convênios com a União envolvem contrapartidas por parte dos Municípios, de modo que aquela acaba realizando parte de seus projetos através da vinculação de receitas municipais a objetivos específicos de interesse federal.

Na prática, esse cenário permite ao Executivo Federal exercer um controle substancial das políticas dos entes subnacionais, importando em uma perda significativa da autonomia concedida aos Municípios pelo constituinte de 1988.

Esse novo contexto federativo, propiciado pela política de austeridade do Governo Federal iniciada a partir de meados da década de 1990, e mantido ao longo dos anos através da manipulação, na prática, do sistema constitucional de repartição de receitas tributárias, é bem sintetizado na seguinte passagem, que destaca ainda as consequências nefastas desse modelo para a autonomia dos entes subnacionais:

> [...] observa-se que o contexto federativo atual não é mais o mesmo de 1988. Ao longo dos *anos os Estados foram gradativamente perdendo receitas e poderes políticos que, paralelamente, passaram por um processo de recentralização pela União. Nesse novo cenário, os Municípios passaram a ter uma relação mais estreita com o Executivo Federal, tendo em vista que a maior parte deles não possui recursos suficientes para atender* às *necessidades básicas de seus habitantes, dependendo dos repasses federais para custeio de despesas correntes e de pessoal.*
>
> *Dessa forma, atualmente a União detém o controle orçamentário dos entes subnacionais, na medida em que expande as transferências intergovernamentais, a fim de compensar os desequilíbrios gerados por políticas isentivas de tributos federais partilháveis, aliada a uma política de incremento de tributos federais não partilháveis, o que possibilita também um certo controle político da União sobre os demais entes, que se veem obrigados a executar a agenda política federal nesse cenário de escassez de recursos.*
>
> (ALVES, Raquel de Andrade Vieira. A Interpretação do art. 160 da Constituição à Luz do Novo Contexto Federativo. Revista de Finanças, Tributação e Desenvolvimento da UERJ, Vol. 3, nº 3, 2015. p. 35)

II. Caso concreto: A política desonerativa da União em relação ao IR e ao IPI e seus impactos nas finanças dos Municípios.

Como se pode verificar, o Fundo de Participação dos Estados e do Distrito Federal e o Fundo de Participação dos Municípios formam a base do sistema de equalização de receitas no Brasil, constituindo instrumentos fundamentais do federalismo fiscal pátrio.

Nesse sentido, é certo que a organização do Estado sob a forma federativa pressupõe a autonomia financeira dos entes que o compõem, a fim de que possam efetivamente exercer a sua autonomia política e administrativa. Entretanto, o sistema brasileiro de repartição de competências exclusivas não é suficiente para, por si só, assegurar às unidades subnacionais a plena autonomia financeira, diante das distorções que podem ocorrer em face das já apontadas diversidades regionais, fato esse que não passou despercebido pelo constituinte originário de 1988.

Atento às assimetrias do federalismo pátrio, o próprio constituinte de 1988 assegurou aos Estados e Municípios recursos que independessem da arrecadação das entidades regionais e locais, repassados tanto de forma direta, quanto de forma indireta pela constituição de fundos (discriminação pelo produto da arrecadação).

Aos repasses aos entes subnacionais por meio de fundos, o constituinte destinou, assim, quase metade da arrecadação do imposto de renda – IR e do imposto sobre produtos industrializados – IPI (49%), a ser distribuída na forma do art. 159 da Constituição Federal. O mesmo dispositivo determinou, ainda, a distribuição de vinte e nove por cento (29%) da arrecadação da Cide-Combustíveis aos Estados e ao Distrito Federal, dos quais vinte e cinco por cento (25%) seriam entregues aos Municípios, de acordo com os mesmos critérios de rateio utilizados pelo FPE e pelo FPM, a serem empregados no financiamento de programas de infraestrutura de transportes (art. 177, §4º, c da Constituição).

Ocorre que a porcentagem da receita federal destinada aos Estados e Municípios tem sofrido um decréscimo ao longo dos anos, sobretudo, a partir do final de 2008, em que eclodiu uma crise econômica internacional que, em um contexto geopolítico de globalização dos mercados, irradiou seus efeitos negativos por toda economia mundial.

Esse cenário internacional influenciou diretamente as escolhas político-fiscais adotadas pelo governo brasileiro, que, seguindo as diretrizes do próprio Fundo Monetário Internacional – FMI, passou a adotar instrumentos fiscais anticíclicos, como o estímulo à demanda interna através de incentivos fiscais, a fim de combater a retração da indústria nacional.

Em razão disso, especialmente desde o fim de 2008, o Governo Federal tem utilizado a concessão de isenções de IPI incidente sobre eletrodomésticos da linha branca, bens de capital e automóveis, como política de incentivo ao consumo, a fim de estimular a produção industrial. O mesmo ocorreu com o IR pago pelas pessoas físicas, objeto de desonerações a partir do mesmo período, a fim de aumentar de forma indireta o poder de consumo das famílias.

Não obstante se reconheça que os objetivos das desonerações são louváveis e necessários, é inegável que essa política de desonerações dos principais impostos federais causa um enorme impacto econômico nas finanças estaduais e municipais.

Isso porque o art. 159, inciso I, da Constituição determinou à União a obrigação de destinar vinte e um e meio por cento (21,5%) do produto da arrecadação do IR e do IPI para serem aplicados nos Fundos de Participação dos Estados e Distrito Federal; vinte e dois e meio por cento, mais dois por cento em virtude de Emendas Constitucionais (24,5%), para serem aplicados nos Fundos de Participação dos Municípios; e três por cento (3%) para aplicação em programas de financiamento dos setores produtivos das Regiões Norte, Nordeste e Centro-Oeste.

O inciso II e os parágrafos 2º e 3º do art. 159, por sua vez, fixaram um repasse de 10% da arrecadação do IPI-exportação para os Estados, Distrito Federal e Municípios, proporcionalmente ao valor das respectivas exportações de produtos industrializados.

Além disso, há ainda o Fundo de Manutenção e Desenvolvimento da Educação Básica e de Valorização dos Profissionais da Educação – FUNDEB, criado pela Emenda Constitucional nº 53, de 19 de dezembro de 2006, e regulamentado pela Lei nº 11.494, de 20 de junho de 2007, em substituição ao Fundo de Manutenção e Desenvolvimento do Ensino Fundamental e de Valorização do Magistério – FUNDEF, que vigorou de 1998 a 2006 e que recebe, entre suas fontes de recurso, 20% das receitas dos Fundos de Participação e do IPI-exportação.

A fim de proporcionar uma melhor visualização dos percentuais da receita de IR e IPI que são destinados constitucionalmente aos Fundos, confira-se a tabela explicativa a seguir, elaborada em recente relatório constante do acórdão nº 713/2014 do Tribunal de Contas da União TCU (Processo TC 020.911.2013-0), ocasião em que a Corte de Contas pôde apreciar os impactos dessas desonerações nas repartições de receitas tributárias federais:

IR e IPI – Percentual da arrecadação destinada a fundos

Fundo	% Arrecadação do IR e IPI
FPM	24,5%**
FPE	21,5%
IPI- Exportação	10,0%*
FNE	1,8%
FNO	0,6%
FCO	0,6%
Fundeb	20% do FPM, FPE e IPI-Exportação

** Atualizada com a Emenda Constitucional nº 84, de 2 de dezembro de 2014.
* Apenas IPI.

Como se observa, uma boa parte da arrecadação federal com o IR e o IPI é repassada aos Estados e Municípios, de modo que desonerações que reduzam sensivelmente a arrecadação desses impostos geram impactos diretos no montante a ser repassado e, consequentemente, no orçamento dos entes subnacionais. Tendo em conta o contexto explicitado acima, vê-se que os Fundos de Participação possuem uma importância vital para a autonomia dos Estados e Municípios, principalmente para esses últimos, cujo grau de dependência das receitas federais é muito grande.

Para que se tenha uma ideia dos valores envolvidos nessa discussão, traz-se aqui a tabela elaborada pela equipe técnica de fiscalização do TCU, nos autos do processo TC 020.911/2013-0, que orientou o julgamento do Plenário e sua conclusão no sentido de que as políticas desonerativas da União têm impacto direto na arrecadação dos Estados, do Distrito Federal e dos Municípios, devendo ser compensadas:

Valores não distribuídos aos fundos em decorrência da desoneração (2008 a 2012)							
Região	FPM	FPE	IPI-Exp	Fundeb	FNE	FNO	FCO
Nordeste	35,7%	52,5%	9,1%	26,3%	1,8%	-	-
Sudeste	31,0%	8,5%	54,3%	43,3%	-	-	-
Sul	17,4%	6,5%	26,0%	14,2%	-	-	-
Norte	8,7%	25,4%	6,7%	10,0%	-	0,6%	-
Centro-Oeste	7,2%	7,2%	3,9%	6,2%	-	-	0,6%

Fonte: TCU.

Destaque-se que essa análise foi feita em termos reais, descontando-se a inflação medida pelo Índice Nacional de Preços ao Consumidor Amplo – IPCA no período, e que, ao final, apurou-se que, entre 2008 e 2012, Estados, Distrito Federal e Municípios arcaram com cinquenta e oito por cento (58%) do valor total das desonerações concedidas pelo Governo Federal, equivalente ao montante de R$ 190,11 bilhões de reais, contra quarenta e dois por cento (42%) arcados pela União, e equivalentes a R$ 137,67 bilhões de reais, de um total de desoneração líquida equivalente a R$ 327,78 bilhões de reais.

Dessa forma, pelo amplo estudo realizado pela equipe técnica de fiscalização do TCU, é possível verificar que *a cada real (R$ 1,00) de renúncia do IR e IPI concedida pela União, estima-se que cinquenta e oito centavos (R$ 0,58) pertenceriam aos Estados e Municípios*, uma vez que parte substancial do valor arrecadado com esses impostos é compartilhada com os entes subnacionais.

Outrossim, a equipe identificou *um acirramento nas disparidades regionais, em razão da política desonerativa da União, posto que o Nordeste é a região que mais sofreu os impactos negativos causados pela redução dos repasses aos fundos constitucionais*, deixando de receber um total de R$ 68,2 bilhões de reais. *Em contrapartida, a região Sudeste é a maior recebedora dos benefícios tributários*, cujos efeitos indiretos compensam em certa medida as reduções nos repasses constitucionais, o que já não ocorre com o Nordeste.

Além disso, constatou-se nos atos normativos que concederam os respectivos benefícios fiscais a *inexistência de estudos sistematizados sobre os impactos sociais e regionais das renúncias tributárias do IR e IPI*. Embora houvesse indícios de efeitos positivos na economia em decorrência dos benefícios relacionados ao IPI, além de tais efeitos não terem sido efetivamente confirmados, *verificou-se que essa correlação positiva não se mostra clara no que diz respeito* às isenções do IR. E *mesmo em relação ao IPI, os incentivos são realizados sem fundamentos técnicos*.

Adicionalmente, *concluiu-se que as desonerações de IR têm tido maior influência junto ao FPM e ao FPE do que as de IPI, uma vez que representam cerca de setenta e seis por cento (76%) das renúncias concedidas*, o que equivale a aproximadamente R$ 247,8 bilhões líquidos.

Com isso, é possível de plano refutar a alegação de que a predominância da extrafiscalidade em relação ao IPI impossibilitaria o reconhecimento de que os valores referentes às desonerações concedidas pelo Governo Federal nos últimos anos deveriam compor a base de cálculo do montante a ser distribuído aos Fundos de Participação, já que maior parte das desonerações (76%) que impactam na parcela a ser distribuída ao FPE e ao FPM se refere ao imposto de renda e não ao IPI.

Não se nega aqui a importante função que desempenha o IPI como instrumento de estímulo à economia nacional, de forma que a própria Constituição permite a alteração de suas alíquotas por ato do Poder Executivo, atendidas as condições e os limites estabelecidos em lei, e sem a necessidade de observância ao princípio da anterioridade de exercício (arts. 153, §1º e 150, §1º, da CRFB/88).

Entretanto, entendo que, diante dos dados empíricos colhidos pelo próprio Tribunal de Contas da União, órgão técnico competente para efetuar o cálculo das quotas referentes aos fundos de participação, nos termos do parágrafo único, do art. 161, da CRFB/88, e da injustificável ausência de estudos técnicos por parte do Governo Federal, não se afigura necessário o debate *de jure constituendo* acerca da conveniência ou não da escolha do IPI como tributo sujeito a repasse aos fundos. Faltaria, inclusive, a esta Corte a necessária capacidade institucional para levar a cabo tal discussão, que, como se observa, não é relevante perto do impacto de menor amplitude que as desonerações de IPI causaram no FPM e no FPE em relação às de IR.

Com efeito, não cabe ao julgador desconsiderar a perspectiva pragmática que envolve debates como este, sob pena de desprestigiar a Segurança Jurídica no plano concreto. Se não há estabilidade e nem previsibilidade de arrecadação em relação ao IPI e aqui não estou sequer mencionando a deficiência de motivação técnica nos atos concessivos das respectivas desonerações, por certo, há de haver em relação ao imposto de renda, cujo mandamento constitucional de cobrança é imperativo. Do contrário, seríamos obrigados a reconhecer que o art. 159 da Constituição Federal não possui normatividade alguma, o que parece beirar o absurdo no contexto atual, em que a tônica das discussões jurídicas é dada através da máxima efetividade das normas constitucionais.

Nesse ponto, cabe indagar qual teria sido o objetivo do constituinte ao reservar quase metade da arrecadação dos principais impostos federais à composição dos Fundos de Participação dos Estados, Distrito Federal e Municípios, senão dar efetividade ao compromisso descentralizador, assumido com a promulgação da Carta de 1988, garantindo às unidades descentralizadas recursos suficientes para a realização de suas atribuições, e que independessem da sua própria arrecadação? É dizer, a função do art. 159 e também dos arts. 157 e 158 dentro do sistema constitucional brasileiro é justamente garantir a autonomia financeira dos entes federados ao lado do exercício das competências tributárias próprias.

Assim, negar a relação existente entre o exercício da competência tributária da União no que concerne aos principais impostos federais e a garantia da autonomia dos entes subnacionais, estabelecida pelo próprio constituinte originário – que prestigiou um modelo de cooperação entre as três esferas de poder na repartição de recursos financeiros –, é o mesmo que negar a eficácia do Princípio Federativo, eximindo o Governo Federal do seu papel de coordenação dentro da Federação brasileira.

Tal entendimento, se levado ao extremo, permitiria que a União pudesse simplesmente zerar as alíquotas de IR e IPI, ou ainda, que pudesse deixar de instituir tais impostos, sem que se reconhecessem os graves danos de uma conduta como essa ao Pacto Federativo, sob a justificativa expressa pelo seguinte aforismo *o poder de tributar envolve igualmente o poder de desonerar*.

Com todas as vênias aos que comungam dessa opinião, resumir o presente conflito federativo à liberdade no exercício de suas competências tributárias pela União é reduzir a discussão e estancar a análise na estrutura da norma de competência, sem se preocupar com a sua perspectiva funcional dentro do sistema em que está inserida.

Providencial, nesse aspecto, a lição de José Souto Maior Borges, que, ao tecer uma crítica contundente ao reducionismo metodológico que tem sido empregado no estudo do Direito Tributário, propõe uma nova perspectiva de análise para o tema, *verbis*:

> Pode-se dizer que o estudo do Direito Tributário a acatar-se as ponderações deste breve ensaio deverá evoluir da estrutura à função, tema de um belo estudo de Norberto Bobbio (*Dalla struttura ala funzione*. Milão: Edizione di Comunità, 1977.). Os estudos estruturais

da relação obrigacional tributária devem então forçoso é dizê-lo passar a um plano auxiliar da perspectiva funcional. Não que eles devam ser desconsiderados longe disso. O que eles não devem é mostrar-se exclusivos, como vem ocorrendo. O seu papel é o de inspiradores de novos rumos e não objetivamente impeditivos de novos estudos. (BORGES, José Souto Maior. Um Ensaio Interdisciplinar em Direito Tributário: Superação da Dogmática. Revista Dialética de Direito Tributário nº 211, abril, 2013. p. 114)

Não por acaso, as conclusões trazidas pela equipe técnica do Tribunal de Contas da União levaram o Plenário daquela Corte, em sessão realizada em 26 de março de 2014, *a determinar a elaboração de um estudo técnico pelo Ministério da Fazenda para avaliar os resultados efetivos obtidos com as desonerações dos impostos federais e seu respectivo impacto na repartição de receitas tributárias aos demais entes*. Além disso, *o Tribunal recomendou expressamente a adoção de medidas pela União que importassem na instituição de mecanismos permanentes para minimização ou neutralização dos impactos das respectivas desonerações nos fundos constitucionais, reconhecendo a importância dessas medidas para manutenção do Pacto Federativo*, verbis:

> 9.1. recomendar à Casa Civil da Presidência da República, em conjunto com o Ministério da Fazenda, que adotem medidas com vistas à inserção, nas propostas normativas concessoras de renúncia tributária do IR e IPI, ouvidos os Estados e Municípios, de estudo prévio quanto aos objetivos pretendidos, indicadores e metas esperados com o benefício tributário, além do impacto sobre os repasses aos Fundos Constitucionais de Financiamentos (FNO, FNE e FCO), Fundos de Participação (FPM e FPE), IPI-Exportação, bem como relativamente ao Fundo de Manutenção e Desenvolvimento da Educação Básica e de Valorização dos Profissionais da Educação (Fundeb), em observância aos princípios da publicidade e eficiência, insculpidos no caput do art. 37 da Constituição Federal de 1988 e ao princípio da transparência para a responsabilidade na gestão fiscal contido no parágrafo 1º do art. 1º da Lei Complementar nº 101/2000;
>
> 9.2 determinar ao Ministério da Fazenda que promova estudo técnico para avaliar os resultados obtidos com as desonerações do IR e IPI em vigor, bem como as consequências da redução das alíquotas de tributos para a repartição de receitas aos entes subnacionais, com vistas à transparência e eficiência das ações governamentais, de acordo com os princípios insculpidos no caput do art. 37 da Constituição Federal e os objetivos para redução das desigualdades sociais e regionais contidos nos artigos 3º, inciso III, e 43 da Constituição Federal, o qual poderá subsidiar o exame da prestação de contas da presidente da República referente ao exercício de 2014 de responsabilidade deste Tribunal;
>
> 9.3 recomendar à Casa Civil da Presidência da República que, com base no estudo promovido pelo Ministério da Fazenda (item 9.2 deste Acórdão), adote medidas, para instituição de mecanismos permanentes que minimizem (ou neutralizem) os impactos das desonerações do Imposto de Renda e do Imposto sobre Produtos Industrializados sobre os Fundos Constitucionais de Financiamentos (FNO, FNE e FCO), Fundos de Participação (FPM e FPE), IPI-Exportação, bem como relativamente ao Fundo de Manutenção e Desenvolvimento da Educação Básica e de Valorização dos Profissionais da Educação (Fundeb), com vistas a resguardar os princípios fundamentais do pacto federativo e da redução das desigualdades sociais e regionais, insculpidos, respectivamente, nos artigos 1º e 3º da Constituição Federal, assim como o princípio da responsabilidade fiscal contido no art. 1º, parágrafo 1º da Lei Complementar 101/2000. (grifos aditados)

Essa decisão do TCU, nos autos do processo TC 020.911/2013-0, é um paradigma em termos de reconhecimento dos impactos que a política desonerativa federal causa nas finanças dos entes subnacionais, o qual merece servir de inspiração para esta

Corte. Nesse ponto, a Corte de Contas logrou comprovar, através de dados empíricos e estudos técnicos realizados pelos auditores do Órgão, o caráter significativo das perdas sofridas pelos Estados e Municípios, cujo destaque fica por conta da sugestão expressa para adoção de medidas neutralizadoras desses impactos, por parte do Governo Federal, a fim de restaurar o equilíbrio federativo.

Ressalte-se que não é a primeira vez que o STF se depara com o impacto de desonerações nas transferências orçamentárias para outros entes. Já na década de 1970, esta Corte julgou caso em que estavam envolvidos Municípios paulistas e o Estado de São Paulo, em virtude do desconto, por este último, de três por cento a título de reembolso de despesas administrativas, da parcela do ICMS que deveria ser repassada aos Municípios, por força de previsão constitucional (Pleno, RE nº 75.042, Rel. Min. Carlos Thompson Flores, Julgado em 07/12/72, DJ de 04/05/73).

A Corte entendeu que o valor que deveria ser repassado ao ente municipal não poderia sofrer qualquer desconto, a menos que houvesse previsão constitucional nesse sentido. Essa análise, reafirmada em julgados anteriores da Primeira Turma, restou consolidada no Enunciado da Súmula nº 578: *Não podem os Estados, a título de ressarcimento de despesas, reduzir a parcela de 20% do produto da arrecadação do imposto de circulação de mercadorias, atribuída aos municípios pelo art. 23, §8º, da Constituição Federal.*

Mais recentemente, no julgamento do RE nº 572.762/RS (Pleno, Rel. Min. Ricardo Lewandowski, Julgado em 18/06/08, DJ de 05/09/08.), o STF foi instado a se manifestar sobre o incentivo referente à postergação no pagamento do ICMS, dentro do Programa de Desenvolvimento da Empresa Catarinense – PRODEC, que levaria ao adiamento do repasse da parcela do imposto estadual que pertence aos Municípios.

No julgamento do referido recurso, o STF entendeu que, apesar de o Estado possuir competência para a concessão de incentivos fiscais em matéria de ICMS, o repasse da quota constitucionalmente devida aos Municípios não pode se sujeitar à condição prevista em programa de benefício fiscal de âmbito estadual. É o que se observa no diálogo entre os Ministros Ricardo Lewandowski, Carlos Britto e Cezar Peluso:

> *O SENHOR MINISTRO RICARDO LEWANDOWSKI (RELATOR) – Permito-me usar uma expressão popular. O que ocorre, no caso, é que o Estado está fazendo cortesia com o chapéu alheio, na verdade.*
>
> *Ninguém duvida que os Estados possam, mediante lei complementar, conceder incentivos ou benefícios fiscais quaisquer que sejam eles, desde que acordados comumente. Não se admite é que instituam benefícios ou se concedam isenções ou estabeleçam programas para auxiliar empresas com a parcela do tributo como Vossa Excelência muito bem disse pertencente ao Município.*
>
> [...]
>
> *O SENHOR MINISTRO CARLOS BRITTO*
>
> *[...] Aí vem a pergunta final, com a qual encerro a minha participação: esse incentivo há de se fazer com a exclusão dos vinte e cinco por cento? Ou seja, o estado não tem a disponibilidade do total da receita do ICMS e somente dos seus setenta e cinco por cento? O SENHOR MINISTRO RICARDO LEWANDOWSKI (RELATOR) É claro. Para mim não há dúvida com relação a isso.*
>
> *Data venia, não posso pagar uma esmola com a ajuda de Vossa Excelência.*
>
> [...]

O SENHOR MINISTRO CARLOS BRITTO – Ou seja, O ingresso não se dá porque o Estado não deixou que se desse.

O SENHOR MINISTRO CEZAR PELUSO – Não, O Estado altera a maneira de calcular o que pertence aos Municípios. Ele muda a base de cálculo.

O SENHOR MINISTRO CARLOS BRITTO – Não se dá porque o Estado não deixa que entre.

O SENHOR MINISTRO CEZAR PELUSO – É o produto da arrecadação. Ele diminui o produto da arrecadação mediante artifício consistente em deixar de atribuir ao Estado uma parcela que lhe pertence pela Constituição, embora isso tenha finalidade fiscal importante. Mas isso deve ser feito com base nos setenta e cinco por cento que pertencem ao Estado. Isto é, o valor dos repasses não pode ser deduzido do montante sobre o qual é calculada a parcela pertencente aos Municípios.

O SENHOR MINISTRO CARLOS BRITTO – É a primeira vez que estamos decidindo nesse sentido.

O SENHOR MINISTRO RICARDO LEWANDOWSKI (RELATOR) – Sem dúvida, é uma repercussão geral, por isso é que veio a Plenário. (Grifos aditados)

É importante destacar que, embora a questão de fato em análise no presente caso não seja idêntica à do caso submetido à análise da Corte no RE 572.762, os fundamentos jurídicos utilizados naquele podem perfeitamente ser aplicados a este, sobretudo, no que concerne ao reconhecimento de que o direito do Município não estaria condicionado ao efetivo ingresso do tributo no erário estadual, porque constituiria receita própria do primeiro desde o seu surgimento, não podendo o Estado dela dispor livremente.

De fato, no RE 572.762 a hipótese não era de isenção, mas de diferimento, e envolvia o Estado *versus* Município. Adicione-se, ainda, o fato de que nesse caso o Estado chegava, inclusive, a receber o ICMS ou seja, *arrecadava* o imposto e depois, através de um agente financeiro, devolvia parte à empresa. Já no caso em análise no presente recurso extraordinário, os valores referentes ao IR e ao IPI desonerado não chegam sequer a ingressar nos cofres da União, tendo em vista que o ato de disposição é anterior à própria *arrecadação* do imposto.

Com base nessa sutil diferença entre as hipóteses fáticas em comento construiu-se o entendimento de que o precedente firmado pela Corte no RE 572.762 só seria aplicável aos casos em que o tributo é *efetivamente arrecadado* pelo ente transferidor, ficando todas as demais fora do seu âmbito de aplicação, como ocorreria no caso das isenções concedidas pela União que aqui se discutem. É o que se pode denominar de *restrictive distinguishing*, que se configura quando o tribunal estreita ou restringe o princípio de um precedente, caso a sua aplicação possa produzir um resultado indesejável (FREITAS, Leonardo e Silva de Almendra. O passado (RE 572.762/SC) e o futuro (RE 705.423/SE) dos impostos compartilhados na jurisprudência do STF: o problema dos incentivos fiscais atuantes antes da arrecadação (genéricos). Revista Tributária e de Finanças Públicas, ano 22, vol. 118, set-out. 2014).

Contudo, essa posição parece dar mais valor ao relatório do precedente firmado no RE 572.762, do que propriamente à fundamentação jurídica que levou a Corte a reconhecer o direito do Município de não ter as suas finanças pautadas pela política fiscal do Estado. Na verdade, essa tentativa de isolamento do precedente formado pelo RE 572.762 desconsidera o peso dos argumentos trazidos pelos Ministros durante a sessão de julgamento, em uma espécie de tentativa de reescrever a tese firmada na ocasião. Para tanto, basta conferir, exemplificadamente, os trechos principais dos votos de alguns Ministros presentes à referida sessão de julgamento: [...]

Pelo que se vê, o fato do incentivo fiscal ser posterior à arrecadação não foi o fundamento principal para a acolhida do pleito municipal, argumento que, inclusive, chegou a ser enfrentado por alguns Ministros que refutaram a tese de defesa do Estado.

Daí porque o *distinguishing* entre o precedente firmado no RE 572.762 e o presente caso, conforme defendem alguns, revela verdadeira tentativa de alteração da jurisprudência desta Suprema Corte, aniquilando a tese que, por diversas vezes, foi e vem sendo aplicada pela jurisprudência deste Tribunal.

Nesse ponto, cabe rememorar a advertência feita por Richard A. Posner, membro da magistratura norte-americana, de acordo com o qual o *distinguishing* é uma ferramenta pragmática útil quando não é simplesmente um eufemismo para o *overruling*. Os juízes, muitas vezes, reduzem um precedente à morte decidindo o novo caso no sentido oposto, quando a única diferença entre os dois casos diferença que o Tribunal escolhe como a base para o *distinguishing* é algo irrelevante para a *holding* do primeiro caso. (POSNER, Richard A. How judges think. Cambridge: Havard University Press, 2010, p. 184).

Vários são os precedentes desta Corte que, aplicando a mesma *ratio decidendi* utilizada no RE 572.762, decidiram questões idênticas à presente. É o caso, por exemplo, do RE 726.333 AgR (Segunda Turma, Rel. Min. Cármen Lúcia, julgado em 10/12/13, DJ de 03/02/14), que confirmou a decisão monocrática em que se assentou expressamente a irrelevância da ausência de efetivo ingresso no erário estadual do imposto, para fins de refutar a tese do Estado de inaplicabilidade do *leading case* à espécie.

O mesmo ocorreu na STA 451 AgR (Pleno, Rel. Min. Cezar Peluso, julgado em 18/05/11, DJ de 02/06/11), em que o próprio Plenário do STF refutou a pretensão estatal de afastar a aplicação do *leading case* com base na diferença entre os programas de incentivo do Estado de Pernambuco e do Estado de Santa Catarina, afirmando-se que em ambos, há uma burla à sistemática constitucional de repasse dos 25% pertencentes aos municípios, pouco importando o mecanismo técnico utilizado para tanto, apesar da particularidade de que, no caso catarinense, os valores devidos a título de ICMS eram efetivamente recolhidos, enquanto no caso pernambucano, a Fazenda evitaria que os recursos chegassem aos cofres públicos por meio de concessão de crédito presumido. No mesmo sentido, o RE 695.421 AgR, Segunda Turma, Rel. Min. Cármen Lúcia, julgado em 24/04/13, DJ de 15/05/13.

Observe-se que esses precedentes foram definitivos, de modo que nesses casos concretos a questão relativa ao momento da concessão do incentivo se antes ou depois de efetivada a *arrecadação* do imposto não foi relevante para o deslinde da controvérsia, que se encerrou a favor das municipalidades. Esse contexto culminou, inclusive, na edição da Súmula Vinculante nº 30, suspensa em 04 de fevereiro de 2010, após questão de ordem levantada pelo Ministro Dias Toffoli ("É inconstitucional lei estadual que, a título de incentivo fiscal, retém parcela do ICMS pertencente aos municípios".).

Frise-se, ademais, que naquele *leading case* não se negou a competência do Estado para a instituição de benefícios fiscais relativos a tributos próprios, mas, por outro lado, se reconheceu a necessidade de que essas benesses não impactassem no montante repassado aos Municípios, por força de expressa disposição constitucional.

Inclusive, o próprio Tribunal de Contas, ao decidir pedido de reexame interposto pelo Ministério da Fazenda no já mencionado processo TC 020.911/2013-0, acolheu em parte as suas alegações, para entender incabível a oitiva dos Estados e Municípios quanto aos estudos prévios necessários às propostas de concessão de renúncias do IR e IPI, sob os seguintes argumentos expostos no relatório da auditoria: [...]

Logo, reconhecer que a União deve compensar os impactos negativos de sua política fiscal em relação ao IR e ao IPI nos últimos anos, neutralizando no cálculo do FPM o impacto negativo dos valores desonerados, não significa que o Poder Judiciário está impondo uma limitação ao exercício da competência tributária da União. Primeiro, porque a União continuará podendo conceder isenções relativas aos impostos de sua competência, devendo apenas considerar o seu valor no cálculo do montante total a ser repassado aos fundos. É dizer, as desonerações deverão ser suportadas por quem desonera, ou, na feliz expressão empregada por Régis Fernandes de Oliveira, não se pode fazer *cortesia com o chapéu alheio* (OLIVEIRA, Régis Fernandes de. Curso de Direito Financeiro. 6ª Ed. Ver., atual. e ampl. São Paulo: Editora Revista dos Tribunais, 2014. p. 129).

Em segundo lugar, foi o próprio constituinte originário que atrelou o exercício da competência tributária da União em relação aos principais impostos federais à garantia da suficiência de recursos às unidades subnacionais, por intermédio do mecanismo de partilha. Ou seja, o legislador constituinte, pensando em um modelo ideal de cooperação instituiu um limite à livre disposição de receitas tributárias pelo Governo Federal, qual seja: a autonomia das entidades descentralizadas que compõem a Federação.

E assim o fez porque trabalhava justamente com um cenário ideal, de modo que não poderia prever que o aumento extraordinário da arrecadação das contribuições, que tem sido observado nos últimos anos – a despeito da inobservância do seu perfil constitucional –, permitiria à União abrir mão de boa parte das receitas dos principais impostos federais. Como bem observa André Elali:

> *A União, por possuir a competência relativa* às *contribuições, vem instituindo diferentes tributos que, em verdade, não se caracterizam como contribuições, tudo para evitar a transferência de recursos aos estados e Municípios. E este é um problema dos maiores, porquanto além de desnaturar a espécie tributária em si, que deve manter um mínimo de referibilidade com a atuação estatal e/ou com a fonte da receita, não se transfere aos demais entes parte do montante arrecadado, por não se qualificar como imposto. [...] Desta forma, pode-se afirmar que há um certo desequilíbrio do poder tributante da união em relação aos Estados e Municípios, passando a ter aquela, a cada dia, maiores poderes para determinar os rumos da Federação. E tal realidade repercute nos problemas de ordem financeira dos outros entes federativos, que ficam cada vez mais dependentes da União, dos recursos federais e das transferências intergovernamentais.* (ELALI, André. O federalismo fiscal brasileiro: algumas notas para reflexão. Revista tributária e de finanças públicas, São Paulo, nº 69, ano 14, jul./ago. 2006. p. 23)

Esse é o grande problema da questão federativa posta à apreciação desta Suprema Corte no presente caso: ela não pode ser encarada de forma isolada. De fato, o Governo Federal só abriu mão das receitas de IR e IPI como fez nos últimos anos, porque possui à sua disposição receitas exclusivas, provenientes da instituição de tributos não partilháveis com os Estados e Municípios. Não fosse o significativo incremento na arrecadação federal, promovido pela União sobretudo a partir de meados da década de 1990, através da instituição e da majoração de contribuições, não seria possível a manutenção dessa política desonerativa tal como vem se desenvolvendo.

Outrossim, não se pode ignorar que o fato de os recursos dos fundos constitucionais se originarem a partir de transferências da União não lhes retira a condição de recursos próprios do ente receptor, o que só reforça a ideia de que as renúncias fiscais federais não podem impactar na redução do montante repassado aos entes subnacionais, a título de participação na arrecadação.

Com efeito, a Constituição, ao se referir às participações de um ente no produto da arrecadação de outro, determina que art. 157. Pertencem aos Estados e ao Distrito Federal [...], e ainda que art. 159. A União entregará [...]. A utilização dos vocábulos *pertencem* e *entregará* não foi à toa, denotando a opção do constituinte de atribuir ao produto da arrecadação partilhado entre os entes da Federação uma dupla titularidade: uma parte pertence ao ente competente para a instituição do tributo e outra pertence ao ente que possui o direito à participação.

Nesse sentido, o ilustre Ministro Luís Roberto Barroso, em parecer acerca do sentido e alcance do art. 160, parágrafo único, da Constituição Federal, ressalta que as participações no produto da arrecadação adquirem o status de direito público subjetivo da entidade política beneficiada, no sentido de exigir a parcela que lhe compete na arrecadação de determinado tributo (BARROSO, Luís Roberto. Parecer nº 01/2009. Sentido e alcance do parágrafo único do art. 160 da Constituição: parâmetros para a retenção de receitas estaduais pela União Federal. Revista de Direito da Procuradoria Geral do Estado do Rio de Janeiro, nº 64, 2010. p. 09).

Daí resulta a conclusão de que o fato de o exercício da competência tributária em relação a determinado tributo pertencer a uma unidade federada não lhe permite dispor livremente da sua arrecadação, quando parte de seu produto é partilhada com outros entes, porquanto a parcela partilhada constitui receita própria do ente receptor. [...]

Inclusive, vale destacar que tramitam no Congresso algumas Propostas de Emenda à Constituição que preveem compensações para perdas orçamentárias decorrentes de políticas desonerativas praticadas por outro ente. Algumas se limitam apenas ao IR e ao IPI (PECs nº 09 e 12 de 2009); outras são mais amplas e se referem também às desonerações praticadas pelos Estados, como a PEC nº 31/11; e há proposições mais brandas, que preveem regras de transição e regulamentação das compensações mediante lei complementar (PEC nº 02/12).

Ressalte-se, ainda, que no projeto de lei que deu origem à LC nº 143/13 – que fixa os critérios de rateio do FPE e do FPM –, foi inserido artigo específico para fins de determinar o cômputo do valor referente às desonerações concedidas pelo Governo Federal na base de cálculo do FPE e do FPM, a fim de neutralizar seus impactos negativos para as finanças dos entes subnacionais. Este artigo, contudo, foi vetado pela Presidência da República, ao argumento de que tal procedimento seria inconstitucional e contrariaria o interesse público em relação à liberdade no exercício de políticas econômicas, o que levou alguns doutrinadores, como Sacha Calmon Navarro Coelho, a lamentarem a preciosa chance desperdiçada pelo Congresso Nacional de afastar o veto presidencial, reproduzindo a feliz expressão de Regis Fernandes de Oliveira, *verbis*:

> *Toda e qualquer política da União Federal no sentido de diminuir ou suprimir a arrecadação desses dois impostos atingem os fundos que são destinados a Estados, Distrito Federal e Municípios. A assertiva do art. 5º da Lei Complementar era justamente findar com o excessivo beneplácito que a União Federal faz com o chapéu alheio. Chance preciosa desperdiçada pelo Congresso Nacional que não afastou o veto presidencial.* (COELHO, Sacha Calmon Navarro. Curso de Direito Tributário Brasileiro. Rio de Janeiro: Forense, 2015. p. 352)

De fato, a única exceção à obrigatoriedade de repasse e que mesmo assim deve ser interpretada com temperamentos é o parágrafo único do art. 160 da Constituição, que permite o condicionamento pela União da entrega dos recursos a serem repassados ao pagamento de seus créditos e de suas autarquias, hipótese que não corresponde ao presente caso.

Como bem colocado pelo Tribunal de Contas da União no processo TC 020.911/2013-0, um caminho possível para o deslinde da controvérsia, que respeitaria tanto a liberdade no exercício das competências tributárias próprias pela União, quanto a autonomia financeira Municípios, seria a necessidade de compensação da política desonerativa federal com medidas neutralizadoras de seus efeitos em relação à repartição de receitas.

Nesse sentido, a consideração do montante correspondente às desonerações na base de cálculo do FPM cumpriria perfeitamente esse papel, funcionando como instrumento de neutralização dos impactos negativos das isenções concedidas pelo Governo Federal nas finanças municipais, em respeito ao Princípio Federativo. Essa função garantidora do equilíbrio do Pacto Federativo, sob a ótica da defesa da autonomia dos entes subnacionais, além de constituir uma atividade típica da Corte no exercício da jurisdição constitucional, tem representado a sua posição nos últimos anos. Nesse ponto:

> *[...] pode-se inferir que a Jurisprudência do Supremo Tribunal Federal, em casos envolvendo o sistema de repartição de receitas entre os entes, é centrada na defesa da autonomia fiscal, como pressuposto da autonomia política dos entes federativos; bem como o respeito ao Federalismo Cooperativo, entendido como o entrelaçamento de competências e atribuições entre todos os níveis governamentais, conjugado a uma partilha de recursos financeiros.*
>
> *Ademais, considerando-se que o recente posicionamento do Tribunal de Contas da União se coaduna com a Jurisprudência da Corte Suprema, é provável – e até mesmo esperado – que o STF adote posição semelhante à adotada pela Corte de Contas no Acórdão TC 020.911/2013-0.*
>
> *Como se viu, o Tribunal de Contas da União entendeu pela necessidade de realização de estudos técnicos quanto ao impacto da política desonerativa federal no sistema de transferências fiscais aos entes menores; bem como pela importância da adoção de mecanismos compensatórios suficientes para neutralizar o impacto negativo da renúncia das receitas tributárias pela União.*
>
> *Caso se alinhe a esse entendimento, o Supremo Tribunal Federal atuará em defesa da autonomia financeira dos Estados e Municípios, já tão enfraquecida no sistema atual que favorece a concentração de receitas nas mãos da União; bem como zelará pela isonomia dos entes federativos e pela manutenção do federalismo-fiscal, em respeito ao modelo institucional instituído pela Constituição Federal de 1988.* (GOMES, Marcus Lívio; CARVALHO, Raphaelle Costa. A política desonerativa da União e o impacto no orçamento dos entes subnacionais. In: GOMES, Marcus Lívio; ALVES, Raquel de Andrade Vieira; ARABI, Abhner Y. Mota (Coords.). Direito Financeiro e Jurisdição Constitucional. Curitiba: Juruá, 2016.)

Destaque-se, ademais, que a importância do papel do Poder Judiciário na manutenção do Pacto Federativo não é exclusividade brasileira. Desde os *Federalist Papers* (Artigos Federalistas), elaborados por Alexander Hamilton, John Jay e James Madison, responsáveis pelo arcabouço político-jurídico da Constituição Americana de 1787 – que marca o surgimento do Estado Federal –, é possível identificar a função essencial do Judiciário, como guardião da Constituição, na formação do federalismo americano. Nesse ponto, a essencialidade da preservação do texto constitucional – e, por consequência, da distribuição do poder entre os entes federativos – surge como uma das razões para a criação do próprio Poder Judiciário, como árbitro de eventuais conflitos entre as unidades integrantes da Federação.

Na mesma linha, Gustavo da Gama Vital de Oliveira, ao tratar do papel do Judiciário especificamente na análise da constitucionalidade de emendas constitucionais em face do Princípio Federativo, destaca que o STF possui singular oportunidade de exercer a jurisdição constitucional para obrigar que a questão federativa seja mantida na agenda política das instâncias democráticas e que soluções sejam construídas a partir de parâmetros que respeitem as decisões fundamentais da ordem constitucional inaugurada em 1988. Sob essa ótica, o exercício da jurisdição constitucional teria como efeito forçar o Congresso a levar em consideração, quando da elaboração das leis, aspectos de interpretação constitucional ligados ao federalismo fiscal. (OLIVEIRA, Gustavo da Gama Vital de. O Supremo Tribunal Federal e a cláusula pétrea da forma federativa de estado em matéria financeira e tributária. Temas de federalismo fiscal brasileiro. 1ª Ed. Rio de Janeiro: Gramma, 2016. p. 32-33).

Ademais, fosse possível a solução da presente demanda em foro diverso que não o judicial, não teria sido vetada pelo chefe do Executivo a mencionada proposta de consideração dos valores correspondentes às desonerações da União no cálculo do montante a ser repassado ao FPM, incluída por emenda parlamentar no projeto de lei que deu origem às LC nº 143/13. Esse seria o cenário ideal em um federalismo de equilíbrio, no qual a União efetivamente exerce o seu papel de coordenação dos entes subnacionais e no qual estes últimos possuem verdadeira influência na formulação das políticas de interesse do país. Não é esse, contudo, o cenário sob o qual se depara esta Corte, pois, como demonstrado, a concentração de recursos financeiros pelo Governo Federal nos últimos anos tem representado uma forma de submissão dos Municípios às políticas ditadas pela União.

Quando muito, restaria ao Senado, como representante dos Estados, zelar pelos seus interesses no Congresso, porém estes, já enfraquecidos pela perda de receitas extrafiscais, operada a partir de meados dos anos 1990 como parte do pacote de medidas de estabilização da economia, pouco conseguem em termos de influência sob a agenda do Executivo Federal no Congresso.

Com isso, não há dúvidas de que cabe a este Tribunal, no exercício da jurisdição constitucional, a mediação do presente conflito federativo, atuando em prol da garantia da autonomia dos entes federados, elemento essencial de uma República Federativa.

Ex positis, a despeito da posição manifestada pelo Relator e pelos demais Ministros que me antecederam, peço vênia para divergir e voto pelo provimento do recurso extraordinário do Município de Itabi, para fins de restabelecer a sentença proferida pelo Juízo de 1º grau".

Informação bibliográfica deste texto, conforme a NBR 6023:2018 da Associação Brasileira de Normas Técnicas (ABNT):

GOMES, Marcus Lívio; ALVES, Raquel de Andrade Vieira. RE nº 705.423 – Impactos da política isentiva da União no fundo de participação dos municípios e o STF como tribunal da federação. *In*: FUX, Luiz. *Jurisdição Constitucional III*: república e direitos fundamentais. Coordenação de Valter Shuenquener de Araujo. Belo Horizonte: Fórum, 2019. p. 121-145. ISBN 978-85-450-0691-6.

RECURSO EXTRAORDINÁRIO Nº 760.931: RESPONSABILIDADE SUBSIDIÁRIA DA ADMINISTRAÇÃO PÚBLICA PELO INADIMPLEMENTO DOS ENCARGOS TRABALHISTAS POR EMPRESAS TERCEIRIZADAS

MÁRIO AUGUSTO FIGUEIREDO DE LACERDA GUERREIRO

Dispõe o art. 71, §1º, da Lei nº 8.666/93, com a redação dada pela Lei nº 9.032/95:

> a inadimplência do contratado, com referência aos encargos trabalhistas, fiscais e comerciais não transfere à Administração Pública a responsabilidade por seu pagamento, nem poderá onerar o objeto do contrato ou restringir a regularização e o uso das obras e edificações, inclusive perante o Registro de Imóveis.

Por outro lado, o art. 67, *caput*, do mesmo diploma legal estabelece que "a execução do contrato deverá ser acompanhada e fiscalizada por um representante da Administração especialmente designado, permitida a contratação de terceiros para assisti-lo e subsidiá-lo de informações pertinentes a essa atribuição".

Através da leitura conjunta e sistemática das duas normas supracitadas, a Justiça do Trabalho firmou a compreensão de que seria possível a responsabilização subsidiária do ente público tomador do serviço terceirizado apenas no caso de falhar culposamente no seu dever de fiscalização do cumprimento das obrigações contratuais e legais pela empresa prestadora dos serviços. Eis a redação dos itens IV e V da Súmula nº 331 do TST:

> IV - O inadimplemento das obrigações trabalhistas, por parte do empregador, implica a responsabilidade subsidiária do tomador dos serviços quanto àquelas obrigações, desde que haja participado da relação processual e conste também do título executivo judicial.
>
> V - Os entes integrantes da Administração Pública direta e indireta respondem subsidiariamente, nas mesmas condições do item IV, caso evidenciada a sua conduta culposa no cumprimento das obrigações da Lei nº 8.666, de 21.06.1993, especialmente na fiscalização do cumprimento das obrigações contratuais e legais da prestadora de serviço como empregadora. A aludida responsabilidade não decorre de mero inadimplemento das obrigações trabalhistas assumidas pela empresa regularmente contratada.

Inconformado com o referido entendimento jurisprudencial, o governador do Distrito Federal ajuizou a ADC nº 16, pedindo que o Supremo Tribunal Federal se manifestasse sobre a validade e eficácia do já mencionado art. 71, §1º, da Lei de Licitações e Contratos e Administrativos (Lei nº 8.666/93), cuja vigência estaria sendo reiteradamente negada, na sua ótica, pelas Cortes Trabalhistas, ao condenarem a Fazenda Pública, como responsável subsidiária, ao pagamento dos encargos trabalhistas resultantes de contratos de prestação de serviços. A Suprema Corte julgou procedente o pedido formulado na ADC, em decisão que recebeu a seguinte ementa:

> RESPONSABILIDADE CONTRATUAL. Subsidiária. Contrato com a administração pública. Inadimplência negocial do outro contraente. Transferência consequente e automática dos seus encargos trabalhistas, fiscais e comerciais, resultantes da execução do contrato, à administração. Impossibilidade jurídica. Consequência proibida pelo art., 71, §1º, da Lei federal nº 8.666/93. Constitucionalidade reconhecida dessa norma. Ação direta de constitucionalidade julgada, nesse sentido, procedente. Voto vencido. É constitucional a norma inscrita no art. 71, §1º, da Lei federal nº 8.666, de 26 de junho de 1993, com a redação dada pela Lei nº 9.032, de 1995. (ADC nº 16. Rel. Min. Cezar Peluso, Pleno. *DJe*, 9 set. 2011)

Da leitura dos debates e dos votos dos ministros que participaram do julgamento, contudo, depreende-se que, apesar de afirmada a impossibilidade jurídica de responsabilização do ente público como consequência automática do inadimplemento das obrigações trabalhistas pela empresa terceirizada – como determina o art. 71, §1º, da Lei nº 8.666/93 –, admitia-se essa imputação de responsabilidade por fundamento jurídico diverso, qual seja, a inobservância pela Administração do seu dever legal de fiscalização do regular cumprimento do contrato (art. 67, *caput*, da mesma lei). Assim, embora constitucional a norma legal impugnada, não ficava de todo afastada a possibilidade de responsabilização subsidiária da Administração Pública.

Ocorre, entretanto, que a decisão proferida em sede de controle concentrado de constitucionalidade não foi capaz de pacificar a controvérsia nas instâncias inferiores. Na verdade, o cenário jurídico se tornou ainda mais complexo, visto que, a partir de então, a discussão passou a chegar ao Supremo Tribunal Federal não apenas pela via estreita do recurso extraordinário, mas também diretamente através do instrumento da reclamação, com fundamento na inobservância do que decidido no bojo da ADC nº 16. Urgia, portanto, que o STF voltasse a enfrentar o tema, o que veio a acontecer no julgamento do RE nº 760.931 (redator para acórdão o Ministro Luiz Fux, Pleno. *DJe*, 12 set. 2017), no qual a questão constitucional ora examinada teve a sua repercussão geral reconhecida. No julgamento do mérito desse recurso, a relatora, Ministra Rosa Weber, votou pela adoção das seguintes teses:

> 1) seja reafirmada a tese de que a constitucionalidade do art. 71, §1º, da Lei 8.666/93, declarada na ADC nº 16, veda a transferência automática, à Administração Pública, dos encargos trabalhistas resultantes da execução do contrato de prestação dos serviços e 2) firmada, neste julgamento, a tese de que não fere o texto constitucional (arts. 5º, II, 37, caput, e 37, §6º) a imputação de responsabilidade subsidiária à Administração Pública pelo inadimplemento, por parte da prestadora de serviços, das obrigações trabalhistas, em caso de culpa comprovada – em relação aos deveres legais de acompanhamento e fiscalização do contrato de prestação de serviços –, observados os princípios disciplinadores do ônus da prova.

Prevaleceu, todavia, como tese vencedora do julgamento – por apertada maioria – aquela apresentada pelo Ministro Luiz Fux, no sentido de que:

> o inadimplemento dos encargos trabalhistas dos empregados do contratado não transfere automaticamente ao Poder Público contratante a responsabilidade pelo seu pagamento, seja em caráter solidário ou subsidiário, nos termos do art. 71, §1º, da Lei nº 8.666/93.

As razões que conduziram a essa conclusão estão na ementa do julgado, colacionada ao final do texto, cuja leitura é indispensável para a exata compreensão dos seus limites e conteúdo.

Como observação final, insta assinalar que foram opostos ao acórdão proferido no RE nº 760.931 embargos de declaração, ainda não julgados, nos quais se veicula pedido de que a Suprema Corte esclareça no que consiste a transferência automática de responsabilidade referida na tese de julgamento. Trata-se, sem dúvida, de questionamento relevante, cuja solução poderá definir objetivamente em que circunstâncias a Administração responderá subsidiariamente pelos encargos trabalhistas das empresas terceirizadas e a quem caberá o ônus de produzir essa prova, pacificando-se definitivamente a jurisprudência sobre o tema.

VOTO

RECURSO EXTRAORDINÁRIO REPRESENTATIVO DE CONTROVÉRSIA COM REPERCUSSÃO GERAL. DIREITO CONSTITUCIONAL. DIREITO DO TRABALHO. TERCEIRIZAÇÃO NO ÂMBITO DA ADMINISTRAÇÃO PÚBLICA. SÚMULA 331, IV E V, DO TST. CONSTITUCIONALIDADE DO ART. 71, §1º, DA LEI Nº 8.666/93. TERCEIRIZAÇÃO COMO MECANISMO ESSENCIAL PARA A PRESERVAÇÃO DE POSTOS DE TRABALHO E ATENDIMENTO DAS DEMANDAS DOS CIDADÃOS. HISTÓRICO CIENTÍFICO. LITERATURA: ECONOMIA E ADMINISTRAÇÃO. INEXISTÊNCIA DE PRECARIZAÇÃO DO TRABALHO HUMANO. RESPEITO ÀS ESCOLHAS LEGÍTIMAS DO LEGISLADOR. PRECEDENTE: ADC 16. EFEITOS VINCULANTES. RECURSO PARCIALMENTE CONHECIDO E PROVIDO. FIXAÇÃO DE TESE PARA APLICAÇÃO EM CASOS SEMELHANTES. 1. A dicotomia entre "atividade-fim" e "atividade-meio" é imprecisa, artificial e ignora a dinâmica da economia moderna, caracterizada pela especialização e divisão de tarefas com vistas à maior eficiência possível, de modo que frequentemente o produto ou serviço final comercializado por uma entidade comercial é fabricado ou prestado por agente distinto, sendo também comum a mutação constante do objeto social das empresas para atender a necessidades da sociedade, como revelam as mais valiosas empresas do mundo. É que a doutrina no campo econômico é uníssona no sentido de que as "Firmas mudaram o escopo de suas atividades, tipicamente reconcentrando em seus negócios principais e terceirizando muitas das atividades que previamente consideravam como centrais" (ROBERTS, John. The Modern Firm: Organizational Design for Performance and Growth. Oxford: Oxford University Press, 2007). 2. A cisão de atividades entre pessoas jurídicas distintas não revela qualquer intuito fraudulento, consubstanciando estratégia, garantida pelos artigos 1º, IV, e 170 da Constituição brasileira, de configuração das empresas, incorporada à Administração Pública por imperativo de eficiência (art. 37, caput, CRFB), para fazer frente às exigências dos consumidores e cidadãos em geral, justamente porque a perda de eficiência representa ameaça à sobrevivência da empresa e ao emprego dos trabalhadores. 3. Histórico científico: Ronald H. Coase, "The Nature of The Firm", Economica (new series), Vol. 4, Issue 16, p. 386-405, 1937. O objetivo de uma organização empresarial é o de reproduzir a distribuição de fatores sob competição atomística dentro da firma, apenas fazendo sentido a produção de um bem ou serviço internamente em sua estrutura quando os custos disso não ultrapassarem os custos de obtenção perante terceiros no mercado, estes denominados "custos de transação", método segundo o qual firma e sociedade desfrutam de maior produção e menor desperdício. 4. A Teoria da Administração qualifica a terceirização (outsourcing) como modelo organizacional de desintegração vertical, destinado ao alcance de ganhos de performance por meio da transferência para outros do fornecimento de bens e serviços anteriormente providos pela própria firma, a fim de que esta se concentre somente naquelas atividades em que pode gerar o maior valor, adotando a função de "arquiteto vertical" ou "organizador da cadeia de valor". 5. A terceirização apresenta os seguintes benefícios: (i) aprimoramento de tarefas pelo aprendizado especializado; (ii) economias de escala e de escopo; (iii) redução da complexidade organizacional; (iv) redução de problemas de cálculo e atribuição, facilitando a provisão de incentivos mais fortes a empregados; (v) precificação mais precisa de custos e maior transparência; (vi) estímulo à competição de fornecedores externos; (vii) maior facilidade de adaptação a necessidades de modificações estruturais; (viii) eliminação de problemas de possíveis excessos de produção; (ix) maior eficiência pelo fim de subsídios cruzados entre departamentos com desempenhos diferentes; (x) redução dos custos iniciais de entrada no mercado, facilitando o surgimento de novos concorrentes; (xi) superação de eventuais limitações de acesso a tecnologias ou matérias-primas; (xii) menor alavancagem operacional, diminuindo a exposição da companhia a riscos e oscilações de balanço, pela redução de seus custos fixos; (xiii) maior flexibilidade para adaptação ao mercado; (xiii) não comprometimento de recursos que poderiam ser utilizados em setores estratégicos; (xiv) diminuição da possibilidade de falhas de um setor se comunicarem a outros; e (xv) melhor adaptação a diferentes requerimentos de administração, know-how e estrutura, para setores e atividades distintas. 6. A Administração Pública, pautada pelo dever de eficiência (art. 37, caput, da Constituição), deve empregar as soluções de mercado adequadas à prestação de serviços de excelência à população com os recursos disponíveis, mormente quando demonstrado, pela teoria e pela prática internacional, que a terceirização não importa precarização às condições dos trabalhadores. 7. O art. 71, §1º, da Lei nº 8.666/93, ao definir que a inadimplência do contratado, com referência aos encargos trabalhistas, não transfere à Administração Pública a responsabilidade por seu pagamento, representa legítima escolha do legislador, máxime porque a Lei nº 9.032/95 incluiu no dispositivo exceção à regra de não responsabilização com referência a encargos trabalhistas. 8. Constitucionalidade do art. 71, §1º, da Lei nº 8.666/93 já reconhecida por esta Corte em caráter erga omnes e vinculante: ADC 16, Relator(a): Min. CEZAR PELUSO, Tribunal Pleno, julgado em 24/11/2010. 9. Recurso Extraordinário parcialmente conhecido e, na parte admitida, julgado procedente para fixar a seguinte tese para casos semelhantes: "O inadimplemento dos encargos trabalhistas dos empregados do contratado não transfere automaticamente ao Poder Público contratante a responsabilidade pelo seu pagamento, seja em caráter solidário ou subsidiário, nos termos do art. 71, §1º, da Lei nº 8.666/93".

Informação bibliográfica deste texto, conforme a NBR 6023:2018 da Associação Brasileira de Normas Técnicas (ABNT):

GUERREIRO, Mário Augusto Figueiredo de Lacerda. Recurso Extraordinário nº 760.931: responsabilidade subsidiária da Administração Pública pelo inadimplemento dos encargos trabalhistas por empresas terceirizadas. In: FUX, Luiz. *Jurisdição Constitucional III*: república e direitos fundamentais. Coordenação de Valter Shuenquener de Araujo. Belo Horizonte: Fórum, 2019. p. 147-151. ISBN 978-85-450-0691-6.

RECURSO EXTRAORDINÁRIO Nº 634.197/PR – O CONFISCO DE BENS MÓVEIS UTILIZADOS NA PRÁTICA DO CRIME DE TRÁFICO DE DROGAS

MATEUS DA JORNADA FORTES

O cerne da questão apreciada pela Suprema Corte brasileira no julgamento do Recurso Extraordinário nº 638.491/PR disse respeito à interpretação a ser dada ao art. 243, parágrafo único, da Constituição Federal, quanto ao confisco de bens móveis utilizados para a prática do delito de tráfico de drogas. A pretensão recursal suscitada voltou-se contra a decisão de 2º grau de jurisdição que reconheceu a impossibilidade de confisco de um veículo utilizado para o transporte de droga por não ter havido sua adulteração especificamente para esse fim.

O Ministro Luiz Fux principiou o julgamento contextualizando o delito de tráfico de drogas numa perspectiva econômica e a forma de atuação dos agentes da aludida atividade ilícita para obstar a atividade repressiva estatal. Estabeleceu como norte a premissa de que "o crime não deve compensar", de modo que o confisco de bens se constitui em um valoroso instrumento para levar a cabo a referida máxima no que toca à criminalidade financeira e/ou organizada.

Assentou no *decisium* tratar-se o confisco de bens uma restrição[1] ao direito fundamental de propriedade expressamente prevista na Constituição da República. Em virtude de o constituinte haver preconizado no texto constitucional a garantia do direito de propriedade e simultaneamente uma afetação desvantajosa a ela, mediante a possibilidade de ocorrer o confisco de bens quando utilizados para o tráfico de

---

[1] Sobre restrição aos direitos fundamentais no direito português: NOVAIS, Jorge Reis. *As restrições aos direitos fundamentais não expressamente autorizadas pela Constituição*. 2. ed. Coimbra: Coimbra Editora, 2010. p. 192 e ss.; MIRANDA, Jorge. *Manual de direito constitucional*. 5. ed. Coimbra: Coimbra Editora, 2012. t. IV. p. 348; CANOTILHO, J. J. Gomes. *Direito constitucional e teoria da Constituição*. 7. ed. 13. reimpr. Coimbra: Almedina, [s.d.]. p. 1.273 e ss. No direito brasileiro: SARLET, Ingo W. *A eficácia dos direitos fundamentais*: uma teoria geral dos direitos fundamentais na perspectiva constitucional. 11. ed. Porto Alegre: Livraria do Advogado, 2012. p. 526; SILVA, Virgílio Afonso da. *Direitos fundamentais*: conteúdo essencial, restrições e eficácia. 2. ed. São Paulo: Malheiros, 2010. p. 65-123. Ainda sobre a matéria: RAWLS, John. *O liberalismo político*. ed. ampl. São Paulo: Martins Fontes, 2011. p. 350; PIEROTH, Bodo; SCHLINK, Bernhard. Direitos fundamentais. São Paulo: Saraiva, 2012. p. 94; ALEXY, Robert. *Teoria dos direitos fundamentais*. Tradução de Virgílio Afonso da Silva. 2. ed. 2. tir. São Paulo: Malheiros, 2011. p. 276 e ss.

drogas, assentou a ocorrência de uma restrição autorizada no nível da própria Carta Constitucional. Baseou-se, para tanto, nas doutrinas alemã e portuguesa, inclusive para definir a limitada margem de interpretação da norma constitucional na espécie em decorrência da opção levada a efeito quando da sua elaboração.

Digno de nota que a consideração da previsão constitucional confiscatória como uma restrição expressamente autorizada a um direito fundamental demonstra o modo mais adequado de controle das restrições estatais sobre eles, tendo o mérito de expor claramente o seu nível de proteção e, ao mesmo tempo, admitir a possibilidade de que haja a sua compressão em determinadas hipóteses.

Imperioso registrar que a alusão no julgamento ao método adequado de restrição aos direitos fundamentais permite uma maior fiscalização da intervenção pela jurisdição constitucional, apta a garantir que a atuação estatal não viole excessivamente os preceitos constitucionais atinentes aos direitos dos indivíduos, conferindo-lhes uma proteção mais consentânea com a sua importância no ordenamento jurídico pátrio.

Questão de revelo trazida à baila no julgamento foi a referência à evolução do modelo jurídico-político no Estado brasileiro ao realizar medidas envolvendo o combate ao tráfico de drogas. Numa incursão histórica, evidenciou-se na decisão que já nas Ordenações Filipinas havia preocupação com o tráfico de drogas, tendo perpassado também as previsões normativas desde então até a atualidade que versaram sobre a temática.

Merece destaque ainda o profícuo estudo dos diplomas internacionais que contaram com a adesão do Estado brasileiro atinentes à repressão e combate ao tráfico de drogas. Desde a década de 60, esclareceu o Ministro Luiz Fux, que o Brasil tem sido signatário de convenções e tratados no plano internacional[2] no sentido de se obrigar a adotar medidas no âmbito nacional de ação contra a traficância ilegal de drogas, inclusive com o intuito de repreendê-la severamente. Aliás, os compromissos em nível global citados deixam manifesta a opção político-jurídica do Brasil de agir energicamente contra o patrimônio daqueles que atuarem no exercício dessa atividade ilegal, seja pelo viés do tráfico propriamente dito, seja por dizer respeito à criminalidade organizada ou econômica.

Como instrumento jurídico-político instituído para se voltar contra os delitos de repercussão econômica, houve uma extensa análise do confisco de bens no direito comparado, cuja importância emerge do fato de vários países terem assumido idênticos compromissos no Brasil no plano internacional nessa matéria. A globalização criminosa e a sofisticação das atividades ilícitas foram os pontos nodais para a conclusão de que o foco da atuação estatal no trato das atividades ilícitas econômicas deve ser o patrimônio dos infratores, assim como ocorre em diversos países ao redor do mundo.

Impende salientar que ao perscrutar o direito comparado, percebeu-se uma preocupação em avaliar diversos ordenamentos jurídicos, de modo a permitir uma compreensão mais acurada da atuação pelos Estados sobre o patrimônio dos

---

[2] Acerca dos tratados internacionais e sua significação jurídica no ordenamento jurídico brasileiro, REZEK, José Francisco. *Direito internacional público*: curso elementar. 15. ed. rev. e atual. São Paulo: Saraiva, 2014. No âmbito dos tratados internacionais em matéria criminal, ACUNA, Jean Pierre Matus. A política criminal dos tratados internacionais. *In*: D'AVILA, Fabio Roberto (Org.). *Direito penal e política criminal no terceiro milênio*: perspectivas e tendências. Porto Alegre: EDIPUCRS, 2011. p. 145 e ss.

indivíduos obtido a partir de atividades ilícitas. Estados Unidos da América, Reino Unido, Espanha, Itália, Alemanha e Portugal foram sistemas jurídicos utilizados para fins de análise do sistema de confisco – inclusive acerca do confisco alargado – como meio de dissuadir a prática de criminalidade organizada e econômica, na qual está incluída a traficância de drogas. No caminho, fora ressaltado que tanto o Tribunal Constitucional alemão quanto o Tribunal Europeu dos Direitos do Homem chancelaram uma posição ampliativa quanto ao confisco de bens em decorrência da referida modalidade criminosa em detrimento dos princípios da culpabilidade e da presunção de inocência.

Ao adentrar especificamente no âmbito constitucional brasileiro, o julgado percorreu o prolixo texto da Constituição da República para concluir que o constituinte originário preconizou mandados de criminalização[3] do tráfico de drogas e a necessidade de maior rigor na atuação estatal no trato da matéria. Inúmeros preceitos foram citados para justificar a ideia de que há um sistema constitucional criminalizador da mercancia ilícita de drogas.

Aliás, sobre os mandados de criminalização, o Min. Luiz Fux alicerçou suas premissas em julgado do Supremo Tribunal Federal (HC nº 104.410). Entretanto o fez não tendo como destinatário dos mandamentos o legislador, mas a própria Corte como intérprete do texto constitucional. A alusão à hermenêutica constitucional pela Suprema Corte brasileira teve como estopim a própria *ratio* do constituinte de proteção dos direitos fundamentais, especialmente como forma de proteger a saúde pública dos cidadãos, sob pena de ensejar a violação ao princípio da proibição de insuficiência ou da proteção deficiente. No ponto, valeu-se das doutrinas alemã, portuguesa e brasileira para justificar a interpretação acerca dos deveres de proteção do Estado em matéria criminal e, consequentemente, do olhar repressivo estruturado pelo constituinte brasileiro contra o tráfico de drogas.

Sustentou que *vexata quaestio* impôs uma identificação entre a linguagem natural do dispositivo constitucional fustigado com a linguagem jurídica, a ensejar a conclusão de que texto e norma fundiram-se no aludido preceito da Constituição republicana. O arcabouço histórico-evolutivo, de diplomas internacionais, de direito comparado e do texto constitucional brasileiro levaram à conclusão de que a única interpretação constitucionalmente admissível do art. 243, parágrafo único, da CFRB, diz respeito à sua literalidade, no sentido de não ser possível condicionar o confisco de bens decorrente da prática do tráfico de drogas a qualquer requisito a partir do momento em que se constata a atividade criminosa.

No julgamento, o Min. Luiz Fux ainda referiu que em relação ao *caput* do art. 243, da CRFB, o Supremo Tribunal Federal havia concluído pela interpretação literal do dispositivo quando do julgamento do Recurso Extraordinário nº 543.974, pelo Plenário da Corte, assim como em julgamento oriundo da sua Primeira Turma, ao decidir sobre a medida cautelar na AC nº 82.

---

[3] Sobre os mandamentos de criminalização: LIMA, Alberto Jorge C. de Barros. *Direito penal constitucional*: a imposição dos princípios constitucionais penais. São Paulo: Saraiva, 2012; FISCHER, Douglas. *As obrigações processuais penais positivas*: segundo as Cortes Europeia e Interamericana de Direitos Humanos. Porto Alegre: Livraria do Advogado, 2018.

Importante frisar que o Ministro-Relator, de maneira acurada, rechaçou a possibilidade de outra interpretação sobre o confisco de bens ainda que se trate de tráfico privilegiado, sob o fundamento de que a hediondez do delito não está atrelada à perda patrimonial dele decorrente. Asseverou que o afastamento da natureza hedionda ao "tráfico privilegiado" não afeta o confisco de bens por ausência de *distinguishing* constitucional quanto à questão.

Importante registrar ainda que a menção ao tráfico privilegiado reconhecido pelo Supremo Tribunal Federal (HC nº 118.533) teve como ponto de partida a redução do número de presos por essa atividade, porquanto em muitos casos há uma menor lesividade da conduta a não justificar o encarceramento levado a efeito. No mesmo sentido o reconhecimento do "estado de coisas inconstitucional" do sistema carcerário invocado na ADPF nº 347, cujo mote era justamente o de diminuir a massa carcerária diante da reiterada e constante violação de direitos fundamentais pelo Estado brasileiro em face dos apenados, em nada tendo afetado a conclusão apresentada no *decisium* quanto ao patrimônio dos traficantes.

O panorama confiscatório não tem lugar nas aludidas premissas de acordo com o Min. Luiz Fux. Em sede de confisco não se está a tratar de encarceramento excessivo ou de manutenção de segregados em um sistema descumpridor das normas de proteção dos direitos individuais dos apenados. O confisco está atrelado ao sistema punitivo à margem da pena corporal aplicada, tendo como intuito a prevenção geral a partir da ideia de não compensar o ingresso na atividade criminosa pela certeza da perda de bens utilizados para a prática do tráfico de drogas.

O confisco de bens, nesse cenário, se mostra mais adequado para fins repressivos do que a própria pena corporal aplicada, considerando o contexto prisional brasileiro, o grande número de pessoas envolvidas com o tráfico de drogas e a impossibilidade de o Estado dar outra resposta efetiva e adequada que não seja mediante a subtração constitucionalmente autorizada dos bens utilizados para o exercício da atividade ilícita ou dela decorrente.

Digno de relevo que no julgado ainda fora rechaçada a possibilidade de ponderação do confisco com outros bens jurídicos, na medida em que o constituinte originário não deixou margem de discricionariedade ao legislador ou ao intérprete, cabendo ao aplicador do direito assegurar o cumprimento do comando constitucional na sua literalidade.

Consectariamente, prevaleceu no julgamento a tese sustentada pelo Min. Luiz Fux no sentido de conferir plena efetividade à dicção constitucional, desautorizando interpretações capazes de diminuir o alcance normativo previsto pelo texto da Constituição republicana e, assim, assegurar a proteção suficiente ao bem jurídico tutelado pelo constituinte originário ao regrar o confisco de bens como uma restrição constitucional expressamente estabelecida.

Seguem os principais trechos do acórdão que ilustram as discussões apontadas.

VOTO

O Senhor Ministro Luiz Fux: Senhor Presidente, egrégio Plenário, ilustre representante do Ministério Público, senhores advogados e demais presentes. O recurso extraordinário que agora trago a julgamento veicula tema atinente ao confisco de bens utilizados na prática do crime de tráfico de drogas. Discute-se a necessidade ou não de habitualidade do seu uso na prática criminosa ou de adulteração dos bens para adaptá-los ao exercício da traficância e, assim, dificultar a descoberta do local de acondicionamento do produto ilícito, como condição para admitir a atividade confiscatória estatal.

A realidade atual do crime de tráfico de drogas é fruto de um aperfeiçoamento das práticas criminosas, cada vez mais sofisticadas, a partir da formação de estruturas complexas e organizadas, sempre com o propósito lucrativo.

A utilização diversificada do *modus operandi* para a consumação do delito se constitui um desafio perene para o Estado e seu aparato repressivo. Cada traficante busca dissipar, a seu modo, as tarefas delitivas que compreendem todo o caminho criminoso com o intuito de dificultar a atividade pela *law enforcement*, distribuindo-as entre vários cooperadores. Visam, assim, obstar a identificação do tecido delituoso e a forma engendrada para sua realização.

[...]

O grande movimento financeiro decorrente da prática do tráfico de drogas e o seu potencial lucrativo está bem delineado pelos dados apresentados pelo professor italiano da Università degli Studi de L'Aquila, Francesco Forgione, em sua obra *Máfia Export*, ao discorrer sobre o papel da máfia e das drogas assumido no cenário global. Disserta o referido autor, *in verbis*:

> Se quisermos traduzir os dados relativos à quantidade em termos de 'economia' e assumir os parâmetros já adquiridos por especialistas e investigadores, podemos avaliar a soma da riqueza produzida pelo 'ciclo da coca' em um ano.
>
> Dos produtores colombianos ou bolivianos, um quilo de coca custa em média entre 1.200 e 1.500 euros. Quando vendida no atacado, o preço da mesma quantidade salta para 40.000 euros. Aplicando esse cálculo aos dados fornecidos pela ONU para o ano de 2008, 994 toneladas produzidas na América do Sul devem ser multiplicadas por 4,5, ou seja, a passagem da cocaína pura àquela misturada, e assim obtemos uma quantidade de 4.473 toneladas introduzidas no mercado mundial. Se ainda considerarmos que, no varejo, a cocaína é vendida por uma média de 70 euros o grama, no final, o lucro será de cerca de 313 bilhões e 110 milhões de euros. Se levarmos em conta as diversas passagens do produtor ao atacadista no tráfico por minuto e acrescentarmos alguns custos fixos de intermediação, podemos estimar que, em um ano, o mercado apenas da cocaína produz um volume de negócios igual a 354 bilhões e 661 milhões de euros ou a 465 bilhões e 989 milhões de dólares americanos.
>
> Não existe no mundo mercadoria nem ciclo produtivo capaz de criar tamanha mais-valia e um lucro dessas proporções, pronto a dispersar-se e a entrar em circulação na economia, no mercado e nos circuitos financeiros legais." (FORGIONE, Francesco. *Máfia Export: como a 'Ndrangheta, a Costa Nostra e a Camorra colonizaram o mundo*, tradução Karina Jannini, Rio de Janeiro, Bertrand, 2001, p. 24).

Justamente em virtude da concepção patrimonial e lucrativa ligada ao tráfico de drogas, exige-se do direito penal uma postura adequada como instrumento de controle da ordem social não apenas no viés repressivo-corporal, mas mediante instrumentos que propiciem o desestímulo à criminalidade financeira, atingindo exatamente aquilo que ela tem como finalidade precípua: o lucro. Dessa forma, o adágio de que *"o crime não compensa"* deve ser reformulado para *"o crime não deve compensar"*, como observa o professor lusitano da Faculdade de Direito da Universidade de Coimbra, Pedro Caeiro (CAEIRO, Pedro. *Sentido e função do instituto da perda de vantagens relacionadas com o crime no confronto com outros meios de prevenção da criminalidade reditícia*. Revista Portuguesa de Ciência Criminal, nº 2, ano 21, págs. 267/321, abr.-jun. 2011).

Não distante dessa concepção, Luigi Ferrajoli leciona sobre a predeterminação legal da pena e assenta, quanto à fixação do limite mínimo das sanções, valendo-se das indicações de Hobbes, Pufendorf e Bentham, que

> "[...] *a vantagem do delito não deve superar a desvantagem da pena: se não fosse assim, efetivamente, a pena seria muito mais um tributo, e não cumpriria nenhuma função dissuasória. Desde este ponto de vista, pode-se dizer que o elemento da medida está compreendida na definição da pena, dado que abaixo de um limite mínimo a pena transforma-se em tributo. É bom assinalar que esta argumentação vale principalmente para as penas pecuniárias [e ao confisco dado seu caráter pecuniário]: não só pela sua homogeneidade com os tributos, também consistentes em somas de dinheiro, senão igualmente pela relativa facilidade de valorar seu custo e por conseguinte a eventual insuficiência em relação ao proveito obtido com o delito [...]*" (FERRAJOLI, Luigi. *Direito e Razão: teoria do garantismo penal*, 4ª edição, Editora Revista dos Tribunais, 2014, págs. 367/368).

Nessa toada, o confisco previsto no art. 243, parágrafo único, da Carta da República, surge como um importante instrumento posto à disposição do Estado no combate à criminalidade mediante a afetação do núcleo patrimonial do traficante. A repressão ao tráfico de drogas deve estampar que o crime cometido não pode trazer uma compensação financeira superior a eventual sanção aplicável, sob pena de tornar a responsabilização penal insuficiente no que toca o caráter de prevenção geral e especial.

Nesse cenário, cabe a esta Corte revelar o alcance do referido instituto.

Confisco como restrição ao direito fundamental de propriedade

A necessidade de interpretação constitucional tem como origem o distanciamento do constitucionalismo moderno, em que a Constituição era meramente retórica e o juiz era apenas a boca da lei. A superação do modelo da supremacia do legislativo, do estado de legalidade, para outro de respeito à Constituição enquanto norma jurídica impõe à jurisdição constitucional revelar o conteúdo da norma constitucional.

[...]

Como consequência, todas normas constitucionais são passíveis de sofrer alguma restrição, sejam elas regras ou princípios. Restrição que ocorre quando um direito é atingido desvantajosamente depois de, à partida, estar resguardado pela própria constituição. A constituição pode não apenas enunciar um determinado direito, mas também fazer incidir sobre ele uma norma que diminua o seu alcance inicial, limitando um direito *prima facie* garantido sem qualquer afetação.

O conceito de restrição aos direitos fundamentais, ainda que não seja unívoco na doutrina constitucionalista, é passível de aferição a partir da concepção alemã elucidada por Bodo Pieroth e Bernhard Schlink. Eles apontam como sinônimos os termos ingerência, limite, limitação, restrição, afetação, redução e delimitação, pois todos eles têm em comum serem frutos de um óbice imposto pelo Estado ao particular para realizar determinada conduta abrangida *ab initio* pelo âmbito de proteção de um direito fundamental, *verbis*:

> *Verifica-se uma ingerência, um limite, uma limitação ou restrição, uma afetação, uma redução ou uma delimitação por parte do Estado, sempre que o particular é por este impedido de ter uma conduta abrangida pelo âmbito de proteção de um direito fundamental. A ingerência pode ocorrer individualmente (ato administrativo, sentença judicial) ou em geral (lei, regulamento jurídico, regulamento autônomo). Também pode ser simplesmente proporcionada por uma lei; se a lei autoriza, por exemplo, a Administração a impedir ao particular esta ou aquela conduta, então a própria lei já decide que ingerências podem afetar o particular, embora as não efetue ainda.* (PIEROTH, Bodo. Direitos fundamentais / Bodo Pieroth e Bernhard Schlink; tradutores António Francisco de Sousa e António Franco, Editora Saraiva, São Paulo, 2012, p. 92).

A afetação desvantajosa sobre um direito constitucionalmente assegurado *prima facie* (restrição), é passível de ocorrência de inúmeras maneiras no exercício das atividades legislativa, administrativa ou judiciária. Entretanto, de um modo sistematizado, ela pode existir na hipótese de a própria Constituição a prever (restrição constitucional direta); quando o constituinte autorizou que o legislador leve a cabo a restrição (reserva de lei restritiva); e c) na situação de a Constituição não estabelecer expressamente a restrição (restrições não expressamente autorizadas). É o que se depreende das lições do jurista alemão Robert Alexy, *verbis*:

> *"Restrições a direitos fundamentais são, portanto, ou normas de hierarquia constitucional ou normas infraconstitucionais, cuja criação é autorizada por normas constitucionais. As restrições de hierarquia constitucional são restrições diretamente constitucionais, e as restrições infraconstitucionais são restrições indiretamente constitucionais. Além dessa distinção, para compreensão do sistema de restrições da Constituição alemã é imprescindível a distinção entre restrição e cláusula restritiva [...] Uma cláusula restritiva é parte de uma norma de direito fundamental completa, que diz como aquilo que,* prima facie, *é garantido pelo suporte fático do direito fundamental foi ou pode ser restringido. Cláusulas restritivas podem ser escritas ou não escritas.* (op. cit., p. 286).

Na situação *sub examine*, a restrição constitucional direta é a que guarda pertinência, porquanto se trata do estabelecimento pelo constituinte de determinado direito e ao mesmo tempo a sua restrição, de modo que ele parte de uma posição jurídica *prima facie* e o transmuda em um não direito definitivo.

[...]

Percebe-se que o constituinte buscou excepcionar a proteção constitucional sobre a propriedade bens na hipótese de a destinação deles estar atrelada à prática do tráfico ilícito de drogas (art. 243 e parágrafo único, da CFRB) ao transmudar o direito de propriedade ilimitado em um não direito definitivo, restringido. Vale ressaltar, consagrou-se o direito fundamental de propriedade de um lado e, de outro, excepcionou-se a proteção constitucional sobre ele expressamente, ao se deparar com o seu uso para a prática do tráfico ilícito de drogas.

Trata-se, portanto, de uma restrição ao direito fundamental de propriedade expressamente prevista pelo constituinte ao se confrontar com o cultivo ilegal de plantas psicotrópicas em um imóvel ou se houver a apreensão de bens em decorrência do tráfico ilícito de entorpecentes e drogas afins.

Na hipótese, o próprio constituinte lançou a restrição ao direito fundamental, o que redunda em uma margem reduzida de interpretação da norma constitucional. Assevera o doutrinador lusitano Jorge Reis Novais, na principal obra em língua portuguesa sobre as restrições aos direitos fundamentais, que o controle cabível à jurisdição constitucional acerca da escolha levada a cabo pelo constituinte é o de aquilatar se estão preenchidos os requisitos constitucionalmente estabelecidos para a restrição, *verbis*:

> *As restrições expressamente autorizadas ou previstas na Constituição podem fundar-se, como vimos, em limites muito diferenciados e apresentam, relativamente* às *não expressamente autorizadas, pelo menos uma diferença jurídica substancial em termos de controlo da respectiva conformidade constitucional: por definição, estando a possibilidade da sua ocorrência constitucionalmente legitimada* à *partida, o controlo apenas tem que incidir sobre o preenchimento dos requisitos constitucionais exigidos para uma restrição.* (NOVAIS, Jorge Reis. *As restrições aos direitos fundamentais não expressamente autorizadas pela Constituição*, 2ª edição, Coimbra Editora, 2010, p. 285/286).

A atuação jurisdicional, nesse mister, demanda identificar apenas o alcance da dicção constitucional para se chegar ao teor da norma restritiva de direito fundamental questionada (art. 243, parágrafo único, da CRFB) e verificar qual o sentido apto a ensejar o cumprimento dos mandamentos previstos na Constituição.

[...]

A evolução do modelo jurídico-político das drogas no Brasil

A gênese da política criminal brasileira sobre o tráfico de drogas demonstra a inclinação acentuada a um modelo repressivo, em consonância com o modelo internacional firmado em documentos de envergadura global, no sentido de desenvolver ações para combater e reprimir a traficância ilícita de drogas.

Essa tendência originou-se, porém, há longa data.

No Brasil imperial, as Ordenações Filipinas de 1603 já previam penas de confisco de bens e degredo para a África para quem portasse, usasse ou vendesse substâncias entorpecentes (Livro V, Título LXXXIX).

O Código Penal de 1830 nada tratou sobre o tema, que foi regulamentado criminalmente pelo Código Penal de 1890, ao especificar os crimes contra a saúde pública (Capítulo III) e tipificou, no art. 159, "*[e]xpôr á venda, ou ministrar, substancias venenosas, sem legítima autorização e sem formalidades prescriptas nos regulamentos sanitários*", cuja pena aplicável era a de multa.

Diante da percepção de que se formava uma onda de toxicomania no país foi dado um grande passo ao novo modelo de tratamento das drogas, desencadeado pelo Decreto nº 780/36, que criou a comissão permanente de fiscalização de entorpecentes, alterado pelo Decreto nº 2.953/38. Na mesma época foram editados outros decretos com o intuito de regular a fiscalização e repressão em matéria de entorpecentes (Decreto-Lei 3.114/41, Decreto-Lei 891/38, Decreto 20.930/32), até haver a disciplina trazida pelo Código Penal de 1940, que tipificou o crime de *"Comércio clandestino ou facilitação de uso de entorpecentes"*, estabelecendo penas de reclusão e de multa.

No cenário mundial, diversas normatizações e organizações internacionais assumiram o compromisso de combate ao tráfico de drogas, mediante a edição no plano global de diplomas cujo norte partiu da repreensão à traficância de drogas, os quais contaram com a adesão do Estado brasileiro.

A Convenção Única sobre Entorpecentes de Nova York, de 1961, internalizada pelo Decreto nº 54.216, de 27 de agosto de 1964, sob o regime da ditadura militar, inseriu o país de maneira incisiva no cenário internacional de combate às drogas e equiparou as substâncias capazes de causar dependência física ou psíquica aos entorpecentes para fins penais, de fiscalização e de controle. Conforme assinala Vicente Greco Filho, *verbis*:

> *"Dispõe, ainda, a Convenção Única sobre as medidas que devem ser adotadas no plano nacional para efetiva ação contra o tráfico ilícito, prestando-se aos Estados assistência recíproca em luta coordenada, providenciando que a cooperação internacional entre os serviços competentes se faça de maneira rápida. Em seguida, a Convenção traz disposições penais, recomendando que todas as formas dolosas de tráfico – produção, posse etc. de entorpecentes em desacordo com ela – sejam punidas adequadamente. Quanto aos toxicômanos, recomenda seu tratamento médico e que sejam criadas facilidades à sua reabilitação.*
>
> *As normas da Convenção Única sobre Entorpecentes, apesar de rigorosas, não são exaustivas, ficando permitido aos Estados a adoção de medidas mais rígidas de fiscalização, se isso for necessário para proteger, segundo sua opinião, a saúde pública."* (GRECO FILHO, Vicente. *Tóxicos, prevenção-repressão,* 14ª edição, Editora Saraiva, 2011, p. 75)

Na década de 70, a Lei nº 5.726/71 dispôs acerca de medidas preventivas e repressivas ao tráfico e uso de substâncias entorpecentes que causassem dependência física ou psíquica. Logo em seguida, em 1973, o Brasil aderiu ao Acordo Sul-Americano sobre Estupefacientes e Psicotrópicos, aprovado pelo Decreto Legislativo 78/73 e promulgado pelo Decreto 79.455/77, e, com base nele, editou a Lei nº 6.368/1976. Distinguiu-se pela legislação as figuras do traficante e do usuário de drogas, mantendo em sua previsão a importância da educação e da conscientização geral na luta contra essas substâncias, conforme inaugurado na lei de 1971.

Em seguida, foi promulgada, pelo Decreto nº 79.388/77, a Convenção sobre Substâncias Psicotrópicas de Viena, de 21 de fevereiro de 1971, que passou a disciplinar o controle da preparação, uso e comércio de psicotrópicos.

Mais adiante, nova convenção sediada na cidade austríaca, a Convenção contra o Tráfico Ilícito de Entorpecentes e de Substâncias Psicotrópicas, datada de 20 de dezembro de 1988, foi aprovada pelo Decreto Legislativo nº 162/91 e promulgada pelo Decreto nº 154, de 26 de junho de 1991. Essa convenção, ainda em vigor, traz uma série de disposições que deixam clara a adesão do Estado brasileiro à repressão severa do tráfico de drogas, fruto da preocupação das partes envolvidas com a *"magnitude e crescente tendência da produção, da demanda e do tráfico ilícitos de entorpecentes e de substâncias psicotrópicas, que representam uma grave ameaça à saúde e ao bem-estar dos seres humanos e que têm efeitos nefastos sobre as bases econômicas, culturais e políticas da sociedade"*.

Cabe trazer à baila trechos da aludida convenção que ilustram de forma insofismável os rumos político-jurídico a que o Brasil está comprometido no plano internacional em relação ao tráfico de drogas. E dentre as medidas repressivas está a atuação do Estado contra o patrimônio daqueles que participam ou exercem essa atividade a ser reprimida pelo Estado brasileiro, através do confisco de bens.

Seguem passagens extraídas da referida convenção, *in litteris*:
[...]

Sob a nova ordem constitucional instaurada em 1988, foi editada a Lei de Crimes Hediondos (Lei nº 8.072/90) proibindo o indulto e a liberdade provisória para os crimes dessa natureza e aos equiparados, de modo a abranger também o delito de tráfico, com a finalidade de exasperar a repressão sobre essa atividade.

Mais recentemente, em junho de 1998, ocorreu em Nova York a XX Sessão Especial da Assembleia Geral da ONU, para discussão do problema das drogas no âmbito mundial. Nela houve a adoção de uma declaração política, uma declaração sobre os princípios orientadores da redução da demanda por drogas e uma resolução com medidas para reforçar a cooperação internacional quanto à matéria.

Outra norma internacional de que o Brasil faz parte a Convenção das Nações Unidas Contra o Crime Organizado Transnacional de Nova York, firmada em 15 de novembro de 2000 e promulgada no país pelo Decreto nº 5.015/04. Nele consta o objetivo de *"promover a cooperação para prevenir e combater mais eficazmente a criminalidade organizada transnacional"*, o que abrange, dentre outros, o delito de tráfico de drogas.

Se não bastasse isso, como aponta Vicente Greco Filho, o Brasil é signatário de diversos diplomas bilaterais e multilaterais no tocante o combate às drogas com uma infinidade de países mundo afora. Dentre eles estão: África do Sul, Alemanha, Argentina, Bolívia, Chile, Colômbia, Cuba, Espanha, Estados Unidos da América, França, Guiana, Itália, México, Panamá, Paraguai, Peru, Portugal, Reino Unido, Romênia, Rússia, Suriname, Uruguai e Venezuela (*op. cit.*, págs. 78/81).

Quanto à Lei nº 6.368/76, foi sucedida em parte pela Lei nº 10.409/02 e, na sequência, ambas foram substituídas pela Lei nº 11.343/06, ora vigente.

Diante desse cenário, é perceptível que a postura adotada pelo Brasil no âmbito internacional trilha o sentido de combater severamente o tráfico de drogas, tendo como uma das formas eleitas pelo poder constituinte originário para fins de repressão e prevenção o confisco de bens. Essa medida restritiva ao direito de propriedade, contudo, não é exclusiva do direito brasileiro, cuja aplicação é encartada em diversos diplomas repressivos ao redor do mundo.

O confisco de bens no direito comparado

Inúmeras legislações que, para fazer frente ao tráfico de drogas e aos delitos de repercussão econômica, incorporaram mecanismos confiscatórios. O ataque ao patrimônio do traficante pelo Estado tem sido a tônica no âmbito do direito alienígena, dada a assunção por outros países dos mesmos objetivos que o Estado brasileiro se comprometeu a respeitar.

Submergir no direito comparado possibilita a averiguação dos métodos adotados por outros países a partir da interpretação conferida dos mesmos compromissos internacionais, que acabam por trazer à tona semelhantes impasses jurídicos. Quando a *quaestio juris* em debate aporta ao direito interno a partir de grande influência de fontes estrangeiras, mostra-se altamente recomendável pontuar o alcance das normas internacionais para auxiliar na compreensão do direito interno.

O cenário de globalização criminosa tem movimentado vultosas quantias de recursos financeiros, a partir da violação de diversos bens jurídicos, afetando não apenas ao sistema financeiro, mas agindo também em áreas sensíveis como o tráfico de drogas, de pessoas e de armas, bem como a corrupção.

A sofisticação das organizações criminosas que operam nessas áreas impõe a atualização dos ordenamentos jurídicos onde ocorrem essas práticas ilícitas, com a finalidade de obstar a sua continuidade, atuando no ponto central que move o desempenho de tais atividades: o patrimônio.

Por tal razão, o confisco de bens é autorizado em diversos países, ainda que com matizes diferentes, e está expressamente previsto na Constituição Federal de 1988. O poder constituinte originário teve a percepção de autorizar a afetação da atividade lucrativa dos traficantes como meio de contenção e de repressão do tráfico de drogas, ao autorizar uma restrição tão severa a um dos direitos mais protegidos até então pelo ordenamento jurídico, o direito de propriedade.

A previsão de regimes eficazes de apreensão, confisco ou perda de bens é a tônica dos principais instrumentos internacionais. No âmbito comparado, o confisco vem previsto em diversos ordenamentos jurídicos, sempre com o intuito de combater a criminalização organizada, inclusive com o indicativo da primazia pelo direito penal de soluções aflitivas sobre o núcleo econômico do agente praticante dessa espécie delitiva em detrimento das penas corporais passíveis de aplicação pelo ordenamento jurídico.

Como apontam os juristas portugueses Euclides Dâmaso Simões (Procurador Geral Adjunto) e José Luís F. Trindade (Procurador da República), vem ganhando força a ideia de que a perda ou confisco de bens servem três objetivos: (i) o de acentuar os institutos da prevenção geral e especial, através da demonstração de que o crime não rende benefícios; (ii) o de evitar o investimento de ganhos ilegais no cometimento de novos delitos e também como forma de indenização das vítimas e um incremento das instituições de combate ao crime; e (iii) o de reduzir os riscos da concorrência desleal no mercado, resultantes do investimento de lucros ilícitos nas atividades empresariais (SIMÕES, Euclides Dâmaso. *Recuperação de activos: da perda ampliada* à *actio in rem (virtudes e defeitos de remédios fortes para patologias graves)* / Euclides Dâmaso Simões e José Luís F. Trindade, Revista Julgar *on line*, 2009, acessível em www.julgar.pt)

Nos Estados Unidos da América a prática do confisco é levada a efeito como uma forte ferramenta no combate ao tráfico de drogas. Atinge diretamente os fundos que dão suporte a essa prática, cujo recrudescimento data da década 70, através da *Comprehensive Drug Abuse Prevention and Control Act*. No sistema norte-americano existem três hipóteses de confisco a nível federal: o civil (*civil judicial forfeiture*), o penal (*criminal forfeiture*) e o administrativo (*administrative forfeiture*).

O confisco administrativo é realizado sem qualquer procedimento judicial prévio ou posterior e se dá na importação de mercadoria proibida, em casos de substâncias controladas, de valores não declarados ou em algumas espécies de propriedades. Abrange apenas bens móveis e a destinação pode ser feita sumariamente caso não haja uma reclamação nos prazos legais.

O confisco criminal é uma ação voltada contra a pessoa do acusado (*in personam – against the person*), de modo a atingir seus bens, quando utilizados ou derivados de uma prática criminosa, exigindo a condenação criminal prévia. Trata-se de uma pena aplicada em decorrência de uma condenação criminal, depois de transcorrido o processo e ter sido afirmada a responsabilidade penal do acusado e durante a execução da pena.

Há, ainda, o confisco civil realizado contra a propriedade (*in rem – against the property*), cuja concretização se dá pelos órgãos de execução da lei (*law enforcement*) quando há suspeitas de uma prática criminosa, mas independentemente de haver condenação ou sequer acusação criminal contra o proprietário do bem. Esse instituto é voltado à propriedade em si, e não seu proprietário, por ela ter violado a lei, cabendo ao dono ou terceiro ir perante a corte e provocar a discussão judicial acerca da licitude do bem confiscado, na tentativa de reverter a atividade confiscatória levada a efeito (Harvard Law Review. *Policing and Profit, Criminal Procedure, Developments in the law*, acessível em *http://harvardlawreview.org/2015/04/policing-and-profit/*). Não há relevância da culpa do proprietário da coisa, mas há uma espécie de *fictio juris* através da qual o bem é "culpado".

O *civil forfeiture* é uma das principais medidas utilizadas do governo federal contra o tráfico de droga (*war on drugs*), mesmo após as reformas levadas a efeito através do *"Civil Asset Forfeiture Reform Act"*, de 2000, na esteira de evitar abusos e garantir um procedimento mais justo, com maiores garantias dos direitos dos interessados e de terceiros inocentes. E a razão para o sucesso decorre de um encargo probatório menor da acusação (*"by a preponderance of the evidence"*), sem a necessidade da "causa provada".

Ainda no âmbito da *common law*, o Reino Unido editou o *Drug Trafficking Act 1994*, no qual está consagrado o *"confisco alargado"*, em seu artigo 2º. Nele consta que os bens de posse do acusado nos seis anos anteriores ao início do processo integram a ideia de proveniência da atividade criminosa do tráfico, a permitir ao tribunal supor que o acusado tenha participado de outras atividades ilegais ligadas ao tráfico de drogas antes do cometimento do crime pela qual foi condenado e, assim, ter seus bens confiscados.

A previsão legal inglesa também autoriza a inversão do ônus probatório, direcionando-o ao acusado, no sentido de que ele deve demonstrar a aquisição lícita dos bens e afastar a presunção de ser fruto do tráfico de drogas. Digno de registro que a distribuição do encargo probatório ao acusado foi objeto de decisão pelo Tribunal Europeu dos Direitos do Homem (TEDH), no caso *Philips vs. Reino Unido*, de 5 de julho de 2001, sem que tenha sido considerada uma violação à presunção de inocência.

No sistema da *civil law*, o Código Penal Espanhol possui previsão de confisco mediante uma norma geral (artigo 127) e uma direcionada aos crimes de tráfico de drogas e de branqueamento de capitais (art. 374). Este dispositivo, aliás, alterado em 30 de março de 2015, por influência da Diretiva 2014/42/UE, cuja motivação principal é o combate à criminalidade organizada.

Conforme leciona a Professora da Universidade de Valência, Margarita Roig Torres, a nova estruturação legal do confisco elenca a previsão de norma geral aos crimes dolosos e os culposos; o confisco ampliado aos delitos expressamente enumerados pela legislação (dentre eles o tráfico de drogas); estabelece as presunções quando há procedência ilícita dos bens; autoriza o confisco mesmo se houver extinção da punibilidade do agente; admite confiscar bens de terceiros adquirentes dos bens quando sabiam ou tinham motivos para suspeitar da sua origem ilícita ou que foram transferidos para evitar o confisco; e permite não decretar o confisco ou decretá-lo parcialmente quando os efeitos ou instrumentos sejam de comércio lícito e houver desproporção com a natureza, com a gravidade da infração penal ou se foram satisfeitos completamente as responsabilidade civis.

O confisco patrimonial no direito espanhol, possibilita a sua ocorrência independentemente de condenação do acusado, o alcance sobre bens de terceiros e a modalidade de confisco alargado, deixando de ser apenas uma consequência acessória do crime. Aliado a isso, pode alcançar outros membros beneficiários da atividade ilícita para além dos acusados, desde que haja desproporção entre os valores legalmente auferidos e o acréscimo patrimonial, bem como autoriza a concretização mesmo com a ocorrência da extinção da punibilidade do agente.

A legislação preceitua a inversão da presunção de licitude em relação ao patrimônio depois da condenação, de modo a possibilitar o confisco sobre todo o patrimônio desproporcional às receitas dos condenados, transferindo a eles a demonstração da licitude da proveniência dos bens confiscados e a adequação com seus ganhos.

Trata-se, pois, de mecanismo legal alicerçado no princípio que proíbe o enriquecimento injusto e tem natureza jurídica de sanção, ainda que não se constitua uma pena, por ser extrapenal como decidiu o Tribunal Constitucional espanhol.

Na Itália não é diferente. A preocupação com o patrimônio das organizações criminosas italianas decorrentes de atividades ilícitas motivou a criação de instrumentos que viabilizassem alcançar as finanças dessas organizações. Previu-se o confisco alargado como meio para dissuadir a expansão dessas espécies delituosas, inclusive o tráfico de drogas.

A previsão do confisco está alicerçada em três perspectivas: uma tradicional, fruto de uma condenação criminal; sob outro viés tendo como premissa uma facilitação da prova para confiscar na hipótese de inexistir prova da origem lícita dos bens; e, numa terceira perspectiva, o confisco preventivo de bens pertencentes a organizações criminosas, amparado em uma forte convicção, sem a necessidade de uma condenação criminal. Esta última diz respeito ao confisco alargado (*confisca allargata*), fruto da Lei nº 646/82, de 13 de setembro de 1982 (conhecida como a *Ley Rognoni-La Torre*), tendo como norte o estabelecimento de medidas de prevenção patrimonial contra essa espécie de crimes.

Houve um aperfeiçoamento da Lei 646/82 pelas leis antimáfia posteriores, culminando com a possibilidade de (i) confisco independente entre as instâncias administrativa e penal; (ii) a sua realização mesmo na hipótese de morte do investigado e de os bens estarem em nome de terceiros para ocultar a sua origem; e (iii) a investigação patrimonial nos cinco anos anteriores à atuação do Estado.

De tal sorte, no âmbito do direito italiano é possível uma presunção de origem ilícita dos bens do investigado, desde que haja prova pela acusação da sua posse ou disponibilidade sobre eles e a desproporção em relação aos seus rendimentos, conforme apontam os doutrinadores lusitanos Euclides Dâmaso Simões e José Luís F. Trindade (*op. cit.* p. 7).

No contexto alemão, o confisco (*Verfall*) vem previsto no título sétimo do Código Penal Alemão (StGB), no §§73 a75, sendo que:

> "*Sempre que o autor ou partícipe tiver obtido algo em decorrência da prática do ilícito penal, perde o que assim obteve. Objetos havidos pelo autor ou partícipe em virtude da alienação de outros, que a seu turno hajam sido obtidos em virtude da prática do ilícito penal, também serão por ele perdidos [...]*". (DECOMAIN, Pedro Roberto. *Código Penal Alemão*, Tradução, Comparação e Notas, Editora Nuria Fabris, 2014, p. 46)

O confisco na Alemanha tem lugar independentemente de imposição de uma pena ou de declaração da culpabilidade do agente ou do partícipe, dada sua natureza *sui generis*; incide sobre todo o patrimônio adquirido pela atividade criminosa, com exclusão dos bens imateriais, inclusive sobre aqueles que tenham sido substituídos pelos de proveniência do delito; e igualmente pode atingir terceiros, como assevera a Professora da Universidade de Valência, Margarita Roig Torres.

A norma repressiva alemã traz a previsão do "confisco alargado", no §73d do StGB, cuja sistemática vai além do confisco decorrente da condenação. A previsão ampliada permite ao juiz decretar o confisco de bens em determinados tipos penais na hipótese de supor a sua origem ilícita, "*quando as circunstâncias autorizam a presunção, de que esses objetos tenham sido obtidos para, ou em decorrência da prática de condutas ilícitas*", além de autorizar a inversão da carga probatória.

A medida foi levada a julgamento pelo Tribunal Constitucional alemão que chancelou a conformidade do confisco alargado com a Lei Fundamental por não constituir uma espécie de sanção penal (BVerfG, 14.01.2004 – 2 BvR 564/95).

Esse sistema consagrou, do mesmo modo, o confisco independentemente da prova da culpa do arguido, de aplicação possível em processo autônomo do que é dirigido à prova da responsabilidade por um determinado crime (§76a do StGB).

No direito português, Jorge de Figueiredo Dias leciona que o confisco é "*uma providência sancionatória análoga à medida de segurança*" porque tenciona prevenir a prática de futuros crimes, mas a instauração do procedimento ocorre "*com inteira independência de o agente ter ou não actuado com culpa*" (DIAS, Jorge de Figueiredo. *Direito Penal Português, as consequências jurídicas do crime*, 2ª reimpressão, Coimbra Editora, p. 638).

Para o referido autor, o confisco no direito português é semelhante ao previsto no direito alemão, porquanto não diferente quanto à sua finalidade. Ambas buscam aniquilar o benefício patrimonial ilicitamente obtido em virtude de o Estado não admitir uma situação patrimonial antijurídica, resultando na necessidade de restaurar a ordem dos bens correspondente ao direito (DIAS, Jorge de Figueiredo. *op. cit.*, págs. 632/633).

No entanto, há uma diferença substancial na aplicação da "*perda alargada*", estabelecida no art. 7º, da Lei nº 5/2002, que trata das medidas de combate à criminalidade organizada (dentre elas o tráfico de drogas – artigo 1º, 1, a), por exigir condenação por um dos crimes previstos no catálogo da lei, o que não é exigido no modelo alemão. Mesmo assim, é possível o confisco em virtude da diferença entre o valor do patrimônio do arguido e aquele que seja congruente com o seu rendimento lícito, além de poder ser atingidos os bens *"recebidos pelo arguido nos cinco anos anteriores à constituição como arguido, ainda que não se consiga determinar o seu destino"*.

Percebe-se, portanto, que no continente europeu os países carregam uma tendência ampliativa quanto ao confisco de bens decorrentes da prática de crimes como o tráfico de drogas, no que ostentam a chancela do Tribunal Europeu dos Direitos do Homem, ao confrontar com os princípios da culpabilidade e da presunção de inocência. Como apontam Rodrigo Sánches Rios e Luiz Gustavo Pujol sobre a questão:

[...]

Os preceitos constitucionais sobre o tráfico de drogas e o confisco

[...]

Salta aos olhos que o tratamento dispensado pelo constituinte originário ao tráfico de drogas trilha o sentido de estabelecer mandados de criminalização dessa conduta e de fixar a necessidade de maior rigor no que diz respeito à mercancia ilegal de drogas.

Ao tratar da política criminal de drogas no Brasil, Salo de Carvalho registra na Constituição Federal de 1988 um aprimoramento do "modelo beligerante" em relação às drogas ilícitas, ainda que a sua promulgação fosse vista como um "freio" ao Estado. Sobre essa dicotomia, assevera, *in litteris*:

> *A ilusão penal predominante no senso comum do homem da rua (teorias do cotidiano) instituiu, como máxima constitucional, política de restrição aos direitos fundamentais. Assim, o texto constitucional não apenas adquire as clássicas funções restritivas (negativa), característica precípua das normas constitucionais penais liberais, mas potencializa a incidência do penal/ carcerário. Este paradoxo – coexistência de normas garantidoras e normas autoritárias em estatutos com clara vocação humanística (Constituições e Tratados Internacionais) – reflete o cenário jurídico-político nacional desde 1988. O processo de elaboração constitucional não apenas fixou limites ao poder repressivo, mas, de forma inédita, projetou sistema criminalizador conformando o que se pode denominar* Constituição Penal dirigente, *dada a produção de normas de natureza penal programática."* (CARVALHO, Salo de. *A política criminal de drogas no Brasil (Estudo Criminológico e Dogmático da Lei 11.343/06*, 5ª edição, Editora Lumen Juris, Rio de Janeiro, 2010, págs. 43/44)

Esse vetor criminalizante do tráfico de drogas tem como ponto de partida o art. 5º, XLIII, o qual preconiza que *"a lei considerará crimes <u>inafiançáveis e insuscetíveis de graça ou anistia</u> a prática da tortura, <u>o tráfico ilícito de entorpecentes e drogas afins</u>, o terrorismo e os definidos como crimes hediondos, <u>por eles respondendo os mandantes, os executores e os que, podendo evitá-los, se omitirem</u>"*. (grifos meus)

No mesmo viés, o art. 5º, LI, preceitua que *"nenhum brasileiro será extraditado, salvo o naturalizado, em caso de crime comum, praticado antes da naturalização, ou de <u>comprovado envolvimento em tráfico ilícito de entorpecentes e drogas afins</u>, na forma da lei"*. (grifos meus) Vale dizer, admite-se apenas excepcionalmente a extradição do brasileiro naturalizado, para a hipótese de crime comum cometido antes da naturalização ou quando houver o envolvimento com a traficância ilícita de drogas, a denotar a severidade e a inaceitação do Estado brasileiro com essa prática delituosa.

Nessa esteira, buscando tratar diferenciada e rigorosamente a prática do tráfico de drogas, o art. 243, *caput*, da CRFB, estipula a expropriação das propriedades rurais e urbanas onde existam culturas ilegais de plantas psicotrópicas, nos seguintes termos, *verbis*: "[a]s propriedades rurais e urbanas de qualquer região do País onde forem localizadas culturas ilegais de plantas psicotrópicas *ou a exploração de trabalho escravo na forma da lei* serão expropriadas *e destinadas à reforma agrária e a programas de habitação popular,* sem qualquer indenização ao proprietário e sem prejuízo de outras sanções previstas em lei, *observado, no que couber, o disposto no art. 5º". (grifos meus)*

Para além da previsão de expropriação, a chamada expropriação-confisco estabelecida no *caput* do art. 243, da CRFB, a dicção constitucional contida no parágrafo único do referido dispositivo trata da controvérsia instaurada nestes autos.

[...]

A despeito disso, o mandato de criminalização estabelecido pelo constituinte é nítido no sentido do tratamento severo que a Constituição Federal destinou a quem pratica o crime de tráfico ilícito de drogas. Tem-se um cenário em que essa conduta criminosa é prevista como crime inafiançável e insuscetível de graça ou anistia; permite a extradição do brasileiro naturalizado; autoriza a expropriação de imóveis rurais e urbanos; além de permitir o confisco de *"todo e qualquer bem de valor econômico apreendido em decorrência do tráfico"*. A contextualização constitucional confere uma normatização única quanto a este crime, diferenciando-a de todos os demais tipos penais existentes no ordenamento jurídico brasileiro. Nenhum outro tipo penal teve uma preocupação tão grande do constituinte, com a aplicação simultânea de tantos institutos repressivos ou preventivos.

Esse arcabouço de criminalização já foi explicitado pelo Ministro Gilmar Mendes quando do julgamento do HC 104.410, conforme a ementa que ora colaciono, *in litteris*:

[...]

Ainda que aqui não se esteja a falar em mandado de criminalização dirigido ao legislador, com a necessidade de *interpositio legislatoris*, porquanto a *quaestio* vergastada diz respeito estritamente à interpretação constitucional do parágrafo único, do art. 243, da CRFB, esses mandados devem se constituir em norte hermenêutico ao intérprete da Constituição da República. São determinações constitucionais no sentido de estabelecer o *modus* de proteção dos direitos fundamentais mediante a criminalização ou pela punição mais rigorosa de determinada conduta, cujo cumprimento pelo aplicador do direito decorre da própria supremacia constitucional.

O desrespeito aos mandados de criminalização expressamente contidos no corpo constitucional significa o desrespeito à Constituição e a sua desconsideração pelo hermeneuta demonstra não levar a sério a proteção dos direitos fundamentais idealizada pelo poder constituinte. Em relação à situação específica do tráfico de drogas, uma interpretação contrária ao teor dos preceitos constitucionais vai de encontro à opção do constituinte em eleger o modo de concretizar a proteção da saúde pública, direito fundamental de segunda dimensão/geração, bem jurídico a exigir como tutela a punição severa da atividade ligada à traficância.

[...]

O jurista alemão Claus-Wilhelm Canaris aponta que os direitos fundamentais não ostentam apenas a sua *"função clássica de proibições de intervenção e direitos de defesa"*, mas também guardam a *"função de imperativos de tutela"*, sob o viés de que as normas com essa natureza não apenas devem evitar a proibição do excesso, mas *"[...] porque também normas de direito público – por exemplo as do direito penal, do direito do urbanismo e do ambiente – visam muitas vezes, em igual medida, ou, mesmo, primariamente, a protecção individual de outras pessoas, e não apenas a promoção de interesses públicos."* (CANARIS, Claus-Wilhelm. *Direitos Fundamentais e Direito Privado*, 3ª edição, Editora Almedina, 2012, p. 33).

[...]

Não é diferente a lição do jurista lusitano José Carlos Vieira de Andrade ao tratar dos deveres de proteção, no sentido de que os direitos fundamentais podem impor um dever de criminalização de certas condutas, sob pena de omissão do Estado, porquanto

> *[...] muitas normas de direito penal, bem como as que regulam a intervenção policial passaram a ser vistas com outros olhos, da perspectiva do cumprimento de um dever de proteção, no contexto de um processo de efetivação das normas constitucionais relativas aos direitos fundamentais, estendida a toda a atuação dos poderes públicos.* (ANDRADE, José Carlos Vieira de. *Os Direitos Fundamentais na Constituição Portuguesa de 1976*, 5ª edição, Editora Almedina, 2012, p. 139.

Atento aos mandados de criminalização contidos na Constituição Federal de 1988, na esteira da normatização internacional, não há como descurar da retina o viés repressivo instaurado pelo constituinte originário com o nítido intuito de proteção dos direitos fundamentais de todos os indivíduos, especialmente em relação à saúde pública afetada em grande medida pelo tráfico ilícito de drogas.

Como consequência, o parágrafo único, do art. 243, da CRFB, não admite outra interpretação senão a literal, no sentido de que *"todo e qualquer bem"* deve ser confiscado pelo Estado quando for apreendido *"em decorrência"* da prática do tráfico ilícito de drogas. Perceba-se, inclusive, que o confisco deve ser admitido sempre que a apreensão se dê em virtude do tráfico de drogas, não se exigindo qualquer outro requisito material que não seja o trinômio tráfico-bem-confisco, além, é claro, do respeito ao devido processo legal (art. 5º, LIV, da CRFB).

José Afonso da Silva, nessa linha e com propriedade que lhe é peculiar, assevera que *"diante do texto constitucional tornou-se inaceitável certa orientação jurisprudencial segundo a qual não se justifica o confisco do veículo de propriedade do acusado quando seu uso foi ocasional"*. (SILVA, José Afonso da. *Comentário Contextual à Constituição*, 9ª edição, Malheiros Editores, 2014, págs. 908/909)

Mesmo que o texto constitucional não fosse claro o bastante, como de fato o é, diante de todo o cenário esboçado, vê-se não haver margem interpretativa para, em conformidade com o ordenamento jurídico brasileiro e internacional de que o Brasil faz parte, abrandar, de qualquer modo, a materialização do confisco de bens ligados ao tráfico de drogas. Não há espaço constitucional para exigir a habitualidade ou a reiteração do uso de um determinado bem para que o Estado possa confiscá-lo, ou eventual modificação do bem para adaptá-lo exclusivamente à traficância, agregando, assim, outros requisitos para além da dicção constitucional.

Há aqui uma identificação entre a linguagem natural contida no art. 243, parágrafo único, da CRFB, com a linguagem jurídica, a amparar a constatação de que texto e norma se fundem no aludido dispositivo, sem que se possa levar a efeito qualquer interpretação diversa em sentido contrário, inclusive como já foi sufragado por esta Corte quando da análise do *caput*, do dispositivo constitucional que ora se verifica, de acordo com o que se depreende do seguinte julgado:

[...]

Nesse sentido também foi o entendimento esboçado pela Primeira Turma desta Corte no julgamento da AC nº 82-MC, *verbis*:

[...]

A certeza dada pela dicção do art. 243, parágrafo único, da Constituição Federal confere segurança jurídica acerca dos limites do Estado na atuação contra a repressão ao tráfico de drogas, porquanto expressamente estabelece o confisco com uma das consequências necessárias em virtude de uma prática tão rechaçada pelo constituinte. A norma constitucional segue claramente a advertência lançada por Francesco Carnelutti no sentido de que o *"cidadão deve saber primeiro quais são as consequências de seus atos, para poder conduzir-se. Também é preciso algo que assuste os homens, para salvá-los da tentação, assim como espantalho assusta os pardais, para que eles não comam os grãos."* (CARNELUTTI, Francesco. *As misérias do processo penal*, Editora Edicam, Campinas, 2002, p. 63)

Cabe uma referência ao recente julgamento proferido por esta Suprema Corte no julgamento do HC nº 118.553, de relatoria da Min. Cármen Lúcia, julgado em 23 de junho de 2016, no qual foi dada interpretação mais benéfica ao tráfico privilegiado (art. 33, §4º, da lei nº 11.343/06), afastando dele a natureza hedionda prevista pela Constituição Federal. A remissão se faz necessária para que não se confunda a interpretação acerca da hediondez do delito e as consequências dela decorrentes com a pena do confisco, com intuito de abrandamento da atividade confiscatória estatal.

No referido julgado reconheceu-se que o "tráfico privilegiado" não ostenta a natureza hedionda – entendimento ao qual não aderi, evidenciado também pelas peculiaridades acima analisadas. O afastamento da hediondez, contudo, em nada altera a aplicação do confisco. O único limite estabelecido pelo constituinte acerca da aplicação da atividade confiscatória é a existência de um crime de tráfico de drogas, desimportando em qual de suas modalidades.

O tráfico privilegiado teve como finalidade reduzir a pena corporal aplicada aos traficantes cujas condutas, em certa medida, são menos perigosas ao Estado na visão do legislador, mas sem o condão de afastar a possibilidade do confisco dos bens utilizados na sua prática, porquanto se estaria a realizar um *distinguishing* não levado a efeito pelo constituinte.

Além do mais, o ponto nodal utilizado para afastar a natureza hedionda do tráfico privilegiado estava ligado ao aumento da população carcerária por esse crime, especialmente o feminino, nas palavras da Min. Cármen Lúcia. Tal argumento, por óbvio, não tem lugar no confisco de bens, por não se tratar de uma política criminal de não encarceramento e tampouco ligado ao *"estado de coisas inconstitucional"* anunciado na ADPF nº 347, de relatoria do Min. Marco Aurélio.

A presente medida busca, partindo de outra perspectiva, atingir apenas os bens apreendidos em virtude do tráfico de drogas, com o intuito de alcançar o núcleo patrimonial fruto da atividade ilícita, independentemente de eventual pena corporal aplicada ou de qualquer outro requisito que não o próprio preceito constitucional analisado.

A punição severa pelo viés do patrimônio é a mais adequada quando se busca minimizar o encarceramento de quem atua nas práticas ilícitas (resultado visado pelo HC nº 118.533) e para desestimular determinada conduta criminosa, de finalidade patrimonial. O fato de o sistema carcerário brasileiro não cumprir a sua função adequadamente não pode propiciar ao intérprete da constituição que se afaste da dicção constitucional a obstar que o ordenamento jurídico atue pela via patrimonial. A afetação do lucro tem um condão pedagógico mais evidente e em sintonia com o caráter de prevenção geral e especial das sanções.

Nas valiosas lições de Cesare Beccaria *"o fim da pena, pois, é apenas o de impedir que o réu cause novos danos aos seus concidadãos e demover os outros de agir desse modo."* (BECCARIA, Cesare. *Dos delitos e das penas*, tradução J. Cretella Jr. e Agnes Cretella, 6ª edição, Editora Revista dos Tribunais, 2013, p. 56).

Além do mais, não se pode desconsiderar que o próprio código penal prevê a perda dos bens como pena para quaisquer tipos penais (art. 91, II, CP), sem distinção acerca da sua forma simples, privilegiada, qualificada, etc., o que leva a única conclusão de que não poderia ser diferente quanto ao tráfico de drogas, mesmo que privilegiado. Sequer o fato de a previsão do Código Penal ser mais estreita do que a da Constituição Federal, no seu art. 243, não é possível efetuar qualquer distinção entre as "modalidades" de tráfico para fins de confisco, porquanto não encontra guarida no âmago da Carta da República. Eventual *distinguishing* quanto às espécies de tráfico de drogas divergiria da formulação realizada pelo legislador infraconstitucional em situação semelhante para todos os demais delitos, o que contrariaria à evidência os mandados constitucionais de criminalização.

Cabe lembrar, por fim, que por se tratar de uma restrição ao direito fundamental de propriedade, cuja restrição foi posta pelo próprio constituinte, já houve a ponderação quando da elaboração da Carta constitucional quanto à extensão do confisco, preconizando-o de maneira ampla para atingir o "tráfico de entorpecentes", na dicção constituição, descabendo ao hermeneuta formalizar nova ponderação sob qualquer outra premissa que não vislumbre a repressão severa ao referido crime criada pelo cenário constitucional e internacional.

Diante de tais premissas, não é possível impor qualquer condição para o confisco de bens apreendidos em decorrência do tráfico de drogas, como a habitualidade e/ou a reiteração de seu uso para a finalidade ilícita, ou adulteração para dificultar a descoberta do local do acondicionamento da droga, pois contraria frontalmente o art. 243, parágrafo único, da Constituição Federal, razão pela qual é caso de provimento do recurso extraordinário ora em julgamento.

Ex positis, dou provimento ao recurso extraordinário.

Para fins de *repercussão geral*, defino a seguinte tese: "É possível o confisco de todo e qualquer bem de valor econômico apreendido em decorrência do tráfico de drogas, sem a necessidade de se perquirir a habitualidade, reiteração do uso do bem para tal finalidade, a sua modificação para dificultar a descoberta do local do acondicionamento da droga ou qualquer outro requisito além daqueles previstos expressamente no artigo 243, parágrafo único, da Constituição Federal".

É como voto.

Informação bibliográfica deste texto, conforme a NBR 6023:2018 da Associação Brasileira de Normas Técnicas (ABNT):

FORTES, Mateus da Jornada. Recurso Extraordinário nº 634.197/PR – O confisco de bens móveis utilizados na prática do crime de tráfico de drogas. *In*: FUX, Luiz. *Jurisdição Constitucional III*: república e direitos fundamentais. Coordenação de Valter Shuenquener de Araujo. Belo Horizonte: Fórum, 2019. p. 153-172. ISBN 978-85-450-0691-6.

RECURSO EXTRAORDINÁRIO Nº 587.970: CONCESSÃO DE BENEFÍCIO ASSISTENCIAL DE PRESTAÇÃO CONTINUADA (LOAS) AOS ESTRANGEIROS RESIDENTES

PEDRO FELIPE DE OLIVEIRA SANTOS

1 Introdução: a jurisprudência dos conflitos sociais complexos

A jurisprudência dos conflitos *sociais* complexos consiste numa das principais marcas do constitucionalismo dos países em desenvolvimento.[1] Não há qualquer paralelo no globo com os julgados de concretização de direitos sociais que se encontram, por exemplo, no Brasil, na Colômbia, na África do Sul e na Índia, tanto no que é pertinente aos conflitos principiológicos envolvidos, como também ao modo como questões socioeconômicas estruturais e questões relativas à escassez de recursos emergem e influenciam a jurisdição.[2]

De maneira geral, ao contrário das cartas políticas dos países desenvolvidos, que simplesmente cristalizaram valores já consolidados na cultura política de seus povos, as constituições dos países em desenvolvimento assumiram caráter eminentemente *translativo*: incorporaram projetos do que a cultura política pretendia se transformar a partir da ordem que elas mesmas instauraram. Nesse ponto, tais constituições unanimemente acolheram os direitos sociais como prerrogativas fundamentais dos cidadãos, tornando o Estado partícipe da respectiva concretização, em maior ou menor grau.

No entanto, na dinâmica atual das relações de poder, constituições não são percebidas apenas como símbolos ou projetos, senão como um plexo de normas dotado de cogência. Os *valores* da educação, da saúde, da habitação e da assistência social, uma vez fossilizados como *direitos fundamentais*, transformam-se em categorias exigíveis do Estado, o qual se torna um devedor de políticas públicas em favor dos cidadãos.

Em muitos países, o *gap* que se forma entre a previsão normativa dos direitos sociais e a realidade de ausência de políticas públicas que os concretizem

---

[1] Vide: ACKERMAN, Bruce. The rise of world constitutionalism. *Faculty Scholarship Series*, Paper 129, 1997; CHOUDHRY, Sujit. *The migration of constitutional ideas*. Cambridge: Cambridge University Press, 2006.

[2] Vide: LANDAU, David. The reality of social rights enforcement. *Harvard International Law Journal*, v. 53, n. 1, 2012; YOUNG, Katharine G. *Constituting Economic and Social Rights*. Oxford: Oxford University Press, 2012.

gera um déficit de normatividade constitucional que incentiva atores políticos a estrategicamente recorrerem ao Poder Judiciário.[3] Movimentos sociais, legitimados coletivos e outros atores políticos passam a perceber o Poder Judiciário como um poderoso atalho para a obtenção de direitos cujo *enforcement* é negado pelos demais ramos estatais. A partir dessa narrativa, nasce uma rica jurisprudência, que não se esgota na análise normativa de *quem tem o direito*, mas percorre minuciosa discussão acerca da limitação de recursos orçamentários que contemplem as necessidades de todos os potenciais beneficiários. Afinal, o julgamento procedente do pedido de uma ação gera efeitos agregativos e distributivos que alteram a alocação de recursos originariamente destinados a outros beneficiários.[4] Por isso mesmo, para além do que a doutrina constitucional tradicional teoriza, esses casos não consistem apenas em conflitos *morais* complexos, cuja resolução se constrói a partir da interpretação da moralidade político-institucional, mas se traduzem em conflitos *sociais* complexos, a também demandar um olhar consequencialista dos tribunais acerca dos impactos de eventual decisão judicial nas estruturas socioeconômicas do país.

2 A *quaestio iuris* do RE nº 587.970 e seus principais discursos

O caso versado no RE nº 587.970 trata do direito de estrangeiros residentes no país de percepção do benefício assistencial de prestação continuada (Loas), instituído pelo art. 203 da Constituição e regulamentado pela Lei nº 8.741/93.

Na instância de origem, uma estrangeira de origem italiana teve seu pedido de concessão de benefício assistencial julgado procedente em ação individual ajuizada perante o Juizado Especial Federal de São Paulo. A sentença foi confirmada em acórdão lavrado pela Primeira Turma Recursal da Seção Judiciária de São Paulo, contra o qual o Instituto Nacional do Seguro Social (INSS), que administra o Loas, interpôs recurso extraordinário, em que sustentou violação do art. 5º, *caput*,[5] e do art. 203, inc. V,[6] ambos da Constituição.

Em síntese, o recorrente sustentou que estrangeiros não podem ser beneficiários do Loas. Para tanto, argumentou que (i) a Constituição prevê regulamentação do benefício assistencial por lei ordinária; (ii) a lei ordinária estabelece que apenas cidadãos podem pleitear o referido benefício; (iii) os direitos sociais têm sido implementados de forma gradual no Brasil, de modo que a reserva do possível impõe restrições à

---

[3] *Vide*: HIRSCHL, Ran. *Towards juristocracy*: the origins and the consequences of the new constitutionalism. Cambridge: Harvard University Press, 2004.

[4] *Vide*: SANTOS, Pedro Felipe de Oliveira. *Beyond minimalism and usurpation*: designing judicial review to control the mis-enforcement of socio-economic rights. Thesis (LL.M.) – Harvard Law School, Cambridge, 2016.

[5] "Art. 5º Todos são iguais perante a lei, sem distinção de qualquer natureza, garantindo-se aos brasileiros e aos estrangeiros residentes no País a inviolabilidade do direito à vida, à liberdade, à igualdade, à segurança e à propriedade, nos termos seguintes: [...]".

[6] "Art. 203. A assistência social será prestada a quem dela necessitar, independentemente de contribuição à seguridade social, e tem por objetivos: I - a proteção à família, à maternidade, à infância, à adolescência e à velhice; II - o amparo às crianças e adolescentes carentes; III - a promoção da integração ao mercado de trabalho; IV - a habilitação e reabilitação das pessoas portadoras de deficiência e a promoção de sua integração à vida comunitária; V - *a garantia de um salário mínimo de benefício mensal à pessoa portadora de deficiência e ao idoso que comprovem não possuir meios de prover à própria manutenção ou de tê-la provida por sua família, conforme dispuser a lei*".

concessão de benefícios assistenciais a estrangeiros, inclusive considerando eventuais impactos orçamentários; e (iv) os brasileiros e os estrangeiros não se encontram sob a mesma situação jurídica, de modo que tratamento diferenciado pode ser adotado em casos específicos.

Em contrarrazões, a parte recorrida sustentou que o art. 203 da Constituição adotou as categorias "pessoa portadora de deficiência" e "idoso" para se referir aos potenciais beneficiários do benefício Loas. Assim, o caráter genérico dessas expressões não autoriza a Administração, ao interpretá-las, a realizar qualquer distinção entre cidadãos brasileiros e estrangeiros residentes no país, especialmente para fins de acesso às políticas públicas de assistência social. Nesse sentido, a Lei nº 8.741/93, ao limitar o acesso desse benefício apenas a cidadãos brasileiros, estabeleceu restrições não previstas constitucionalmente.

A repercussão geral da controvérsia foi reconhecida pelo Supremo Tribunal Federal, consideradas a relevância constitucional da matéria versada e a multiplicidade de casos similares aguardando uma resposta definitiva da Corte. Após, admitiram-se como *amicus curiae* a União, que se manifestou pelo provimento do recurso, e o Instituto Brasileiro de Direito Previdenciário, que se manifestou pelo desprovimento do recurso. O Procurador-Geral da República manifestou-se pelo direito dos estrangeiros residentes à percepção do benefício assistencial.

Na sessão plenária de 19.4.2017, o relator do caso, Ministro Marco Aurélio Mello, votou pelo não provimento do recurso extraordinário, assentando que "a assistência social prevista no artigo 203, inciso V, da Constituição Federal beneficia brasileiros natos, naturalizados e estrangeiros residentes no País, atendidos os requisitos constitucionais e legais". Acrescentou, ainda, *verbis*:

> Para que determinada pessoa seja capaz de mobilizar a própria razão em busca da construção de um ideal de vida boa – que, no final das contas, nos motiva a existir –, é fundamental que lhe sejam fornecidas condições materiais mínimas. Nesse aspecto, a previsão do artigo 203, inciso V, da Carta Federal também opera em suporte dessa concepção de vida digna. Mas caberia ao Estado brasileiro dar essa sustentação ao não nacional? Deve-se estender essa proteção ao estrangeiro residente no País? Não consigo alcançar, nesse particular, argumentos para conclusão negativa. A ideia maior de solidariedade social foi alçada à condição de princípio pela Lei Fundamental. Observem a ninguém ter sido oferecida a escolha de nascer nesta quadra e nesta sociedade, mas estamos todos unidos na construção de propósito comum. O estrangeiro residente no País, inserido na comunidade, participa do esforço mútuo. Esse laço de irmandade, fruto, para alguns, do fortuito e, para outros, do destino, faz-nos, de algum modo, responsáveis pelo bem de todos, inclusive daqueles que adotaram o Brasil como novo lar e fundaram seus alicerces pessoais e sociais nesta terra. (STF. RE nº 587.970. Rel. Min. Marco Aurélio, Pleno. *DJ*, 19 abr. 2017)

O relator foi seguido à unanimidade pelos ministros do Supremo Tribunal Federal. Em brilhante voto, o Ministro Luiz Fux agregou substanciosas contribuições à discussão. Sua Excelência dividiu a argumentação em quatro partes.

A primeira parte objetivou precisar o exato grupo de potenciais beneficiários do direito vindicado: estrangeiros regularmente residentes no país. Trata-se de categoria específica de estrangeiros que dispõem de autorização para residir no Brasil, de acordo com as especificações do visto em que se enquadram. Nesse ponto, o ministro relator também discorreu sobre o regramento jurídico a que esse grupo se encontra submetido.

A segunda parte apresentou uma explanação sistemática dos dispositivos constitucionais de regência da matéria, com vistas a embasar a premissa de que os estrangeiros regularmente residentes no país se encontram em situação de relativa igualdade aos cidadãos brasileiros, inclusive para fins de acesso às políticas de assistência social, nos termos dos arts. 5º e 203 da CF.

A terceira parte adotou a "doutrina dos princípios claros ou inteligíveis" – a partir do magistério do Professor Cass Sunstein, da Universidade de Harvard, e de precedentes da Suprema Corte americana – para concluir que o Decreto nº 6.214/2007, que restringiu o acesso dos estrangeiros ao Loas, extrapolou o poder delegado pela Constituição e pela Lei nº 8.742/93, uma vez que violou parâmetros objetivos por elas estabelecidos.

Por fim, a quarta parte refutou a aplicação da doutrina da "reserva do possível" no caso. Afinal, embora o argumento consequencial adquira relevância na jurisdição constitucional, especialmente nos casos de conflitos sociais complexos, os dados empíricos reunidos nos autos permitiram a conclusão de que a população de estrangeiros potencialmente beneficiários não seria numericamente relevante. Portanto, a realocação de recursos necessária para a concretização do direito social reclamado, decorrente dos efeitos agregativos e distributivos da decisão judicial, não seria substancial.

VOTO

O SENHOR MINISTRO LUIZ FUX – Senhor Presidente, egrégio Tribunal Pleno, ilustre representante do Ministério Público.

Ouvi com atenção o voto do Min. Marco Aurélio, que desde já saúdo. Neste caso, o Plenário decide, em sede de repercussão geral, se a condição de estrangeiro residente no país é circunstância impeditiva de obtenção do benefício assistencial de prestação continuada (LOAS).

Desde logo, adianto que seguirei o voto do relator, no sentido de que a CF não estabelece qualquer distinção entre cidadãos brasileiros e estrangeiros residentes no país, para fins de acesso aos programas de assistência social. Pelo contrário, interpretação sistemática do artigo 203, inciso V, com o artigo 5º, caput, da CF, conduz à conclusão de que cidadãos brasileiros e estrangeiros residentes no país gozam dos direitos fundamentais em condições de relativa igualdade. Portanto, a norma infralegal que restringiu o respectivo acesso apenas aos brasileiros (Decreto nº 6.214/2007) violou a CF, a Lei nº 8.742/93 (Lei Orgânica da Assistência Social) e a Lei nº 6.815/80 (Estatuto do Estrangeiro).

[...]

I – Do conceito de estrangeiro residente no país

[...]

Inicialmente, cumpre definir o que o ordenamento jurídico brasileiro entende como *estrangeiro residente no país*.

Embora se refira aos estrangeiros em diversas passagens, a Constituição Federal adota a categoria *estrangeiro residente no país* apenas em uma única ocasião, no artigo 5º, *caput*, ao definir que "todos são iguais perante a lei, sem distinção de qualquer natureza, *garantindo-se aos brasileiros e aos estrangeiros residentes no País* a inviolabilidade do direito à vida, à liberdade, à igualdade, à segurança e à propriedade".

Por seu turno, o Estatuto do Estrangeiro (Lei nº 6.815/80) e o seu Regulamento (Decreto n 88.715/81) apresentam as hipóteses nas quais será concedido visto ao estrangeiro que tenha a intenção de adentrar o território nacional, nos seguintes termos:

a) *Visto de trânsito*: concedido ao estrangeiro que, para atingir o país de destino, tenha que entrar em território nacional;

b) *Visto de turista*: concedido ao estrangeiro que venha ao Brasil em caráter recreativo ou de visita, assim considerado aquele que não tenha finalidade imigratória, nem intuito de exercício de atividade remunerada;

c) *Visto temporário*: concedido ao estrangeiro que pretenda vir ao Brasil em viagem cultural ou em missão de estudos; em viagem de negócios; na condição de artista ou desportista; na condição de estudante; na condição de cientista, professor, técnico ou profissional de outra categoria, sob regime de contrato ou a serviço do Governo brasileiro; na condição de correspondente de jornal, revista, rádio, televisão ou agência noticiosa estrangeira; na condição de ministro de confissão religiosa ou membro de instituto de vida consagrada e de congregação ou ordem religiosa; na condição de correspondente de jornal, revista, rádio, televisão ou agência noticiosa estrangeira; na condição de ministro de confissão religiosa ou membro de instituto de vida consagrada e de congregação ou ordem religiosa; na condição de beneficiário de bolsa vinculada a projeto de pesquisa, desenvolvimento e inovação concedida por órgão ou agência de fomento;

d) *Visto permanente*: concedido ao estrangeiro que se pretenda fixar definitivamente no Brasil;

e) *Visto de cortesia*: concedido a personalidades e a autoridades estrangeiras em viagem não oficial ao Brasil;

f) *Visto oficial*: concedido a funcionários administrativos estrangeiros que viajem ao Brasil em missão oficial, de caráter transitório ou permanente, representando governo estrangeiro ou organismo internacional reconhecidos pelo governo brasileiro; ou aos estrangeiros que viajem ao Brasil sob chancela oficial de seus Estados;

g) *Visto diplomático*: concedido a autoridades e funcionários estrangeiros que tenham status diplomático e viajem ao Brasil em missão oficial, de caráter transitório ou permanente, representando Governo estrangeiro ou Organismo Internacional reconhecidos pelo Brasil.

Embora essas normas também não definam especificamente a categoria de *estrangeiro residente no país*, percebe-se, da leitura dos requisitos acima expostos, que *apenas titulares dos vistos temporário, permanente, oficial e diplomático são autorizados a regularmente estabelecer residência no país.*

Por sua vez, para fins fiscais, a Instrução Normativa da Receita Federal do Brasil nº 208/2002 assim dispõe:

> Art. 2º Considera-se residente no Brasil, a pessoa física:
> [...]
> III - que ingresse no Brasil:
> a) com visto permanente, na data da chegada;
> b) com visto temporário:
> 1. para trabalhar com vínculo empregatício, na data da chegada;
> 1. para trabalhar com vínculo empregatício ou atuar como médico bolsista no âmbito do Programa Mais Médicos de que trata a Medida Provisória nº 621, de 8 de julho de 2013, na data da chegada;
> 2. na data em que complete 184 dias, consecutivos ou não, de permanência no Brasil, dentro de um período de até doze meses;
> 3. na data da obtenção de visto permanente ou de vínculo empregatício, se ocorrida antes de completar 184 dias, consecutivos ou não, de permanência no Brasil, dentro de um período de até doze meses;

Cumpre observar que a concessão dos vistos que permitem residência regular no país é precedida de rigoroso escrutínio das autoridades competentes, com vistas a comprovar que o estrangeiro requerente tem condições de subsistência e de moradia em território brasileiro (Artigos 22 e seguintes do Decreto nº 88.715/81), não é nocivo aos interesses nacionais e dispõe de antecedentes indicativos de que se portará adequadamente perante as leis brasileiras.

Essas distinções conceituais são essenciais para a exata definição do objeto da lide, uma vez que *a controvérsia em discussão não abarca a situação de qualquer indivíduo estrangeiro que, sob qualquer modo ou título, esteja em território nacional, ainda que em situação irregular*, e porventura venha a requerer o benefício assistencial. *O contorno da presente lide restringe-se a estrangeiros que regularmente ingressaram em território nacional na categoria de visto especificada em lei que permita o estabelecimento de residência (vistos temporário, permanente, oficial ou diplomático) e estejam devidamente registrados perante as autoridades competentes.*

II – Da interpretação sistemática das normas constitucionais regentes

A Constituição Federal define a estrutura da *seguridade social* como "*um conjunto integrado de ações de iniciativa dos Poderes Públicos e da sociedade, destinadas a assegurar os direitos relativos* à saúde, à previdência *e* à assistência social".

Esses três ramos são governados por objetivos comuns, dispostos no artigo 194, p.u., da CF, entre os quais se destacam a *universalidade da cobertura*, relativamente aos riscos sociais abarcados pela seguridade, e a *universalidade do atendimento*, relativamente aos beneficiários respectivos. Esses dois vetores são contrabalanceados pela *seletividade* e pela *distributividade* na prestação de benefícios, objetivos também previstos na norma constitucional. Nesse sentido, considerada a escassez dos recursos financeiros para abarcar todos os riscos sociais em prol de todos os indivíduos, deve o legislador selecionar as contingências mais sensíveis e instituir benefícios que contemplem o maior número de pessoas possíveis, com preferência aos indivíduos mais vulneráveis econômica e socialmente.

Por sua vez, cada ramo da seguridade social dispõe de um conjunto de princípios e de regras próprios. Segundo a CF, a assistência social *"será prestada a quem dela necessitar, independente de contribuição à seguridade social".*

O artigo 203 da Constituição Federal, por seu turno, dispõe que um dos objetivos da assistência social é *"a garantia de um salário mínimo de benefício mensal à pessoa portadora de deficiência e ao idoso que comprovem não possuir meios de prover à própria manutenção ou de tê-la provida por sua família, conforme dispuser a lei".* Trata-se do benefício assistencial de prestação continuada (LOAS), posteriormente regulamentado pela Lei nº 8.742/93.

Perceba-se que o texto constitucional, tanto na exposição dos objetivos da seguridade social, como na indicação dos princípios específicos da assistência social, não estabeleceu qualquer diferenciação entre brasileiros e estrangeiros. Pelo contrário, a seleção vocabular adotada pelo constituinte é absolutamente genérica e ampla ("a quem dela necessitar", "pessoa portadora de deficiência", "idoso" etc.), o que reforça a hipótese de que não se pretendeu, ao menos nesse ponto, destinar o acesso dos mecanismos de assistência social apenas aos cidadãos brasileiros.

Essa mesma leitura é corroborada a partir da análise sistemática desses dispositivos com outras normas constitucionais, especialmente o *caput* do artigo 5º, segundo o qual *"todos são iguais perante a lei, sem distinção de qualquer natureza, garantindo-se aos brasileiros e aos estrangeiros residentes no País a inviolabilidade do direito à vida, à liberdade, à igualdade, à segurança e à propriedade".* Nesse ponto, é cediço que a assistência aos desamparados, prevista como direito social no artigo 6º da Constituição, é tipicamente um direito de igualdade e de segurança.

Por sua vez, o artigo 95 do Estatuto do Estrangeiro (Lei nº 6.815/80) dispõe que *"o estrangeiro residente no Brasil goza de todos os direitos reconhecidos aos brasileiros, nos termos da Constituição e das leis".*

Por óbvio, a igualdade entre brasileiros e estrangeiros residentes é uma norma principiológica que não pode conduzir a um igualitarismo entre quaisquer indivíduos que estejam em território nacional. A própria CF dispõe de regras expressas que privilegiam os brasileiros em detrimento de estrangeiros, em situações específicas, ou, ainda, que destinam o gozo de determinados direitos exclusivamente a brasileiros. A participação no processo político (voto ativo e passivo) e o acesso a determinadas funções públicas são exemplos de direitos exclusivos dos cidadãos brasileiros (Vide artigos 12 e 14, CF).

No entanto, o texto constitucional, fruto do processo democrático de cristalização das aspirações da nossa cultura política, não deve ser desprezado, especialmente nas hipóteses em que não pretendeu distinguir cidadãos brasileiros e súditos estrangeiros. O constituinte, ao instituir o benefício assistencial de um salário mínimo a "quem necessitar", poderia ter restringido o respectivo acesso aos cidadãos brasileiros, sem que incorresse em qualquer inconstitucionalidade. Entretanto, deliberadamente construiu o texto em sentido contrário, com a intenção de conceder amplitude à rede protetiva ali estabelecida.

Qualquer estrangeiro residente regularmente no país tem acesso a todos os direitos fundamentais (individuais, sociais e coletivos) previstos na CF. Exemplificadamente, exerce liberdade de expressão e religiosa, pode peticionar à Administração Pública ou manejar uma ação judicial, entabular contratos privados e, desde que observadas algumas restrições legais previstas no Estatuto do Estrangeiro e em seu regulamento, pode matricular-se em estabelecimento de ensino, exercer atividade remunerada e se inscrever em entidade fiscalizadora da profissão.

Assim como qualquer brasileiro, ressalvados os casos de imunidade diplomática, um estrangeiro residente no país também é sujeito passivo de obrigações tributárias de qualquer natureza, inclusive devendo declarar anualmente as suas rendas para a Receita Federal do Brasil e recolher os respectivos tributos.

Igualmente, o estrangeiro residente no país também participa da plêiade de direitos e dos deveres relativos à seguridade social. Caso exerça qualquer uma das atividades previstas nas Leis nºs 8.212 e 8.213/91, encontra-se ele devidamente filiado à Previdência Social, tornando-se sujeito passivo das exações tributárias de natureza contributiva ali estabelecidas – ressalvados, por óbvio, os casos de imunidade diplomática. Por sua vez, sem qualquer distinção em relação aos brasileiros, o estrangeiro residente no país também tem livre acesso aos serviços públicos de saúde coordenados pelo SUS, como também às demais políticas públicas de saúde (preventivas e reparadoras) patrocinadas pela Administração. Ademais, os estrangeiros em situação de miserabilidade podem ter acesso aos instrumentos de assistência social. Em 2014, o Ministério do Desenvolvimento Social e Combate à Fome (MDS) divulgou que 42.091 estrangeiros em situação de pobreza ou de extrema pobreza recebiam regularmente o benefício Bolsa-Família.

Em suma, também por um critério de igualdade, conclui-se que não há nenhuma causa jurídica que vede o acesso de estrangeiros aos instrumentos de assistência social. Afinal, o ordenamento jurídico não fornece qualquer critério legal que justifique a respectiva exclusão, considerando, ademais, que (i) os estrangeiros têm acesso à rede de direitos fundamentais disponíveis a qualquer brasileiro e (ii) também se encontram submetidos aos mesmos deveres legais (inclusive tributários) de todos os cidadãos.

Assim, consiste em consectário lógico afirmar que, (i) primeiro, se o estrangeiro residente pode trabalhar e gerar renda para si e para o país, bem como produzir conhecimento nas instituições educacionais e científicas em prol do desenvolvimento nacional, e (ii) segundo, se o estrangeiro arca com os tributos devidos e cumpre com os regramentos legais a que submetido, não há causa jurídica que autorize o Estado lhe negar assistência quando ele venha a enfrentar situação temporária de vulnerabilidade social. O mesmo entendimento jurídico pelo qual o Estado concede bolsa-família a estrangeiros residentes no país aplica-se ao presente caso, para se permitir o acesso respectivo ao benefício assistencial LOAS.

III – Da doutrina dos princípios inteligíveis – exacerbação do poder regulamentar e controle jurisdicional

Outro ponto que deve ser enfrentado é o argumento de que o artigo 203, inciso V, da CF, por se tratar de norma de eficácia limitada, delega ao legislador e ao gestor administrativo a elaboração dos critérios de acesso ao benefício assistencial de prestação continuada (LOAS).

De fato, a redação da referida norma constitucional apresenta previsão de regulação do referido benefício, o que foi devidamente realizado por meio da Lei nº 8.742/93. Observe-se que os artigos 20 a 21-A desse diploma legal, a exemplo da CF, também não estabelecem qualquer distinção entre brasileiros e estrangeiros residentes no país, para fins de acesso ao LOAS. O artigo 20 (*"O benefício de prestação continuada é a garantia de um salário-mínimo mensal à pessoa com deficiência e ao idoso com 65 (sessenta e cinco) anos ou mais que comprovem não possuir meios de prover a própria manutenção nem de tê-la provida por sua família*) reproduz a mesma dicção constitucional, contendo as mesmas categorias genéricas ("pessoa" e "idoso") adotadas pelo constituinte no artigo 203, CF.

Cumpre ressaltar que a distinção entre brasileiros e estrangeiros apenas foi realizada em nível infralegal, no âmbito do Decreto nº 6.214/2007, que regulamentou o benefício. O artigo 7º do referido diploma estabelece que *"o Benefício de Prestação Continuada é devido ao brasileiro, nato ou naturalizado, e* às *pessoas de nacionalidade portuguesa, em consonância com o disposto no Decreto nº 7.999, de 8 de maio de 2013, desde que comprovem, em qualquer dos casos, residência no Brasil e atendam a todos os demais critérios estabelecidos neste Regulamento"*.

Nesse ponto, o questionamento a ser respondido é se o regulamento editado pela Administração Pública exacerbou a autorização constitucional e legal de regulamentação do tema.

A resposta é positiva. Em diversos precedentes, este Supremo Tribunal Federal tem observado a *doutrina dos princípios inteligíveis* – ou *doutrina dos princípios claros*, transplantada do direito norte-americano, especialmente do magistério do Professor Cass Sunstein. Dois pontos balizam essa tese.

Primeiro, o Poder Legislativo pode transferir pontualmente poderes próprios para o Poder Executivo, com vistas a permitir que esse último regulamente temas específicos de forma minudente. Trata-se de uma transferência excepcional da função legislativa, especialmente em temas complexos que demandam apuros técnicos relevantes, cuja especificidade escapa das rotinas de discussões deliberativas típicas do Congresso.

Segundo, essa transferência de função pública não se consubstancia em uma "carta branca" para o Poder Executivo. Sempre que assim procede, o Poder Legislativo deve fornecer *standards* de regulamentação, frutos do processo democrático e cristalizados na norma autorizativa, os quais funcionam como balizas restritivas da atuação administrativa. Esses *standards* são cognominados pela doutrina de *princípios inteligíveis* ou *princípios claros*.

No célebre precedente *Industrial Union Department v. American Petroleon Institute* (448 U.S. 607 (1980), também conhecido como *Caso Benzeno*, a Suprema Corte Americana descreveu três importantes funções dessa doutrina:

> "Primeiro, e mais abstratamente, [a doutrina] garante que escolhas importantes relativas às políticas públicas sejam feitas pelo próprio Congresso, o ramo de governo mais responsivo à vontade popular [...]. Segundo, a doutrina garante que, na medida em que o Congresso considere necessário delegar autoridade, o destinatário dessa delegação

disponha de um "princípio inteligível" para orientar o exercício do poder delegado. [...]. Terceiro, e em consequência do segundo, a doutrina assegura que os tribunais encarregados de revisar o exercício do poder discricionário delegado serão capazes de testar esse exercício por meio de standards determináveis [...]".

Texto original:

"First, and most abstractly, it ensures to the extent consistent with orderly governmental administration that important choices of social policy are made by Congress, the branch of our Government most responsive to the popular will. See Arizona v. California, 373 U. S. 546, 373 U. S. 626 (1963) (Harlan, J., dissenting in part); United States v. Robel, 389 U. S. 258, 389 U. S. 276 (1967) (BRENNAN, J., concurring in result). Second, the doctrine guarantees that, to the extent Congress finds it necessary to delegate authority, it provides the recipient of that authority with an "intelligible principle" to guide the exercise of the delegated discretion. See J. W. Hampton & Co. v. United States, 276 U.S. at 276 U. S. 409; Panama Refining Co. v. Ryan, 293 U.S. at 293 U. S. 430. Third, and derivative of the second, the doctrine ensures that courts charged with reviewing the exercise of delegated legislative discretion will be able to test that exercise against ascertainable standards. See Arizona v. California, supra at 373 U. S. 626 (Harlan, J., dissenting in part)".

Nesse sentido, a leitura atenta do artigo 203, inciso V, da CF (cujo teor foi reproduzido integralmente pela Lei nº 8.742/93), conduz à conclusão de que o constituinte, ao instituir o benefício assistencial de prestação continuada, forneceu três *standards* inteligíveis para guiar a atividade regulamentar administrativa:

a) *Valor do benefício*: um salário mínimo;
b) *Periodicidade do benefício*: mensal; e
c) *Destinatários do benefício*: *pessoa portadora de deficiência* e *idoso* que comprovem não possuir meios de prover à própria manutenção ou de tê-la provida por sua família.

Na norma constitucional e na Lei nº 8.742/9, não há qualquer *princípio claro* que permita o Poder Executivo utilizar o critério de cidadania para distinguir os beneficiários da política pública e, consequentemente, restringir o acesso do benefício assistencial a apenas brasileiros, sob pena de ferir as escolhas políticas cristalizadas nas normas editadas pela Assembleia Constituinte e pelo Congresso Nacional. Afinal, os *standards* de regência dos beneficiários da política pública foram especificamente determinados: ausência de subsistência própria ou familiar (vulnerabilidade socioeconômica), deficiência física e condição idosa. Restringir mais do que o permitido pela norma delegatária autoriza o Judiciário a reconhecer que os *standards* indicados pelo delegante foram violados pela autoridade delegada.

De fato, a norma regulamentadora disciplina diversos aspectos dos *standards* indicados na norma constitucional, tais como *(i)* os critérios para se considerar uma pessoa em situação de vulnerabilidade social (renda *per capita* abaixo de ¼ do salário mínimo), *(ii)* o conceito de deficiência física; *(iii)* os integrantes da unidade familiar, para fins do cálculo da renda *per capita*; e *(iv)* a idade para que o potencial beneficiário seja considerado idoso, entre outros aspectos. No entanto, a distinção entre brasileiro e estrangeiro residente no país, para fins de gozo do benefício, parece não decorrer direta e logicamente da análise dos *standards* constitucionais, tanto considerando a dicção do artigo 203, como também a diretriz de igualdade disposta no artigo 5º, *caput*.

Em suma, o INSS parece pretender que a interpretação das normas infralegais que disciplinam o LOAS sobreponha-se a interpretação das normas constitucionais sobre o mesmo tema. No entanto, interpretar a constituição tendo por âncora dispositivos infralegais inverte a lógica da teoria do ordenamento jurídico, e não é consistente com a doutrina da força normativa da constituição.

IV – Da doutrina da reserva do possível: impactos orçamentários e incentivos à imigração ilegal

O INSS sustenta ser necessário considerar a *doutrina da reserva do possível* para antever *(i)* o impacto que a decisão do Plenário poderá causar ao já combalido orçamento da seguridade social, bem como *(ii)* o indesejável incentivo a que cidadãos estrangeiros de países vizinhos adentrem o território brasileiro, para que se beneficiem dos instrumentos de assistência social.

Na jurisdição constitucional, o argumento consequencial assume relevância, não podendo ser desconsiderado quando da decisão sobre controvérsias políticas. Afinal, a cognição judicial, embora seja primordialmente ancorada em princípios e normas cristalizados na ordem jurídica, também assume feição contextual, na medida em que o julgador não pode desconsiderar que as decisões cogentes por ele emanadas impactarão as estruturas socioeconômicas do mundo dos fatos. Os impactos, uma vez intuídos a partir de elementos de informação empíricos e científicos, devem ser devidamente racionalizados como fundamento cognitivo, com vistas a se alcançar a melhor decisão possível.

No caso em tela, algumas circunstâncias precisam ser esclarecidas.

Primeiro, como já afirmado, a controvérsia cinge-se a estrangeiros regularmente residentes no país. Segundo dados da Polícia Federal, em março de 2015, o Brasil abrigava 1.847.274 imigrantes regulares, dos quais 1.189.947 dispunham de visto permanente e 595.800 dispunham de visto temporário. Trata-se de uma população que se submeteu ao escrutínio do processo de obtenção de visto, tendo apresentado, para a autorização de estadia no país, comprovação de moradia e de subsistência, nos termos do Estatuto do Estrangeiro.

Nesse sentido, a parte recorrente não apresentou dados empíricos sobre a quantidade potencial de estrangeiros residentes que possam eventualmente ser beneficiados por decisão positiva do Plenário. Não obstante esse aspecto, é possível realizar o cotejo dos dados acima expostos com os requisitos normativos para a fixação de residência no país e para a obtenção do LOAS. Essa análise conduziria à conclusão de que a quantidade em potencial de estrangeiros regularmente residentes que estejam simultaneamente em situação de vulnerabilidade socioeconômica e de deficiência física ou de idade acima de 65 anos certamente não é alta. Afinal, o filtro realizado quando da concessão de vistos reduz a probabilidade de que sejam admitidos estrangeiros que se encontrem sob risco social elevado.

Assim, o impacto orçamentário a ser causado aos cofres públicos, em caso de uma decisão concessiva, tende a não ser numericamente relevante.

Segundo, o indesejado incentivo à imigração de estrangeiros em situação de pobreza para o Brasil, especialmente vindos de países latino-americanos vizinhos, também é um argumento que não se evidencia pertinente. Afinal, estrangeiros que adentram o território nacional em situação irregular permanecem não-elegíveis para os benefícios assistenciais, pois não se enquadram na categoria de *estrangeiros regularmente residentes* no país. Ressalte-se que a igualdade apresentada pelo artigo 5º, *caput*, da CF, refere-se a brasileiros e *estrangeiros residentes no país*, o que não inclui imigrantes ilegais ou estrangeiros sem autorização para aqui estabelecer residência.

Em suma, a doutrina da reserva do possível não se mostra um empecilho hábil para infirmar a tese exposta nos itens anteriores.

V – Do caso concreto

In casu, a autora da ação, de nacionalidade italiana e com 67 anos de idade na data do respectivo ajuizamento (em 2006), reside no Brasil há 54 (cinquenta e quatro) anos. O único motivo pelo qual o INSS se insurge contra a concessão do benefício assistencial é a nacionalidade estrangeira da autora.

Assim, concluindo o Plenário pela possibilidade de acesso do estrangeiro residente no país ao benefício assistencial de prestação continuada, deve o recurso interposto pelo INSS não receber provimento.

VI – Conclusão

Ex positis, acompanho o Ministro Relator para negar provimento ao recurso extraordinário.

É como voto.

Ministro *Luiz Fux*

Informação bibliográfica deste texto, conforme a NBR 6023:2018 da Associação Brasileira de Normas Técnicas (ABNT):

SANTOS, Pedro Felipe de Oliveira. Recurso Extraordinário nº 587.970: concessão de benefício assistencial de prestação continuada (Loas) aos estrangeiros residentes. *In*: FUX, Luiz. *Jurisdição Constitucional III*: república e direitos fundamentais. Coordenação de Valter Shuenquener de Araujo. Belo Horizonte: Fórum, 2019. p. 173-184. ISBN 978-85-450-0691-6.

O ENSINO RELIGIOSO CONFESSIONAL NAS ESCOLAS PÚBLICAS BRASILEIRAS: ENTRE A LAICIDADE E O LAICISMO

RAFAELA COUTINHO CANETTI

Colocação do tema

Um dos mais importantes, complexos e polêmicos temas enfrentados pelo Supremo Tribunal Federal em 2017 disse respeito aos contornos do ensino religioso nas escolas públicas brasileiras, previsto no art. 210, §1º do texto constitucional.[1] Mais especificamente, estava em jogo decidir se este poderia, ou não, ocorrer de maneira *confessional*, à luz da laicidade estatal consagrada no art. 19, I da CRFB e de outros princípios constitucionais correlatos.

O caso diz respeito à ADI nº 4.439, de relatoria do Ministro Barroso e proposta em 2010 pela Procuradoria-Geral da República. Objetivava-se, em suma, a interpretação conforme a Constituição do art. 33, *caput*, e §§1º e 2º da Lei nº 9.394/1996 (Lei das Diretrizes e Bases da Educação Nacional)[2] e do art. 11, §1º do Acordo entre a República Federativa do Brasil e a Santa Sé relativo ao Estatuto Jurídico da Igreja Católica no Brasil (Decreto nº 7.107/2010),[3] para assentar que o ensino religioso em escolas

---

[1] "Art. 210. Serão fixados conteúdos mínimos para o ensino fundamental, de maneira a assegurar formação básica comum e respeito aos valores culturais e artísticos, nacionais e regionais. §1º O ensino religioso, de matrícula facultativa, constituirá disciplina dos horários normais das escolas públicas de ensino fundamental".

[2] "Art. 33. O ensino religioso, de matrícula facultativa, é parte integrante da formação básica do cidadão e constitui disciplina dos horários normais das escolas públicas de ensino fundamental, assegurado o respeito à diversidade cultural religiosa do Brasil, vedadas quaisquer formas de proselitismo. (Redação dada pela Lei nº 9.475, de 22.7.1997) §1º Os sistemas de ensino regulamentarão os procedimentos para a definição dos conteúdos do ensino religioso e estabelecerão as normas para a habilitação e admissão dos professores. (Incluído pela Lei nº 9.475, de 22.7.1997) §2º Os sistemas de ensino ouvirão entidade civil, constituída pelas diferentes denominações religiosas, para a definição dos conteúdos do ensino religioso. (Incluído pela Lei nº 9.475, de 22.7.1997)".

[3] "A República Federativa do Brasil, em observância ao direito de liberdade religiosa, da diversidade cultural e da pluralidade confessional do País, respeita a importância do ensino religioso em vista da formação integral da pessoa. §1º O ensino religioso, católico e de outras confissões religiosas, de matrícula facultativa, constitui disciplina dos horários normais das escolas públicas de ensino fundamental, assegurado o respeito à diversidade cultural religiosa do Brasil, em conformidade com a Constituição e as outras leis vigentes, sem qualquer forma de discriminação".

públicas só poderia ser de natureza não confessional, com a consequente proibição de admissão de professores na qualidade de representantes de confissões religiosas. Subsidiariamente, pedia-se a declaração da inconstitucionalidade do trecho em que se lê "católico e de outras confissões religiosas", neste último diploma normativo.

Os fundamentos apresentados pela parte autora foram no sentido de que a interpretação sistemática da Constituição Federal conduzia à vedação do ensino confessional em quaisquer de suas acepções (fosse restrito a uma única fé, fosse na qualidade interconfessional ou ecumênica), tendo em conta, dentre outros fatores, *(i)* o dever de neutralidade do Poder Público em matéria religiosa; *(ii)* a necessidade de tutela dos professantes de religiões não hegemônicas, que dificilmente teriam acesso a aulas confessionais sobre a sua fé; e *(iii)* o ideal emancipatório e plural que deve nortear o ensino público.

Os argumentos da Procuradoria-Geral da República foram acolhidos pelo relator, Min. Roberto Barroso, no que foi acompanhado pelos ministros Luiz Fux, Rosa Weber, Marco Aurélio e Celso de Mello.

Todavia, prevaleceu a posição divergente, inaugurada pelo Ministro Alexandre de Moraes, segundo a qual haveria, no pedido contido na ADI, pretensão de indevida limitação do direito subjetivo individual do aluno, ou de seus pais, de obter ensino compatível com a sua própria confissão religiosa.

Consoante o entendimento deste último Ministro, redator para o acórdão, a limitação apriorística do conteúdo da matéria consistiria em *censura* à *liberdade religiosa*, além de não se coadunar nem com a interpretação histórica[4] nem literal do texto constitucional.[5] Já a facultatividade da matrícula, prevista no art. 210, §1º da CRFB, seria medida apta à proteção do aluno contra o proselitismo, além de indicativa da própria natureza confessional da matéria a ser ministrada.

Em suma, segundo a posição prevalente, haveria no art. 210, 1º da CRFB certa relativização da própria laicidade estatal, a permitir o uso de escolas públicas para a doutrinação religiosa.

O julgamento, que se estendeu por quatro sessões e teve desfecho com voto de desempate proferido pela então Presidente da Corte, Ministra Cármen Lúcia, deixou clara a dificuldade prática em operacionalizar os conceitos de laicidade e neutralidade estatal, *vis-à-vis* a liberdade de consciência, religião e expressão.

A profusão de manifestações realizadas quando da audiência pública promovida pelo Ministro relator também dão conta da dimensão de dissenso produzida pela norma objeto da controvérsia.[6]

Trata-se, pois, de um exemplo clássico de *hard case*, ou caso difícil,[7] em que a textura aberta da linguagem da Constituição dá azo a interpretações díspares, ainda

---

[4] A Assembleia Nacional Constituinte rejeitou tentativa de inclusão do ensino explicitamente não confessional da CRFB/1988.

[5] Na medida em que o ensino religioso pressuporia a exposição e profissão de dogmas da fé, *per se* incompatível com a pretendida neutralidade.

[6] Foram 31 participantes, dos quais 23 defenderam a procedência da ação.

[7] Na definição de Manuel Atienza, os casos difíceis "são aqueles com relação aos quais a opinião pública (esclarecida ou não) está dividida de maneira tal que não é possível tomar uma decisão capaz de satisfazer a uns e a outros" (ATIENZA, Manuel. *As razões do direito*: teoria da argumentação jurídica. Tradução de Maria Cristina Guimarães Cupertino. São Paulo: Landy, 2003. p. 84).

que premidas das mesmas preocupações.[8] Com efeito, em ambos os lados do debate travado pela Corte, o que se buscava era a maior concretização da liberdade religiosa,[9] ainda que os *meios* para tal, vislumbrados pelos Ministros que compuseram cada uma das vertentes conflitantes, fossem distintos.

A corrente que se sagrou majoritária vislumbrou, no pedido contido na ADI, certo risco de laicismo (*i.e.*, o desprezo estatal pelas expressões de religiosidade) – este, decerto, indesejável e incompatível com o igual respeito e consideração que o Estado deve oferecer a todos os seus cidadãos.

É verdade que eventual postura hostil do Poder Público ante a manifestações religiosas, impondo seu exercício de forma asséptica, silenciosa, marginalizada ou de alguma forma desaprovada, deve ser fortemente rechaçada. Também é certo que os alunos que subscrevem a uma fé ou cosmovisão específica devem ter, tanto quanto possível, condições de desenvolver este aspecto de sua individualidade, tido por Carl Jung como essencial e até mesmo intrínseco ao ser humano.[10]

Soma-se a isso a indesejabilidade de tentativas de retirar da escola a possibilidade de se engajar em debates ideológicos e críticos, já que este é, também, o seu papel.

Todavia, em que pesem tais considerações, tem-se a posição vencida, subscrita pelo Min. Luiz Fux, como a mais consentânea com a proteção às minorias religiosas e mais afeta à promoção da autonomia dos alunos (que teriam acesso a cosmovisões mais plurais e, possivelmente, diferentes daquelas presentes em sua família) e da tolerância religiosa – ideal infelizmente ainda não alcançado no Brasil.

É que, como referido pelo Ministro em seu voto, a própria ideia de confessionalidade parece ser imbuída de uma preconcepção potencialmente excludente, uma vez que pressupõe uma carga de institucionalização e organização da religião que pode não ser universal ou acessível a todos os credos.

Nesse cenário, considerando-se a estreita vinculação entre o exercício da liberdade religiosa e a plena realização existencial humana, de um lado, e a inegável

---

[8] Não se pode olvidar que "[a] interpretação – enfatiza a hermenêutica – é realizada por seres 'enraizados', que compartilham valores com os seus semelhantes, e não por máquinas pensantes, que consigam se desvencilhar completamente dos seus preconceitos e das tradições de sua comunidade. Daí por que quando interpretamos, agimos no interior de um universo linguístico que nós não criamos, já que ele nos antecede e define os nossos horizontes. A interpretação jurídica, nessa perspectiva, não se resume à atividade intelectual de extração do sentido subjacente a um texto legal. Ela exprime o nosso *ethos*; a nossa inserção numa comunidade já repleta de valores e significados" (SOUZA NETO, Cláudio Pereira de; SARMENTO, Daniel. *Direito constitucional*: teoria, história e métodos de trabalho. Belo Horizonte: Fórum, 2016. p. 401).

[9] A respeito, é interessante notar que o professor americano Cass Sunstein usa a liberdade religiosa como exemplo da sua categoria de *acordos incompletamente teorizados*, os quais se caracterizam pela dificuldade no consenso quanto às teorias abstratas fundantes, ao mesmo tempo em que há uma convergência quanto à prática constitucional. Veja-se: "[a]s pessoas podem acreditar que é importante proteger liberdade religiosa, embora tenha teorias bastante diversas sobre por que isso acontece. Algumas pessoas podem enfatizar o que elas veem como a necessidade de paz social; outras podem pensar que a liberdade religiosa reflete um princípio de igualdade e um reconhecimento da dignidade humana; outras podem invocar considerações utilitaristas; ainda outras podem pensar que a liberdade religiosa é em si um comando teológico" (Tradução livre de SUNSTEIN, Cass R. Incompletely theorized agreements in constitutional law. *University of Chicago – Public Law Working Paper*, n. 147).

[10] Para o referido autor, "não há civilização, presente ou passada, sobre o planeta que não tenha tido uma religião, um conjunto de crenças e rituais sagrados. Por isso, Jung diz que existe um instinto religioso nos seres humanos, uma busca inerente de um relacionamento com Algo ou Alguém que transcende as limitações humanas, um poder maior" (HOPCKE, Robert. *Guia para a obra completa de C. G. Jung*. Petrópolis: Vozes, 2011. p. 79-80).

existência de intolerância religiosa na sociedade brasileira, de outro, "deve-se operar com um conceito amplo de liberdade religiosa e de religião (um âmbito normativo alargado), que aposte no maior grau de inclusividade (abertura para religiões minoritárias e inconvencionais) compatível com a igual liberdade e dignidade dos cidadãos, anteparos ao fundamentalismo-militante, que discrimina e quer se impor aos não crentes".[11]

Ante a impossibilidade de oferecimento de ensino confessional que abarque todas as (ou mesmo a maioria das) religiões, qualquer escolha do administrador público quanto aos critérios para a ministração da matéria estará, em essência, desconsiderando toda uma gama de visões de mundo. Não é difícil imaginar que os alunos que sofrerão mais intensamente os potenciais efeitos nocivos da confessionalidade do ensino religioso (seja por não se verem contemplados, *tout court*, pelo conteúdo ministrado, seja por terem suas manifestações religiosas reduzidas a meros *contrapontos, objeções, curiosidades* ou *notas de rodapé*) serão aqueles que subscrevem religiões não hegemônicas, como as de matriz africana.

Utilizando-se da gramática da teoria do reconhecimento, na síntese de Daniel Sarmento, pode-se dizer, então, que o dever imposto ao Estado não se resume a "apenas combater os efeitos negativos dessa desvalorização identitária – violências materiais e simbólicas contra os grupos estigmatizados, invisibilidade, discriminações diretas e indiretas etc. – como também interferir no plano cultural para 'cortar o mal pela raiz', eliminando a sua causa: os padrões culturais responsáveis por tal desvalorização".[12]

Ora, existindo riscos de vulneração de grupos não hegemônicos, há motivos suficientes para que o Estado se preocupe com a prevenção da injustiça simbólica[13] causada pelo não reconhecimento de algumas cosmovisões como igualmente merecedoras de tutela do ordenamento jurídico.

É essa a linha preconizada pelo Ministro Fux, assim sintetizada em seu voto:

> a única forma de compatibilizar o caráter laico do Estado brasileiro com o ensino religioso nas escolas públicas dá-se através da adoção do modelo não-confessional, em que o conteúdo programático da disciplina consiste na exposição das doutrinas, das práticas, da história e de dimensões sociais das diferentes religiões – bem como de posições não-religiosas, como o ateísmo e o agnosticismo – sem qualquer tomada de partido por parte dos educadores. [...] Apenas ele promove, em matéria de ensino religioso, um dos mais

---

[11] NETO, Jayme Weingartner; SARLET, Ingo Wolfgang. Liberdade Religiosa no Brasil com Destaque para o Marco Jurídico-Constitucional e a Jurisprudência do STF. *Revista de Estudos e Pesquisas Avançadas do Terceiro Setor*, v. 3, n. 2, p. 59-104, 2017.

[12] SARMENTO, Daniel. *Dignidade da pessoa humana*: conteúdo, trajetórias e metodologia. Belo Horizonte: Fórum, 2016. p. 258.

[13] A injustiça simbólica é descrita por Nancy Fraser como aquela "enraizada em padrões sociais de representação, interpretação e comunicação. Exemplos incluem a dominação cultural (estar sujeito a padrões de interpretação e comunicação que estão associados a outra cultura e são estranhos e/ou hostis aos seus); não reconhecimento (tornando-se invisível através das práticas autoritárias de representação, comunicativas e interpretativas de sua cultura); e desrespeito (sendo rotineiramente difamado ou menosprezado em representações culturais públicas estereotipadas e/ou em interações da vida cotidiana)" (FRASER, Nancy. From redistribution to recognition? Dilemmas of justice in a 'post-socialist' age. *New Left Review*, n. 212, 1995. p. 68).

nobres objetivos constitucionais subjacentes ao direito à educação: formar cidadãos e pessoas autônomas, capazes de fazerem escolhas e tomarem decisões por si próprias em todos os campos da vida, inclusive na seara da religiosidade.

Sob o prisma consequencialista, o Ministro ainda enfatizou a necessidade de:

zelar para que, sob pretexto da neutralidade, não remanesça pouco ou nenhum espaço para proteção de minorias religiosas, como o espiritismo (2%), as testemunhas de Jeová (0,7%), a umbanda (0,2%), o budismo (0,1%), o candomblé (0,09%), as novas religiões orientais (0,08%), o Judaísmo (0,06%) e as tradições esotéricas (0,04%), sendo essas as dez religiões de maior expressividade no Brasil.

Em suma, tem-se que o entendimento ilustrado no voto abaixo transcrito, embora vencido, representa posição tendencialmente mais emancipatória para os estudantes e que mais adequadamente sopesa tanto a realidade sociocultural brasileira quanto as *consequências* de uma ou outra interpretação do texto constitucional.

VOTO

ENSINO RELIGIOSO. ESCOLAS PÚBLICAS. NATUREZA NÃO-CONFESSIONAL. LAICIDADE ESTATAL. CF/88, ARTIGOS 19, I; E 210, §1º. LEI Nº 9.394/96, ARTIGO 33, CAPUT, E §§1º E 2º. INTERPRETAÇÃO CONFORME. ACORDO ENTRE O GOVERNO DA REPÚBLICA FEDERATIVA DO BRASIL E A SANTA SÉ RELATIVO AO ESTATUTO JURÍDICO DA IGREJA CATÓLICA NO BRASIL, ARTIGO 11, §1º. INCONSTITUCIONALIDADE.

1. A melhor exegese assegura que o ensino religioso nas escolas públicas somente poderá possuir natureza não-confessional. É que assim se compatibiliza o ensino religioso previsto no artigo 210, §1º, da Constituição com a liberdade religiosa e a laicidade estatal.

2. A Constituição Federal de 1988 instituiu um *Estado laico*, assim como o fizeram todas as constituições brasileiras desde 1891. A laicidade estatal se caracteriza pela segregação entre Estado e Igreja, inexistência de uma religião oficial, equidistância em relação a todas as religiões e tolerância religiosa.

4. A *confessionalidade* do ensino se relaciona diretamente à vinculação jurídica e ideológica dos professores às instituições religiosas mais do que propriamente ao conteúdo programático da disciplina.

5. A educação religiosa confessional, com as bases de uma ou outra crença, fere a *liberdade individual* ao impor uma preconcepção de bem e de vida boa. Viola também a *igualdade religiosa*, porquanto a escolha estatal de uma determinada crença em detrimento de outras discrimina os indivíduos que não a professam.

6. A escola, como primeiro e o mais fundamental *locus* de combate ao preconceito e promoção da igualdade, não pode tomar partido por uma religião. Estabelecem os artigos 205 e 206 da Constituição que a educação visa ao pleno desenvolvimento da pessoa, seu preparo para o exercício da cidadania e deve respeitar a liberdade de aprender, ensinar, pesquisar e divulgar o pensamento, a arte e o saber, o pluralismo de ideias e de concepções pedagógicas.

7. A educação básica de instituições públicas de ensino constitui política pública, que repercute no direito à educação e às liberdades básicas do cidadão reclama o uso de *razões públicas* (RAWLS, John. *O Liberalismo Político*. São Paulo: Ática, 2000. p. 274). Cabe ao legislador e ao intérprete considerar uma racionalidade objetiva, apartada de suas convicções religiosas ou crenças não-públicas.

8. O *ensino interconfessional* acarretaria uma provisão desproporcional de professores de ensino religioso e ainda incapaz de suprir a demanda por pluralismo religioso de cada escola. O fomento à tolerância e o respeito às diferenças atribui especial relevo à formação religiosa *plural*, em que o aluno tem acesso não apenas à sua, mas às mais diversas manifestações religiosas.

9. A *contratação de representantes* de todas as religiões não se compatibiliza com o pluralismo religioso. Além da dificuldade de encontrar professores em quantidade suficiente, especialmente no tocante a religiões minoritárias, não há uma hierarquia clara ou centralizada em inúmeras religiões.

10. O artigo 11 do Acordo entre a República Federativa do Brasil e a Santa Sé relativo ao Estatuto Jurídico da Igreja Católica no Brasil é *inconstitucional*, porquanto menciona o ensino confessional e alude expressamente a uma religião. A laicidade estatal em vigor e a igualdade em sua dimensão religiosa asseguram a proteção à pluralidade e à tolerância religiosas e impedem que se prestigie uma religião em especial.

11. Voto pela *procedência da presente ação*, a fim de que seja dada interpretação conforme ao art. 33, caput, §§1º e 2º, da Lei 9.394/96, para assentar que o ensino religioso em escolas públicas só pode ser de natureza não-confessional, com proibição de admissão de professores na qualidade de representantes das confissões religiosas; e seja declarada a inconstitucionalidade do trecho católico e de outras confissões religiosas, constantes no art. 11, §1º, do Acordo entre a República Federativa do Brasil e a Santa Sé relativo ao Estatuto Jurídico da Igreja Católica no Brasil.

O Senhor Ministro Luiz Fux (Relator): Senhora Presidente, egrégio Plenário, ilustre representante do Ministério Público, senhores advogados presentes. A Constituição determina que o ensino religioso constitui disciplina dos horários normais das escolas públicas de ensino fundamental e que a matrícula é facultativa (art. 210, §1º). Sendo esta sua redação originária, não está em discussão a obrigatoriedade o ensino religioso para as escolas públicas, nem sua facultatividade para os alunos.

O que se pretende, nesta ação direta de inconstitucionalidade, é restringir o alcance da previsão constitucional, de modo a compatibilizá-la com a liberdade religiosa e a laicidade estatal.

I. Conceituações preliminares

Ensino Confessional

A crítica mais relevante à presente ação é a de que reduzir o conteúdo programático do ensino religioso à *exposição de doutrinas, práticas e história, bem como das dimensões sociais das diferentes religiões, inclusive com a exposição de posições não religiosas, como o ateísmo e o agnosticismo, sem qualquer influência de cunho pessoal dos professores* esvaziaria a previsão do 210, §1º, da CRFB. Ao retirar-lhe o sentido, a pretensão corresponderia a uma declaração sub-reptícia de inconstitucionalidade da norma constitucional originária.

A fim de refutar essa alegação, deve-se perquirir o significado do ensino confessional, de modo a avaliar se o conteúdo programático proposto como não-confessional se insere no campo semântico de ensino religioso ou no de outras disciplinas como filosofia, sociologia ou história.

Esclarece a doutrina que ensino confessional é *o ensino oferecido por professores ou orientadores religiosos credenciados por igrejas ou entidades religiosas* (DINIZ, Débora. Laicidade e ensino religioso nas escolas públicas: o caso do Rio de Janeiro. *Revista Brasileira de Ciências Criminais*, v. 84, p. 403, maio/jun. 2010). Além disso, *a educação confessional pressupõe um credo e uma religião, explícitos e objetivamente assumidos*. Uma instituição confessional é aquela que adota uma confissão explícita no desempenho de suas atividades (MARCONDES, Lea Rocha L. *et al*. "Educação confessional no Brasil uma perspectiva ética". *Congresso Nacional de Educação. Anais...* Curitiba. 2007. P. 619).

Na mesma linha, o artigo 33 da Lei de Diretrizes e Bases da Educação Nacional, em sua redação original, previa que o ensino religioso seria confessional ou interconfessional, aludindo expressamente à formação dos professores e a seu vínculo institucional com igrejas ou entidades religiosas. Estabelecia o dispositivo que:

> *Art. 33. O ensino religioso, de matrícula facultativa, constitui disciplina dos horários normais das escolas públicas de ensino fundamental, sendo oferecido, sem* ônus *para os cofres públicos, de acordo com as preferências manifestadas pelos alunos ou por seus responsáveis, em caráter:*
>
> *I - <u>confessional</u>, de acordo com a opção religiosa do aluno ou do seu responsável, ministrado por professores ou orientadores religiosos preparados e credenciados pelas respectivas igrejas ou entidades religiosas; ou*
>
> *II - <u>interconfessional</u>, resultante de acordo entre as diversas entidades religiosas, que se responsabilizarão pela elaboração do respectivo programa.*
>
> *A confessionalidade do ensino parece, então, diretamente relaciona à vinculação jurídica e ideológica dos professores às instituições religiosas mais do que propriamente ao conteúdo programático da disciplina.*

Laicidade Estatal

Não há uma definição exata para o termo laicidade. É comum associarem à *segregação entre Estado e Igreja*, à *inexistência de uma religião oficial* e à *equidistância em relação a todas as religiões*. Por todos esses critérios, a Constituição Federal de 1988 instituiu um Estado laico, assim como o fizeram todas as constituições brasileiras desde 1891. Diz-se também que, por não impedir os cultos de quaisquer religiões, o Estado brasileiro não é *laicista*, como o seriam a França e a Turquia. Nesse sentido, *a tolerância religiosa* seria mais um traço característico do Estado laico.

A melhor representação da laicidade estatal se encontra no artigo 19, I, da CRFB, que veda qualquer tipo de dependência, aliança, preferência ou hostilidade com relação às religiões: É *vedado à União, aos Estados, ao Distrito Federal e aos Municípios estabelecer cultos religiosos ou igrejas, subvencioná-los, embaraçar-lhes o funcionamento ou manter com eles ou seus representantes relações de dependência ou aliança, ressalvada, na forma da lei, a colaboração de interesse público*. Os *amici curiae* que defendem a improcedência do pedido apoiam-se na parte final (colaboração de interesse público).

Há, por outro lado, diversos dispositivos que demonstram que a opção do constituinte tampouco foi por um Estado desvinculado de qualquer religiosidade. Além da liberdade religiosa (art. 5º, VI e VIII) e do direito a não discriminação (art. 3º, IV), a Constituição assegura, ainda, a objeção de consciência (art. 143, §1º), os efeitos civis do casamento religioso (art. 226, §2º) e o ensino religioso nas escolas públicas (art. 210, §1º).

Assim, é importante notar que o modelo brasileiro se diferencia de outros mais extremos. Nem se adota uma religião oficial, como Israel,[14] Argentina,[15] Grécia,[16] e Emirados Árabes Unidos;[17] nem se protege especialmente alguma religião, como Espanha[18] e Uruguai;[19] nem se adota o modelo secular dos Estados Unidos.[20] Por essa razão, deve haver redobrada cautela na consideração de precedentes de outros ordenamentos.

Como consequência da laicidade estatal, o Estado deve se abster de intervir nas questões internas das confissões religiosas a exemplo de seus dogmas, cultos, formas de organização hierárquica, ao passo que também se encontra protegido de indevidas influências religiosas. Além disso, impõe-se um *dever de neutralidade* do Estado diante das diversas concepções religiosas presentes na sociedade.

O Ministro Relator, na linha da Advocacia Geral da União e de alguns *amici curiae*, extraiu do princípio da laicidade estatal uma dimensão positiva que corresponde à proteção à pluralidade e tolerância religiosas. Essa concepção ampliada coincide com a liberdade e igualdade sob dimensão religiosa. Como se verá adiante, estes princípios fundamentais servem de fundamento bastante para a procedência do pedido autoral.

Superadas as conceituações das premissas teóricas atinentes à discussão desta ADI, passo à análise do mérito.

---

[14] BASIC LAW 1A, PURPOSE (AMENDMENT 1): The purpose of this Basic Law is to protect human dignity and liberty, in order to establish in a Basic Law the values of the State of Israel as a Jewish and democratic state.

[15] PART 1, CHAPTER I, ARTICLE 2: The Federal Government supports the Roman Catholic Apostolic Faith.

[16] PART 1, SECTION II, ARTICLE 31: 1. The prevailing religion in Greece is that of the Eastern Orthodox Church of Christ. [...].

[17] PART I, ARTICLE 7: Islam is the official religion of the UAE. [...].

[18] PART I, CHAPTER 2, DIVISION 1, SECTION 163: 3. No religion shall have a state character. The public authorities shall take into account the religious beliefs of Spanish society and shall consequently maintain appropriate cooperation relations with the Catholic Church and other confessions.

[19] SECTION I, CHAPTER III, ARTICLE 5: All religious sects are free in Uruguay. The State supports no religion whatever. It recognizes the right of the Catholic Church to ownership of all temples which have been built wholly or partly from funds of the National Treasury [...].

[20] AMENDMENT I: Congress shall make no law respecting an establishment of religion, or prohibiting the free exercise thereof; or abridging the freedom of speech, or of the press; or the right of the people peaceably to assemble, and to petition the Government for a redress of grievances.

II. Mérito
Liberdade, Igualdade e Razões Públicas: ensino não-confessional

A plena *liberdade religiosa* individual, nos termos do art. 5º, IV, CRFB impede o Estado de assumir ou endossar uma determinada crença em detrimento de outras, porquanto essa escolha pode ser interpretada como uma forma de coagir os indivíduos que não a professam. Impõe, ademais, o pleno respeito à escolha dos indivíduos que não professam nenhuma religião, os quais também devem ser tratados como membros legítimos da comunidade política.

Esse tipo de favorecimento estatal afronta o *direito* à *igualdade* em sua dimensão religiosa. De acordo com Jónatas E. M. Machado, revela uma mensagem de desvalorização das restantes crenças (*Liberdade Religiosa numa Comunidade Constitucional Inclusiva*. Coimbra: Coimbra Editora, 1996, p. 348-349). O princípio da igualdade garante aos indivíduos pertencentes às mais diversas confissões religiosas tratamento com igual respeito e consideração.

O endosso pelo Estado de qualquer posicionamento religioso implica, necessariamente, a institucionalização de um tratamento desigual e desfavorecido às demais religiões, de forma que os aderentes dessas religiões não privilegiadas recebem a mensagem de que são cidadãos de segunda classe e de que sua crença não é digna de igual respeito e reconhecimento.

É como sistematiza a Clínica de Direitos Humanos da UERJ, na condição de *amicus curiae*:

Com efeito, além de demandar do Estado uma postura neutra em relação às escolhas religiosas de cada indivíduo, a sistemática constitucional também determina que se assegure a sujeitos de diferentes confissões religiosas tratamento com igual respeito e consideração em relação a seus pares na sociedade (dimensão de igualdade religiosa); que eles tenham a liberdade para exercício de suas crenças, proteção aos locais de culto e a suas liturgias (dimensão de liberdade religiosa); assim como estabelece a diretriz de erradicação de toda forma de discriminação, o que demanda uma postura ativa do Estado no combate à intolerância religiosa (dimensão de combate ao preconceito).

Dada a opção do constituinte, a laicidade estatal em vigor e a igualdade em sua dimensão religiosa impedem que se prestigie uma religião em especial. Nas palavras de Pontes de Miranda, colaboração não se limita que se dê entre determinada religião e o Estado, e sim tem que ser entre *qualquer* religião e o Estado (*Comentários à Constituição de 1967, com a Emenda nº 1 de 1969*. Tomo II. São Paulo: Revista dos Tribunais, 1970, p. 185-186).

A *inconstitucionalidade da expressão* católico e de outras confissões religiosas*, prevista no artigo 11 do Acordo* entre a República Federativa do Brasil e a Santa Sé relativo ao Estatuto Jurídico da Igreja Católica no Brasil decorre não apenas da menção ao ensino confessional, mas principalmente à referência expressa a uma religião no caso, a católica. O eventual caráter meramente exemplificativo, como sustentam os defensores da improcedência, não tem o condão de legitimar que se prestigie, em instrumento normativo oficial, o ensino de uma religião específica.

Ainda que não decorresse da laicidade estatal adotada pelo constituinte, o ensino não confessional realiza de forma mais intensa a liberdade religiosa, a igualdade e a tolerância. Esses valores, tutelados autonomamente pela Constituição, afastam a possibilidade do oferecimento de ensino confessional nas escolas públicas brasileiras. A escola, como primeiro e o mais fundamental *locus* de combate ao preconceito e promoção da igualdade, não pode tomar partido por uma religião.

Isso não apenas compatibiliza o artigo 210, §1º, com tais direitos fundamentais, mas também o adéqua aos dispositivos que tratam do direito à educação. Estabelecem os artigos 205 e 206, que a educação visa ao pleno desenvolvimento da pessoa, seu preparo para o exercício da cidadania e deve respeitar a liberdade de aprender, ensinar, pesquisar e divulgar o pensamento, a arte e o saber, o pluralismo de ideias e de concepções pedagógicas.

A escola deve formar cidadãos livres, capazes de pensar criticamente sobre o mundo à sua volta e sobre a sua própria vida, aptos a realizar as suas próprias escolhas religiosas, de forma consciente e informada. É o que corresponde à pedagogia da autonomia, nas palavras de Paulo Freire (*Pedagogia da Autonomia: Saberes necessários à prática educativa*. Paz e Terra, 1996). Considerar que a educação religiosa, com as bases de uma outra crença em geral, a cristã contribui para a formação e o exercício da cidadania fere a liberdade individual ao impor uma preconcepção de bem e de vida boa.

Por se tratar de questão relativa a elemento constitucional essencial e justiça básica, os contornos do artigo 210, §1º, da CRFB, reclama o uso de *razões públicas*. É que, mesmo se tratando de ensino religioso, ao se analisar o conteúdo programático e o modo de execução da previsão constitucional, legislador e intérprete devem considerar uma racionalidade objetiva, apartada de suas convicções religiosas ou crenças não-públicas. A educação básica de instituições públicas de ensino constitui política pública, que repercute no direito à educação e às liberdades básicas do cidadão. Sobre o tema, convém transcrever trecho de obra seminal de John Rawls:

Isso significa que, <u>ao discutir sobre elementos constitucionais essenciais e sobre questões de justiça básica, não devemos apelar para doutrinas religiosas e filosóficas abrangentes para aquilo que, enquanto indivíduos ou membros de associações, entendemos ser a verdade toda</u> nem para teorias econômicas complicadas de equilíbrio geral, por exemplo, quando controvertias. Tanto quanto possível, o conhecimento e as formas de argumentação que fundamentam nossa aceitação dos princípios de justiça e sua aplicação a elementos constitucionais essenciais e à justiça básica devem repousar sobre <u>verdades claras, hoje amplamente aceitas pelos cidadãos em geral, ou acessíveis a eles</u>. Caso contrário, a concepção política não ofereceria uma base pública de justificação (O Liberalismo Político. São Paulo: Ática, 2000. p. 274).

O ideal de razão pública importa conduzir discussões fundamentais baseadas em valores que se pode razoavelmente esperar dos outros, estando cada qual de boa-fé e jungido àquilo que cada qual considera uma concepção política de justiça.

Outro argumento que não merece prosperar é o de que o artigo 33, §§1º e 2º, da Lei 9.394/96 oportunizaria a participação das minorias religiosas em igualdade de condições. De acordo com a Advocacia Geral da União, a colaboração de toda a comunidade, democraticamente, na elaboração do conteúdo programático da disciplina revela o caráter inclusivo da lei. No entanto, a lógica é justamente oposta. *A participação coletiva, via de regra, não prestigia as vozes minoritárias: emudece-as*. A gestão democrática do ensino público, princípio previsto no art. 206, VI, da CRFB, exige redobrada cautela quando se refere ao ensino religioso. Mesmo os que advogam para o ensino confessional temem a impossibilidade de se chegar a um consenso com tantos interesses contrapostos.

Ao permitir que a sociedade, as entidades religiosas e familiares livremente disponham sobre o conteúdo do ensino religioso, o Estado não estaria sendo neutro, mas legitimando que as religiões hegemônicas se sobreponham às demais. São religiões amplamente hegemônicas, no Brasil, a católica e a evangélica (representadas, respectivamente, por 65% e 22,2% da população), de acordo com o Censo 2010 do IBGE.

Há, ainda, no Brasil, intolerância religiosa a grupos minoritários, cabendo ao poder público combater os estigmas. Deve-se zelar para que, sob pretexto da neutralidade, não remanesça pouco ou nenhum espaço para proteção de minorias religiosas, como o espiritismo (2%), as testemunhas de Jeová (0,7%), a umbanda (0,2%), o budismo (0,1%), o candomblé (0,09%), as novas religiões orientais (0,08%), o Judaísmo (0,06%) e as tradições esotéricas (0,04%), sendo essas as dez religiões de maior expressividade no Brasil.

Há, ainda, algumas outras alegações que devem ser refutadas.

O artigo 33 da Lei 9.394/96 prescreve que o ensino religioso é parte integrante da formação básica do cidadão. Essa previsão não parece se adequar à facultatividade da matrícula e à liberdade religiosa. O ensino religioso não pode ser considerado parte da formação básica do cidadão, na medida em que não se pode considerar incompleta a formação escolar daquele que optou por não se matricular na disciplina religiosa, exercendo seu legítimo direito assegurado constitucionalmente. No entanto, o próprio parâmetro de controle alude no *caput* à formação básica, o que esvazia a discussão.

Em sua manifestação, a Advocacia Geral da União sustenta que *o ensino religioso a ser ministrado nas escolas públicas não tem cunho aconfessional, pois, se possuísse essa natureza, não haveria razão para que fosse de matrícula facultativa aos alunos*. O ponto não se sustenta. A *facultatividade da matrícula* expressa a cautela do constituinte em relação aos interesses potencialmente em conflito, tais como os dos alunos ateus ou agnósticos e não uma carta branca para qualquer conteúdo e forma de ensino religioso. Ainda que não-confessional, há significativo risco de o ensino violar a neutralidade estatal, sendo o constituinte sensível a isso.

Tampouco se sustenta a alegação de que a facultatividade do ensino religioso *tende a impor um* ônus *desproporcional sobre a criança ou adolescente, desestimulando esta solução, ou penalizando os que dela se socorrem*. Sem se imiscuir em reflexões psicológicas, que exorbitam a análise desta Corte, a busca por aceitação, que orienta crianças e adolescentes, pode predizer um comportamento coletivo dos alunos, assim como outros aspectos extraescolares, a exemplo da influência dos pais e da comunidade religiosa, podem justificar uma escolha individual. Não há como o legislador antever as reações possíveis, sendo a facultatividade imposta pelo constituinte um meio *adequado* de se promover a liberdade religiosa, ainda que não suficiente.

Um outro apontamento interessante é o de Manoel Gonçalves Ferreira Filho. Em parecer acostado aos autos, o professor sustenta que a neutralidade não se confunde com *ecumenismo* que violaria a liberdade religiosa (*De fato, impõe-se uma religião a religião ecumênica*). Defende que o ensino religioso prestigie individualmente a religião de cada aluno ou que seja interconfessional, caso *diversos ramos de uma mesma confissão se acordarem para fazê-lo*. O próprio parecerista, no entanto, reconhece que se trata de uma *condição impossível de ser cumprida*, assemelhando-se à torre de babel.

Ainda que pudesse ser desejável proporcionar a cada estudante o acesso ao ensino religioso correspondente à sua crença, em virtude de sua autonomia individual e da participação familiar e social da formação religiosa do indivíduo, o fomento à tolerância e o respeito às diferenças atribui especial relevo à *formação religiosa plural, em que o aluno tem acesso não apenas à sua, mas às mais diversas manifestações religiosas*.

Aspectos Econômicos e Isonomia: contratação de professores não-religiosos

Como visto, os dispositivos impugnados não tratam diretamente da vinculação, formação ou custeio de professores de ensino religioso (art. 33, §2º, da Lei 9.394/96: *os sistemas de ensino regulamentarão os procedimentos para a definição dos conteúdos do ensino religioso e estabelecerão as normas para a habilitação e admissão dos professores*). No entanto, em suas manifestações, alguns *amici curiae* expressamente aludiram às fontes de custeio e o requerente pleiteia que, por interpretação conforme, assente-se proibição de admissão de professores na qualidade de representantes das confissões religiosas. Diante disso, tais pontos serão analisados a seguir.

Ainda que se admitisse o ensino interconfessional, seria inviável para o Poder Público custear o número de professores necessários para suprir a demanda por pluralismo religioso de cada escola. A medida acarretaria uma *provisão desproporcional de professores de ensino religioso*, em quantidade muito superior à de professores de qualquer outra matéria.

A contratação de representantes de todas as religiões também se mostraria incompatível com o pluralismo religioso. Além da *dificuldade de encontrar professores em quantidade suficiente*, especialmente no tocante a religiões minoritárias ou dispersas em uma ampla área geográfica, a legitimidade da representação também seria obstaculizada, tendo em vista que, *em inúmeras religiões, não há uma hierarquia clara ou centralizada*.

O exemplo do Estado do Rio de Janeiro corrobora a hipótese:

[O] edital do concurso para professores de religião para as escolas da rede estadual, em outubro de 2003, para o qual foram oferecidas 500 vagas, um número considerado exagerado, se levada em conta a carência crônica de professores em praticamente todas as disciplinas, em todos os níveis do ensino. Os requisitos de inscrição consistiam, entre outros, nos seguintes: (i) os candidatos deveriam ser licenciados em qualquer disciplina, em nível superior, com habilitação para o magistério; (ii) os candidatos deveriam possuir o credenciamento da autoridade religiosa do credo que pretendiam lecionar; e (iii) deveriam ser aprovados em exames elaborados pela Secretaria da Educação, com o auxílio de tais autoridades.

Mas o dispositivo que provocou maior polêmica foi o que reconhecia ter a autoridade religiosa (uma instituição privada, portanto) o direito de cancelar, em qualquer tempo, o credenciamento concedido, se um professor mudasse de crença, se tornasse agnóstico ou ateu, ou apresentasse motivos que o impedissem moralmente de exercer tal magistério. Se descredenciado, o professor perderia o cargo público que havia conquistado no concurso.

Apresentaram-se ao concurso 3 mil candidatos, dos quais 500 foram selecionados e nomeados, e iniciaram sua atividade docente em março de 2005. Foram eles 342 católicos, 132 protestantes e 26 de outros credos, distribuição essa conforme os resultados de pesquisa com os alunos, realizada pela Secretaria Estadual de Educação (CUNHA, Luiz Antônio. "Autonomização do campo educacional: efeitos do e no ensino religioso. "Revista Contemporânea de Educação vol. 1, nº 2, 2011).

Alguns *amici curiae* defendem que o ensino religioso nas escolas públicas deveria ser financiado pelas próprias comunidades religiosas, a quem caberia a escolha dos professores. A tese é complexa. A transferência dos custos para a entidade religiosa agrava o *status quo* de assimetria e discriminação de minorias religiosas, prestigiando aquelas mais abastadas. A influência econômica acarretaria um grave desnível das classes ministradas por cada representante religioso, o que poderia converter a escola pública em espaço de proselitismo confessional e ostentação.

Por outro lado, o financiamento estatal ao ensino religioso, caso confessional, poderia travestir um repasse de recursos públicos para fomento de práticas religiosas. Essa preocupação, legitima, dirime-se pelo igual repasse de recursos a todas as religiões. Como visto, a neutralidade se assegura ao não prestigiar uma ou outra, mas atribuir a qualquer religião idêntica previsão.

Em sentido análogo, foi esse o entendimento da Suprema Corte dos Estados Unidos no caso *Everson vs Board of Education*, por 5 a 4, em 1947. À ocasião, o tribunal considerou que o reembolso aos pais do dinheiro gasto para transporte de ônibus de crianças das escolas distritais, inclusive transporte de crianças das escolas privadas paroquiais católicas, não violava a previsão da Primeira Emenda. Confira-se:

"Nova Jersey não pode, de acordo com a cláusula de estabelecimento de religião da Primeira Emenda, contribuir com impostos arrecadados para financiar o apoio de uma instituição que ensina os princípios e a fé de qualquer igreja. Por outro lado, outro aspecto da Emenda determina que Nova Jersey não possa prejudicar seus cidadãos no exercício livre de suas próprias religiões. Consequentemente, não pode excluir católicos, luteranos, muçulmanos, batistas, judeus, metodistas, ateus, presbiterianos ou membros de qualquer outra fé, *em razão da sua fé, ou da falta dela*, de receber os benefícios da legislação de bem-estar público. Enquanto não tenhamos a intenção de afirmar que um estado não poderia providenciar transporte apenas para crianças que frequentam escolas públicas, devemos ter cuidado em proteger os cidadãos de Nova Jersey contra igrejas estabelecidas pelo estado, para garantir que não proibimos inadvertidamente New Jersey de ampliar seus benefícios sociais gerais de direito estadual a todos os seus cidadãos sem levar em conta sua crença religiosa" (P. 330 US 16 tradução livre)

Por fim, há uma última observação relevante. Ao se sugerir a procedência do pedido, com proibição de admissão de professores na qualidade de representantes das confissões religiosas *tampouco se pretende discriminar a crença dos docentes* mas tão-somente impedir que sejam admitidos *na qualidade de representantes*, ou seja, que a vinculação religiosa seja um requisito para a contratação.

De fato, a contratação de professores para o ensino público é regida pelas disposições gerais de admissão de servidores públicos, sendo a aprovação em concurso um de seus requisitos indispensáveis (art. 37, II). Assim, não se pode admitir que professores vinculados a instituições religiosas ingressem nas instituições estatais de ensino independentemente da realização de concurso público, mas também seria incompatível com *o princípio da isonomia* vedar que tais pessoas sejam professores de ensino religioso, caso aprovadas no certame respectivo.

Ex positis, voto pela *procedência* da presente ação, a fim de que seja dada interpretação conforme ao art. 33, caput, §§1º e 2º, da Lei 9.394/96, para assentar que o ensino religioso em escolas públicas só pode ser de natureza não-confessional, com proibição de admissão de professores na qualidade de representantes das confissões religiosas; e seja declarada a inconstitucionalidade do trecho católico e de outras confissões religiosas, constantes no art. 11, §1º, do Acordo entre a República Federativa do Brasil e a Santa Sé relativo ao Estatuto Jurídico da Igreja Católica no Brasil.

Informação bibliográfica deste texto, conforme a NBR 6023:2018 da Associação Brasileira de Normas Técnicas (ABNT):

CANETTI, Rafaela Coutinho. O ensino religioso confessional nas escolas públicas brasileiras: entre a laicidade e o laicismo. *In*: FUX, Luiz. *Jurisdição Constitucional III*: república e direitos fundamentais. Coordenação de Valter Shuenquener de Araujo. Belo Horizonte: Fórum, 2019. p. 185-198. ISBN 978-85-450-0691-6.

DEFERÊNCIA JUDICIAL AOS ARRANJOS INSTITUCIONAIS INERENTES À SEPARAÇÃO DOS PODERES: O CASO AMIANTO

THIAGO LÔBO FLEURY

1 Contextualização do caso

Amianto e asbesto são nomes genéricos do mesmo mineral natural encontrado no solo e que, do ponto de vista mineralógico, se divide em dois tipos distintos: um integrante do grupo dos anfibólios (amianto marrom, azul e outros), e o outro das serpentinas (amianto branco), representado pela crisotila.[1]

Trata-se de mineral com múltiplas propriedades físico-químicas, sendo um dos principais produtos utilizados na construção civil por não ser inflamável, ter resistência mecânica superior à do aço, possuir ótima relação custo-benefício e apresentar grande durabilidade, entre outros atributos. Possui destaque nos seguintes segmentos:[2] (i) fabricação de cimento-amianto, presente em mais de 50% dos telhados no Brasil (*e.g.*, telhas, placas de revestimento, painéis divisórios, tubos, caixas-d'água), (ii) produção de produtos de fricção (*e.g.*, pastilhas, lonas de freio e discos de embreagem para a indústria automobilística) e (iii) indústria têxtil (*e.g.*, produção de roupas especiais de proteção contra o fogo, mantas para isolamento térmico de caldeiras, motores, automóveis e tubulações).[3]

Em contrapartida, segundo o Instituto Nacional do Câncer – Inca,[4] a exposição ao amianto está relacionada à ocorrência de diversas patologias, tais como asbestose (fibrose pulmonar), câncer de pulmão e mesotelioma (tumor de pleura). Ele é

---

[1] Artigo 2 da Convenção nº 162 da Organização Internacional do Trabalho define o que é amianto: "a) o termo 'amianto' refere-se a forma fibrosa dos silicatos minerais que pertencem às rochas metamórficas do grupo das serpentinas, ou seja a crisotila (amianto branco), e do grupo da anfíbolas, isto é, a actinolita, a amosita (amianto azul), a tremolita, ou todo composto que contenha um ou mais desses elementos minerais; [...]".

[2] ANTUNES, Paulo de Bessa. *Federalismo e competências ambientais no Brasil*. Rio de Janeiro: Lumen Juris, 2007. p. 195.

[3] BLATT, Paulo Roberto; SALDANHA, Jânia Maria Lopes. O caso do amianto: conjuntura internacional e jurisprudência do STF. *Revista Eletrônica do Curso de Direito da UFSM*, v. 2, n. 3, nov. 2007.

[4] AMIANTO. *Instituto Nacional de Câncer*, 2018. Disponível em: http://www2.inca.gov.br/wps/wcm/connect/cancer/site/prevencao-fatores-de-risco/amianto. Acesso em: 11 maio 2018.

classificado pela Agência Internacional de Pesquisa em Câncer – Iarc no Grupo 1 – os dos reconhecidamente cancerígenos para os seres humanos.[5]

É fato que o amianto é uma das substâncias mais discutidas na atualidade, em face de uma dualidade que denota a polêmica da controvérsia: de um lado, seu amplo uso na indústria, pelo fato de possuir propriedades excepcionais e ser um material física e economicamente muito interessante; e, de outro, sua evidente patogenicidade que o associa diretamente ao desenvolvimento de doenças graves e incuráveis.

No Brasil, o debate é um dos mais candentes na atualidade, não só no âmbito industrial, mas, principalmente, no legislativo, acadêmico, social, e, mais recentemente, judicial.

No aspecto normativo, a primeira legislação que regulamentou o tema foi a Resolução nº 7/1987 do Conselho Nacional do Meio Ambiente – Conama, que impunha aos fabricantes de produtos que continham amianto o dever de inserir, em cada produto, o seguinte aviso: "Cuidado! Este produto contém fibras de amianto. Evite a geração de poeira. Respirar poeira de amianto pode prejudicar gravemente sua saúde. O perigo é maior para os fumantes".

Apenas com a ratificação da Convenção nº 162 da Organização Internacional do Trabalho – OIT, "sobre a Utilização do Asbesto com Segurança", aprovada pelo Brasil no Decreto Legislativo nº 51/1989 e promulgada pelo Decreto Presidencial nº 126/1991, é que o tema ganhou a importância e a regulação devidas. Tal norma foi editada com o intento de fornecer diretrizes a serem concretizadas para prevenção e controle dos riscos à saúde oriundos da exposição ao amianto, outorgando à autoridade habilitada, segundo conhecimento técnico-científico, competência para valorar qual a melhor forma de reduzir a utilização do mineral, recomendando, "sempre que possível", a sua substituição por outras substâncias (arts. 3º e 10 da Convenção nº 162 da OIT).

Nessa conjuntura, em respeito a um compromisso internacional de regulamentar o uso seguro do amianto, o Congresso Nacional, após ampla discussão legislativa,[6] aprovou a Lei nº 9.055, de 1º.6.1995, que (i) vedou, por completo, a atividade relacionada aos minerais pertencentes ao grupo do denominado amianto anfibólio, assim como a venda a granel de fibras em pó e a pulverização (spray) de todos os tipos de fibras, e (ii) expressamente assegurou o uso controlado do amianto crisotila, sob condições rígidas que expressamente especificou (e.g., graus de exposição, limites de tolerância, procedimentos de controle e fiscalização, sanções etc.).

Contudo, mesmo após a elaboração da lei nacional, alguns estados e municípios não acolheram a norma geral editada pela União e editaram legislações próprias no sentido de banir internamente o amianto crisotila (e.g., São Paulo, Rio de Janeiro, Rio Grande do Sul, Pernambuco e município de São Paulo).

A flagrante divergência entre a lei federal – permissiva – e as legislações locais – proibitivas – instaurou conflito federativo que, somado à irresignação dos grupos que foram derrotados no debate parlamentar, terminou por mudar a discussão de sede

---

[5] MTE; MS; MPS. *Portaria interministerial MTE/MS/MPS nº 9, de 07 de outubro de 2014*. Grupo 1 - carcinogênicos para humanos. 2014. Disponível em: http://sislex.previdencia.gov.br/paginas/65/MPS-MTE-MS/2014/9.htm. Acesso em: 11 maio 2018.

[6] CÂMARA DOS DEPUTADOS. *PL 3981/1993* – Transformado na Lei 9.055/1995. Disponível em: http://www.camara.gov.br/proposicoesWeb/fichadetramitacao?idProposicao=217705. Acesso em: 15 maio 2018.

na Esplanada dos Ministérios: da discussão democrática do Poder Legislativo para uma resposta jurídica do Poder Judiciário.

Especificamente quanto à Lei Federal nº 9.055/1990, no dia 2.4.2008, a Associação Nacional dos Procuradores do Trabalho – ANPT e a Associação Nacional dos Magistrados da Justiça do Trabalho – Anamatra ajuizaram ação direta de inconstitucionalidade (ADI nº 4.066/DF) no Supremo Tribunal Federal para questionar a constitucionalidade da permissão legislativa do uso controlado do amianto crisotila. As associações alegaram violações a diversos postulados constitucionais, especialmente: o direito à saúde (arts. 6º e 196); o dever estatal de redução dos riscos inerentes ao trabalho e à proteção do meio ambiente (art. 225), e o compromisso de proteção à saúde do trabalhador (art. 7º, inc. XXII).

2 A necessidade de autocontenção judicial e de deferência aos arranjos institucionais

O tema posto na ADI nº 4.066, importantíssimo no contexto atual da sociedade brasileira, marcada por conflitos duros entre os poderes da Federação, suscitou importantes reflexões entre os ministros da Corte Constitucional sobre a dinâmica das relações interinstitucionais no Estado Democrático de Direito.

Deveras, a *quaestio iuris* posta a julgamento no Supremo Tribunal Federal consistiu em saber se a permissão do denominado uso controlado do amianto crisotila resulta em proteção insuficiente aos direitos fundamentais, ou se constitui opção legítima do Poder Legislativo, o que reclama deferência às escolhas tomadas pelos representantes do povo, instância competente para deliberações técnicas. Como bem delimitado pelo Ministro Luiz Fux em seu voto, "a sutileza que se coloca perante a Corte é, portanto, a de encontrar o ponto ótimo de equilíbrio entre a deferência às decisões do constituinte derivado e a salvaguarda dos princípios e valores mais fundamentais do Estado Democrático de Direito".

Inicialmente, uma premissa relevantíssima deve ser levantada: a vida em sociedade é marcada pelo que o Professor da Universidade de Munique e da Escola de Economia e Ciência Política de Londres Ulrich Beck[7] denominou de *sociedade de risco*, já que caracterizada pelo uso público, global e irreversível de agentes nocivos aos seres humanos e ao meio ambiente (*v.g.*, tabaco, álcool, remédios, amianto, agrotóxicos).

Nesse cenário, exsurge essencial a construção e o desenvolvimento de um Estado democrático desenhado no sentido de conceder aos poderes responsáveis pela regulação o gerenciamento de riscos, sejam eles quais forem (*e.g.*, exposição a substâncias danosas à saúde e prestação de serviços públicos).[8] Trata-se de outorgar e respeitar as escolhas dos poderes competentes, não só quanto à avaliação do risco baseada no conhecimento empírico, mas, também, quanto à tomada de decisões em temas cujo risco é caracterizado pela incerteza.

---

[7] BECK, Ulrich. *Risk society, towards a new modernity*. London: Sage, 1992.
[8] BALDWIN, Robert; CAVE, Martin; LODGE, Martin. *Understanding regulation*. Theory, strategy, and practice. 2. ed. Oxford: Oxford University Press, 2012.

Consectariamente, ressai claro que a incerteza sobre os efeitos de uma lei em prazo indeterminado não é requisito suficiente a excluir a competência do legislador para aprová-la. Apesar disso, também não se desconhece que tal insegurança não pode ser suficiente para afastar a possibilidade de controle por parte da jurisdição constitucional. A solução foi bem delineada no memorável voto proferido pelo Ministro Luiz Fux, ao prelecionar que a declaração de inconstitucionalidade de determinada opção legislativa legítima "somente deve ocorrer nas hipóteses de inconteste ultraje à Constituição", e explica que "nas situações de dúvida ou dissenso razoável acerca da incompatibilidade do conteúdo da norma adversada com a Lei Fundamental, a declaração de constitucionalidade é medida que se impõe".[9]

No caso específico do amianto, não há qualquer dúvida científica sobre os perigos da utilização do amianto. Ocorre que a zona cinzenta de incerteza restou bastante clara não só na audiência pública realizada em 2012 no Supremo Tribunal Federal – por convocação do Ministro Marco Aurélio –, mas, também, nas recentíssimas audiências públicas realizadas no Senado Federal,[10] que chegaram à seguinte conclusão: inexiste consenso científico quanto à exploração segura do produto, ante a indefinição científica a respeito do uso controlado do crisotila, bem como é incógnito o alcance das consequências de sua substituição por outras substâncias.

Destarte, as diversas nuances que permearam o processo decisório do legislador devem ser consideradas. No caso *sub examine*, o Parlamento, democraticamente investido da função de avaliar a nuvem de incerteza inerente aos riscos da atividade relacionada ao amianto, optou pela possibilidade do uso controlado do crisotila.

A Suprema Corte dos Estados Unidos da América já convencionou, aliás, que o regulador não está obrigado a pressupor o cenário mais pessimista em caso de incerteza, bem como que o Judiciário deve ser deferente às suas decisões quando a dúvida existente não for meramente fática, mas científica *(Baltimore Gas & Electric Co. v. Natural Resources Defense Council, Inc.* (462 U.S. 87, 1983)).

Nessa conjuntura, em que a adoção de determinada orientação legislativa mostra-se absolutamente razoável e justificada em um cenário de incerteza, não compete ao Judiciário substituir as escolhas democráticas pelo seu próprio juízo.[11] Veja-se, por intermédio de outros exemplos práticos, a confirmação da tese. Caso aceito o fundamento de declaração de inconstitucionalidade de uma atividade pelo potencial carcinogênico do produto, deverá ser afastada a disciplina legal de diversas outras substâncias – ao lado do amianto, com o mesmo potencial cancerígeno, a Agência Internacional para a Pesquisa no Câncer – Iarc[12] elenca, entre outras: o tabaco, a pílula anticoncepcional, o tratamento de reposição hormonal, a poeira de madeira, a

---

[9] THAYER, James Bradley. The origin and scope of the American doctrine of constitutional law. *Harvard Law Review*, v. 7, n. 3, p. 129-156, 1893.

[10] Audiência pública realizada, em 8.5.2017, na Comissão de Direitos Humanos e Legislação Participativa (CDH) do Senado Federal, durante a tramitação do PLS nº 30/2017, de autoria do Senador Paulo Paim que objetivava estabelecer a "proibição de atividades com o amianto ou asbesto, salvo destinação exclusiva a pesquisas".

[11] VERMEULE, Adrian. *Laws abnegation*. Cambridge: Harvard University Press, 2016. p. 130.

[12] MTE; MS; MPS. *Portaria interministerial MTE/MS/MPS nº 9, de 07 de outubro de 2014*. Grupo 1 - carcinogênicos para humanos. 2014. Disponível em: http://sislex.previdencia.gov.br/paginas/65/MPS-MTE-MS/2014/9.htm. Acesso em: 11 maio 2018.

fumaça expelida pela queima de diesel nos motores a combustão, e as radiações solar, X e gama. Seria o Poder Judiciário competente para invalidar todas as normas que possibilitem o uso de tais agentes? Entendo que não. Como a Suprema Corte dos EUA já assentou, são pouquíssimos os produtos que são tão seguros que um banimento completo não faria do mundo um lugar mais seguro, nem por isso se justifica uma intervenção incisiva do Judiciário (*Corrosion Proof Fittings v. Environmental Protection Agency and William Reilly* (947 F.2d 1201 (5th Cir. 1991)).

A questão, de forma ineluctável, envolve o cerne da teoria dos diálogos institucionais[13] e da separação dos poderes, já que, na linha do voto do Ministro Luiz Fux, as políticas públicas tomadas pelo legislador, quando envolverem conhecimentos técnico-científicos e não se revelarem, à evidência, flagrantemente insuficientes em termos de proteção à saúde, impõem "ao Poder Judiciário a autocontenção e deferência às valorações realizadas pelos órgãos especializados, dada sua maior capacidade institucional para o tratamento da matéria".

Evidencia-se, à luz do exposto, que a revisão judicial das premissas empíricas que embasam determinada medida regulatória só tem lugar nas hipóteses de claro ultraje aos princípios fundamentais ou a determinado comando constitucional dirigido ao legislador, na medida em que, em regra, o Judiciário não é a sede adequada para reverter o resultado do jogo democrático.

No cenário brasileiro atual, a questão do amianto certamente demanda escolhas trágicas a serem indeclinavelmente realizadas pelas instâncias democráticas, e não pela convicção de juízes, por mais bem-intencionados que sejam.[14]

Apesar dessas premissas, o Supremo Tribunal Federal optou por um caminho diverso. No dia 29.11.2017 a Corte finalizou o julgamento da ADI nº 4.066. Cinco ministros votaram pela procedência do pedido – Rosa Weber (relatora), Edson Fachin, Ricardo Lewandowski, Celso de Mello e Cármen Lúcia –, e quatro pela improcedência – Alexandre de Moraes, Luiz Fux, Gilmar Mendes e Marco Aurélio. A maioria dos membros entendeu haver "consenso técnico e científico hoje estabelecido, no tocante às premissas fáticas de que (i) todos os tipos de amianto provocam câncer, não tendo sido identificado nenhum limite para o risco carcinogênico do crisotila", e concluiu pela inconstitucionalidade da opção legislativa do uso controlado do amianto crisotila, pois "não protege adequada e suficientemente os direitos fundamentais à saúde e ao meio ambiente equilibrado". Na ocasião, ante o impedimento dos ministros Dias Toffoli e Roberto Barroso, não foi atingido o quórum de maioria absoluta necessária para declaração de inconstitucionalidade da norma (CRFB/88, art. 97).

Entretanto, na mesma assentada, ao julgar a ADI nº 3.406 – que questionava a constitucionalidade de lei do estado do Rio de Janeiro que proíbe, em nível local, todas as formas do amianto – o Plenário, além de assentar a constitucionalidade da legislação carioca, declarou, incidentalmente, com efeito vinculante e *erga omnes*, a inconstitucionalidade da norma federal que permite o uso controlado do crisotila

---

[13] HOGG, Peter W.; BUSHELL, Allison A. The charter dialogue between courts and legislatures (or perhaps the charter isn't such a bad thing after all). *Osgoode Hall Law Journal*, v. 35, n. 1, p. 75-124, 1997.
[14] STEILEN, Matthew J. Minimalism and deliberative democracy: a closer look at the virtues of shallowness. *Seattle University Law Review*, v. 33, p. 391-435, jan. 2010. p. 396.

(art. 2º da Lei nº 9.055/1995), contando com o voto do Ministro Dias Toffoli, que estava impedido de votar na ADI que tratou especificamente da norma nacional. Na ocasião, portanto, a saída encontrada foi a inédita possibilidade de se declarar a inconstitucionalidade de determinada matéria, e não do dispositivo legal específico.

Mas a polêmica não acabou por aí. No dia 19.12.2017, a Ministra Rosa Weber, relatora da ADI nº 3.406, deferiu medida liminar para suspender os efeitos *erga omnes* dados à decisão até que termine o prazo para apresentação de embargos de declaração contra o entendimento do Plenário, de sorte que, atualmente, a proibição do amianto só vale para estados e municípios que expressamente o vedam.

Conclui-se, desse modo, que, apesar de ter restado vencido, o Ministro Luiz Fux delineou com precisão as premissas que entendo devam guiar o Supremo Tribunal Federal caso queira conduzir seus trabalhos em respeito ao princípio da separação dos poderes e manter o saudável diálogo institucional que bem serve à democracia e às suas instituições. É que, num cenário democrático ideal, o Congresso Nacional é o *locus* por excelência em que devem ocorrer as deliberações sobre questões políticas fundamentais da sociedade e, principalmente, sobre matérias que demandam *expertise* técnica que, certamente, o Poder Judiciário não possui.[15]

VOTO

O Senhor Ministro Luiz Fux (Relator) – Senhor Presidente, egrégio Tribunal Pleno, ilustre representante do Ministério Público.

A controvérsia posta na presente ação direta de inconstitucionalidade consiste em tema deveras polêmico nas últimas décadas, na medida em que se discute se a permissão do denominado uso controlado do amianto crisotila resulta em proteção insuficiente aos direitos fundamentais à saúde, à dignidade da pessoa humana e ao meio ambiente. A sutileza que se coloca perante a Corte é, portanto, a de encontrar o ponto ótimo de equilíbrio entre a deferência às decisões do constituinte derivado e a salvaguarda dos princípios e valores mais fundamentais do Estado Democrático de Direito. Eis o desafio da jurisdição constitucional no Estado Democrático de Direito: não ir *além* da sua missão, nem ficar *aquém* do seu dever.

Antes de adentrar ao mérito da presente lide, insta verificar a legitimidade *ad causam* das requerentes para ajuizar esta ação de controle concentrado.

[...]

Conheço da presente ação direta de inconstitucionalidade. Superada a preliminar, passo à análise das alegações de mérito colocadas pelas entidades proponentes.

II. Mérito

A controvérsia *sub examine* na presente ação direta de inconstitucionalidade questiona a compatibilidade com o ordenamento constitucional da disciplina

---

[15] SUNSTEIN, Cass R.; ULLMANN-MARGALIT, Edna. Second-Order decisions. John M. Olin *Program in Law and Economics Working Paper*, n. 57, 1998.

normativa federal que dispõe sobre a comercialização e o *uso controlado* do amianto crisotila.

Com efeito, a *Lei federal 9.055/95*, ora impugnada, proíbe, em seu 1º, a extração, produção, industrialização, utilização e comercialização dos minerais pertencentes ao grupo do denominado amianto anfibólio, e, em seu art. 2º, *permite* a exploração e utilização, industrial e comercial, desde que respeitadas alguns limites, o que foi denominado de *uso controlado* do *amianto do tipo crisotila* (asbesto branco). Eis o teor da norma, *verbis*:

> LEI Nº 9.055, DE 1º DE JUNHO DE 1995.
>
> Disciplina a extração, industrialização, utilização, comercialização e transporte do asbesto/amianto e dos produtos que o contenham, bem como das fibras naturais e artificiais, de qualquer origem, utilizadas para o mesmo fim e dá outras providências.
>
> Art. 1º É vedada em todo o território nacional:
>
> I - a extração, produção, industrialização, utilização e comercialização da actinolita, amosita (asbesto marrom), antofilita, crocidolita (amianto azul) e da tremolita, variedades minerais pertencentes ao grupo dos anfibólios, bem como dos produtos que contenham estas substâncias minerais;
>
> II - a pulverização (spray) de todos os tipos de fibras, tanto de asbesto/amianto da variedade crisotila como daquelas naturais e artificiais referidas no art. 2º desta Lei;
>
> III - a venda a granel de fibras em pó, tanto de asbesto/amianto da variedade crisotila como daquelas naturais e artificiais referidas no art. 2º desta Lei.
>
> Art. 2º O asbesto/*amianto da variedade crisotila* (asbesto branco), do grupo dos minerais das serpentinas, e as demais fibras, naturais e artificiais de qualquer origem, utilizadas para o mesmo fim, *serão extraídas, industrializadas, utilizadas e comercializadas em consonância com as disposições desta Lei*.
>
> Parágrafo único. Para os efeitos desta Lei, consideram-se fibras naturais e artificiais as comprovadamente nocivas à saúde humana.
>
> [...] – grifo próprio.

A questão que se coloca perante esta Corte consiste em saber se a opção legislativa em *permitir* a exploração e o *uso controlado do amianto* crisotila no Brasil revela medida legislativa constitucionalmente válida, ou se viola flagrantemente os princípios constitucionais invocados (i.e., direito à saúde - CRFB/88, art. 6º e 196, dever estatal de redução dos riscos inerentes ao trabalho e à proteção do meio ambiente - CRFB/88, art. 225, e à proteção à saúde do trabalhador – art. 7º, inciso XXII).

II.1 Ausência de violação à Convenção OIT 162

Ab initio, antes de se examinar os limites à revisão judicial dos critérios estabelecidos pelo legislador competente - Lei federal 9.055/95, frise-se -, impõe-se necessário enfrentar uma questão preliminar: *a possibilidade de afastar-se incidentalmente a aplicação da norma federal por incompatibilidade com a Convenção nº 162 da OIT, aprovada pelo Brasil no Decreto Legislativo nº 51/1989, "sobre a Utilização do Asbesto com Segurança"*.

É que a aludida Convenção, por disciplinar tema relativo a direitos humanos, possui status *supralegal*, conforme entendimento consolidado por esta Suprema Corte (*v.g.*, RE 349.703, Relator Min. Carlos Britto, Relator p/ Acórdão: Min. Gilmar Mendes, Tribunal Pleno, DJe 05/06/2009) razão pela qual a legislação infraconstitucional com ela incompatível torna-se inaplicável.

Consequentemente, em detrimento da suposta inconstitucionalidade da orientação normativa federal, respaldar-se-ia a atuação legislativa dos Estados e do Município de São Paulo.

Essa foi a linha de argumentação capitaneada pelo Ministro Joaquim Barbosa, em seu voto-vista, e perfilhada pela maioria dos Ministros da Corte, quando da apreciação – e indeferimento – pelo Plenário da cautelar da ADI 3.937.

Segundo o i. Ministro Joaquim Barbosa, o País, ao assumir o compromisso, no plano internacional, de substituir progressivamente a utilização do amianto crisotila, vinculou-se também no plano interno, de maneira que todas as unidades federadas podem, e devem, implementar políticas de desestímulo à utilização de quaisquer espécies de amianto, inclusive do tipo crisotila.

Em suas palavras, *"a Convenção é uma norma protetora de direitos fundamentais, em especial o direito à saúde e ao meio ambiente equilibrado. Também vai ao encontro ao princípio da dignidade da pessoa humana e da ordem econômica fundada na valorização do trabalho humano, justiça social e defesa do meio ambiente"*. Daí por que, prossegue o e. Ministro, *"o conteúdo dessa Convenção é definitivo para se avaliar o exercício da competência legislativa dos estados. [...] Além de proteger o direito humano à saúde, a Convenção foi muito feliz ao exigir que os Estados-partes condicionassem possíveis exceções nacionais à proibição do amianto ao progressivo desenvolvimento de materiais que pudessem substituir o crisotila"*.

Nesse mesmo sentido, mais recentemente, votou o Ministro Ayres Britto quando da relatoria da ADI 3.357, em 08.11.2012, ocasião em que defendeu que *"a lei (federal – Lei 9.055/1995) assegura para todo o sempre a vida de uma substância que tem os seus dias contados pela Convenção em que ele, diploma legal federal brasileiro, cita como seu fundamento de validade. Malabarismo legislativo, ou crassa erronia técnica, é a pergunta, data vênia, que o intérprete e aplicador da lei não pode deixar de fazer"*.

Com as devidas vênias ao entendimento supracitado, ponho-me a discordar da tese.

Do minucioso exame que fiz das disposições da Convenção 162 da OIT, promulgada pelo Decreto Legislativo nº 126/1991, não chego à conclusão similar. Isto porque a aludida Convenção fornece *diretrizes* a serem concretizadas pela autoridade competente do país, segundo conhecimento técnico-científico, no sentido da prevenção e do controle dos riscos, para a saúde, oriundos da exposição profissional ao amianto, bem como a proteção dos trabalhadores contra tais riscos (art. 3º da Convenção 162 da OIT). Os arts. 3 e 10 da Convenção dispõem o seguinte:

ARTIGO 3º

1 - A legislação nacional deve prescrever as medidas a serem tomadas para prevenir e controlar os riscos, para a saúde, oriundos da exposição profissional ao amianto, bem como para proteger os trabalhadores contra tais riscos.

2 - A legislação nacional, adotada em virtude da aplicação do parágrafo 1 do presente Artigo deverá ser submetida a revisão periódica, à luz do desenvolvimento técnico e do aumento do conhecimento científico.

3 - A autoridade competente poderá suspender, temporariamente, as medidas prescritas em virtude do parágrafo 1 do presente Artigo, segundo condições e prazos a serem fixados após consulta às organizações mais representativas dos empregadores e dos empregados interessadas.

4 - Quando de derrogações estabelecidas de acordo com o parágrafo do presente Artigo, a autoridade competente deverá zelar por que sejam tomadas as precauções necessárias para proteger a saúde dos trabalhadores.

[...]

ARTIGO 10

Quando necessárias para proteger a saúde dos trabalhadores, e viáveis do ponto de vista técnico, as seguintes medidas deverão ser previstas pela legislação nacional:

a) *sempre que possível*, a substituição do amianto ou de certos tipos de amianto ou de certos produtos que contenham amianto por outros materiais ou produtos, ou, então, o uso de tecnologias alternativas desde que submetidas à avaliação científica pela autoridade competente e definidas como inofensivas ou menos perigosas.

b) a proibição total ou parcial do uso do amianto ou de certos tipos de amianto ou de certos produtos que contenham amianto para certos tipos de trabalho.

Note-se que tais disposições orientam o legislador pátrio no sentido da redução da utilização do amianto, sendo recomendável, *sempre que possível*, a sua substituição por outras substâncias. Mesmo quando denota um caráter impositivo (art. 10, item *b*), a Convenção confere aos órgãos nacionais competentes um espaço, ainda que diminuto, de conformação quanto à proibição total ou parcial do uso do amianto ou de certos tipos de amianto ou de certos produtos que contenham amianto. Nesse sentido, a expressão *"sempre que possível"* denota o poder atribuído à autoridade nacional para valorar aspectos peculiares de cada país segundo critérios técnico-científicos.

O art. 3º, item 1, da mencionada Convenção, por sua vez, previu que a legislação nacional deve prescrever *"medidas para a saúde devidos à exposição profissional ao asbesto e para proteger os riscos para a saúde devidos à exposição profissional ao asbesto e para proteger os trabalhadores contra tais riscos"*. Já nos artigos 5º e 9º, *impõe a adoção de um sistema estatal de inspeção suficiente e adequado*, quadro em consonância com as disposições contidas na lei federal.

Daí por que, em linha diversa à defendida, não se infere do texto da Convenção qualquer vedação absoluta e categórica da utilização do amianto.

Na verdade, as disposições da Convenção sinalizam para a progressiva redução do uso da substância, sempre remetendo a um juízo técnico e científico da autoridade competente. Em outras palavras, compete à autoridade competente, segundo a disciplina interna de cada país signatário, valorar qual a melhor forma de implementar, mediante critérios técnicos e científicos, tais recomendações, de modo a otimizar a proteção da saúde com os demais valores protegidos pela ordem constitucional.

No Brasil, como já explicitado, a autoridade competente a que se refere à Convenção 162 da OIT é o *Poder Legislativo federal*, sobretudo pela magnitude nacional da discussão. É o Congresso Nacional que detém o poder necessário para proceder aos juízos acerca da melhor forma de concretizar os mandamentos da Convenção, valorando se, diante de critérios políticos, técnicos e científicos (art. 10 da Convenção), é legítima a proibição, em todo o território nacional, da utilização de substâncias derivadas do amianto.

Assentada a premissa de que compete ao legislador federal disciplinar a matéria, sendo válida, sob o ângulo das competências legislativas, a Lei nº 9.055/95, passa-se ao exame da suposta ofensa do aludido diploma aos direitos à saúde (art. 6º e 196 da CRFB/88) e ao meio ambiente (art. 225 da CRFB/88).

De plano, deve-se deixar consignado que o teste acerca da compatibilidade material entre a norma impugnada e os parâmetros constitucionais tidos por violados não deve ocorrer sob um enfoque estritamente jurídico. Não basta o mero cotejo de diplomas normativos para chegar a uma conclusão satisfatória e adequada ao caso em questão. Vale dizer: o equacionamento do caso reclama conhecimentos técnicos e científicos que, em regra, os operadores do Direito não possuem.

Quanto ao tema, permito-me, por necessário, tecer algumas observações preliminares.

II.2 A necessidade de autocontenção judicial e de deferência aos arranjos institucionais

Em diversas oportunidades, externei, neste Plenário, minha preocupação acerca da necessidade de preservação da legitimidade democrática da *judicial review* – a clássica dificuldade contramajoritária –, que decorre da circunstância de os juízes, não submetidos ao escrutínio das urnas, poderem invalidar as decisões do legislador, ancorando-se, muitas vezes, em disposições constitucionais dotadas de abstração e vagueza, e, em consequência, moldando a Constituição de acordo com suas preferências políticas. De outro lado, não raro a atuação estatal reveste-se de dificuldades tamanhas que desafiam o próprio controle pelo Poder Judiciário, impondo-lhe limites inescapáveis. Refiro-me aqui a dificuldades já conhecidas e debatidas pela literatura do direito público nacional e estrangeiro, tais como a vagueja das normas constitucionais invocadas como parâmetros de controle, a clássica *"dificuldade contramajoritária"* que decorre da anulação judicial de atos aprovados pelos representantes do povo (ou da imposição de sua atuação) *e a complexidade técnica inerente aos temas a que o Judiciário é chamado a analisar pela ótica estrita da validade jurídica.*

Deveras, é tênue na dogmática constitucional da separação de poderes o limite entre a defesa judicial dos valores da Constituição, missão irrenunciável deste Supremo Tribunal Federal por força da própria Carta de 1988 (CRFB/88, art. 102, *caput*), e uma espécie perigosa de supremacia judicial, através da qual esta Corte acabe por negar qualquer voz aos demais poderes políticos na construção do sentido e do alcance das normas constitucionais. Como aponta a moderna doutrina, é *fundamental para a realização dos pressupostos do Estado Democrático de Direito um desenho institucional em que o sentido futuro da Constituição se dê através de um diálogo aberto entre as instituições políticas e a sociedade civil, em que nenhum deles seja supremo, mas antes, que cada um dos poderes contribua com a sua específica capacidade institucional* (BRANDÃO, Rodrigo. *Supremacia judicial versus diálogos constitucionais a quem cabe a* última *palavra sobre o sentido da Constituição?* Rio de Janeiro: Ed. Lumen Juris, 2012, p. 287).

Indispensável, por tal motivo, uma incursão, ainda que breve, sobre os limites da atuação do Poder Judiciário em um regime democrático.

Os ideais da democracia e do constitucionalismo, não obstante caminhem lado a lado, vez por outra revelam uma tensão latente entre si. É que, de um lado, a democracia, apostando na autonomia coletiva dos cidadãos, preconiza a soberania popular, que tem no princípio majoritário uma de suas mais importantes dimensões, tal qual preleciona Robert Dahl (*Sobre a democracia*. Tradução: Beatriz Sidou. Brasília: Editora Universidade de Brasília, 2001). De outro lado, o constitucionalismo propugna pela limitação do poder através de sua sujeição ao direito, o que impõe obstáculos às deliberações do povo. Isso porque, como bem destacou Vital Moreira, *"[...] por definição, toda Constituição constitui um limite da expressão e da autonomia da vontade popular. Constituição quer dizer limitação da maioria de cada momento, e, neste sentido, quanto mais Constituição, mais limitação do princípio democrático. [...] O problema consiste em saber até que ponto é que a excessiva constitucionalização não se traduz em prejuízo do princípio democrático"* (MOREIRA, Vital. "Constituição e Democracia". In: MAUÉS, Antonio G. Moreira (Org.) *Constituição e Democracia*. São Paulo: Max Limonad, 2001, p. 272).

Daí por que à jurisdição constitucional, nesse cenário, incumbe a tarefa de encontrar o ponto ótimo de equilíbrio entre estes dois pilares sobre os quais se erige o Estado Democrático de Direito – democracia e constitucionalismo.

A depender da calibragem de suas decisões (*i.e.*, atribuindo importância maior a qualquer destes ideais), os tribunais podem tolher a autonomia pública dos cidadãos, substituindo as escolhas políticas de seus representantes por preferências pessoais de magistrados não responsivos à vontade popular, ou, ao revés, podem as cortes chancelar o advento de um despotismo das maiorias, de maneira a comprometer a supremacia e a efetividade da Lei Fundamental. A amparar essa importantíssima premissa, John Hart Ely (*Democracy and distrust: a theory of judicial review*. Cambridge: Harvard University Press, 1980, p. 102-103) vaticina que o Poder Judiciário deve agir como "árbitro" ou uma espécie de *"fiscal"* das regras do jogo político. Por isso, deveria interferir, apenas, quando um *"time está ganhando uma vantagem injusta"*, não porque *"um time está ganhando ou perdendo"*.

Nesse sentido, a Constituição não pode ser vista como repositório de todas as decisões coletivas, senão *apenas* dos lineamentos básicos e objetivos fundamentais da República. Deve-se, portanto, rechaçar qualquer leitura maximalista das cláusulas constitucionais, nomeadamente aquelas dotadas de elevado grau de vagueza e de indeterminação semântica, que acabe por aniquilar o papel da política ordinária na vida social. É esse o magistério de Dieter Grimm (Constitution Adjudication and democracy. *Israel Law Review*, vol. 33, 1999, p. 210):

> "A Constituição estrutura a ação política organizando-a, guiando-a, limitando-a. Mas ela não regula a ponto de a política estar reduzida à mera execução de ordens constitucionais. *Dentro da moldura constitucional, os órgãos políticos estão livres para fazer as escolhas que, de acordo com seu ponto de vista, o bem comum exige*. A eleição decide qual dos pontos de vista em competição é o preferido pela sociedade e qual o grupo político deve, dessa forma, liderar as posições no Estado e executar seu programa político. A seu turno, as Cortes, especificamente as Cortes Constitucionais, são chamadas a controlar se os outros ramos de poder, ao definir, concretizar e implementar os objetivos políticos agirem de acordo com os princípios constitucionais e não ultrapassaram os limites constitucionais".[16]

---

[16] Do original: *The constitution structures political action by organizing, guiding and limiting it. But it does not regulate it to an extent which would reduce politics to mere execution of constitutional orders. Within the framework of the*

Sem embargo, não se pode perder de mira que a Constituição representa autêntica norma jurídica, dotada de força cogente, vocacionada a conformar condutas e apta a ensejar consequências pelo seu descumprimento. De há muito as Constituições deixaram de ser vistas como mera folha de papel, como sugeria Ferdinand Lassale (*A essência da Constituição*. Rio de Janeiro: Liber Juris, 1988), para assumir a posição de centralidade no sistema jurídico, enquanto definidora dos cânones estruturantes do Estado de Direito.

A efetividade da Constituição depende, em grande medida, da atuação das Cortes, as quais, embora não monopolizem a sua interpretação, como ensina o jurista alemão Peter Häberle (*Hermenêutica constitucional: a sociedade aberta dos intérpretes da constituição: contribuição para a interpretação pluralista e "procedimental" da constituição.* tradução de Gilmar Ferreira Mendes. Porto Alegre: S. A. Fabris, 2002), têm como função precípua fiscalizar a observância e zelar pelo respeito das limitações constitucionais, cuja própria existência, como apontava Alexander Hamilton, *somente pode ser preservada por meio do Judiciário, cuja função deve ser a de declarar nulos todos os atos contrários ao conteúdo manifesto da Constituição. Sem isso todos os direitos e prerrogativas não significariam nada* (HAMILTON, Alexander. *The Federalist*, nº LXXVIII. Nova Iorque: Scribner, Armstrong, 1876, p. 541 - tradução livre do original).

Como anteriormente referido, eis o desafio da jurisdição constitucional no Estado Democrático de Direito: não ir *além* da sua missão, nem ficar *aquém* do seu dever. Na lição irretocável de Daniel Sarmento e Cláudio Pereira de Souza Neto, *"de um lado, deve-se reconhecer o importante papel do Judiciário na garantia da Constituição, especialmente dos direitos fundamentais e dos pressupostos da democracia. Mas, de outro, cumpre também valorizar o constitucionalismo que se expressa fora das cortes judiciais, em fóruns como os parlamentos e nas reivindicações da sociedade civil que vêm à tona no espaço público informal"* (SARMENTO, Daniel; SOUZA NETO, Cláudio Pereira de. *Direito Constitucional. Teoria, história e métodos de trabalho*. Belo Horizonte: Fórum, 2012, p. 240).

Como consectário, seria antidemocrático atribuir a juízes não-eleitos e não responsivos à vontade popular a imposição de comportamentos e/ou a invalidação de atos normativos emanados de autoridades escolhidas pelo povo. Stephen Breyer (*Making Our Democracy Work. A Judges View*. New York: Vintage Books, 2010, p. 121 - tradução livre), *Associate Justice* da Suprema Corte dos Estados Unidos, não se distancia da mesma lógica ao assentar que "*a Constituição exibe uma preferência democrática por soluções elaboradas por aqueles que o povo elegeu*".

Sem embargo, e ancorando-me no valioso escólio de James Bradley Thayer (The Origin and Scope of the American Doctrine of Constitutional Law. *Harvard Law Review*. Vol. 7, No. 3, 1893, p. 129/156, disponível em <https://archive.org/details/jstor-1322284>), *reputo que a uma atuação mais <u>incisiva</u> e <u>particularista</u> dessa Suprema Corte, a partir da invalidação de leis ou atos normativos, somente deve ocorrer nas hipóteses*

---

constitution the political organs are free to make those choices which, according to their view, the common best requires. The election decides which of the competing views is preferred by society and which political group may therefore fill the leading positions in the state and carry out its political program. By contrast, courts and especially constitutional courts, are called to control whether the other branches of government, in defining, concretizing and implementing the political goals, have acted in accordance with the constitutional principles and not transgressed the constitutional limits.

de cabal e inconteste ultraje à Constituição, de ordem que, nas situações de dúvida ou dissenso razoável acerca da (in)compatibilidade do conteúdo da norma adversada com a Lei Fundamental, a declaração de constitucionalidade é *medida que se impõe, mormente pela presunção de que o legislador, investido que é em suas prerrogativas pelo batismo popular, se afigura autoridade máxima na tomada de decisões políticas legítimas substantivas* à luz dos cânones constitucionais.

A inconstitucionalidade, portanto, para ser reconhecida, deve ser chapada.

A postura de autorrestrição judicial, nesses casos, se justifica em decorrência do fato de que a colmatação do sentido das disposições magnas se situa no amplo espaço de conformação legislativa, motivo por que eventual crítica à substância do produto legislativo não pode, nunca, ter o condão de inquiná-la de nulidade.

Se estas contingências impõem *per se* certa dose de cautela no exercício da jurisdição constitucional, a própria discussão de fundo potencializa essa preocupação.

É que, como salientei anteriormente, o teste acerca da compatibilidade material entre a norma impugnada e os parâmetros constitucionais tidos por violados não deve ocorrer sob um enfoque estritamente jurídico. Vale dizer: o equacionamento do caso reclama conhecimentos técnicos e científicos que, em regra, os operadores do Direito não possuem. *In casu*, a questão jurídica debatida (*i.e.*, constitucionalidade ou não da norma que permite, respeitados determinados limites e condições, a extração, industrialização, utilização e comercialização do amianto crisotila) revela *amplo dissenso* no seio da sociedade, *mormente no espaço científico*.

A questão que se coloca perante esta Corte consiste em saber se, ante a clarividente opção legislativa em *permitir* a exploração e o uso controlado do amianto crisotila no Brasil, aliado à completa ausência de consenso quanto à exploração segura do produto, bem como as consequências imensuráveis de sua substituição por outras substâncias, o Judiciário detém competência para invalidar a escolha legislativa, com fundamento em suposta contrariedade à Constituição e o dever de proteção à saúde.

Pois bem.

Ciente dessa limitação institucional, o eminente Ministro Marco Aurélio determinou a realização de audiência pública para que fossem ouvidos diversos especialistas e autoridades do meio científico, com vistas a permitir uma melhor visualização a nós, Ministros da mais Alta Corte de Justiça do país, acerca da controvérsia travada nestas ADIs e ADPF. Nos dias 24 e 31 de agosto de 2012, participaram várias autoridades e profissionais com experiência em áreas relacionadas à matéria, como Medicina, Química, Economia, Segurança e Medicina do Trabalho e Meio Ambiente.

Desta audiência pública, alguns dados são dignos de nota: *(i)* em *primeiro* lugar, a temática do amianto se revela uma importante política pública em termos de interesse nacional. É que, dos dados levantados, extrai-se ser o Brasil responsável por 20% da produção anual mundial de amianto, ocupando a terceira posição no ranking de maiores produtores; *(ii)* em *segundo* lugar, a sua comercialização movimenta cerca de R$ 2,5 bilhões de reais, representando um acréscimo anual de mais R$ 1,5 bilhão de reais ao Produto Interno Bruto, e *(iii)* em *terceiro* lugar, que realmente há um relativo dissenso na própria comunidade científica acerca do uso seguro do amianto tipo crisotila e, sobretudo, dos seus substitutos funcionais, como recomenda a Convenção da OIT, por exemplo. Aliás, a divergência se verifica dentro da própria Administração, de sorte que, enquanto representantes dos Ministérios da Saúde e do Meio Ambiente recomendam a eliminação do uso de amianto crisotila no país, os Ministérios do Desenvolvimento e de Minas e Energia defendem o uso controlado da substância. Inegavelmente, quanto a este terceiro aspecto, os interesses econômicos em jogo desempenham um significativo papel nas conclusões apresentadas, fazendo pender a balança para o lado que melhor lhe aprouverem.

Apenas a título de nota, a denotar a complexidade do tema, o Dr. David Bernstein, PhD em medicina e toxicologia ambiental pelo Instituto de Medicina Ambiental da Universidade de Nova Iorque, pontuou que há dados limitantes para realizar uma avaliação científica das fibras substitutas que estão sendo propostas e que isso deve levar a uma preocupação maior do que o uso da crisotila. Assegurou a existência de prova científica recentemente publicada de que o amianto crisotila é muito menos perigoso do que a forma anfibólica e que, diante do controle e da utilização apropriada no fibrocimento, não apresenta risco excessivo para a saúde do trabalhador.

Em sentido oposto, o Dr. Arthur L. Frank, professor patologista e pesquisador dos efeitos cancerígenos do amianto crisotila esclareceu que diversas organizações internacionais e todos os órgãos governamentais dos Estados Unidos chegaram à conclusão de que qualquer forma de amianto é perigosa. Revelou que a crisotila pura causa o mesotelioma em muitos países e que a expressão "uso controlado" é uma utopia, pois o mineral não pode ser manuseado de maneira segura.

De qualquer forma, uma conclusão salta aos olhos após as exposições na Audiência Pública: o equacionamento da controvérsia contida nestas ações requer, necessariamente, uma expertise que esta Suprema Corte não possui.

Como dito linhas acima, a dogmática jurídica não oferece um instrumental seguro para responder satisfatoriamente uma causa de tamanha complexidade, do ponto de vista técnico e científico. Mesmo após oitiva das autoridades, permanece uma nuvem cinzenta acerca dos danos à saúde causados tanto pela utilização controlada do amianto crisotila, nos limites engendrados pela legislação nacional, quanto pelo uso de seus substitutos funcionais (*e.g.*, álcool polivinílico e do polipropileno), como defendem alguns. Nesse ponto, aliás, o Dr. Thomas Hesterberg, mestre em biologia e doutor em toxicologia, apontou, na audiência pública, que as possíveis substâncias substitutas não foram adequadamente investigadas, mostrando-se arriscado trocar uma substância já conhecida por outras cujos eventuais efeitos toxicológicos e o desempenho na indústria ainda são ignorados.

Diante desse contexto, indaga-se: a partir da dúvida acerca do uso seguro e controlado do amianto crisotila, qual a instituição detém a palavra final acerca da sua proibição ou não? Seria o Poder Judiciário ou o Poder Legislativo?

Parece-me que a postura de *autocontenção* da Suprema Corte e de *deferência* à opção feita pelo legislador federal deva ser a que melhor atenda ao caso em tela.

A uma, porque há uma maior legitimidade democrática dos agentes políticos investidos pelo batismo popular para o estabelecimento de políticas públicas, sobretudo em matéria de saúde. Em um Estado Democrático de Direito, cabe ao legislador, e não ao magistrado realizar, *prima facie* políticas públicas. Excepcionalmente, pode o Poder Judiciário imiscuir-se em tal seara, notadamente para realizar a fiscalização das políticas públicas implementadas ou para dar um *input* nos demais órgãos do Estado para saírem da inércia, sempre que a omissão comprometer a efetividade e a eficácia das disposições da Carta de 1988, em especial aos direitos e garantias fundamentais.

A *duas*, porque, assim como fez o Supremo Tribunal Federal, o Congresso Nacional realizou diversas audiências e consultou inúmeros órgãos antes da edição da Lei nº 9.055/95, chegando à conclusão de que o uso seguro da utilização de amianto da espécie crisotila não representaria um risco à saúde. Não se afigura legítimo sobrepor a Audiência Pública aqui realizada àquelas feitas pelo Legislativo federal quando se debatia a respeito da vedação/permissão do uso do amianto crisotila.

A *três*, porque, como já ressaltado, inexiste na literatura médica estudos contundentes acerca da toxicologia do álcool polivinílico e do polipropileno – substâncias consideradas substitutas do amianto. Em termos práticos, se esta Suprema Corte encampar a tese de que o amianto do tipo crisotila viola o direito à saúde, previsto nos arts. 6º e 196 da Carta da República, haveria a substituição de um risco à saúde, devidamente estudado e documentado, por um risco, não estudado pela literatura médica. E, por evidente, tal substituição não se mostra legítima.

A *quatro*, porque, diversamente do Poder Judiciário, o Poder Legislativo possui órgãos especializados dotados de maior capacidade técnica para lidar com questões de alta complexidade técnico-científica. *Eis o parâmetro: quanto mais técnica for a controvérsia, maior deverá ser a deferência do Poder Judiciário às opções políticas definidas pelo legislador ordinário.*

Trata-se, destarte, de uma postura de *humildade institucional*: reconhecer que o Poder Judiciário não é capaz de oferecer respostas satisfatórias a todas as questões que lhe são trazidas.

Lastreado nessas premissas, o debate acerca da possibilidade do uso controlado do amianto crisotila deve ser capitaneado pelas instâncias políticas majoritárias. É que, em uma democracia, ao menos quando idealmente pensada, o espaço político, notadamente o Parlamento, é o *locus* em que devem ocorrer as deliberações sobre questões políticas fundamentais da sociedade. *Vale dizer: é o Congresso Nacional, e não o Judiciário, o locus por excelência para a tomada de decisão de primeira ordem sobre a matéria* (sobre o tema de decisões de primeira e segunda ordens cf. SUNSTEIN, Cass R.; ULLMANN-MARGALIT, Edna. Second-Order decisions. *John M. Olin Program in Law and Economics Working Paper No. 57*, 1998), extraindo o sentido e o alcance das cláusulas constitucionais, em especial por serem também intérpretes autênticos da Constituição.

Neste ponto, uma postura de deferência com relação à possibilidade e ao limite do uso controlado do amianto crisotila indica que o Poder Judiciário mantém uma postura dialógica com o Poder Legislativo, não se arvorando como detentor da última palavra em matéria de interpretação constitucional. Perfilhando similar entendimento, a jurista canadense Christine Bateup preleciona que o uso judicial das *virtudes passivas* promove o diálogo constitucional por propiciarem aos poderes políticos de governo, em conjunto com a sociedade, a oportunidade de debater e resolver questões constitucionais divisoras por meio de canais democráticos. (BATEUP. Christine. The Dialogic Promise. Assessing the Normative Potential of Theories of Constitutional Dialogue. *Brooklyn Law Review*. Vol. 71 (3), 2006, p. 1.132).

Aliás – importante ressaltar –, atualmente correm nas Casas Legislativas diversos projetos de lei visando discutir a possibilidade da proibição da exploração do amianto crisotila no Brasil. Dentre eles, temos o PL 2.186/1996, apresentado pelos então deputados Eduardo Jorge e Fernando Gabeira, que *"dispõe sobre a substituição progressiva da produção e da comercialização de produtos que contenham asbesto/amianto"*. Mas é no Senado Federal que o tema está candente. Muito recentemente, o Senador Paulo Paim apresentou o PLS 30/2017 com vistas a estabelecer a *"proibição de atividades com o amianto ou asbesto, salvo destinação exclusiva a pesquisas"*, tipificar *"o descumprimento como infração sanitária"* e revogar *"a Lei nº 9.055/1995"*. Em consulta à tramitação do referido projeto, no sítio eletrônico do Senado Federal, consta que foi realizada *audiência pública* no recentíssimo dia 08.05.2017, na Comissão de Direitos Humanos e Legislação Participativa (CDH), em que trabalhadores, médicos, políticos e representantes do governo discordaram sobre o banimento, no Brasil, da exploração e do uso do amianto, *ocasião em que o ponto nodal foi a reafirmação da completa indefinição científica a respeito do uso controlado do amianto.*

De fato, é no Parlamento, e não no Poder Judiciário, que as discussões públicas devem ocorrer por excelência. Não se trata de um argumento acaciano, mas, ao revés, de um postulado ínsito à democracia, que não pode ser negligenciado. A questão, absolutamente controversa no mundo científico especializado, deve permanecer em discussão, sob pena de um paternalismo judicial ou, para utilizar uma expressão bastante em voga, uma *supremocracia* (VIEIRA, Oscar Vilhena. Supremocracia. *Revista de Direito do Estado*, ano 3, nº 12, p. 107-142, out/dez 2008). Na realidade, diversamente do que abreviar a discussão, como se daria no caso de declaração de inconstitucionalidade da lei federal, o papel desta Suprema Corte é permitir que os debates sejam realizados de forma republicana, transparente e com os canais de participação abertos a todos o que queiram deles participar. Esse sim é o modelo de atuação legislativa legítima, tal qual concebido por John Hart Ely (*Democracy and Distrust. A Theory of Judicial Review*. Cambridge: Harvard University Press, 1980).

Há mais. Ao lado da legitimidade democrática, vislumbro na espécie maior *capacidade epistêmica* do Poder Legislativo para tratar do assunto. Para além do argumento democrático, a especialização das funções públicas depende da correspondente organização de estruturas administrativas aptas ao desempenho das atividades propostas (ACKERMAN, Bruce. The new separation of powers. *Harvard Law Review*, v. 113, nº 3, p. 663-727, jan. 2000, p. 634). *In casu*, como se pode notar pelos documentos anexados ao Projeto de Lei que resultou na lei ora questionada, e às inúmeras audiências públicas realizadas sobre o tema, tanto no âmbito do Legislativo, como da própria Suprema Corte, importante reafirmar que a controvérsia é marcada por *debates técnicos* que fogem ao conhecimento convencional e ao raciocínio puramente jurídico.

Nesses casos que necessariamente envolvem conhecimentos técnicos, e em se tratando de políticas públicas que não se mostram, à evidência, insuficientes ou inadequadas em termos de proteção à saúde, a postura mais adequada ao Poder Judiciário é a de *autocontenção (judicial self-restraint)* e de *deferência* às valorações realizadas pelos órgãos especializados, dada sua maior *capacidade institucional* para o tratamento da matéria (cf. SCHAUER, Frederick. Playing by the rules: a philosophical examination of rule-based decision-making in law and in life. Oxford: *Oxford University Press*, 1998; SUNSTEIN, Cass; VERMEULE, Adrian. Interpretation and Institutions. *John M. Olin Program in Law & Economics Working Paper nº 156*, 2002).

O Judiciário não pode arvorar-se na condição de detentor da verdade absoluta, sobretudo quando estão em jogo discussões complexas, que demandam conhecimentos dos mais variados campos do saber. Nesse contexto, o debate travado no Congresso Nacional com especialistas na área recomenda autêntica *humildade judicial* na apreciação deste tema. Não são os membros do Poder Judiciário, nem os do Ministério Público, que salvarão a sociedade de todos os seus problemas. Inexistindo evidente equívoco do legislador, deve-se prestigiar as suas escolhas, como deve ser o caso ora em análise. Aliás, se é certo que, embora tenha sido expressamente ventilada no Congresso a opção de proibir o uso do amianto crisotila, venceu, no debate *técnico* e *democrático*, o entendimento quanto à possibilidade do seu *uso controlado*, não poderia esta Corte, ante a indefinição da própria Academia, defender que essa opção é inviável, ou, ainda pior, assumir que o amianto deva ser proibido em virtude dos riscos que gera à coletividade ante o *uso indevido*, como alguns *amici curiae* intentaram. Aceitar tal tese ocasionaria a necessidade de vedar, *verbi gratia*, com razão muito maior, o comércio e o uso de veículos automotores, ou melhor, tudo que, fora do uso normal, seja capaz de trazer danos. Vivemos, de fato, numa sociedade marcada pelos riscos, de sorte que, como ressaltado pelo i. relator da ADI 3.937, Ministro Marco Aurélio, *"incumbe ao Supremo presumir que as pessoas agem de modo correto, de boa-fé, na condução dos negócios privados"* e, ademais, incumbe ao Judiciário e aos órgãos da Administração responsabilizar aqueles que violam os limites e as normas, ainda que o resultado seja a própria responsabilização do Estado pelas suas omissões. Trata-se de dever constitucional imposto ao poder público pelo art. 225, §1º, V, que determina a necessidade de *"controlar a produção, a comercialização e o emprego de técnicas, métodos e substâncias que comportem risco para a vida, a qualidade de vida e o meio ambiente"*.

Nesse ponto específico, interessante a constatação, extraída da audiência pública pelo Dr. Jacques Dunnigan, PhD em biologia e Professor Assistente do Departamento de Biologia da Faculdade de Ciências da Universidade de Sherbrooke, de que, quanto ao amianto crisotila, pode haver um perigo em potencial trazido pela substância, mas as condições reais de uso é que levarão a uma resposta de cunho patológico ou não. Enfatizou que, no mesmo grupo de substâncias perigosas, temos os contraceptivos de via oral, os raios X, as emissões de diesel e a fabricação de calçados, das quais não se cogita o banimento, mas, apenas, seu uso e/ou exposição controlados.

De toda forma, propugno, neste ponto em apreço, pela adoção de uma postura judicial *minimalista* (cf. SUNSTEIN, Cass R. *One case at a time: judicial minimalismo on the Supreme Court*. Cambridge: Harvard University Press, 1999), apelando à necessária humildade que deve presidir o nobre exercício da função jurisdicional, em especial no controle concentrado de constitucionalidade de leis e atos do Poder Público, sob pena desse Tribunal convolar-se em verdadeira *"Academia de Ciências"* – para lançar mão de feliz expressão da Ministra Ellen Gracie, por ocasião do julgamento da medida cautelar na ADI 3.937.

Apenas a título de nota, como exemplo – no meu entender – de atitude de modéstia judicial, a Suprema Corte da Índia (*Case Type: Writ Petition (Civil), Case Number 260, Year 2004*), um dos maiores importadores do amianto brasileiro, no dia 21.01.2011, enfrentando temática simular à presente, considerou que é preciso controlar o uso do amianto, mas reconheceu que não pode proibir a utilização da substância no país, e pelo motivo aqui sustentado: quem possui competência para disciplinar tema tão polêmico e específico é o Poder Legislativo, através de seus representantes eleitos. Consta a seguinte passagem no acórdão: *"não há dúvida de que é matéria afeta diretamente ao domínio do Poder Legislativo, e o legislador, investido do batismo popular, tomou medidas na direção da promulgação da lei que entendeu necessária* (permitindo o uso controlado do amianto). *A emissão de qualquer direção ou formulação de qualquer outra política por este Tribunal obviamente será um exercício que não nos compete"*.[17]

Destarte, por toda a linha de argumentação desenvolvida até o momento, entendo que a solução que melhor se apresenta, no caso concreto, é aquela que prestigia a deliberação parlamentar federal do uso controlado ou da proibição da exploração do amianto crisotila.

Estes são argumentos suficientes para placitar a constitucionalidade da Lei federal 9.055/95.

Mas não é só.

Toda opção legislativa implica, necessariamente, a assunção de riscos que, muitas vezes não podem ser mensurados. Isso não será diferente com a decisão que será proferida pelo Supremo Tribunal Federal neste caso. É dizer, qualquer decisão da Suprema Corte, seja para referendar a permissão legal da comercialização do crisotila, seja para vedá-la, irá acarretar algum tipo de risco à sociedade. Basta ponderar se os riscos gerados por uma decisão do Supremo Tribunal Federal podem se sobrepor legitimamente aos riscos advindos das decisões políticas tomadas pelo legislador. Mais uma vez, a resposta é negativa.

Ademais, ante a natureza principiológica do direito à saúde e do direito ao meio ambiente, a sua realização ocorre em diferentes graus, a depender das premissas fáticas e jurídicas, na forma como defendida por Robert Alexy. Na espécie, o legislador federal, após examinar os diferentes critérios técnicos e jurídicos, sopesou a proteção à saúde e ao meio ambiente com outros valores igualmente relevantes (*e.g.*, o princípio da livre iniciativa), entendendo que a melhor solução seria aquela que proscreve a comercialização de todos os derivados de amianto, exceção ao tipo crisotila. Neste particular, a utilização do princípio da proporcionalidade, com a aplicação de seus três subprincípios (adequação, necessidade e proporcionalidade em sentido estrito) ratificam a constitucionalidade da norma impugnada. De início, essa opção legislativa promove a finalidade para a qual se propõe, qual seja a proteção do meio ambiente e da saúde (tese da adequação ou idoneidade). Ademais, a medida acomoda os interesses colidentes, porquanto a permissão do uso do amianto crisotila restringe minimamente o direito à saúde e ao meio ambiente, ao mesmo tempo que resguarda a livre iniciativa dos produtores e comerciantes de amianto, revelando-se, destarte, a menos gravosa (teste da necessidade ou exigibilidade). Por fim, a declaração de inconstitucionalidade da norma implicaria mais prejuízos do que benefícios; mais ônus que bônus, visto que acarretaria manifestos prejuízos econômicos tanto aos

---

[17] Tradução livre do original: *"Thus, there could be no doubt that it is a matter which squarely falls in the domain of the legislature and the legislature in its wisdom has taken steps in the direction of enacting necessary law. Issuance of any direction or formulation of any further policy by this Court will obviously be a futile exercise"*.

produtores, comerciantes e exportadores de amianto, quanto à própria economia nacional (teste da proporcionalidade em sentido estrito).

Insta ressaltar, também, que inexistem dados estatísticos hodiernos precisos acerca de doenças relacionadas ao amianto. Como bem enfatizado na Audiência Pública, os registros a este respeito datam de mais de 30 anos atrás, ocasião em que legislação protetiva dos trabalhadores era incipiente e a exploração do amianto se dava, sobretudo, pelo tipo anfibólico, extremamente nocivo, inclusive para os padrões de segurança contemporâneos.

Por derradeiro, o princípio da precaução, em matéria relativa a direito ambiental, não suporta a tese da inconstitucionalidade da norma federal impugnada.

De fato, há uma excessiva vulgarização na aplicação do aludido princípio, alçado muitas vezes à condição de dogma. Mais que isso, o princípio da precaução é utilizado promiscuamente como uma verdadeira caixa preta dentro da qual podem ser extraídas as mais diversas consequências jurídicas. Uma delas consiste em utilizar o Poder Judiciário como uma instância substitutiva de opções legislativas sempre que não se for possível precisar os danos porventura causados ao meio ambiente. No caso específico, inexistem estudos comprovando o impacto do crisotila sobre o meio ambiente, razão pela qual a sua aplicação, como forma de coibir a utilização do derivado do amianto, deve ser rejeitada.

Por todas essas razões, a declaração de constitucionalidade da lei federal ora em análise revela-se medida de respeito e deferência ao Poder Legislativo. Consectariamente, pedindo todas as vênias aos entendimentos contrários, entendo que esta Corte deve adotar uma postura de humildade institucional apta a, a um só tempo, prestigiar o desenho institucional delineado pelo constituinte de 1988 e promover de forma mais satisfatória os postulados democráticos, sem asfixiar o âmbito de atuação constitucionalmente assegurado ao Poder Legislativo. A partir dessa conduta, este Tribunal, sabedor de sua posição epistêmica, reconhece a existência de desacordo razoável em uma sociedade heterogênea, de modo que se mantém *"intensamente consciente de suas próprias limitações"* (STEILEN, Matthew J. Minimalism and deliberative democracy: a closer look at the virtues of 'shallowness'. *Seattle University Law Review*, v. 33, p. 391-435, jan. 2010, p. 396).

Concluindo, Senhor Presidente, voto pela improcedência do pedido na ADI 4.066, para declarar a constitucionalidade da Lei federal 9.055/95. No tocante às ADIs 3.357, 3.406, 3.470, 3.937 e ADPF 109, voto pela procedência do pedido, para declarar inconstitucionais as legislações locais impugnadas. Ressalto, por fim, que não voto na ADI 3.356, tendo em vista que o Relator, meu antecessor nesta cadeira, Ministro Eros Grau, já votou quanto ao mérito da ação (*i.e.*, pela procedência do pedido).

III. Dispositivo

Ex positis, voto pela improcedência do pedido na ADI 4.066, para declarar a constitucionalidade do artigo 2º da Lei federal nº 9.055/95.

É como voto.

Informação bibliográfica deste texto, conforme a NBR 6023:2018 da Associação Brasileira de Normas Técnicas (ABNT):

FLEURY, Thiago Lôbo. Deferência judicial aos arranjos institucionais inerentes à separação dos poderes: o caso amianto. *In*: FUX, Luiz. *Jurisdição Constitucional III*: república e direitos fundamentais. Coordenação de Valter Shuenquener de Araujo. Belo Horizonte: Fórum, 2019. p. 199-218. ISBN 978-85-450-0691-6.

ADI Nº 4.874 – O (RAZOÁVEL) LIMITE DE ATUAÇÃO DAS AGÊNCIAS REGULADORAS. O CASO ANVISA DE PROIBIÇÃO DE ADITIVOS NOS CIGARROS

VALTER SHUENQUENER DE ARAUJO

A ADI nº 4.874 foi ajuizada pela Confederação Nacional da Indústria (CNI) com o precípuo propósito de ver declarada a inconstitucionalidade do art. 7º, incs. III ou XV, parte final, da Lei nº 9.782/1999 e da Resolução da Diretoria Colegiada (RDC) da Anvisa nº 14/2012.[1]

Além do questionamento quanto ao teor da Resolução nº 14/2012, que teria extrapolado o permissivo legal de atuação da Anvisa, a tese da requerente também foi a de que a própria fonte normativa primária de sua atuação, qual seja, a Lei nº 9.782/99, seria inconstitucional na parte em que ampla e genericamente autorizaria a edição de atos proibitivos de uma atividade econômica. Estaríamos, segundo a tese da requerente, diante de uma inconstitucional transferência de competências em branco em favor da Anvisa.

Esta ação direta de inconstitucionalidade inaugura um pioneiro debate judicial acerca dos limites de atuação das agências reguladoras no diálogo com os demais poderes. Em que medida e intensidade essas entidades autárquicas podem restringir as atividades econômicas? O *thema decidendum* não diz respeito aos – incontroversos – malefícios que o cigarro provoca. Refere-se, por outro lado, à possibilidade de uma agência reguladora federal editar ato normativo fundado em lei genérica para proibir a introdução de substâncias não danosas à saúde em cigarros. As substâncias vedadas são aromatizantes introduzidos nos cigarros, como o mentol e a canela.

Os atos estatais impugnados acabam por restringir a liberdade de escolha dos consumidores e provocam reflexões sobre os reais limites de atuação de uma agência reguladora. Uma agência está autorizada a, por meio de resoluções, obrigar a padronização de produtos visando à redução do seu consumo e impedindo o consumidor de fazer escolhas? E, sob outro enfoque, o legislador pode demitir-se de suas competências nucleares e transferi-las, de forma ampla e vaga, às agências reguladoras?

---

[1] Lei nº 9.872/99, art. 7º.

Sem se afastar do princípio da deferência, instituto consagrado em matéria de controle jurisdicional de agências reguladoras tanto no Brasil[2] quanto no exterior,[3] o Min. Luiz Fux apresenta valiosa contribuição à dogmática, ao detalhar em que casos específicos e com base em que parâmetros os atos editados por uma agência reguladora podem ser controlados pelo Poder Judiciário. Em seu voto, chama-se atenção para o fato de que, quando se estiver diante de "temas juridicamente sensíveis", o controle jurisdicional dos atos das agências reguladoras pode ser mais amplo e menos deferente. Uma proposta que equilibra e se situa entre as alternativas de um controle irrestrito e, em sentido oposto, de um controle judicial totalmente omisso e subserviente. No item doisda ementa de seu voto, o Min. Fux sintetiza sua visão acerca deste tópico, nos seguintes termos:

> A *sindicabilidade* dos atos emanados por agências reguladoras se legitima quando (i) as normas extrapolarem sua competência, (ii) existir a necessidade de tutela efetiva de valores de maior envergadura constitucional ou (iii) o tema afetar solução técnica que possa ser equacionada de várias maneiras possíveis e proporcionais, o que impõe a manifestação de quem possui legitimidade democrática para tanto. Nesses temas juridicamente sensíveis, o controle das agências reguladoras não pode ser submisso aos parâmetros técnicos construídos pela agência.

Sob outro enfoque, a relevância do voto proferido pelo Min. Fux na ADI nº 4.874 também decorre do seu reconhecimento expresso quanto à legitimidade da deslegalização. Esse instituto pode ser caracterizado como o rebaixamento no tratamento hierárquico de uma matéria que sai do domínio legal e passa a ser disciplinada no nível administrativo. Criticada por alguns,[4] na medida em que poderia ofender o princípio democrático e o da legalidade, e prestigiada por parcela expressiva dos administrativistas,[5] o STF já teve a oportunidade de chancelar a constitucionalidade da deslegalização no julgamento do prazo de recolhimento do IPI e no da fixação do salário-mínimo por meio de decreto.[6] No julgamento da ADI

---

[2] O STJ, por exemplo, tem seguido a diretriz de que, em regra, o Poder Judiciário deve prestigiar as decisões tomadas por agências reguladoras. Nesse sentido, confira-se: "[...] 5. É da exclusiva competência das agências reguladoras estabelecer as estruturas tarifárias que melhor se ajustem aos serviços de telefonia oferecidos pelas empresas concessionárias. 6. O Judiciário sob pena de criar embaraços que podem comprometer a qualidade dos serviços e, até mesmo, inviabilizar a sua prestação, não deve intervir para alterar as regras fixadas pelos órgãos competentes, salvo em controle de constitucionalidade. Precedente do STJ: AgRg na MC 10915/RN, DJ 14.08.2006. (REsp 806.304/RS, Rel. Ministro LUIZ FUX, PRIMEIRA TURMA, julgado em 02/12/2008, DJe 17/12/2008)".

[3] Em 1984, a Suprema Corte norte-americana decidiu o Caso *Chevron U.S.A. Inc. v. Natural Resources Defense Council*, mais conhecido como Caso Chevron. Nele, a mais elevada corte norte-americana reconheceu que, na ausência de uma lei sobre o tema objeto da regulação ou de qualquer ofensa legal, o ato da agência reguladora deve ser prestigiado e a interpretação da Corte não deve substituir à daquela.

[4] Gustavo Binenbojm, por exemplo, sustenta, que "não se admite que possa existir, no direito brasileiro, o fenômeno da deslegalização, por meio do qual a lei de criação da agência degradaria o status hierárquico da legislação anterior, permitindo a sua alteração ou revogação por atos normativos editados pela agência". Cf. BINENBOJM, Gustavo. As agências reguladoras independentes e a democracia no Brasil. *Revista de Direito Administrativo*, v. 240, 2005. p. 157.

[5] A favor da deslegalização temos, *v.g.*, Eduardo García de Enterría, Diogo de Figueiredo Moreira Neto, Marcos Juruena Villela Souto, Alexandre Santos de Aragão e Valter Shuenquener de Araujo.

[6] No RE nº 140.669, o Plenário do STF reconheceu a constitucionalidade da deslegalização do prazo de recolhimento do IPI, *verbis*: "EMENTA: TRIBUTÁRIO. IPI. ART. 66 DA LEI Nº 7.450/85, QUE AUTORIZOU

nº 4.874, por seu turno, ficaram mais nítidos seus limites e possibilidades, especialmente diante da preocupação da Corte com o respeito incondicional à democracia pelas agências reguladoras, quando da edição de seus atos com lastro na deslegalização. Nesse sentido, o Min. Fux assentou em seu voto[7] que a conciliação da deslegalização com a democracia pressupõe que ela: "(i) não poderá envolver matérias sujeitas, por decisão constitucional, à reserva de lei, e (ii) há de ser acompanhada de parâmetros mínimos e claros, que, de modo enfático, limitem a atuação da agência reguladora, e permitam a fiscalização dos seus atos".

Segundo o Min. Fux, em opinião que compartilhamos, a *intelligible principle doctrine* do direito norte-americano deve ser acolhida em nosso território, na medida em que, em respeito à democracia, torna inconstitucionais eventuais delegações legais em favor do administrador público sem parâmetros mínimos e claros que possam delimitar o agir do Executivo.

Deslegalizar não pode implicar uma renúncia irresponsável do Poder Legislativo em relação às suas competências estabelecidas constitucionalmente. Os representantes do povo não podem abdicar, de forma genérica e vaga, de sua valorosa missão imposta pelo texto constitucional de editar normas primárias. O espaço a ser ocupado pela deslegalização em favor das agências reguladoras deve ser voluntariamente transferido pelo Poder Legislativo e específico para matérias técnicas. Escolhas políticas, inclusive aquelas que afetarem substancialmente a liberdade de empreender, não devem ser transferidas a entidades administrativas, ainda que dotadas de uma autonomia reforçada. Nesse sentido, o Min. Fux assenta em seu voto:

O MINISTRO DA FAZENDA A FIXAR PRAZO DE RECOLHIMENTO DO IPI, E PORTARIA Nº 266/88/MF, PELA QUAL DITO PRAZO FOI FIXADO PELA MENCIONADA AUTORIDADE. ACÓRDÃO QUE TEVE OS REFERIDOS ATOS POR INCONSTITUCIONAIS. Elemento do tributo em apreço que, conquanto não submetido pela Constituição ao princípio da reserva legal, fora legalizado pela Lei nº 4.502/64 e assim permaneceu até a edição da Lei nº 7.450/85, que, no art. 66, o deslegalizou, permitindo que sua fixação ou alteração se processasse por meio da legislação tributária (CTN, art. 160), expressão que compreende não apenas as leis, mas também os decretos e as normas complementares (CTN, art. 96). Orientação contrariada pelo acórdão recorrido. Recurso conhecido e provido" (RE nº 140.669. Rel. Min. Ilmar Galvão, Tribunal Pleno, j. 2.12.1998. *DJ*, 14 maio 2001, republic. *DJ*, 18 maio 2001). No mesmo sentido, o STF também admitiu a deslegalização quando julgou improcedente o pedido de declaração de inconstitucionalidade da lei que autorizou a fixação do salário-mínimo por meio de decreto. Confira-se a ementa do julgado: "CONSTITUCIONAL. VALOR DO SALÁRIO MÍNIMO. ART. 3. DA LEI Nº 12.382, de 25.2.2011. VALOR NOMINAL A SER ANUNCIADO E DIVULGADO POR DECRETO PRESIDENCIAL. DECRETO MERAMENTE DECLARATÓRIO DE VALOR A SER REAJUSTADO E AUMENTADO SEGUNDO ÍNDICES LEGALMENTE ESTABELECIDOS. OBSERVÂNCIA DO INC. IV DO ART. 7. DA CONSTITUIÇÃO DO BRASIL. AÇÃO JULGADA IMPROCEDENTE. 1. A exigência constitucional de lei formal para fixação do valor do salário mínimo está atendida pela Lei nº 12.382/2011. 2. A utilização de decreto presidencial, definida pela Lei nº 12.382/2011 como instrumento de anunciação e divulgação do valor nominal do salário mínimo de 2012 a 2015, não desobedece o comando técnico posto no inc. IV do art. 7º da Constituição do Brasil. A Lei nº 12.382/2011 definiu o valor do salário mínimo e sua política de afirmação de novos valores nominais para o período indicado (arts. 1º e 2º). Cabe ao Presidente da República, exclusivamente, aplicar os índices definidos legalmente para reajuste e aumento e divulgá-los por meio de decreto, pelo que não há inovação da ordem jurídica nem nova fixação de valor. 3. Ação julgada improcedente" (ADI nº 4.568. Rel. Min. Cármen Lúcia, Tribunal Pleno, j. 3.11.2011. *DJe*, 065, divulg. 29.3.2012, public. 30.3.2012. *RTJ*, v. 00226-01, p. 00389).

[7] Item três da ementa do voto do Min. Luiz Fux na ADI nº 4.874, *verbis*: "3) A Crise da Lei tem conduzido ao reconhecimento de um espaço normativo virtuoso do Poder Executivo, sobretudo das entidades reguladoras, em razão de sua aptidão técnica lhes permitir desenvolver respostar ágeis e específicas no domínio regulado, mercê da evolução provocada por novos desafios tecnológicos. Em prestígio ao princípio democrático, a legitimidade da deslegalização pressupõe que (i) não poderá envolver matérias sujeitas, por decisão constitucional, à reserva de lei, e (ii) há de ser acompanhada de parâmetros mínimos e claros, que, de modo enfático, limitem a atuação da agência reguladora, e permitam a fiscalização dos seus atos".

A atuação normativa da ANVISA cinge-se ao controle sanitário da produção e da comercialização de produtos e serviços para fins de proteção da saúde pública, desde que, concomitantemente, respeite o campo próprio e indelegável das escolhas políticas do Legislador.[8]

Há, ainda, uma relevante e cuidadosa análise no voto proferido pelo Min. Fux acerca de como a regulação pretendida pela Anvisa pode ser encarada como exemplo de regulação expropriatória e, nesse contexto, como ela se revela incompatível com a Carta de 1988, mormente por ter sido editada sem estatura constitucional ou mesmo legal.

Regulação expropriatória caracteriza-se, em breve síntese, pela edição de norma delimitadora da liberdade ou da propriedade com efeitos devastadores em relação à atividade atingida. Seus efeitos são tão intensos que podem inviabilizar o prosseguimento de uma atividade econômica ou o funcionamento de determinadas empresas. Em alguns casos, a regulação expropriatória pode provocar a completa reformulação de dada atividade econômica, de modo a desarrumar danosamente a competição. Tal intervenção estatal tem sido encarada como inconstitucional, mormente quando não oriunda do texto constitucional. Seguindo essa linha de raciocínio, que se ajusta ao que predomina na doutrina,[9] o Min. Fux reconhece a abusividade da regulação promovida pela Anvisa quando da edição de sua Resolução nº 14/2012, *verbis*:

> o fundamento da majoração dos riscos à saúde, a proibição dos ingredientes constitui supressão indevida da liberdade de empresa e de concorrência dos fabricantes e comerciantes de cigarros, traduzindo-se em *regulação expropriatória* inconstitucional. É abusiva a regulação que, sem amparo legal, provoca um esvaziamento econômico ou a retirada do conteúdo prático da atividade comercial, sem ressalvar outras formas de aproveitamento econômico da propriedade ou sem que possa ser incorporada nos custos da própria atividade.[10]

Ausente qualquer proibição legal de introdução nos cigarros de substâncias não danosas ao consumidor, a agência reguladora não tem legitimidade para fazer opções políticas capazes de dificultar, sobremaneira, o funcionamento adequado de uma atividade econômica lícita. Regulação expropriatória não pode destruir a livre iniciativa e igualar produtos que são produzidos e vendidos em ambiente de plena concorrência.

O Min. Fux também exterioriza forte preocupação com a regulação que, ao impor uma padronização excessiva dos produtos, inviabiliza a livre concorrência. Uma agência reguladora não deve, no afã de promover uma pretensa tutela ao direito à saúde, criar normas genéricas que prestigiem a concentração de mercados e

---

[8] Item 4 da ementa do voto do Min. Luiz Fux na ADI nº 4.874.
[9] Sobre o tema, confira-se: CYRINO, André. Regulações expropriatórias: apontamentos para uma teoria. *Revista de Direito Administrativo (RDA)*, Rio de Janeiro, v. 267, p. 199-235, set./dez. 2014; BINENBOJM, Gustavo. Regulações expropriatórias. *Revista Justiça e Cidadania*, n. 117, 2010. Disponível em: www.editorajc.com.br/2010/04/regulacoesexpropriatorias/. Acesso em: 7 abr. 2014.
[10] Item 6 da ementa do voto do Min. Luiz Fux na ADI nº 4.874.

retirem a possibilidade de escolha dos consumidores. Medidas como estas reduzem a concorrência, prejudicam a qualidade dos produtos, provocam o fechamento de vagas de emprego, entre outros efeitos deletérios. Nesse sentido, confira-se o seguinte trecho do voto proferido pelo Min. Fux:

> A padronização dos produtos, em decorrência da regra estabelecida pela RDC nº 14/2012, contribui para a concentração de mercados. Tal externalidade, além de violar o princípio da livre concorrência de que trata o artigo 170, IV, da Constituição Federal, incrementa o custo social dos consumidores pelo aumento de preços e eventual redução da qualidade dos produtos, assim como pode provocar a eventual evasão de capital, o fechamento de vagas de emprego, a queda da arrecadação fiscal e a migração para o mercado informal.[11]

Sob o prisma da proporcionalidade, o ato normativo editado pela Anvisa também deve ser considerado inconstitucional. É cediço que existem alternativas menos gravosas à sociedade e a seus indivíduos para o Estado coibir o consumo de cigarros. Em lugar de proibir a introdução de substâncias não danosas à saúde nos cigarros, a opção por campanhas publicitárias destinadas aos jovens consumidores seria, por exemplo, medida muito mais razoável e compatível com a liberdade dos cidadãos de escolher os produtos que quiserem consumir. Ao longo de seu voto, o princípio da proporcionalidade, consideradas as suas três dimensões, também é citado pelo Min. Fux para reforçar a conclusão de que a regulação pretendida pela Anvisa seria incompatível com o nosso ordenamento jurídico, *verbis*:

> *In casu, a restrição pretendida mostra-se inadequada pelo simples fato de não haver implicação lógica entre a redução do consumo e o desestímulo à iniciação ao consumo de cigarro*, mormente por não haver fundamento científico suficiente que comprove que os ingredientes proibidos causam ou potencializam a dependência associada ao hábito de fumar.
>
> [...] *In casu*, ainda que se tente fundamentar uma adequação ínfima da medida, *verifica-se sua desnecessidade em razão de haver meios menos onerosos à livre iniciativa e igualmente hábeis a alcançar o propósito almejado. Trata-se, por exemplo, das políticas de informação e campanhas de conscientização, esclarecimento e advertência à população acerca dos malefícios associados ao hábito de fumar. [...] as desvantagens em cercear as atividades econômicas de certo segmento comercial (farmácias e drogarias) são maiores do que os benefícios advindos das restrições. Cite-se, aqui, a título ilustrativo, os efeitos negativos, principalmente, no tocante à disponibilidade de empregos e à comodidade oferecida à população.*[12]

O voto proferido pelo Min. Luiz Fux na ADI nº 4.874 não foi vencedor no Supremo Tribunal Federal, tendo o Plenário julgado, por maioria, a improcedência do pedido.[13] Todavia, ocorreu uma situação curiosa. Como não houve votos suficientes

---

[11] Item 7 da ementa do voto do Min. Luiz Fux na ADI nº 4.874.
[12] Trechos extraídos das páginas 27 e 28 do voto do Min. Luiz Fux na ADI nº 4.874.
[13] "Decisão: O Tribunal, por unanimidade, conheceu da ação direta, nos termos do voto da Relatora. No mérito, relativamente ao pedido principal, de declaração de inconstitucionalidade do art. 7º, III, e XV, in fine, da Lei 9.782/1999, por maioria e nos termos do voto da Relatora, julgou improcedente o pedido, vencido, em parte, o Ministro Marco Aurélio. Quanto aos pedidos sucessivos, relativos às normas da Resolução da Diretoria Colegiada da ANVISA 14/2012, o Tribunal julgou improcedente a ação, em julgamento destituído de eficácia vinculante e efeitos erga omnes, por não se ter atingido o quorum exigido pelo artigo 97 da Constituição,

para a obtenção do quórum previsto no art. 97 da Constituição da República, o *decisum* pela improcedência não está produzindo efeitos vinculantes.[14] Assim, mesmo após o STF já ter decidido a matéria, aqueles que se sentirem prejudicados com a referida resolução da Anvisa podem ajuizar ações visando à suspensão do referido ato.

O tema, portanto, ainda gera controvérsias e provavelmente será reapreciado pelo STF em ocasião futura.

VOTO

EMENTA: CONSTITUCIONAL E ADMINISTRATIVO. ANVISA. COMPETÊNCIA NORMATIVA. LEI Nº 9.782/99, ART. 7º, III E XV. CF/88, 1º, CAPUT E VI; 2º; 5º, II, XXIX, XXXII E LIV; 37, CAPUT; 84, IV e 170, PARÁGRAFO ÚNICO. RESTRIÇÃO AO USO DE ADITIVOS NOS PRODUTOS FUMÍGENOS DERIVADOS DO TABACO. REGULAÇÃO EXPROPRIATÓRIA. OFENSA AOS PRINCÍPIOS DA LEGALIDADE, DA LIVRE INICIATIVA, DA LIVRE CONCORRÊNCIA E DA PROPORCIONALIDADE. AÇÃO JULGADA PROCEDENTE.

1) A impugnação de uma lei federal frente a parâmetros de controle constitucionais, quais sejam os artigos 1º, IV, 2º, 5º, II, 37, caput, e 170, parágrafo único, da CRFB/88, enseja o manejo de ação direta de inconstitucionalidade. No caso, a violação decorre da atribuição legal de poderes normativos à autarquia sem densidade normativa ou parâmetros de controle suficientes para que não legitime excessos regulatórios.

2) A *sindicabilidade* dos atos emanados por agências reguladoras se legitima quando (i) as normas extrapolarem sua competência, (ii) existir a necessidade de tutela efetiva de valores de maior envergadura constitucional ou (iii) o tema afetar solução técnica que possa ser equacionada de várias maneiras possíveis e proporcionais, o que impõe a manifestação de quem possui legitimidade democrática para tanto. Nesses temas juridicamente sensíveis, o controle das agências reguladoras não pode ser submisso aos parâmetros técnicos construídos pela agência.

3) A Crise da Lei tem conduzido ao reconhecimento de um espaço normativo virtuoso do Poder Executivo, sobretudo das entidades reguladoras, em razão de sua aptidão técnica lhes permite desenvolver respostar ágeis e específicas no domínio regulado, mercê da evolução provocada por novos desafios tecnológicos. Em prestígio ao princípio democrático, a legitimidade da *deslegalização* pressupõe que (i) não poderá envolver matérias sujeitas, por decisão constitucional, à reserva de lei, e (ii) há de ser acompanhada de parâmetros mínimos e claros, que, de modo enfático, limitem a atuação da agência reguladora, e permitam a fiscalização dos seus atos.

4) No caso específico, o artigo 7º, inciso XV, da Lei 9.782/99 autoriza a Anvisa a disciplinar a utilização de insumos, inclusive relativos aos derivados do tabaco, em duas hipóteses: *"em caso de violação da legislação pertinente ou de risco iminente à saúde"*. A atuação normativa da ANVISA cinge-se ao controle sanitário da produção e da comercialização de produtos e serviços para fins de proteção da saúde pública, desde que, concomitantemente, respeite o campo próprio e indelegável das escolhas políticas do Legislador. A iminência que se traduz em causalidade direta, sob pena de se conferir à agência um "cheque em branco" na regulação do tabaco.

---

cassando-se a liminar concedida, nos termos do voto da Relatora. Declarou suspeição o Ministro Roberto Barroso. Presidiu o julgamento a Ministra Cármen Lúcia. Plenário, 1º.2.2018".

[14] "Art. 97. Somente pelo voto da maioria absoluta de seus membros ou dos membros do respectivo órgão especial poderão os tribunais declarar a inconstitucionalidade de lei ou ato normativo do Poder Público".

5) As substâncias proibidas pela ANVISA por meio da norma ora impugnada não se enquadram em nenhum dos permissivos legais que lhe circunscreve as atribuições: não violam legislação pertinente, nem acarretam risco iminente à saúde. A *ratio* erigida pela ANVISA na edição da norma ora impugnada é, indubitavelmente, interferir no conteúdo dos produtos comercializados para torná-los menos agradáveis ou atraentes aos consumidores - não para impedir ou prevenir riscos à saúde.

6) Ausente o fundamento da majoração dos riscos à saúde, a proibição dos ingredientes constitui supressão indevida da liberdade de empresa e de concorrência dos fabricantes e comerciantes de cigarros, traduzindo-se em *regulação expropriatória* inconstitucional. É abusiva a regulação que, sem amparo legal, provoca um esvaziamento econômico ou a retirada do conteúdo prático da atividade comercial, sem ressalvar outras formas de aproveitamento econômico da propriedade ou sem que possa ser incorporada nos custos da própria atividade.

7) A padronização dos produtos, em decorrência da regra estabelecida pela RDC nº 14/2012, contribui para a *concentração de mercados*. Tal externalidade, além de violar o princípio da livre concorrência de que trata o artigo 170, IV, da Constituição Federal, incrementa o custo social dos consumidores pelo aumento de preços e eventual redução da qualidade dos produtos, assim como pode provocar a eventual evasão de capital, o fechamento de vagas de emprego, a queda da arrecadação fiscal e a migração para o mercado informal.

8) A proibição das substâncias em análise é *desproporcional*. A Administração Pública possui ao seu dispor diversas opções de restringir o acesso ao tabaco por crianças e jovens e desencorajar o seu consumo por adultos, sem que isso comprometa, sobremaneira, a autonomia individual e a liberdade econômica das empresas de fabricarem produtos que vão ao encontro das preferências dos consumidores. É o caso das políticas de informação e campanhas de conscientização, esclarecimento e advertência à população acerca dos malefícios associados ao hábito de fumar.

9) Ação direta de inconstitucionalidade julgada *PROCEDENTE*, a fim de que seja emprestada interpretação conforme a Constituição ao artigo 7º, XV, parte final, da Lei 9.782/1999, sem redução de texto, para fixar a exegese de que o propósito da regulação deve ser o da proteção da saúde e da liberdade de escolha informada dos consumidores.

O SENHOR MINISTRO LUIZ FUX: Cuida-se de Ação Direta de Inconstitucionalidade, com pedido de medida cautelar, em face do art. 7º, incisos III ou XV, parte final, da Lei nº 9.782/1999 e da Resolução da Diretoria Colegiada (RDC) da ANVISA nº 14/2012, que proíbe a importação e comercialização de aditivos que possam conferir aroma ou sabor aos produtos fumígenos derivados do tabaco, bem como estabelece limites máximos de alcatrão, nicotina e monóxido de carbono.

Alega-se violação aos princípios da livre iniciativa e livre concorrência, isonomia, segurança jurídica, proporcionalidade e defesa do consumidor, bem como ao direito fundamental da indústria à marca, contidos nos artigos 1º, *caput* e IV; 2º; 5º, II, XXIX, XXXII e LIV; 37, *caput*; 84, IV e 170, parágrafo único, da Carta da República.

Insta sublinhar, *ab initio*, que, como bem delimitado nos votos que me antecederam, na presente ação, *não se discute os malefícios causados pelo fumo, mas especificamente os malefícios causados pelas substâncias proibidas pela agência reguladora*. A presente ação cinge-se, portanto, à análise dos limites do poder normativo da Agência Nacional de Vigilância Sanitária (ANVISA) na regulação de produtos fumígenos derivados do tabaco.

I CONHECIMENTO DA PRESENTE ADI

A parte Autora pretende ver declarada a inconstitucionalidade parcial, sem redução do texto, da parte final do inciso XV do art. 7º da Lei 9.782/99 (*"ou de risco iminente à saúde"*), ou do inciso III do mesmo artigo (na hipótese de se entender que tal foi a competência normativa fonte da resolução). Especificamente, requer a fixação da tese de que *"a ANVISA só pode banir produto ou insumo no exercício de suas competências estritamente executivas de polícia, de natureza cautelar e excepcional, o que implica dizer deva o ato da Agência: ser direcionado a sujeitos e situações determinadas, (ii) em situações concretas, (iii) mediante prévia justificação técnica que comprove (iv) um risco à saúde que seja extraordinário, excepcional e urgente"*.

Por arrastamento, requer a Autora a declaração de inconstitucionalidade de toda a Resolução 14/2013 da ANVISA, que, segundo alega, afronta a competência normativa conferida pela lei.

Em um primeiro momento, o intuito da Requerente parece ser o de desconstituir a Resolução 14/2012 da ANVISA. No entanto, não se questiona a legalidade da norma infralegal, mas a suposta ofensa ao disposto no art. 7º da Lei 9.782/99, decorrente da proibição do uso de substâncias que "não são danosas à saúde".

Compulsando a inicial e toda a documentação acostada aos autos, vislumbra-se que o pedido vai além. Ainda que a Requerente considere que a referida resolução possa encontrar amparo na literalidade da lei que cria a agência, a violação não decorreria apenas da resolução, mas de toda a previsão que, supostamente, atribui à autarquia poderes normativos tão amplos que se traduzem em delegação em branco. Questiona-se de fato se a lei, ao conferir poderes normativos à agência, possui densidade normativa e parâmetros de controle suficientes para que não legitime excessos regulatórios.

Assim, na realidade, como o pretendido é o reconhecimento da inconstitucionalidade da fonte de competência normativa da resolução, tem-se efetivamente a impugnação de uma lei federal frente a parâmetros de controle constitucionais, quais sejam os artigos 1º, IV, 2º, 5º, II, 37, caput, e 170, parágrafo único, da CRFB/88. É algo que enseja o manejo de ação direta de inconstitucionalidade. Superada a questão quanto ao conhecimento desta ADI, passo à análise do mérito.

II MÉRITO

A. O PODER NORMATIVO DAS AGÊNCIAS REGULADORAS

Sindicabilidade dos atos regulatórios

Inicialmente, cumpre aduzir que os atos das agências reguladoras são plenamente sindicáveis pelo Poder Judiciário, tendo em vista a sua natureza jurídica de ato administrativo e a inafastabilidade do controle jurisdicional. Contudo, as agências atuam com discricionariedade técnica, isto é, seu campo de produção normativa é voltado para a edição de regras *técnicas* com fundamento de validade em leis.

De plano, quando em tela questões técnicas específicas, é notório que o Poder Judiciário não possui o conhecimento pleno das razões que levaram determinada agência reguladora a editar uma norma. Essa constatação reforça o cuidado que se deve ter ao realizar o controle jurisdicional dos atos das agências reguladoras. Princípios como o da dignidade da pessoa humana, livre iniciativa, proporcionalidade, razoabilidade e da autonomia da vontade são fundamentais em um Estado de Direito e devem ser equacionados de forma adequada para que sua utilização não termine por afastar regras técnicas, que eventualmente sejam melhores. É senso comum na doutrina que o controle dos atos das agências reguladoras deve ser exercido com menor intensidade do que aquele realizado em relação às demais entidades da Administração Pública. Do mesmo modo, o conteúdo das normas regulamentadoras exaradas pelas agências deve partir de um ponto ótimo de observância quanto às normas procedimentais para a sua edição, possibilitando que o Judiciário, acaso provocado a se manifestar, possa perquirir se a motivação da norma atende aos primados constitucionais e legais de criação da autarquia.

Noutro giro, apesar de a regra circunscrever-se à deferência quanto às manifestações das agências reguladoras, o controle judicial, também, tem o seu lugar, especialmente quando, *verbi gratia*, as normas extrapolarem sua competência, existir a necessidade de tutela efetiva de direitos fundamentais e, também, quando o tema afetar solução técnica que possa ser equacionada de várias maneiras possíveis e proporcionais, o que impõe a manifestação de quem possui legitimidade democrática para tanto. Aqui entra um tópico importantíssimo da controvérsia, que é o dever de motivação e fundamentação técnico-científico dos atos administrativos normativos exarados pela agência reguladora, de modo que, caso pareça desbordar do papel institucional legalmente criado para tanto, suas razões possam servir de base para eventual questionamento em juízo.

Limites ao poder normativo das agências

In casu, a tese central da Requerente é a de que a ANVISA não poderia proibir, por intermédio de resolução, a utilização de um produto não danoso à saúde. Segundo defende, a atuação por intermédio de resolução ofenderia o princípio da legalidade, porquanto o artigo 5º, inciso II, da Constituição, predica que ninguém será obrigado a fazer ou deixar de fazer senão em virtude de lei.

Estamos diante do instituto da *deslegalização*, que acarreta a transferência de uma matéria do domínio legal para o domínio infralegal. É o que os italianos denominam de *delegificazione*. Para Marcos Juruena Villela Souto, a deslegalização acarreta a:

> "[...] retirada, pelo próprio legislador, de certas matéria, do domínio da lei (*domaine de la loi*), passando-as ao domínio de normas infralegais (*domaine de l'ordonnance*). A lei de deslegalização não adentraria na matéria de que trata, mas, apenas, abriria a possibilidade de outras fontes normativas, estatais ou não, de regulá-la por atos próprios".

Quando ocorre deslegalização, temos uma lei cunhada de lei-quadro, do francês, *loi-cadre*. Trata-se de um preceito normativo que, de forma genérica, fundamenta a atuação da agência reguladora, que têm decidido questões de índole predominantemente técnica com uma abertura normativa muito ampla, de modo que a especificidade de seus atos exige um ônus argumentativo mais elevado.

Ainda há alguma controvérsia se a deslegalização é autorizada pelo nosso ordenamento jurídico[1]. No entanto, a admissibilidade do instituto já foi aceita por este Supremo Tribunal Federal em, pelo menos, duas oportunidades. Quando do julgamento da ADI 4.568, Rel. Min. Cármen Lúcia, Tribunal Pleno, DJe 30.03.2012, tive a oportunidade de ressaltar que a evolução das relações sociais no último quarto do Século XX revelou a chamada "crise da Lei".

Tal fenômeno se caracteriza, dentre outros aspectos, pela manifesta incapacidade de o Poder Legislativo acompanhar tempestivamente a mudança e a complexidade que atingiram os mais variados domínios do direito. Por conta disso, muitas vezes apela o Legislador para a previsão de princípios e de regras contendo conceitos jurídicos indeterminados, de modo a deferir substancial parcela de poder decisório ao aplicador diante do caso concreto.

Este mesmo fenômeno tem conduzido, em variados campos do direito público, à atuação de entidades reguladoras, cuja aptidão técnica lhes permite desenvolver o conteúdo das regras gerais e abstratas editadas pelo Legislativo com atenção às particularidades e especificidades do domínio regulado, com a possibilidade de resposta ágil diante da evolução da matéria provocada por novos desafios tecnológicos.

Em outras palavras, a crise da Lei tem conduzido ao reconhecimento de um espaço normativo virtuoso do Poder Executivo, que passa a dialogar com o Poder Legislativo no desenvolvimento das políticas públicas setoriais, e cujas maiores vantagens residem (i) no conhecimento técnico inerente à burocracia administrativa e (ii) na possibilidade de pronta resposta aos novos desafios não previstos, mormente quando comparado com as formalidades que cercam o devido processo legislativo previsto na Constituição Federal (BINENBOJM, Gustavo. Uma teoria do direito administrativo – direitos fundamentais, democracia e constitucionalização, Rio de Janeiro: Ed. Renovar, 2014, p. 131-142).

Se, por certo, não se pode mais ignorar a possibilidade de que o Legislador habilite formalmente às agências reguladoras a desenvolverem o conteúdo normativo previsto em Lei, nem por isso deve-se rejeitar qualquer perspectiva crítica do fenômeno à luz do princípio democrático. É que, a habilitação das agências não pode configurar uma renúncia do Poder Legislativo quanto à sua competência para expressar a vontade geral do povo, devendo, ao contrário, ser fixada invariavelmente acompanhada de *standards de conteúdo, de diretrizes políticas que limitem a atuação da Administração Pública a fim de que a norma habilitante não corresponda a um "cheque em branco"*.

Nesse sentido é que a jurisprudência da Suprema Corte norte-americana já estabeleceu a denominada *"intelligible principle doctrine"*, considerando inconstitucionais as delegações operadas por Lei sem a previsão de parâmetros claros que direcionem a atuação normativa do Executivo, conforme destacam MENDES, Gilmar Ferreira. Curso de direito constitucional, São Paulo: Ed. Saraiva, 2011, p. 946 e segs.; BARROSO, Luís Roberto. *Regime jurídico da Petrobrás, delegação legislativa e poder regulamentar: validade constitucional do procedimento licitatório simplificado instituído pelo Decreto nº 2.745/98*, In: Temas de direito constitucional, Tomo IV, Rio de Janeiro: Ed. Renovar, 2009, p. 310; e, por fim, ARAGÃO, Alexandre Santos de. *Direito dos serviços públicos*, Rio de Janeiro: Ed. Forense, 2008, p. 330-1, que, sobre o ponto, afirma:

"Nos EUA, onde também havia forte setor doutrinário e jurisprudencial no sentido de que as leis com tal (baixa) densidade normativa seriam inconstitucionais por constituírem delegações de poderes legislativos, a Suprema Corte, apesar de ainda haver reações de alguns autores e de algumas Cortes estaduais, acabou se firmando, como expõe JOHN H. REESE, no sentido de 'ser proibida apenas a transferência ilimitada de poderes. Normalmente, a transferência limitada advém da linguagem utilizada na lei autorizando a Administração a editar normas apropriadas para cumprir as finalidades assinaladas na lei. A transferência de poderes normativos também pode estar implícita na linguagem legislativa, ainda que não haja atribuição normativa expressa'. WILLIAM F. FUNK explica: 'o Congresso legisla e a Administração executa as leis; para que a Administração execute as leis, estas leis devem conter um princípio claro (*intelligible principle*) para guiar a Administração, já que, do contrário, a Administração estaria legislando por conta própria. Recentemente, a Suprema Corte teve a oportunidade de reafirmar a sua posição no caso Whitman v. American Association Inc., em que, apesar da posição adotada pelo Tribunal recorrido pela inconstitucionalidade da lei atributiva de largos poderes normativos, considerou constitucional disposição legal que atribuiu poder normativo para 'estabelecer padrões de qualidade do ar, cuja observância seja necessária para proteger a saúde pública'. A Corte Federal recorrida havia decidido que a lei não continha um '*intelligible principle*' porque dela não se poderiam deduzir as quantidades de poluentes que seriam aceitáveis. A Suprema Corte, contudo, entendeu, com base em diversos precedentes análogos, que do termo 'saúde pública' decorria um princípio suficientemente claro ("*'public health' provided a sufficiently intelligible principle'*)".

No que interessa ao presente caso, no âmbito do direito administrativo, esta Suprema Corte igualmente reconheceu a possibilidade de que as agências reguladoras editassem atos normativos secundários observando os parâmetros substanciais da lei de regência, na linha do *leading case* proferido com relação à Lei da ANATEL (ADI 1668 MC, Relator o Min. Marco Aurélio, Tribunal Pleno, julgado em 20/08/1998, DJ 16-04-2004).

Desse modo, é amplamente possível, e modernamente aconselhável, a chamada *deslegalização, que, como visto acima, é válida desde que operada com o estabelecimento de parâmetros inteligíveis, em prestígio ao princípio democrático.*

Para que a deslegalização seja considerada legítima, (i) não poderá envolver matérias sujeitas, por decisão constitucional, à reserva de lei, e (ii) há de ser acompanhada de parâmetros mínimos e claros, que, de modo enfático, limitem a atuação da agência reguladora, e permitam a fiscalização dos seus atos.

A proteção da saúde pública como parâmetro legal para a atuação da ANVISA

A respeito da controvérsia tratada no caso concreto, os *standards* de atuação das agências reguladoras devem adequar-se, sempre, à expertise que possibilitou, como fator de legitimação, sua interferência na atuação dos particulares. O que temos, *in casu*?

Com efeito, a Lei 9.782, de 26 de janeiro de 1999, instituiu o Sistema Nacional de Vigilância Sanitária e criou a Agência Nacional de Vigilância Sanitária – ANVISA com a finalidade de "promover a proteção da saúde da população, por intermédio do controle sanitário da produção e da comercialização de produtos e serviços submetidos à vigilância sanitária, inclusive dos ambientes, dos processos, dos insumos e das tecnologias a eles relacionados, bem como o controle de portos, aeroportos e de fronteiras" (art. 6º). Inerente ao caso concreto, vale conferir a seguinte atribuição conferida à ANVISA, *verbis*:

> Art. 7º. Compete à Agência proceder à implementação e à execução do disposto nos incisos II a VII do art. 2º desta Lei, devendo:
> [...]
> III – estabelecer normas, propor, acompanhar e executar as políticas, as diretrizes e as ações de vigilância sanitária;
> IV – estabelecer normas e padrões sobre limites de contaminantes, resíduos tóxicos, desinfetantes, metais pesados e outros que envolvam risco à saúde;
> [...]
> VIII – anuir com a importação e exportação dos produtos mencionados no art. 8º desta Lei;
> [...]
> XIV – interditar, como medida de vigilância sanitária, os locais de fabricação, controle, importação, armazenamento, distribuição e venda de produtos e de prestação de serviços relativos à saúde, em caso de violação da legislação pertinente ou de risco iminente à saúde;
> XV – proibir a fabricação, a importação, o armazenamento, a distribuição e a comercialização de produtos e insumos, em caso de violação da legislação pertinente ou de risco iminente à saúde;
> [...]
> XXII – coordenar e executar o controle da qualidade de bens e produtos relacionados no art. 8º desta Lei, por meio de análises previstas na legislação sanitária, ou de programas especiais de monitoramento da qualidade em saúde.

Já o art. 8º da Lei 9.782/99 impõe à ANVISA, "respeitada a legislação em vigor", a incumbência de regulamentar, controlar e fiscalizar os produtos e serviços que envolvam risco à saúde pública, dentre os quais, nos termos do inciso X, incluem-se os *"cigarros, cigarrilhas, charutos e qualquer outro produto fumígeno, derivado ou não do tabaco"*.

Desse modo, a premissa inafastável é que a ANVISA, no ponto que interessa ao deslinde do caso concreto, cinge-se, nos termos da legislação disciplinadora, ao controle sanitário da produção e da comercialização de produtos e serviços para fins de *proteção da saúde pública, desde que, concomitantemente, respeite o campo próprio e indelegável das escolhas políticas do Legislador*. Não se pode aceitar, sob nenhum pretexto, a intromissão da ANVISA em tema que refoge à sua esfera de competência.

Há que se analisar, *in casu*, se a lei impugnada teria estabelecido parâmetros inteligíveis para a atuação da ANVISA.

Com base na Lei 9.782/1999, a Agência Nacional de Vigilância Sanitária – ANVISA editou a Resolução da Diretoria Colegiada (RDC) nº 14, de 15 de março de 2012, que proíbe a importação e a comercialização no país de produtos fumígenos que contenham *"aditivos"*. Nos termos do art. 3º, I, da Resolução, deverá ser entendido por aditivo *"qualquer substância ou composto, que não seja tabaco ou água, utilizado no processamento das folhas de tabaco e do tabaco reconstituído, na fabricação e no acondicionamento de um produto fumígeno derivado do tabaco, incluindo açúcares, adoçantes, edulcorantes, aromatizantes, flavorizantes e ameliorantes"*. Em seu art. 6º, proibiu o uso de diversos aditivos em todos os produtos derivados do tabaco, *verbis*:

> Art. 6º Ficam proibidas a importação e a comercialização no país de produto fumígeno derivado do tabaco que contenha qualquer um dos seguintes aditivos:
>
> I – substâncias sintéticas e naturais, em qualquer forma de apresentação (substâncias puras, extratos, óleos, absolutos, bálsamos, dentre outras), com propriedades flavorizantes ou aromatizantes que possam conferir, intensificar, modificar ou realçar sabor ou aroma do produto, incluindo os aditivos identificados como agentes aromatizantes ou flavorizantes:
>
> a) pelo Joint FAO/WHO Expert Committee on Food Additives – JECFA (Comitê Conjunto da Organização das Nações Unidas para a Agricultura e Alimentação (FAO)/Organização Mundial da Saúde (OMS) de Especialistas em Aditivos Alimentares); ou
>
> b) pela Flavor and Extract Manufacturers Association – FEMA (Associação dos Fabricantes de Aromas e Extratos).
>
> II – coadjuvantes de tecnologia (ou auxiliares de processo) para aromatizantes e flavorizantes;
>
> III – aditivos com propriedades nutricionais, incluindo:
>
> a) aminoácidos;
>
> b) vitaminas;
>
> c) ácidos graxos essenciais; e
>
> d) minerais, exceto aqueles comprovadamente essenciais para a fabricação dos produtos derivados do tabaco.
>
> IV – aditivos associados com alegadas propriedades estimulantes ou revigorantes, incluindo taurina, guaraná, cafeína e glucuronolactona;
>
> V – pigmentos (ou corantes);
>
> VI – frutas, vegetais ou qualquer produto originado do processamento de frutas e vegetais, exceto carvão ativado e amido;
>
> VII – adoçantes, edulcorantes, mel, melado ou qualquer outra substância que possa conferir aroma ou sabor doce, diferente de açúcares;
>
> VIII – temperos, ervas e especiarias ou qualquer substância que possa conferir aroma ou sabor de temperos, ervas e especiarias;
>
> IX – ameliorantes; e
>
> X – amônia e todos os seus compostos e derivados.

O ponto nevrálgico da controvérsia reside em saber quais os limites constitucionais que envolvem a atuação da agência reguladora, e analisar os parâmetros para que o órgão, a pretexto de proibir produtos ilegais e de risco iminente à saúde, amolde-se num contexto de proteção a outros direitos fundamentais, tornando possível, *e.g.*, o banimento de uma atividade econômica.

Nesse contexto, de acordo com a requerente, o ato normativo proibiu a adição, nos produtos fumígenos de tabaco, de substâncias *"que não representem riscos adicionais à saúde ou ao meio ambiente"*, circunstância que impediria, de modo ofensivo a diversos preceitos constitucionais, agentes privados de fabricarem, importarem e comercializarem produtos lícitos e torná-los mais palatáveis ao gosto do mercado consumidor, ao qual sua atividade econômica se dirige.

Como já nos adverte Sérgio Guerra (Controle judicial dos atos regulatórios, 2005. p. 264), *"para a validade dos atos regulatórios emanados das Agências Reguladoras impõe-se que os mesmos sejam profundamente motivados, com a perfeita identificação da fundamentação técnica e a razoabilidade e proporcionalidade justificadora da decisão que atingirá todo um subsistema"*.

De fato, o objetivo da medida, conforme consta do sítio eletrônico da ANVISA[3], é *"reduzir a atratividade dos produtos derivados do tabaco, tendo impacto direto na redução da iniciação de novos fumantes"*, ou seja, para desestimular o consumo e todos os derivados do tabaco, a norma veda a adição de substâncias que tornam os produtos mais desagradáveis para o consumidor. E continua a informação da ANVISA salientando que a proibição tem lugar, pois *"os aditivos são substâncias adicionadas intencionalmente nos produtos derivados do tabaco para mascarar o gosto ruim da nicotina, disfarçar o cheiro desagradável, reduzir a porção visível da fumaça e diminuir a irritabilidade da fumaça para os não fumantes"*.

Ocorre que, como defendi anteriormente, a atuação da agência regulatória deve circunscrever-se às diretrizes erigidas pela Lei que a criou. No caso específico, a previsão para a proibição de insumos, inclusive relativos aos derivados do tabaco, é matéria entabulada no já citado art. 7º, inciso XV, da Lei 9.782/99, que autoriza a ANVISA a atuar dessa maneira em duas hipóteses: *"em caso de violação da legislação pertinente ou de risco iminente à saúde"*.

Destarte, a ANVISA, ao fundamentar as razões de fato que amparam a resolução ora impugnada, não afirma que os ingredientes banidos causam riscos iminentes à saúde. E, por uma leitura atenta do seu art. 6º, realmente nem poderia. Produtos como *"aromatizantes e flavorizantes, aditivos com propriedades nutricionais, aditivos associados com alegadas propriedades estimulantes ou revigorantes, frutas, vegetais ou qualquer produto originado do processamento de frutas e vegetais, adoçantes, edulcorantes, mel, melado ou qualquer outra substância que possa conferir aroma ou sabor doce, diferente de açúcares"*, certamente não foram proibidos com o intento de, diretamente, resguardar os consumidores em proteção à sua saúde.

Cumpre ressaltar que, de acordo com informações constantes nos autos (Parecer – eDoc 64), um estudo realizado pelo Comitê Científico dos Riscos Emergentes e Recentemente Identificados para a Saúde da Comunidade Europeia, publicado em novembro de 2010, não identificou nenhum ingrediente que, por si só, pudesse representar potencial dano à saúde ou causar dependência. Outros estudos independentes analisaram um grande número de ingredientes adicionados ao cigarro e chegaram à mesma conclusão.

Deveras, cumpre ter em mente que a *ratio* normativa erigida pela ANVISA é, indubitavelmente, interferir no conteúdo dos produtos comercializados, não para impedir ou prevenir riscos à saúde, mas para torná-los menos agradáveis ou atraentes aos consumidores.

Dessa forma, *apesar dos riscos à saúde associados ao tabagismo, não se discute, aqui, se, e em qual amplitude, o cigarro é fator de risco para doenças, mas, sim, que não há estudo científico que relacione as substâncias proibidas (canela, mentol e semelhantes) a qualquer risco à saúde ou indução à dependência.*

Consectariamente, o potencial danoso inerente ao cigarro permanece inalterado com a proibição das substâncias em análise. Desse modo, a ANVISA não pode proibi-las, simplesmente com o intuito eventual de subtrair dos consumidores as opções que mais lhes convêm, impondo-lhes novos hábitos de consumo e limitando a livre escolha autônoma.

Quanto ao tópico, cumpre ter presente as lições de José Joaquim Gomes Canotilho e Jónatas E. M. Machado (*A ANVISA e a proibição de substâncias aditivas nos produtos fumígenos*) que, em parecer jurídico, assim dispuseram a matéria, *verbis*:

> Todavia, para serem legítimas e legais, as actividades humanas não têm que estar todas ao serviço da saúde individual ou pública. A indústria do tabaco vai ao encontro de preferências de milhões de consumidores adultos. Daí que se afigurem desproporcionais algumas medidas preconizadas para a deslegitimação e estigmatização da indústria do tabaco, como se de uma actividade imoral, ilícita e criminosa se tratasse. Ao contrário do que sugerem as orientações definidas pela Conferência das Partes da CQCT27, *as empresas de tabaco não podem ser simplesmente privadas dos seus direitos de livre iniciativa econômica privada, liberdade de expressão, direitos de participação ou direitos de acesso aos tribunais e tutela jurisdicional efectiva.*
>
> Mesmo que sejam legítimas e necessárias algumas restrições ao fabrico, distribuição e propaganda do tabaco orientadas para proteger crianças, adolescentes e não fumadores e facilitar o abandono do consumo por parte de fumadores, pretende-se que essas restrições sejam excepcionais, limitadas, devidamente fundamentadas e interpretadas restritivamente. (Grifamos)

B. A DIMENSÃO EFICACIAL DA ATUAÇÃO REGULATÓRIA

A regulação expropriatória e a asfixia da atividade econômica

De fato, um exame do ordenamento jurídico não permite descortinar uma delegação que expressamente autorize a ANVISA a proibir as substâncias aditivas. Esse é o entendimento de Sepúlveda Pertence e Luís Roberto Barroso (*Resolução da Anvisa que proíbe o uso nos cigarros de ingredientes que não oferecem risco à saúde. Invalidade formal e material da medida. Incompetência, desvio de finalidade e asfixia regulatória*), que, em parecer sobre a temática, ressaltaram que:

> No caso, não havendo violação a previsão legal específica ou risco iminente à saúde, a proibição do uso de ingredientes no cigarro pela Anvisa configura *desvio de finalidade*, já que serve a propósito não autorizado pela lei ou pela Constituição: interferir sobre elementos essenciais de atividade econômica lícita, em opção claramente política e desvinculada das finalidades legais cometidas àquela Agência, responsável pelas ações de *vigilância sanitária*. Vale registrar, aliás, que, ainda quando legítimo, em tese, impor restrições ao exercício de atividades econômicas com fundamento em outros bens e direitos constitucionalmente protegidos – como, *e.g.*, a saúde pública e o consumidor –, é certo que *não se pode restringir a iniciativa a ponto de inviabilizar a comercialização de produto lícito*, muito menos por meio de ato normativo primário de agência reguladora.

Nesse diapasão, ausente o fundamento da majoração dos riscos à saúde, a proibição dos ingredientes constitui supressão indevida da liberdade de empresa e de concorrência dos fabricantes e comerciantes de cigarros, traduzindo, na verdade, tentativa de regulação expropriatória inconstitucional.

A contenção de poder é um dos pilares do Estado Democrático de Direito. Assim como as agências reguladoras atuam como um poder externo, que fiscaliza, ordena e pune os administrados que se lhes subordinam, as próprias autarquias devem estar sujeitas a limites e balizas. Não se trata de podar os seus poderes, mas de lhes dar contorno. Tal definição contribui, inclusive, para a otimização das capacidades institucionais da agência.

Sob a perspectiva do cidadão sobre o qual recai a regulação, a delimitação da competência normativa da agência permite o controle dos excessos regulatórios, com a subsequente invalidação do ato e eventual responsabilização civil da agência. É como restou fixado no célebre caso *Pennsylvania Coal v. Mahon*, julgado pela Suprema Corte dos EUA em 1922:

> 1. Uma consideração para decidir se as limitações à propriedade privada, implícitas em favor do poder de polícia, são excessivas, é o grau em que os valores inerentes à propriedade são reduzidos pela regulação em questão, e isso deve ser determinado a partir dos fatos do caso em apreço. 2. A regra geral, ao menos, é que, se a regulação for longe demais, será reconhecida como uma tomada pela qual deve ser paga uma compensação. (Justice Oliver Wendell Holmes, *Pennsylvania Coal v. Mahon* (1922), 260 U.S. 393 – tradução livre).

Especificamente no caso de poder de polícia, é ainda mais evidente que a atuação desproporcional do poder público se traduz em violação a bens jurídicos do particular. Tratando-se do exercício de atividade empresarial, os danos representam violação aos princípios da ordem econômica e ao direito de propriedade.

Assim como não se pode admitir que, no silêncio da lei, a agência pode tudo, a delimitação dos contornos da lei deve impedir que, no exercício de seu poder ordenador, a agência viole princípios e regras constitucionais. Nessa hipótese, à toda a evidência, o excesso perpetrado pelo regulador será inconstitucional.

A respeito do abuso de poder regulatório, confira-se a perfeita síntese de André Cyrino:

> "Mais especificamente, a abusos do regulador, que aqui denominamos *regulações expropriatórias*. Trata-se de medidas regulatórias permeadas de aparente legitimidade e editadas dentro dos parâmetros de competência instituídos pela lei, as quais, todavia, se revelam demonstrações de desmesurado poder estatal. Regulações cujo feitio de legítimas normas limitadoras da atividade econômica encobre um ato de inconstitucional *esvaziamento da propriedade privada*, entendida em seu sentido amplo, enquanto garantia de proteção de bens e direitos contra o confisco. (CYRINO, André. Regulações expropriatórias: apontamentos para uma teoria. RDA – *Revista de Direito Administrativo*, Rio de Janeiro, v. 267, p. 199-235, set./dez. 2014. p. 203).

Como definir o excesso? A jurisprudência comparada e a doutrina nacional trazem alguns parâmetros.

No caso *Penn Central Transportation Co. v. City of New York* (1978), a Suprema Corte dos EUA definiu que não será expropriatória a regulação que *ressalvar outras formas de aproveitamento econômico da propriedade*. O Tribunal Constitucional Alemão, por sua vez, afasta a configuração de regulação expropriatória quando a regra, embora onerosa, possa ser *incorporada nos custos da própria atividade*.

Parece razoável acrescer, ainda, que considerada inerente à própria atividade ou definidora dos contornos do direito à propriedade. É o que se supõe ocorrer nos casos em que se concretiza a função social da propriedade. Por sua vez, Gustavo Binenbojm sintetiza, em artigo específico sobre o tema, três parâmetros para se identificar uma regulação expropriatória e inconstitucional:

> Em resumo do que se expôs, a regulação será expropriatória e inconstitucional, diante do exame do caso concreto: (i) quando vier acompanhada de esbulho possessório; (ii) *quando for desproporcional, porquanto desnecessária e/ou tiver custos maiores que seus benefícios*; e (iii) quando for excessiva por configurar *esvaziamento econômico ou retirar o conteúdo prático do direito que passa a ser usado para o atendimento de finalidades públicas*, sem qualquer compensação para o proprietário (BINENBOJM, Gustavo. "Regulações expropriatórias." *Revista Justiça e Cidadania* nº 117. 2010).

Aplicados ao caso concreto, tem-se que na delimitação dos poderes normativos à Agência Nacional de Vigilância Sanitária, a lei não pode permitir sua atuação expropriatória. Especificamente, deve-se cuidar para que não haja esvaziamento econômico ou retirada do conteúdo prático da atividade comercial.

Como exemplo, traz-se a padronização dos produtos, em decorrência da regra estabelecida pela RDC nº 14/2012. Ao proibir a importação e a comercialização de cigarros que contenham *"qualquer substância ou composto, que não seja tabaco ou água, utilizado no processamento das folhas de tabaco e do tabaco reconstituído, na fabricação e no acondicionamento de um produto fumígeno derivado do tabaco, incluindo açúcares, adoçantes, edulcorantes, aromatizantes, flavorizantes e ameliorantes"* (art. 3º, I), a Resolução impôs um custo desproporcional aos fabricantes de cigarro.

Com efeito, a resolução ora em análise restringe a viabilidade e a livre-iniciativa de uma atividade econômica lícita, assegurada aos fabricantes de cigarro, tolhendo do agente econômico a liberdade de escolha de substâncias inofensivas que acabam por imprimir a identidade do produto, numa clara demonstração de livre mercado que impera hoje em nossa sociedade. É, sim, ínsito ao direito à livre iniciativa, que as empresas fabricantes de tabaco criem diferentes produtos, com diferentes características e sabores, de forma a ir ao encontro da preferência dos consumidores adultos. E isso não pode ser tolhido sob o pretexto de, eventualmente, diminuir-se o consumo de tabaco.

Embora não tenha havido esbulho possessório, os demais elementos configuradores do abuso regulatório estão presentes. A regra é flagrantemente desproporcional, como visto; e os custos dificilmente poderão ser suportados pela empresa ou repassados aos consumidores. Além disso, a regra se aplica a qualquer cigarro sem que tenha sido ressalvado outra forma de aproveitamento econômico da propriedade empresarial, especializada em produtos fumígenos. Por fim, considere-se que a homogeneização retira o conteúdo prático do direito à livre iniciativa, obstando a diferenciação entre os concorrentes.

Externalidades regulatórias e seus custos sociais

Em geral, a teoria econômica modela a tomada de decisão individual como medida de custos e benefícios. Tais custos incluem não apenas os custos individuais diretos de determinada atividade econômica, v.g. os custos de produção dos fabricantes de cigarros, mas também as externalidades decorrentes do comportamento de outros agentes econômicos, v.g. o regulador. O somatório de custo privado mais externalidades constitui o custo social.

Em que pese, os conceitos de custo social e externalidades sejam frequentemente empregados como argumentos para a intervenção estatal na ordem econômica, a correlação não é direta nem necessária. Isso porque, a exemplo do presente caso, é possível que a atuação regulatória provoque as externalidades negativas que aumentam os custos sociais. Sem que haja soluções óbvias, a regulação deve se sensibilizar para eventuais falhas e custos, no caso concreto.

Se, de um lado, a padronização de produto fumígeno pela agência reguladora pode eventualmente acarretar a externalidade positiva de redução de consumo em determinados nichos; de outro, pode implicar a aniquilação de determinado concorrente e a consequente concentração de mercados. Tal externalidade, além de violar o princípio da livre concorrência de que trata o artigo 170, IV, da Constituição, incrementa o custo social de aumento de preços e eventual redução da qualidade, em decorrência da formação de monopólios.

A expropriação regulatória não prejudica, apenas, a sociedade empresária que entrevê tolhido o seu potencial econômico, mas a coletividade. Como consequência, o capital se evade, os empregos diminuem, os custos são transferidos aos consumidores e novos empreendedores são desestimulados. Os reflexos não se limitam ao particular, mas repercutem no Custo Brasil.

Agregue-se a isso o estudo conduzido pela Fundação Getúlio Vargas – FGV (*Estudo dos Efeitos Socioeconômicos da Regulamentação, pela ANVISA, dos Assuntos de que tratam as Consultas Públicas nº 112 e 117, de 2010)*[5], *no sentido de que "tem-se como inevitável que a consequência imediata de tais medidas seria uma significativa redução do mercado formal e um decorrente aumento da informalidade no mercado de cigarros".*

Aliado à redução do mercado formal, que não poderá mais fabricar os produtos com as características que mais se adequam às opções dos consumidores, é razoável supor que o segmento mais relevante do mercado ilegal não obedecerá às restrições ora propostas pela ANVISA. O produto contrabandeado se tornará ainda mais atraente, pois, além do menor preço, manterá, *verbi gratia*, as atuais características de gosto, aroma, tal como hoje produzidos.

É sabido que o dogma da supremacia do interesse público sobre o privado procura relevar os sacrifícios individuais no sopesamento com benefícios sociais generalizados, sobretudo quando se trata de bem jurídico da envergadura do direito à saúde. Entretanto, a dicotomia público-privado já de há muito vem sendo criticada pela doutrina moderna. Não se trata de privatizar o interesse coletivo, como suspeitam os céticos pós-modernos, mas de publicizar o interesse particular.

Não se trata de esvaziar o poder normativo das agências reguladoras, fique claro, tampouco de impedir a submissão da atividade econômica aos moldes definidos pela entidade competente. Ao contrário, trata-se de defini-lo com maior precisão, para que o princípio da não-surpresa se aplique também em âmbito empresarial e administrativo.

Conforme mencionado em Memorias da ABIFUMO, "o banimento de tais produtos retira as notas características das marcas de cigarro comuns, e implica a homogeneização do mercado", o que "viola os direitos dos fabricantes à marca e à livre concorrência, corolários da liberdade de iniciativa, bem como o direito do consumidor em não ter sua marca preferida extinta".

O propósito da regulação deve ser a proteção da saúde e da liberdade de escolha informada dos consumidores, jamais o puro desestímulo da atividade. Mais eficaz para tanto seria a proibição do consumo ou sua criminalização. Essa parece ser a interpretação mais consentânea com a autonomia da vontade e a livre iniciativa, bem como com o direito de propriedade e consumidor. Não bastasse, convém assinalar que ao proibir o uso de substâncias que predominam no mercado nacional, que se adequam ao gosto e aroma conhecidos e utilizados pelos consumidores brasileiros, a única hipótese que a Resolução representa é, na verdade, o próprio banimento dos derivados do tabaco, sem qualquer autorização constitucional ou legal para tanto. Eventual exclusão da referida atividade econômica, apenas a título argumentativo, teria que ocorrer no Poder Legislativo, após trâmites intensos, marcados pelo debate social, e não por intermédio de Resolução de agência reguladora, que não possui qualquer legitimidade democrática para tanto. Tal fato concretizaria intervenção inconstitucional no campo próprio e indelegável das escolhas políticas que, em uma democracia, devem estar sujeitas ao crivo do povo e de seus representantes eleitos.

Ofensa ao princípio da proporcionalidade

A desproporcionalidade ocorre não apenas em concreto, devendo ser analisados os prejuízos a que efetivamente cada particular se sujeita, mas também em abstrato, por a norma impor sacrifício muito além do necessário para a satisfação do propósito escoimado.

A proporcionalidade da medida deve ser vista sob outra perspectiva.

Cigarro mata. Ao limitar a composição dos cigarros em nome da proteção à saúde do usuário e de toda a coletividade, a resolução angaria a simpatia de qualquer intérprete. Juridicamente, a medida sobrevive às leis de sopesamento de Alexy, vez que o direito fundamental à saúde possui inegável importância e, por grave que seja a intervenção no direito de propriedade da empresa, a certeza dos resultados pretendidos compensaria qualquer sacrifício.

Psicologicamente, *os defensores da medida apresentarão boas razões para justificar a exigência. Aduzirão que o sacrifício faz parte de qualquer ação estatal de conformação de direitos, e que o regulador, tecnicamente informado e com base na lei, tem expertise suficiente para fazer as melhores escolhas para o setor. Além disso, todos ganharão com isso.*

O contraponto, na ponderação do teste de proporcionalidade em sentido estrito, é representado pelos investimentos que o empresário fez naquela atividade, bem como a higidez do sistema econômico, alicerçado em instituições definidas e segurança jurídica.

De fato, como é de cediço na doutrina, a legitimidade constitucional de toda intervenção do Estado sobre a esfera jurídica do particular está condicionada à existência de uma finalidade lícita que a motive, bem como ao respeito ao postulado da *proporcionalidade*, cujo fundamento deita raízes na própria noção de princípios jurídicos como mandamentos de otimização (ALEXY, Robert. *Teoria dos Direitos Fundamentais*. Trad. Virgílio Afonso da Silva. São Paulo: Malheiros, 2011, p. 116).

In casu, a finalidade perseguida pela pretensão da ANVISA é legítima (*i.e.*, redução dos índices de consumo de derivados do tabaco). Resta saber se o meio pretendido (*i.e.*, restrições às substâncias que se prestam, apenas, a conferir determinado sabor, aroma ou notas gustativas) revela-se adequado, necessário e proporcional em sentido estrito. Já adianto que entendo que isso não ocorre no caso *sub examine*.

Na primeira etapa do *exame de proporcionalidade*, a análise de adequação investiga a aptidão da medida estatal para atingir a finalidade constitucional almejada. Trata-se, aqui, de um cotejo entre meio e fim, a exigir que o meio selecionado seja empiricamente idôneo à promoção do fim perseguido. Obviamente a promoção da finalidade colimada admite graus distintos de intensidade, qualidade e certeza. Por razões democráticas e técnicas, ligadas, respectivamente, à soberania popular (CRFB, art. 1º, parágrafo único) e à Separação dos Poderes (CRFB, arts. 2º c/c 60, §4º, III), deve-se respeitar a vontade objetiva do Legislativo e do Executivo (ÁVILA, Humberto. *Teoria dos princípios: da definição à aplicação dos princípios jurídicos*. São Paulo: Malheiros, 2011, p. 178-182). Assim, a adequação é satisfeita com a simples escolha de um meio que promova minimamente o fim, mesmo que não seja o mais intenso, o melhor, nem o mais seguro.

In casu, a restrição pretendida mostra-se inadequada pelo simples fato de não haver implicação lógica entre a redução do consumo e o desestímulo à iniciação ao consumo de cigarro, mormente por não haver fundamento científico suficiente que comprove que os ingredientes proibidos causam ou potencializam a dependência associada ao hábito de fumar. Retirar o gosto, aroma, ou mesmo as propriedades nutricionais, não se relaciona – pelo menos não foi demonstrado – diretamente com o vício. Tal dificuldade decorre da própria inviabilidade de demonstrar os riscos à saúde promovidos pela proibição de produtos, na maioria deles, inofensivos à saúde.

Na segunda etapa do exame de proporcionalidade, *investiga-se a necessidade ou exigibilidade da medida estatal*. Procede-se, aqui, a uma análise comparativa entre meios alternativos e o fim público perseguido. O objetivo é perquirir a existência (ou não) de meios substitutos àquele originalmente escolhido pelo Estado e, em seguida, compará-los tanto em relação ao grau de adequação à finalidade pública, quanto ao impacto sobre bens jurídicos contrapostos. Quer-se, com isso, evitar qualquer excesso da intervenção estatal, interditando que o Poder Público se valha de termos mais gravosos quando existentes alternativas igualmente eficazes, porém menos incisivas sobre a esfera jurídica de terceiros.

In casu, ainda que se tente fundamentar uma adequação ínfima da medida, verifica-se sua desnecessidade em razão de haver meios menos onerosos à livre iniciativa e igualmente hábeis a alcançar o propósito almejado. Trata-se, por exemplo, das políticas de informação e campanhas de conscientização, esclarecimento e advertência à população acerca dos malefícios associados ao hábito de fumar.

Vê-se que existem meios alternativos que podem levar a alcançar os resultados perseguidos e, concomitantemente, mantêm incólumes os direitos fundamentais das empresas envolvidas, ao contrário do que ocorre com a proibição ventilada, a qual, além de não se apresentar adequada, implica obstáculo mais gravoso ao exercício de atividades econômicas.

A Administração Pública, portanto, possui ao seu dispor diversas opções de restringir o acesso ao tabaco por crianças e jovens, e desencorajar o seu consumo por adultos, sem, porém, que isso comprometa, sobremaneira, a autonomia individual e a liberdade econômica das empresas de fabricarem produtos que vão ao encontro das preferências dos consumidores.

Por fim, na última etapa do itinerário metodológico, *o teste da proporcionalidade em sentido estrito impõe a comparação dos custos e dos benefícios da medida restritiva.* Consoante abalizada lição de Robert Alexy: *"quanto mais alto é o grau de não-cumprimento ou restrição de um princípio, tanto maior deve ser a importância do cumprimento do outro"* (ALEXY, Robert. *On balancing and subsumption: a structural comparison* In Ratio Juris, vol. 16, nº 14, Oxford, dezembro-2003, p. 436 - tradução livre do original). É a lei da ponderação. Pretende-se, com ela, aquilatar a importância dos bens jurídicos em jogo, fundamentando juridicamente a calibragem das restrições derivadas da intervenção estatal.

In casu, as desvantagens em cercear as atividades econômicas de certo segmento comercial (farmácias e drogarias) são maiores do que os benefícios advindos das restrições. Citem-se, aqui, a título ilustrativo, os efeitos negativos, principalmente, no tocante à disponibilidade de empregos e à comodidade oferecida à população. Na realidade, prevalecendo o argumento da PGR nesse ponto, ao Poder Público será permitido, envolvidos os direitos fundamentais como conjunto harmônico de normas constitucionais, restringi-los mais do que promovê-los, o que não se coaduna com a quadra contemporânea do constitucionalismo brasileiro.

Nesse quadro fático e jurídico, entendo que as vantagens eventualmente proporcionadas são absolutamente menores que as desvantagens que lhe são correlatas, caracterizando flagrante violação à proporcionalidade estrita da norma impugnada.

Por oportuno, vale mencionar, ainda, o que consignou o Ministro Celso de Mello, por ocasião do julgamento da SS 1320/DF, DJ 14.04.1999. Ao indeferir pedido de suspensão de acórdão do TRF/1 que afastara exigência imposta por decreto aos fabricantes de cigarros – a obrigatoriedade do comércio em embalagens com 20 unidades –, expressamente listou os contrapontos constitucionais a serem sopesados na regulação do tabaco. *In verbis*:

> "Impõe-se ter presente, finalmente, que o poder-dever que incumbe ao Estado de intervir em atividades consideradas prejudiciais à saúde pública encontra limitações no próprio texto da Constituição da República, que não admite e nem tolera a edição de atos estatais veiculadores de restrições desvestidas de razoabilidade. Essa, no fundo, simultaneamente com os temas da reserva constitucional de lei formal e da liberdade de iniciativa empresarial, traduz a questão básica, cuja discussão – vinculada ao princípio do substantivo *due process of law* – acha-se em curso no processo mandamental de que se originou o acórdão ora questionado".

III CONCLUSÃO

Em arremate, cumpre destacar que o Poder Judiciário deve, como regra geral e em razão do que já exposto anteriormente, observar o princípio da deferência em relação aos atos das agências reguladoras. Os atos administrativos das agências, que resultam de escolhas técnicas tomadas por meio de uma deliberação colegiada e imparcial, devem ser respeitados pelos seus órgãos de controle, e nisso devemos incluir o Poder Judiciário. Contudo, em relação a *"temas juridicamente sensíveis"*, e aqui fazemos uso de expressão utilizada por Eduardo Jordão em sua obra *Controle Judicial de uma Administração Pública Complexa. A Experiência Estrangeira na Adaptação da Intensidade do Controle*. (São Paulo: Malheiros, 2016), o parâmetro da não deferência se impõe como método de controle.

No mesmo sentido, Valter Shuenquener, *verbis*:

> Por mais que a observância do princípio da deferência no controle dos atos das agências reguladoras seja elogiável, ela, também, traz algumas desvantagens que não podem ser desprezadas. E, nesse contexto, *o déficit de legitimidade democrática das agências pode justificar uma atuação judicial mais intensa (não deferente), especialmente quando se estiver diante de temas juridicamente sensíveis. É que a regulação pode afetar drasticamente valores da maior envergadura constitucional e a solução técnica escolhida ser, apenas, uma dentre várias possíveis e proporcionais. Por essa razão, os órgãos estatais de controle das agências reguladoras não podem ser ingênuos e invariavelmente submissos aos parâmetros técnicos construídos pela agência, especialmente porque a escolha pela predominância de um critério técnico pode decorrer de uma prévia avaliação política, e nem sempre é possível separar completamente o que é técnico do que é político.* (Os Quatro Pilares para a preservação da Imparcialidade Técnica das Agências Reguladoras. In: Obra sobre Regulação coordenada pelo Prof. Alexandre Santos de Aragão. No Prelo) (Grifamos)

Ante o quadro, sirvo-me da premissa de que incumbe à jurisdição constitucional aferir, como no caso, quando a intensidade regulamentar e restritiva não se justifica. Por todas as razões acima delineadas e, em especial, porque o propósito da regulação jamais deve ser o puro desestímulo ou banimento de insumo não danoso à saúde, voto pelo conhecimento do pedido formulado na presente ADI e pela sua procedência.

Ex positis, julgo procedente o pedido, a fim de que seja emprestada interpretação conforme a Constituição ao artigo 7º, XV, parte final, da Lei 9.782/1999, sem redução de texto, para fixar a exegese de que o propósito da regulação deve ser o da proteção da saúde e da liberdade de escolha informada dos consumidores, bem como declarar, por arrastamento, a inconstitucionalidade da Resolução da Diretoria Colegiada da ANVISA 14/2012.

---

[1] A favor da deslegalização, citamos como exemplo Carlos Ari Sundfeld, Marcos Juruena Villela Souto, Diogo de Figueiredo de Moreira Neto. Segundo Carlos Ari Sundfeld, "a adoção de um amplo sistema de regulamentos autônomos ou o controle de produção legislativa pelo Executivo não eliminou o Estado de Direito (..) Em termos exclusivamente lógicos, o Estado de Direito pode prescindir da subordinação do ato administrativo à lei e do Executivo ao Legislativo. Basta preservar em vigor o dogma de que o ato da Administração não pode ser fruto do capricho (mesmo que haja uma lei a sujeitá-lo)." SUNDFELD, Carlos Ari. A Administração Pública na era do Direito Global. In: Direito Global. SUNDFELD, Carlos Ari (Coord.); VIEIRA, Oscar Vilhena (Coord.). São Paulo: Max Limonad, 1999, p. 167. Em sentido contrário à deslegalização promovida por meio de leis, temos como exemplo a posição de Maria Sylvia Zanella di Pietro. No dizer de Maria Sylvia, "quanto à deslegalização de matérias – que significa tirar determinada matéria da competência legislativa – somente seria aceitável se feita pela própria Constituição. Não pode ser feita por lei ordinária, porque isto implicaria retirar da competência do Poder Legislativo competência que lhe foi outorgada pela Constituição." PIETRO, Maria Sylvia Zanella di. Limites da função reguladora diante do princípio da legalidade. In: Direito Regulatório: Temas Polêmicos. Org. PIETRO, Maria Sylvia Zanella di. Belo Horizonte: Fórum, 2009, p. 45. O STF reconheceu a deslegalização como instituto compatível com a Constituição da

República no i) RE 140.669/PE. Rel.: Min. ILMAR GALVÃO. Tribunal Pleno. Julgamento: 02/12/1998, e na ii) ADI 4.568/DF. Rel. Min. Cármen Lúcia, Julgamento: 03/11/2011.

[2] SOUTO, Marcos Juruena Villela. Direito Administrativo Regulatório. Rio de Janeiro: Lumen, 2002, p. 47.
[3] http://portal.anvisa.gov.br/aditivos-em-produtos-derivadosdo-tabaco
[4] https://supreme.justia.com/cases/federal/us/260/393/case.html
[5] http://fgvprojetos.fgv.br/sites/fgvprojetos.fgv.br/files/estudo_13.pdf
[6] https://supreme.justia.com/cases/federal/us/438/104/case.html
[7] BVerfGE 58, 137 *apud* Cyrino.

Informação bibliográfica deste texto, conforme a NBR 6023:2018 da Associação Brasileira de Normas Técnicas (ABNT):

ARAUJO, Valter Shuenquener de. ADI nº 4.874 – O (razoável) limite de atuação das agências reguladoras. O caso Anvisa de proibição de aditivos nos cigarros. In: FUX, Luiz. *Jurisdição Constitucional III*: república e direitos fundamentais. Coordenação de Valter Shuenquener de Araujo. Belo Horizonte: Fórum, 2019. p. 219-241. ISBN 978-85-450-0691-6.

PET Nº 4.656 – O PODER DO CNJ E DO CNMP DE AFASTAR UMA LEI INCONSTITUCIONAL. UMA EVOLUÇÃO NECESSÁRIA NA JURISPRUDÊNCIA DO STF

VALTER SHUENQUENER DE ARAUJO

A PET nº 4.656, da relatoria da Min. Cármen Lucia, é um daqueles processos mais relevantes julgados pelo STF nos últimos anos a respeito do tema controle jurisdicional da Administração Pública. Nele se estava diante de uma impugnação[1] à decisão do CNJ que anulava a nomeação de cem pessoas para cargos comissionados de assistente de Administração no âmbito do Poder Judiciário paraibano. As referidas nomeações foram feitas com fundamento na Lei nº 8.223/07 do estado da Paraíba.

A citada norma paraibana veiculava um comando flagrantemente inconstitucional, tendo em vista que os cargos em comissão só podem ser criados para funções de direção, assessoramento e chefia (art. 37, V, da CRFB), sob pena de ofensa ao art. 37, II, da Constituição da República, que impõe a regra do concurso público para o provimento de cargos e de empregos públicos.[2] O cargo de assistente de Administração deveria ser cargo efetivo e ocupado por aprovado em concurso público.

Ocorre que a citada lei não havia sido declarada inconstitucional pelo STF e o CNJ precisava exercer o controle do Poder Judiciário da Paraíba em relação às citadas nomeações. Daí a controvérsia: o CNJ poderia impedir as nomeações efetuadas com amparo em lei estadual?

A relevância deste processo decorre do tema que dele se extrai e que teria de ser enfrentado pelo Plenário do STF: o CNJ, como Tribunal administrativo que

---

[1] A petição foi protocolizada pelo Sindicato dos Servidores do Poder Judiciário do Estado da Paraíba – Sinjep.
[2] Confira-se o seguinte precedente do STF que ilustra a inconstitucionalidade da criação de cargos em comissão para cargos que não sejam de direção, assessoramento e chefia, *verbis*: "EMENTA: AGRAVO REGIMENTAL EM RECURSO EXTRAORDINÁRIO. INCONSTITUCIONALIDADE DE LEI. CRIAÇÃO DE CARGO COMISSIONADO SEM CARÁTER DE ASSESSORAMENTO, CHEFIA OU DIREÇÃO. IMPOSSIBILIDADE. PRECEDENTES. SÚMULAS 279 E 280/STF. 'É inconstitucional a criação de cargos em comissão que não possuem caráter de assessoramento, chefia ou direção e que não demandam relação de confiança entre o servidor nomeado e o seu superior hierárquico' (ADI 3.602, Rel. Min. Joaquim Barbosa). [...] Agravo regimental a que se nega provimento" (RE nº 820.442 AgR. Rel. Min. Roberto Barroso, Primeira Turma, j. 28.10.2014. *DJe*, n. 229, 21 nov. 2014) (Grifos nossos).

é, pode afastar uma lei em razão de reconhecer sua incompatibilidade com o texto constitucional?

O STF já tem posição firme, no sentido de que o CNJ e o CNMP não podem interferir, respectivamente, na função jurisdicional e ministerial (atividade-fim). Ambos são órgãos de controle que, a despeito de sua estatura constitucional, expedem atos administrativos sindicáveis pelo Poder Judiciário, não têm competência para modificar decisões judiciais ou ministeriais e agem com o objetivo precípuo de exercer um controle administrativo.[3]

Não há, todavia, uma resposta expressa no texto constitucional à indagação sobre se esses órgãos podem afastar uma lei inconstitucional. Sobre o tema, o STF, principal órgão jurisdicional de controle do CNJ e do CNMP,[4] já adotou uma posição no passado não muito distante, no sentido de que, por serem tribunais administrativos, CNJ e CNMP não poderiam exercer o controle de constitucionalidade das leis. Nesse sentido, confira-se:

---

[3] "Ementa: CONSELHO NACIONAL DE JUSTIÇA – CONTROLE ADMINISTRATIVO – MATÉRIA JURISDICIONAL – INVIABILIDADE. *Descabe o controle, pelo Conselho Nacional de Justiça, cujas atribuições são exclusivamente administrativas, de controvérsia submetida à apreciação do Poder Judiciário*" (MS nº 28.845. Rel. Min. Marco Aurélio, Primeira Turma, j. 21.11.2017. *DJe*, n. 283, 11 dez. 2017) (Grifos nossos).

[4] Sem embargo de a Constituição da República ter estipulado que as decisões do CNJ e do CNMP só podem ser impugnadas judicialmente perante o STF, o que tornaria o STF o único órgão judicial de controle, o próprio STF já permitiu que o questionamento judicial dos atos desses dois órgãos também fosse feito no primeiro grau de jurisdição. Confira-se, a título de ilustração o seguinte precedente: "Ementa: CONSTITUCIONAL E PROCESSUAL CIVIL. AÇÃO PROPOSTA CONTRA O CONSELHO NACIONAL DE JUSTIÇA. ART. 102, I, R, DA CONSTITUIÇÃO. INTERPRETAÇÃO RESTRITA DA COMPETÊNCIA ORIGINÁRIA DO SUPREMO TRIBUNAL FEDERAL. 1. *Não se enquadra na competência originária do Supremo Tribunal Federal*, de que trata o art. 102, I, r, da CF, *ação de rito comum ordinário*, promovida por detentores de delegação provisória de serviços notariais, *visando à anulação de atos do Conselho Nacional de Justiça – CNJ sobre o regime dos serviços das serventias* (relação de vacâncias, apresentação de balancetes de emolumentos e submissão a teto remuneratório). 2. Agravos regimentais improvidos" (ACO nº 1.680 AgR. Rel. Min. Teori Zavascki, Tribunal Pleno, j. 24.9.2014. *DJe*, n. 235, 1º dez. 2014) (Grifos nossos). No mesmo sentido: "Ementa: COMPETÊNCIA – AÇÃO – RITO ORDINÁRIO – UNIÃO – MÓVEL – ATO DO CONSELHO NACIONAL DE JUSTIÇA. *Cabe à Justiça Federal processar e julgar ação ajuizada contra a União presente ato do Conselho Nacional de Justiça. A alínea 'r' do inciso I do artigo 102 da Carta da República, interpretada de forma sistemática, revela a competência do Supremo apenas para os mandados de segurança*" (AO nº 1814 QO. Rel. Min. Marco Aurélio, Tribunal Pleno, j. 24.9.2014. *DJe*, n. 237, 3 dez. 2014) (Grifos nossos). A grande verdade é que este tema ainda não está bem consolidado no STF. Como prova disso, na Rcl nº 15.551, a relatora Min. Cármen Lúcia entendeu, em julgamento na 2ª Turma no segundo semestre de 2015, que a competência do STF para julgar ações – de qualquer tipo – que questionem atos do CNJ teria sido usurpada pelo Juízo da 6ª Vara Federal de Goiás, no que foi acompanhada pelo Min. Dias Toffoli. Entretanto, o Ministro Teori Zavascki divergiu e assentou a tese de que o STF não teria competência para apreciar ação de rito ordinário contra ato do CNJ, nos termos do que decidido pelo Plenário na ACO nº 1.680 e na AO nº 1.814. Em seguida, o Min. Gilmar Mendes pediu vista dos autos. Mais recentemente, contudo, no julgamento da PET nº 4.656 que aqui se comenta, restou assentado expressamente que a competência para o julgamento de uma ação de rito ordinário contra ato do CNJ seria originária do STF. Senão vejamos o trecho da ementa que interessa: EMENTA: [...] 1. *A restrição do permissivo constitucional da al. r do inc. I do art. 102 da Constituição da República às ações de natureza mandamental resultaria em conferir à Justiça federal de primeira instância, na espécie vertente, a possibilidade de definir os poderes atribuídos ao Conselho Nacional de Justiça no cumprimento de sua missão, subvertendo, assim, a relação hierárquica constitucionalmente estabelecida. Reconhecimento da competência deste Supremo Tribunal para apreciar a presente ação ordinária: mitigação da interpretação restritiva da al. r do inc. I do art. 102 adotada na Questão de Ordem na Ação Originária nº 1.814* (Relator o Ministro Marco Aurélio, Plenário, DJe 3.12.2014) *e no Agravo Regimental na Ação Cível Originária nº 1.680* (Relator o Ministro Teori Zavascki, DJe 1º.12.2014), *ambos julgados na sessão plenária de 24.9.2014.* [...]" (PET nº 4.656. Rel. Min. Cármen Lúcia, Tribunal Pleno, j. 19.12.2016. *DJe*, n. 278, 4 dez. 2017) (Grifos nossos).

EMENTA: MANDADO DE SEGURANÇA. CONSELHO NACIONAL DO MINISTÉRIO PÚBLICO. CONTROLE DE CONSTITUCIONALIDADE DE LEI. IMPOSSIBILIDADE. CONSTITUIÇÃO FEDERAL. ATRIBUIÇÃO DE COMPETÊNCIA PARA O CONTROLE DA LEGALIDADE DOS ATOS ADMINISTRATIVOS. CONCESSÃO DA SEGURANÇA. [...] 2. *O Conselho Nacional do Ministério Público não ostenta competência para efetuar controle de constitucionalidade de lei, posto consabido tratar-se de* órgão *de natureza administrativa, cuja atribuição adstringe-se ao controle da legitimidade dos atos administrativos praticados por membros ou órgãos do Ministério Público federal e estadual* (art. 130-A, §2º, da CF/88). Precedentes (MS 28.872 AgR/DF, Rel. Min. Ricardo Lewandowski, Tribunal Pleno; AC 2.390 MC-REF, Rel. Min. Cármen Lúcia, Tribunal Pleno; MS 32.582 MC, Rel. Min. Celso de Mello; ADI 3.367/DF, Rel. Min. Cezar Peluso, Tribunal Pleno). 3. *In casu, o CNMP, ao declarar a inconstitucionalidade do art. 141, in fine, da Lei Orgânica do MP/SC, exorbitou de suas funções, que se limitam, como referido, ao controle de legitimidade dos atos administrativos praticados por membros ou órgãos do Parquet*. 4. Segurança concedida para cassar o ato impugnado. (MS nº 27.744. Rel. Min. Luiz Fux, Primeira Turma, j. 14.4.2015. *DJe*, n. 108, 8 jun. 2015) (Grifos nossos)

Do Plenário do STF, temos decisão mais antiga no mesmo sentido, *in verbis*:

EMENTA: AGRAVO REGIMENTAL. MANDADO DE SEGURANÇA. CONSELHO NACIONAL DE JUSTIÇA. NÃO CONHECIMENTO DE PROCEDIMENTO DE CONTROLE ADMINISTRATIVO. EXERCÍCIO DE CONTROLE DIFUSO DE CONSTITUCIONALIDADE PELO CNJ. IMPOSSIBILIDADE. MANDADO DE SEGURANÇA A QUE SE NEGOU PROVIMENTO. AGRAVO IMPROVIDO. I – *O Conselho Nacional de Justiça, embora seja* órgão *do Poder Judiciário, nos termos do art. 103-B, §4º, II, da Constituição Federal, possui, tão somente, atribuições de natureza administrativa e, nesse sentido, não lhe é permitido apreciar a constitucionalidade dos atos administrativos, mas somente sua legalidade*. II – Agravo improvido. (MS nº 28.872 AgR. Rel. Min. Ricardo Lewandowski, Tribunal Pleno, j. 24.2.2011. *DJe*, n. 051, 18 mar. 2011) (Grifos nossos)

Ocorre que, ao julgar o MS nº 26.739, a 2ª Turma do STF decidiu, em março de 2016, que o CNJ poderia afastar a incidência de uma lei estadual, quando a matéria nela veiculada já fosse considerada inconstitucional pelo STF. Essa evolução conciliou o entendimento do Plenário, de que o CNJ não pode declarar uma lei inconstitucional, com a necessidade de se permitir que, tanto o CNJ quanto o CNMP, pudessem, no exercício das suas funções de controle, impedir os efeitos de leis locais flagrantemente inconstitucionais. Vejamos o trecho da ementa do referido julgado sobre o tema:

EMENTA Mandado de segurança. Ato do Conselho Nacional de Justiça. Anulação da fixação de férias em 60 dias para servidores de segunda instância da Justiça estadual mineira. Competência constitucional do Conselho para controle de legalidade dos atos administrativos de tribunal local. [...] 2. No caso, a deliberação do CNJ se pautou essencialmente na ilegalidade do ato do Tribunal local (por dissonância entre os 60 dias de férias e o Estatuto dos Servidores do Estado de Minas Gerais). *Quanto à fundamentação adicional de inconstitucionalidade, o Supremo tem admitido sua utilização pelo Conselho quando a matéria já se encontra pacificada na Corte, como é o caso das férias coletivas*. [...] 4. A conclusão do Supremo Tribunal pela inconstitucionalidade, a partir da Emenda Constitucional nº 45/04, das férias coletivas nos tribunais, se aplica aos servidores do TJMG, cujo direito às férias de 60 dias se estabeleceu em normativos fundamentados nas férias forenses coletivas. 5. Ordem denegada. (MS nº 26.739. Rel. Min. Dias Toffoli, Segunda Turma, j. 1º.3.2016. *DJe*, n. 122, 14 jun. 2016) (Grifos nossos)

Por influência do entendimento acima da 2ª Turma do STF, tive a oportunidade de, na condição de Conselheiro do CNMP, propor e relatar o que veio a ser aprovado como Enunciado nº 12 do CNMP, que possui o seguinte teor:

> O Conselho Nacional do Ministério Público detém competência para, no exercício de suas atribuições, afastar a incidência de lei que veicule matéria já declarada inconstitucional pelo Plenário do Supremo Tribunal Federal.[5]

No voto proferido no Procedimento de Controle Administrativo (PCA) nº 1.00939/2016-20, processo de que fui relator e que originou o citado Enunciado nº 12 do CNMP, lancei as seguintes considerações sobre o tema:

> o CNMP não deve permitir a aplicação, no âmbito do Ministério Público brasileiro, de lei que verifique ser absolutamente contrária à Norma Fundamental e sobre cujo tema o Plenário do Supremo Tribunal já tenha se manifestado pela inconstitucionalidade. [...]
>
> O princípio da força normativa da Constituição disciplina, com rigor, que, não apenas o Judiciário, mas, também, o Estado-Administração exerce o controle dos seus atos administrativos em conformidade estrita com a Carta Maior. Assim, verificado ato ofensivo ao entendimento pacífico do STF, não pode o Conselho Nacional do Ministério Público ficar inerte, sob pena de causar prejuízos desnecessários à Administração, especialmente quando se estiver diante, tal como na hipótese dos autos, da possibilidade de ofensa à compreensão do STF sobre o teto de remuneração previsto na Carta Magna.

É preciso reconhecer que o MS nº 26.739 foi a semente que fez brotar não apenas o Enunciado nº 12 do CNMP, como, também, o atual entendimento do STF exteriorizado na PET nº 4.656.[6] Na referida petição, firmou-se a tese a favor da competência do CNJ, e, por conseguinte, do CNMP, para afastar leis inconstitucionais, desde que observada a maioria absoluta dos membros do Conselho.

Esse novo julgado aqui comentado (PET nº 4.656) se amolda à melhor doutrina que sustenta a possibilidade de o administrador público afastar uma lei inconstitucional. Por todos, o Ministro Luís Roberto Barroso já defendeu, em obra acadêmica, a possibilidade de o chefe do Poder Executivo afastar uma lei inconstitucional, *verbis*:

> Todos os Poderes da República interpretam a Constituição e têm o dever de assegurar seu cumprimento. O Judiciário, é certo, detém a primazia da interpretação final, mas não o monopólio *da aplicação da Constituição*. [...] Os órgãos do Poder Executivo, como órgãos destinados dar aplicação às leis, podem, no entanto, ver-se diante da mesma situação que esteve na origem do surgimento do controle de constitucionalidade: *o dilema entre aplicar uma lei que considerem inconstitucional ou deixar de aplica-la, em reverencia à supremacia da Constituição*. [...]
>
> Sem embargo da razoabilidade do argumento adverso, o conhecimento tradicional acerca da possibilidade de o Chefe do Executivo descumprir lei que fundamente considere inconstitucional não foi superado, como se colhe na jurisprudência e na doutrina. [...]

---

[5] O referido Enunciado nº 12/2017 foi aprovado durante a 2ª Sessão Ordinária do CNMP de 2017, realizada em 31 de janeiro, e o seu texto foi publicado no *Diário Eletrônico do CNMP*, Caderno Processual, p. 26, edição de 22.2.2017.

[6] A PET nº 4.656 foi julgada pelo Plenário em dezembro de 2016.

Mas o principal fundamento continua a ser o mesmo que legitimava tal linha de ação sob as Cartas anteriores: o da *supremacia constitucional. Aplicar a lei inconstitucional é negar aplicação a Constituição*. A tese é reforçada por outro elemento: é que *até mesmo o particular pode recusar cumprimento* à *lei que considere inconstitucional, sujeitando-se a defender sua convicção caso venha a ser demandado*. Com mais razão deverá poder fazê-lo o chefe de um Poder. (Grifos nossos)[7]

É preciso frisar que os ministros do Supremo tiveram todo o cuidado para dizer que o CNJ e o CNMP não podem declarar uma lei inconstitucional. São tribunais administrativos que não detêm essa competência. Contudo, eles têm a prerrogativa de afastar a sua incidência pelo fato de a lei revelar-se inconstitucional. Nos dois casos, o efeito prático acaba sendo o mesmo, vale dizer, a lei não produzirá efeitos naquela hipótese objeto de controle. Entretanto, tecnicamente as duas hipóteses retratam fenômenos jurídicos distintos. O afastamento de uma lei inconstitucional fica adstrito ao caso concreto, à causa apreciada no processo de controle do CNJ ou CNMP. Por outro lado, a declaração de inconstitucionalidade de uma lei tem o condão de retirar o texto da lei do ordenamento jurídico. O afastamento da lei inconstitucional interfere na sua eficácia; a declaração de inconstitucionalidade, na sua validade e eficácia. Sob esse aspecto, na realidade, o STF não se afastou completamente do entendimento anterior de que o CNJ e o CNMP não podem declarar uma lei inconstitucional. Os dois tribunais administrativos continuam desautorizados a declarar a inconstitucionalidade de uma lei. Apenas podem afastar a sua incidência, o que já é um tremendo avanço imprescindível para que estes órgãos possam cumprir a missão que receberam do constituinte reformador.

Portanto, agora, tal como já ocorre com o TCU, por força da Súmula do STF nº 347,[8] CNJ e CNMP também podem afastar uma lei que entenderem ser inconstitucional.

O voto do Min. Fux nesta matéria se alinhou à posição vencedora e corroborou a diferença entre a declaração de inconstitucionalidade de uma lei e a prerrogativa de afastar a sua incidência, quando ela for contrária ao texto constitucional. Vejamos, sobre o tópico, o seguinte trecho do voto do Min. Luiz Fux na PET nº 4.656:

> Nesse ponto não se desconhece que, pela natureza eminentemente administrativa do Conselho Nacional de Justiça, o órgão não possui funções jurisdicionais, não atraindo competência, portanto, para realizar controle de constitucionalidade. *Ocorre que o Conselho Nacional de Justiça pode afastar a aplicação de norma quando reconhecer sua inconstitucionalidade*, ainda mais quando a matéria veiculada já se encontra pacificada nesta Corte, como é o caso da impossibilidade de criação de cargos em comissão fora das funções de direção, assessoramento e chefia.

Caso o CNJ não pudesse afastar uma lei inconstitucional, suas primordiais funções estabelecidas pela EC nº 45 ficariam extremamente prejudicadas. O modelo escolhido pelo constituinte para o controle administrativo do Judiciário e do Ministério

---

[7] BARROSO, Luís Roberto. *O controle de constitucionalidade no direito brasileiro*. São Paulo: Saraiva, 2016. p. 92-95.
[8] Súmula nº 347: "O Tribunal de Contas, no exercício de suas atribuições, pode apreciar a constitucionalidade das leis e dos atos do Poder Público". Data de aprovação do enunciado: Sessão Plenária de 13.12.1963.

Público não pode concorrer com as leis de ocasião aprovadas com o espírito de impedir que atos do CNJ e do CNMP produzam efeitos no âmbito local.

A essa altura, é importante destacar uma diferença fundamental entre o que foi decidido pela 2ª Turma do STF no MS nº 26.379, e que inspirou o Enunciado nº 12 do CNMP, e o que restou assentado pelo STF na PET nº 4.656. No MS nº 26.379, há menção de que o CNJ poderia afastar uma lei inconstitucional, quando a matéria já se encontrasse pacificada no STF. Por outro lado, na PET nº 4.656 esta exigência (de que a inconstitucionalidade da matéria já tivesse sido reconhecida pelo STF) não foi feita pelo Plenário do STF. Senão vejamos os trechos da ementa do julgado alusivos ao tema:

> EMENTA: PETIÇÃO. LEI Nº 8.223/2007 DA PARAÍBA. CRIAÇÃO LEGAL DE CARGOS EM COMISSÃO NO TRIBUNAL DE JUSTIÇA ESTADUAL [...] ALEGAÇÃO DE INCOMPETÊNCIA DO CNJ PARA DECLARAR INCONSTITUCIONALIDADE DE LEI. PETIÇÃO JULGADA IMPROCEDENTE. [...] 2. Atuação do órgão de controle administrativo, financeiro e disciplinar da magistratura nacional nos limites da respectiva competência, afastando a validade dos atos administrativos e a aplicação de lei estadual na qual embasados e reputada pelo Conselho Nacional de Justiça contrária ao princípio constitucional de ingresso no serviço público por concurso público, pela ausência dos requisitos caracterizadores do cargo comissionado. 3. *Insere-se entre as competências constitucionalmente atribuídas ao Conselho Nacional de Justiça a possibilidade de afastar, por inconstitucionalidade, a aplicação de lei aproveitada como base de ato administrativo objeto de controle, determinando aos órgãos submetidos a seu espaço de influência a observância desse entendimento, por ato expresso e formal tomado pela maioria absoluta dos membros do Conselho.* [...] 6. Petição (ação anulatória) julgada improcedente. (PET nº 4.656. Rel. Min. Cármen Lúcia, Tribunal Pleno, j. 19.12.2016. DJe, n. 278, 4 dez. 2017) (Grifos nossos)

No mesmo sentido, o item 2 da ementa do voto do Min. Luiz Fux não deixa dúvidas da desnecessidade de prévia declaração de inconstitucionalidade pelo STF para que o CNJ e CNMP possam afastar uma lei:

> 2. A *manifestação prévia desta Suprema Corte a respeito da inconstitucionalidade da matéria* posta a exame pelo Conselho Nacional de Justiça *não constitui requisito indispensável para possibilitar o afastamento da norma*, mas poderá servir de ônus argumentativo sólido para potencializar a fundamentação analítica do necessário afastamento da incidência da norma no caso concreto. (Grifos nossos)

Para o encerramento dos comentários ao tema constante da PET nº 4.656 e do bem-lançado voto do Ministro Luiz Fux no referido processo, cumpre registrar que o princípio da juridicidade administrativa, que tem, mais recentemente, substituído o secular princípio da legalidade, já autoriza o não cumprimento de textos normativos inconstitucionais.

O centro gravitacional do ordenamento jurídico pós-moderno é o cidadão e o conjunto de direitos fundamentais que o protege e se encontra estampado na Constituição da República. Ao administrador público, e nisso se incluem os órgãos de controle de envergadura constitucional, como é o caso do CNJ e do CNMP, incumbe fazer valer o texto constitucional, ainda que, para tanto, tenham de afastar instrumentos primários de introdução de normas jurídicas, como é o caso das leis. Se isso não fosse possível, o Poder Judiciário e o Ministério Público, especialmente no âmbito estadual, poderiam pressionar as casas legislativas para que editassem leis contrárias (e inconstitucionais) ao que determinado não só pelo CNJ e CNMP, como, também, pela Constituição da República. Ou se cria o CNJ e CNMP para que atuem para valer, ou, então, que deixem de existir e tudo fique como era antes. A decisão do STF na PET nº 4.656 e, em especial, o voto lançado pelo Min. Luiz Fux no referido processo são, assim, determinantes para o pleno funcionamento desses órgãos de controle.

VOTO

> *Ementa: PETIÇÃO. LEI 8.223/2007 DA PARAÍBA. CRIAÇÃO DE CARGOS EM CO-MISSÃO NO TRIBUNAL DE JUSTIÇA ESTADUAL. ART. 5º DA LEI 8.223/2007 DA PARAÍBA. ASSISTENTES ADMINISTRATIVOS. ATO DO CONSELHO NACIONAL DE JUSTIÇA - CNJ. EXONERAÇÃO DETERMINADA. AÇÃO ANULATÓRIA. ALEGAÇÃO DE INCOMPETÊNCIA DO CNJ PARA DECLARAR INCONSTITUCIONALIDADE DE LEI. COMPETÊNCIA PARA AFASTAR NORMA INCONSTITUCIONAL. VOTO PELA IMPROCEDÊNCIA DA PETIÇÃO, COM DECLARAÇÃO INCIDENTAL DE INCONSTITUCIONALIDADE.*
>
> 1. O Conselho Nacional de Justiça é competente para afastar a aplicação de lei – utilizada como base de ato administrativo objeto de controle – quando reconhecer sua inconstitucionalidade, sem prejuízo do inafastável *judicial review*.
>
> 2. A manifestação prévia desta Suprema Corte a respeito da inconstitucionalidade da matéria posta a exame pelo Conselho Nacional de Justiça não constitui requisito indispensável para possibilitar o afastamento da norma, mas poderá servir de ônus argumentativo sólido para potencializar a fundamentação analítica do necessário afastamento da incidência da norma no caso concreto.
>
> 3. Deveras, o afastamento de leis ou atos normativos somente deve ocorrer nas hipóteses de cabal e inconteste ultraje à Constituição, de ordem que, nas situações de dúvida ou dissenso razoável acerca da incompatibilidade do conteúdo da norma adversada com a Lei Fundamental, a aplicabilidade da norma é medida que se impõe (THAYER, James Bradley. The Origin and Scope of the American Doctrine of Constitutional Law. *Harvard Law Review*. Vol. 7, No. 3, 1893, p. 129/156).
>
> 4. É inconstitucional a criação de cargos em comissão para funções que não possuem caráter de assessoramento, chefia ou direção e que não demandam relação de confiança entre o servidor nomeado e o seu superior hierárquico, o que é evidente na hipótese da lei impugnada, que prevê o desempenho de funções técnicas (CRFB/88, art. 37, V).
>
> 5. *In casu*, o Conselho Nacional de Justiça reconheceu a contrariedade da norma em relação ao princípio constitucional de ingresso no serviço público por concurso público, pela ausência dos requisitos caracterizadores do cargo comissionado.
>
> 6. Voto pela improcedência da Petição, com declaração incidental de inconstitucionalidade do art. 5º da Lei 8.223/2007, da Paraíba.

O SENHOR MINISTRO LUIZ FUX: Senhor Presidente, egrégio Tribunal Pleno, ilustre representante do Ministério Público.

A questão de fundo analisada no processo em análise tem que ver com a análise da decisão do Conselho Nacional de Justiça, que, nos autos do PCA 2009.10.00.001876-2, declarou a nulidade do ato administrativo do Tribunal de Justiça do Estado da Paraíba, qual seja, a nomeação de 100 (cem) servidores ocupantes de cargo comissionado de

Assistente de Administração, nomeados com fundamento na Lei 8.223/07, do Estado da Paraíba, tidas como irregulares pela não observância dos *"limites materiais de tolerância do excepcional ingresso no serviço público sem concurso"*, e determinou que o TJPB adotasse providências necessárias à exoneração dos impetrantes e outros servidores.

Pois bem.

Com efeito, a Constituição da República, em seu artigo 37, inciso V, permite a nomeação para cargos em comissão e funções de confiança em hipótese <u>excepcionais</u> de direção, assessoramento e chefia, in verbis:

> Art. 37.
> [...]
> V - *as funções de confiança, exercidas exclusivamente por servidores ocupantes de cargo efetivo, e os cargos em comissão, a serem preenchidos por servidores de carreira nos casos, condições e percentuais mínimos previstos em lei,* <u>*destinam-se apenas às atribuições de direção, chefia e assessoramento;*</u> *(Redação dada pela Emenda Constitucional nº 19, de 1998) (grifo próprio).*

Nos termos da doutrina de Celso Antônio Bandeira de Mello (*Curso de Direito Administrativo*. 27ª edição. São Paulo: Malheiros, p. 304-305):

> *"[...] os cargos de provimento em comissão (cujo provimento dispensa concurso público) são aqueles vocacionados para serem ocupados em caráter transitório por pessoa de confiança da autoridade competente para preenchê-los, a qual também pode exonerar ad nutum, isto é, livremente, quem os esteja titularizando".*

É pertinente, no ponto, a sempre irretocável lição, em sede doutrinária, da Ministra Cármen Lúcia (ROCHA, Cármen Lúcia Antunes. *Princípios constitucionais dos servidores públicos*. São Paulo: Saraiva, 1999, p. 191), quando defende que:

> *"Pelos termos claros e taxativos da norma (art. 37, V, CR), vê-se, pois, que inexiste possibilidade de ter o legislador infraconstitucional discricionariedade para dispor sobre a natureza do provimento de cargo público que não seja de direção, chefia e assessoramento, pois não tendo tais atribuições há vinculação legislativa, e o provimento de tal cargo é, necessariamente e pelo fundamento constitucional, efetivo.*
> *[...]*
> *Não se interprete o comissionamento como um arbítrio administrativo deixado ao cuidado do administrador público. Arbitrariedade administrativa é incompatível com o Estado de Direito. Assim, não há comissionamento conferido sem limites a quem quer que seja. Principalmente, não há como interpretar norma que configure como cargo de provimento comissionado sem atentar às normas que estabelecem os fundamentos constitucionais da Administração Pública".*

De fato, cargos em comissão não podem ser criados para o desempenho de funções técnicas, tal como na hipótese da lei paraibana impugnada. Nesta Corte, o Pleno não tem admitido uma vulgarização da criação de cargos em comissão, de modo que o art. 37, inciso V, da Carta Magna possa ser indevidamente utilizado, de maneira a frustrar a exigência constitucional do concurso público. Confira-se a jurisprudência do STF sobre o tema:

EMENTA Embargos de declaração em recurso extraordinário. Conversão em agravo regimental, conforme pacífica orientação da Corte. Lei distrital que criou cargos em comissão para funções rotineiras da Administração Pública. Impossibilidade. 1. *A decisão ora atacada reflete a pacífica jurisprudência da Corte a respeito do tema, a qual reconhece a inconstitucionalidade da criação de cargos em comissão para funções que não exigem o requisito da confiança para seu preenchimento.* 2. Esses cargos, ademais, deveriam ser preenchidos por pessoas determinadas, conforme descrição constante da aludida lei. 3. Embargos de declaração recebidos como agravo regimental, ao qual é negado provimento. (RE 376440 ED, Relator(a): Min. DIAS TOFFOLI, Tribunal Pleno, julgado em 18/09/2014, DJe 14-11-2014 – grifo próprio);

EMENTA: AÇÃO DIRETA DE INCONSTITUCIONALIDADE. ART. 37, II E V. CRIAÇÃO DE CARGO EM COMISSÃO. LEI 15.224/2005 DO ESTADO DE GOIÁS. INCONSTITUCIONALIDADE. *É inconstitucional a criação de cargos em comissão que não possuem caráter de assessoramento, chefia ou direção e que não demandam relação de confiança entre o servidor nomeado e o seu superior hierárquico, tais como os cargos de Perito Médico-Psiquiátrico, Perito Médico-Clínico, Auditor de Controle Interno, Produtor Jornalístico, Repórter Fotográfico, Perito Psicológico, Enfermeiro e Motorista de Representação.* Ofensa ao artigo 37, II e V da Constituição federal. Ação julgada procedente para declarar a inconstitucionalidade dos incisos XI, XII, XIII, XVIII, XIX, XX, XXIV e XXV do art. 16-A da lei 15.224/2005 do Estado de Goiás, bem como do Anexo I da mesma lei, na parte em que cria os cargos em comissão mencionados. (ADI 3602, Relator(a): Min. JOAQUIM BARBOSA, Tribunal Pleno, julgado em 14/04/2011, DJe 07-06-2011 – grifo próprio);

EMENTA: AÇÃO DIRETA DE INCONSTITUCIONALIDADE. EXPRESSÃO "CARGOS EM COMISSÃO" CONSTANTE DO CAPUT DO ART. 5º, DO PARÁGRAFO ÚNICO DO ART. 5º E DO CAPUT DO ART. 6º; DAS TABELAS II E III DO ANEXO II E DAS TABELAS I, II E III DO ANEXO III À LEI Nº 1.950/08; E DAS EXPRESSÕES "ATRIBUIÇÕES", "DENOMINAÇÕES" E "ESPECIFICAÇÕES" DE CARGOS CONTIDAS NO ART. 8º DA LEI Nº 1.950/2008. CRIAÇÃO DE MILHARES DE CARGOS EM COMISSÃO. DESCUMPRIMENTO DOS ARTS. 37, INC. II E V, DA CONSTITUIÇÃO DA REPÚBLICA E DOS PRINCÍPIOS DA PROPORCIONALIDADE E DA MORALIDADE ADMINISTRATIVA. AÇÃO JULGADA PROCEDENTE. [...] 4. A obrigatoriedade de concurso público, com as exceções constitucionais, é instrumento de efetivação dos princípios da igualdade, da impessoalidade e da moralidade administrativa, garantidores do acesso aos cargos públicos aos cidadãos. A não submissão ao concurso público fez-se regra no Estado do Tocantins: afronta ao art. 37, inc. II, da Constituição da República. Precedentes. 5. A criação de 28.177 cargos, sendo 79 de natureza especial e 28.098 em comissão, não tem respaldo no princípio da moralidade administrativa, pressuposto de legitimação e validade constitucional dos atos estatais. *6. A criação de cargos em comissão para o exercício de atribuições técnicas e operacionais, que dispensam a confiança pessoal da autoridade pública no servidor nomeado, contraria o art. 37, inc. V, da Constituição da República. Precedentes.* [...] 9. Definição do prazo máximo de 12 (doze) meses, contados da data de julgamento da presente ação direta de inconstitucionalidade, para que o Estado faça a substituição de todos os servidores nomeados ou designados para ocupação dos cargos criados na forma da Lei tocantinense nº 1.950. (ADI 4125, Relator(a): Min. CÁRMEN LÚCIA, Tribunal Pleno, julgado em 10/06/2010, DJe 15-02-2011 – grifo próprio);

EMENTA: AÇÃO DIRETA DE INCONSTITUCIONALIDADE. LEI ESTADUAL QUE CRIA CARGOS EM COMISSÃO. VIOLAÇÃO AO ART. 37, INCISOS II E V, DA CONSTITUIÇÃO. 2. *Os cargos em comissão criados pela Lei nº 1.939/1998, do Estado de Mato Grosso do Sul, possuem atribuições meramente técnicas e que, portanto, não possuem o caráter de assessoramento, chefia ou direção exigido para tais cargos, nos termos do art. 37, V, da Constituição Federal.* 3. Ação julgada procedente. (ADI 3706, Relator(a): Min. GILMAR MENDES, Tribunal Pleno, julgado em 15/08/2007, DJe 05-10-2007 – grifo próprio);

AÇÃO DIRETA DE INCONSTITUCIONALIDADE. LEI 11.029/89 DO ESTADO DE GOIÁS. ART. 7º, §2º E ART. 1º, QUE ALTEROU O ART. 106, VII DA LEI 9.129/81, DO MESMO ESTADO. <u>Os dispositivos em questão, ao criarem cargos em comissão para oficial de justiça e possibilitarem a substituição provisória de um oficial de justiça por outro servidor escolhido pelo diretor do foro ou um particular credenciado pelo Presidente do Tribunal, afrontaram diretamente o art. 37, II da Constituição, na medida em que se buscava contornar a exigência de concurso público para a investidura em cargo ou emprego público, princípio previsto expressamente nesta norma constitucional.</u> Ação direta de inconstitucionalidade julgada parcialmente procedente, nos termos do voto da relatora. (ADI 1141, Relator(a): Min. ELLEN GRACIE, Tribunal Pleno, julgado em 29/08/2002, DJ 29-08-2003 – grifo próprio).

In casu, o art. 5º da lei paraibana impugnada vulgarizou inconstitucionalmente a criação de cargos em comissão. O referido dispositivo criou 100 cargos em comissão na estrutura do Poder Judiciário paraibano com a função de assistência administrativa. Não há, na lei impugnada, a descrição de atividades de autêntico assessoramento, direção ou chefia para os aludidos cargos. A ausência de descrição detalhada das atribuições do cargo em comissão faz exsurgir a sua inconstitucionalidade, mormente pelo risco de procedimento como este tornar letra morta a exigência constitucional do concurso público. Assim está redigida a supracitada norma, *in verbis*:

[...]

Art. 5º Ficam criados, no Quadro de Pessoal do Tribunal de Justiça, 100 (cem) cargos de provimento em comissão, de Assistente de Administração, símbolo PJ-CTJ-155, com vencimento de R$ 112,50 (cento e doze reais e cinquenta centavos), cabendo aos seus ocupantes as seguintes atribuições: I - exercer atividades administrativas de assistência direta aos Gabinetes da Presidência, Vice-Presidência, da Corregedoria-Geral, da Secretaria-Geral, dos Juízes Auxiliares da Presidência, das Secretarias Administrativa, Judiciária, de Planejamento e Finanças, de Recursos Humanos e de Tecnologia e Informação, das Consultorias Jurídica e Administrativa e das Coordenadorias; II - exercer outras atividades administrativas de confiança não incluídas nas atividades privativas dos servidores do quadro efetivo do Poder Judiciário e que lhes forem cometidas pela autoridade competente.

Nesse contexto, o Conselho Nacional de Justiça, ao tomar ciência do ato administrativo do Tribunal de Justiça do Estado da Paraíba, qual seja, a nomeação de 100 (cem) servidores ocupantes de cargo comissionado de Assistente de Administração, nomeados com fundamento na Lei 8.223/07, do Estado da Paraíba, instaurou, de ofício, Procedimento de Controle Administrativo (PCA 200910000018762) com o objetivo de desconstituir referido ato. Transcrevo a ementa do acórdão proferido pelo Conselho Nacional de Justiça no julgamento do PCA ora em análise, *in verbis*:

PROCEDIMENTO DE CONTROLE ADMINISTRATIVO INSTAURADO DE OFÍCIO. SERVENTUÁRIOS DA JUSTIÇA. 1. NOMEAÇÃO DE ASSISTENTES ADMINISTRATIVOS PARA CARGOS EM COMISSÃO DE LIVRE PROVIMENTO E EXONERAÇÃO. IRREGULARIDADE. No regime constitucional brasileiro a nomeação de servidores públicos somente dispensa a aprovação em concurso público quando se tratar de ocupante de cargo em comissão para o exercício de encargos de chefia, direção ou assessoramento. Inteligência do disposto no art. 37, II e V, da Constituição Federal. 2. LEI ESTADUAL DE CRIAÇÃO DE CARGOS EM COMISSÃO DE LIVRE PROVIMENTO. INSUFICIÊNCIA. NECESSIDADE DE OBSERVÂNCIA DOS LIMITES MATERIAIS DE TOLERÂNCIA

DO EXCEPCIONAL INGRESSO NO SERVIÇO PÚBLICO SEM CONCURSO. Não salva da pecha de antijuridicidade a circunstância de serem os cargos comissionados criados por lei porque a reserva de lei (CF, art. 96, II, b) é apenas um dos requisitos constitucionais para a existência regular de cargos em comissão. Declaração de nulidade das nomeações irregulares com determinação para que o tribunal adote as providências para exoneração dos respectivos ocupantes no prazo de sessenta dias.

Deveras, como fundamentado, o tema de fundo da decisão do CNJ é irretocável: os cargos em comissão da lei paraibana são flagrantemente inconstitucionais, por violação ao que previsto no art. 37, V, da Constituição da República.

Assentada essa tese, o ponto nevrálgico a ser enfrentado é o seguinte: saber se o Conselho Nacional de Justiça possui competência para afastar a aplicabilidade de determinada norma, com fundamento em sua inconstitucionalidade, especialmente quando a matéria já se encontra pacificada nesta Corte. *A resposta, antecipo, é afirmativa.*

In casu, o CNJ *afastou* a aplicabilidade da norma (Lei estadual 8.223/2007) para, reconhecendo a *inconstitucionalidade*, impedir não apenas as nomeações para os cargos em comissão, mas que o art. 5º lei paraibana produza efeitos.

Nesse ponto não se desconhece que, pela natureza eminentemente administrativa do Conselho Nacional de Justiça, o órgão não possui funções jurisdicionais, não atraindo competência, portanto, para realizar controle de constitucionalidade. *Ocorre que o Conselho Nacional de Justiça pode afastar a aplicação de norma quando reconhecer sua inconstitucionalidade*, ainda mais quando a matéria veiculada já se encontra pacificada nesta Corte, como é o caso da impossibilidade de criação de cargos em comissão fora das funções de direção, assessoramento e chefia.

Desse modo, a partir da decisão impugnada, fica claro que não se trata de declaração de inconstitucionalidade, prerrogativa do Poder Judiciário, mas do afastamento da norma tida por inconstitucional, tal qual facultado a toda a administração pública. A distinção foi realçada, há muito, pelo Plenário desta Corte no julgamento do RMS 8.372, Rel. Min. Pedro Chaves, DJ 26.04.1962, *in verbis*:

> "VOTO
>
> *Nego provimento ao recurso. Considerada sem efeito a lei que servira de fundamento ao ato de aposentação do recorrente, não poderia ser feito o registro por falta de supedâneo jurídico. A meu ver o acórdão recorrido bem decidiu a espécie, mas não posso deixar de lhe opor um reparo de ordem doutrinária, pois não quero ficar vinculado a uma tese que tenho constantemente repelido.*
>
> *Entendeu o julgado que <u>o Tribunal de Contas não poderia declarar a inconstitucionalidade da lei</u>. Na realidade <u>essa declaração escapa à competência específica dos Tribunais de Contas</u>.*
>
> *Mas <u>há que distinguir entre declaração de inconstitucionalidade e não aplicação de leis inconstitucionais, pois esta é obrigação de qualquer tribunal ou</u> órgão <u>de qualquer dos poderes do Estado</u>.*
>
> *Feita essa ressalva, nego provimento ao recurso."* (RMS 8372, Relator Min. PEDRO CHAVES, Tribunal Pleno, julgado em 11/12/1961, DJ 26-04-1962).

De fato, ainda que as normas sejam, por essência, cobertas por *presunção de constitucionalidade*, a impor sua observância apriorística como regra, essa presunção não é absoluta e não pode se sobrepor à própria Constituição. Assim, sempre de forma fundamentada, cabe a todos a interpretação da Carta Maior. Nesse sentido, em doutrina, também consignou o Ministro Luís Roberto Barroso (O Controle de Constitucionalidade no Direito Brasileiro. São Paulo: Ed. Saraiva, 2016. p. 9295), confira-se:

> "[...] Todos os Poderes da República interpretam a Constituição e têm o dever de assegurar seu cumprimento. O Judiciário, é certo, detém a primazia da interpretação final, mas não o monopólio da aplicação da Constituição. De fato, o Legislativo, ao pautar sua conduta e ao desempenhar a função legislativa, subordina-se aos mandamentos da Lei Fundamental, até porque a legislação é um instrumento de realização dos fins constitucionais. Da mesma forma, o Executivo submete-se, ao traçar a atuação de seus órgãos, aos mesmos mandamentos e fins. Os órgãos do Poder Executivo, como órgãos destinados dar aplicação às leis, podem, no entanto, ver-se diante da mesma situação que esteve na origem do surgimento do controle de constitucionalidade: o dilema entre aplicar uma lei que considerem inconstitucional ou deixar de aplica-la, em reverencia à supremacia da Constituição. [...]
>
> Sem embargo da razoabilidade do argumento adverso, o conhecimento tradicional acerca da possibilidade de o Chefe do Executivo descumprir lei que fundamente considere inconstitucional não foi superado, como se colhe na jurisprudência e na doutrina. [...] Mas o principal fundamento continua a ser o mesmo que legitimava tal linha de ação sob as Cartas anteriores: o da supremacia constitucional. Aplicar a lei inconstitucional é negar aplicação a Constituição. A tese é reforçada por outro elemento: é que até mesmo o particular pode recusar cumprimento à lei que considere inconstitucional, sujeitando-se a defender sua convicção caso venha a ser demandado. Com mais razão deverá poder fazê-lo o chefe de um Poder.
>
> [...] Especificamente no que respeita ao TCU, a Súmula 347 do STF, aprovada em 1963, prevê: 'O Tribunal de Contas, no exercício de suas atribuições, pode apreciar a constitucionalidade das leis e dos atos do Poder Público'. Entretanto, a aplicação desse verbete, sob a égide da Constituição de 1988, é discutida com base em argumento semelhante àquele pelo qual se questionou o reconhecimento de tal poder ao Chefe do Executivo: a ampliação do rol de legitimados para o controle de constitucionalidade e a necessidade de deflagração da jurisdição constitucional como condição para afastar a aplicação de leis, uma vez que estas nascem com presunção de constitucionalidade".

Importante observar, ainda, recente orientação da Segunda Turma desta Corte, na qual restou afirmado que o Conselho Nacional de Justiça poderia deixar de aplicar normas vigentes quando essa determinação decorrer de anterior interpretação da matéria por esta Corte (MS 26.739, Relator Min. Dias Toffoli, Segunda Turma, julgado em 01/03/2016, DJe 14.06.2016). Na ocasião, o Ministro Gilmar Mendes defendeu que os órgãos da Administração somente poderiam deixar de aplicar normas vigentes quando essa determinação decorrer da interpretação do próprio Judiciário. Ressalto, por oportuno, trecho da manifestação de Vossa Excelência, *in verbis*:

> [...]
>
> Mas aqui se discute - e há algum tempo tenho dedicado algum esforço a refletir sobre essa temática - tendo como pano de fundo a possibilidade de que subsista ou não a jurisprudência - antes, pacífica - do Supremo Tribunal Federal, relativa à admissibilidade da declaração ou afastamento da inconstitucionalidade por órgãos, por exemplo, do Executivo, ou por conselhos, ou por tribunal de contas.
>
> [...]
>
> Bom, então, nesse contexto, é de se refletir sobre o tema. Eu pergunto: devemos simplesmente dizer que esses órgãos autônomos não têm competência para fazer esse controle? Mas chegaríamos,

veja, a uma situação aporética, estranha, porque, por exemplo, neste caso específico poderíamos dizer: "ah, é verdade, o Conselho não dispõe de competência para fazer esse juízo censório em relação à recepção, ao juízo de legitimidade ou ilegitimidade dessa norma do Estado de Minas Gerais". Mas é verdade também que essa norma é incompatível com a Constituição porque o Supremo já assim o disse e por isso nós indeferiríamos o mandato de segurança.

[...]

Mas penso que poderíamos fazer uma outra abordagem, Presidente, para dizer o seguinte - e Vossa Excelência, de alguma forma, já o fez sem enfatizá-lo: é que, tendo uma jurisprudência clara... Por exemplo, imaginemos que um tribunal de contas faça uma glosa em relação à admissão de servidores, dizendo "não pode o município, ou não pode o estado, ou não pode mesmo a União e suas empresas públicas admitir servidores sem concurso público". Nós vamos dizer que o Tribunal de Contas não pode dizer que essa norma é inconstitucional? Mas há enxurradas de precedentes a propósito do tema! Vamos exigir que esse tema seja judicializado? Então diria, com base naquilo que Vossa Excelência trouxe, que a decisão do CNJ, na verdade, espelha o entendimento já adotado pelo Supremo Tribunal Federal. Em casos que tais, por exemplo, órgãos com essa autonomia estão apenas aplicando uma jurisprudência, um entendimento já pacífico. Por isso eu subscreveria integralmente o voto de Vossa Excelência.

Eu até confesso que, num primeiro momento, quando lidei com o tema do Tribunal de Contas da União, a minha tendência era ser peremptório no sentido de que falecia ao Tribunal de Contas da União a competência para declarar a ilegitimidade do ato, propondo então a revogação na superação da nossa Súmula. No caso do Tribunal de Contas da União - e, portanto, dos tribunais de contas -, na verdade temos uma súmula do Tribunal, do Supremo, que autoriza a não aplicar a lei que considera inconstitucional. A mim, parece-me que talvez agora possamos já fazer uma interpretação, um adendo, para dizer toda vez que estiver simplesmente aplicando, desenvolvendo a jurisprudência já pacífica sobre uma dada temática constitucional.

Na mesma ocasião (MS 26.379, Segunda Turma), a Ministra Cármen Lúcia declarou voto com o seguinte teor, *verbis*:

<u>A SENHORA MINISTRA CÁRMEN LÚCIA</u> - *Presidente, queria apenas fazer uma referência.*

Tenho pensado que esta fórmula que vimos adotando, como eu disse, quando nós, juízes do Tribunal, aceitamos que não se tem afronta ao art. 97 da Constituição quando um tribunal, por exemplo, aplica o que nós já declaramos inconstitucional, não precisando de levar ao Plenário, ao órgão especial de cada tribunal, e com a interpretação dada pelo Tribunal, agora, nos últimos anos, tenho achado que talvez esse seja o primeiro passo, Presidente, para que comecemos a mudar um dos pontos que até aqui tem sido considerado inexpugnável do nosso constitucionalismo: nós não termos no sistema brasileiro a declaração de constitucionalidade de matérias, mas de normas, o que levou, depois de 5 de outubro de 1988, a uma proliferação de ações diretas tanto no Supremo como nos tribunais constitucionais.

E tenho pensado que providências e interpretações como essas talvez sejam um primeiro passo, porque, ainda que esta resolução, por exemplo, do tribunal mineiro não tenha sido objeto específico, mas a matéria já esteja consolidada, na verdade, nós estamos, talvez, abrindo uma cunha pra repensar, no sistema constitucional brasileiro, esta possibilidade de matérias que estejam sendo repetidas nas legislações poderem vir a ser acatadas em igual entendimento, para fins de terem as soluções tanto nos órgãos judiciais quanto nestes órgãos que podem aplicar. Seria um primeiro passo para pensarmos nessa possibilidade, que até aqui, realmente, não é admitida porque o controle é sempre de norma, e não de matéria.

O citado acórdão restou assim ementado, *in verbis*:

> EMENTA. *Mandado de segurança. Ato do Conselho Nacional de Justiça. Anulação da fixação de férias em 60 dias para servidores de segunda instância da Justiça estadual mineira. Competência constitucional do Conselho para controle de legalidade dos atos administrativos de tribunal local. Ato de caráter geral. Desnecessidade de notificação pessoal. Inexistência de violação do contraditório e da ampla defesa. Férias de sessenta dias. Ausência de previsão legal. 1. Compete ao Conselho Nacional de Justiça "o controle da atuação administrativa e financeira do Poder Judiciário" (§4º), "zelando pela observância do art. 37 e apreciando, de ofício ou mediante provocação, a legalidade dos atos administrativos praticados por membros ou órgãos do Poder Judiciário" (inciso II, §4º, art. 103B). 2. No caso, a deliberação do CNJ se pautou essencialmente na ilegalidade do ato do Tribunal local (por dissonância entre os 60 dias de férias e o Estatuto dos Servidores do Estado de Minas Gerais). Quanto à fundamentação adicional de inconstitucionalidade, o Supremo tem admitido sua utilização pelo Conselho quando a matéria já se encontra pacificada na Corte, como é o caso das férias coletivas. 3. Sendo o ato administrativo controlado de caráter normativo geral, resta afastada a necessidade de notificação, pelo CNJ, dos servidores interessados no processo. 4. A conclusão do Supremo Tribunal pela inconstitucionalidade, a partir da Emenda Constitucional nº 45/04, das férias coletivas nos tribunais, se aplica aos servidores do TJMG, cujo direito às férias de 60 dias se estabeleceu em normativos fundamentados nas férias forenses coletivas. 5. Ordem denegada.* (MS 26739, Relator(a): Min. DIAS TOFFOLI, Segunda Turma, julgado em 01/03/2016, DJe 14-06-2016 – grifo próprio).

Inicialmente, cumpre afastar o argumento – há muito discutido por esta Corte – a respeito da tese de que a ampliação do rol de legitimados à propositura de ações diretas teria o condão de impedir a interpretação da Constituição por outros agentes. É que, na verdade, a ampliação dos legitimados se refere, tão somente, ao controle por via de ação direta.

Ademais, entendo que o fato de haver manifestação prévia desta Suprema Corte a respeito da inconstitucionalidade da matéria posta a exame pelo Conselho Nacional de Justiça – CNJ não deve ser visto como necessidade exclusiva para possibilitar o afastamento da norma, mas, sim, servirá de ônus argumentativo sólido para potencializar a fundamentação analítica do necessário afastamento da incidência da norma no caso concreto.

Verdadeiramente, restringir a interpretação constitucional difusa à execução da jurisprudência dominante infantiliza os demais atores constitucionais, opondo-se à tão propagada ideia de *sociedade aberta de intérpretes da Constituição*. Segundo o próprio Peter Häberle (Hermenêutica Constitucional: a sociedade aberta aos intérpretes da Constituição: contribuição para a interpretação pluralista e procedimental da Constituição. Porto Alegre: Sergio Antonio Fabris, 1997, p. 13), *in verbis*:

> "[...] no processo de interpretação constitucional estão potencialmente vinculados todos os órgãos estatais, todas as potências públicas, todos os cidadãos e grupos, não sendo possível estabelecer-se um elenco cerrado ou fixado numerus clausus de intérpretes da Constituição. [...] quem vive a norma acaba por interpretá-la ou pelo menos por cointerpretá-la".

Ainda, na síntese doutrinária do Min. Gilmar Mendes (Homenagem à doutrina de Peter Häberle e sua influência no Brasil, 2010) acerca da contribuição de Peter Häberle ao Direito Constitucional brasileiro:

"No Brasil, sua contribuição tem sido inestimável para o desenvolvimento do direito constitucional. São muitos os doutrinadores brasileiros de renome que defendem a necessidade de consolidação da ideia de uma <u>sociedade aberta de intérpretes da Constituição</u>, formulada por Peter Häberle. Segundo essa concepção, <u>o círculo de intérpretes da Lei Fundamental deve ser alargado para abarcar não apenas as autoridades públicas e as partes formais nos processos de controle de constitucionalidade, mas todos os cidadãos e grupos sociais que, de uma forma ou de outra, vivenciam a realidade constitucional.</u>"

De fato, a possibilidade de a Administração Pública afastar o cumprimento de normas consideradas inconstitucionais desvincula o crivo de constitucionalidade da função jurisdicional, representando mera interpretação da Constituição. Nesse sentido, não há que se cogitar de usurpação de competência, que ocorreria apenas na hipótese em que o Conselho Nacional de Justiça declarasse inconstitucional a Lei 8.223/2007, realizando controle de constitucionalidade.

Cabe, aqui, a seguinte indagação: respeitaria a Constituição da República a aplicação, pela Administração Pública, de norma que o órgão verifica ser absolutamente contrária à Lei Fundamental? E, ainda, para o afastamento da norma, seria necessária a manifestação do Plenário do Supremo Tribunal Federal sobre a matéria? A resposta, para ambas as questões, revela-se desenganadamente negativa.

A uma porque admitir eventual exclusividade de apreciação de constitucionalidade de atos pelo Poder Judiciário seria, data máxima vênia, admitir que determinado ato flagrantemente inconstitucional continuasse produzindo efeitos jurídicos até que sobrevenha intervenção jurisdicional, podendo causar intensa e intemporal insegurança jurídica. Nesse sentido, Clèmerson Merlin Clève (A teoria constitucional e o direito alternativo – para uma dogmática constitucional emancipatória. In: Uma vida dedicada ao Direito. Homenagem a Carlos Henrique de Carvalho. O editor dos juristas. São Paulo: Revista dos Tribunais, 1995, p. 34-53) traz a seguinte lição:

> [...] *a Constituição é, entre outras coisas, também norma, e não mera declaração de princípios e propósitos. E se é norma, dela decorrem, inexoravelmente, consequências jurídicas que são sérias e que devem ser tomadas a sério. E, mais que tudo, sendo norma suprema, o sentido de seu discurso deve contaminar todo o direito infraconstitucional, que não pode nem deve ser interpretado (concretizado/aplicado) senão à luz da Constituição.*

De fato, o princípio da *força normativa da Constituição* é potencializado, sobremaneira, quando, não apenas o Judiciário, mas também o Estado-Administração exerce o controle dos seus atos administrativos em conformidade com a Carta Maior. Destarte, verificado um ato que ofenda a Constituição da República, não deve o Conselho Nacional de Justiça convalidar o ato viciado ou postergar para o Judiciário o encargo de invalidá-lo, sob pena de causar prejuízos desnecessários à Administração.

Nesse sentido, enumerando argumentos favoráveis da vinculação do administrador público aos preceitos constitucionais, Juarez Freitas (A guarda da constituição pela própria administração pública. *Revista de Direito do Estado*, Ano 4, nº 15, p. 131-149, jul/set 2009. Rio de Janeiro: RENOVAR, 2009, p. 143) diz que a atuação do administrador seria legítima, na medida em que milita em prol da:

> *"a) a criação de clima cultural favorável à dimensão civilizatória da Constituição; b) a diminuição da litigiosidade contra o Estado Administração; c) a atuação guiada pelo direito fundamental à boa administração pública; d) o respeito ao princípio da deferência, com o acolhimento na prática da presunção de legitimidade constitucional dos atos administrativos; e) a duração razoável dos processos administrativos e judiciais; concluindo pela necessária assimilação da vinculação jurisprudencial dos agentes públicos às decisões definitivas em controle difuso e concentrado, sem se restringir às súmulas vinculantes".*

Noutro giro, a necessidade de prévia manifestação do Plenário do Supremo Tribunal Federal sobre a matéria para o afastamento da norma, antes de ser requisito indispensável, deve, no meu entender, ser visto como instrumento hábil, e, inclusive a ser observado, como ônus argumentativo para justificar os motivos pelos quais reputa a norma inconstitucional, a possibilitar seu afastamento.

Deveras, para não vulgarizar e alargar de maneira ilimitada a competência do Conselho Nacional de Justiça, assento, como premissa teórica, que *o afastamento de leis ou atos normativos somente deve ocorrer nas hipóteses de cabal e inconteste ultraje* à *Constituição* – certamente potencializada por precedentes deste Supremo Tribunal Federal sobre a matéria –, de maneira que, nas situações de dúvida razoável a respeito do conteúdo da norma adversada, deve-se prestigiar a opção feita pelo legislador, investido que é em suas prerrogativas pelo batismo popular (THAYER, James Bradley. The Origin and Scope of the American Doctrine of Constitutional Law. *Harvard Law Review*. Vol. 7 (3), 1893, p. 129/156, disponível em <https://archive.org/details/jstor1322284>).

Não bastasse, as decisões do Conselho Nacional de Justiça podem ser apreciadas pelo Poder Judiciário, como evidencia a análise da presente ação.

Por derradeiro, e por razões elementares, a análise em abstrato da constitucionalidade da indigitada lei estadual continua a cargo desse Supremo Tribunal Federal, conforme expressamente reconhecido pelo CNJ ao determinar fossem oficiados o Procurador-Geral da República e o Procurador-Geral de Justiça do Estado da Paraíba, *in verbis*:

> *"[...] Para o possível ajuizamento de nova ADI contra a referida lei paraibana, caso não tome o tribunal paraibano a iniciativa de propor a sua revogação pela Assembleia Legislativa, oficie-se ao Procurador-Geral da República e ao Procurador-Geral de Justiça".*

Esta ação, inclusive, restou ajuizada pelo ilustre Procurador-Geral da República. Trata-se da ADI 4.867, Relator Ministro Luís Roberto Barroso, ajuizada pelo Procurador-Geral da República, exatamente contra o art. 5º da Lei 8.223/2007, do Estado da Paraíba. O controle de constitucionalidade: (i) extirpa a norma do ordenamento em definitivo, (ii) repristina os atos anteriores; (iii) possibilita a modulação dos efeitos da inconstitucionalidade, disciplinando as relações jurídicas pendentes, e (iv) vincula todos os demais poderes públicos.

Possibilita-se, portanto, o afastamento da norma tida por inconstitucional, sendo vedado, por óbvio, a declaração de inconstitucionalidade, que, como visto, possui eficácia geral muito mais ampla que o mero afastamento da norma.

Desse modo, o Conselho Nacional de Justiça pode afastar a aplicação de norma baseada em sua inconstitucionalidade, especialmente quando a matéria veiculada já se encontra pacificada nesta Corte.

No caso *sub examine*, aliás, o contexto fático milita em prol da tese ora defendida. Em suas razões de decidir, o CNJ cita o julgamento da ADI 3.233 pelo Supremo Tribunal Federal, que declarou inconstitucional o caput e os incisos I e II do art. 1º da Lei Estadual 6.660/1998, do art. 5º da Lei Complementar Estadual nº 57/2003, a Lei 7.679/2004 e a Lei 7.696/2004, que haviam criado 192 cargos comissionados de Agente Judiciário de Vigilância, com as atribuições de prestar serviços de vigilância e segurança. Na ocasião, o Supremo Tribunal Federal entendeu que as atribuições de serviços de segurança constantes na norma invalidada não se amoldavam à regra instituída no art. 37, V, da Constituição da República, que determina que os cargos em comissão somente poderiam ter as atribuições de direção, chefia e assessoramento.

O acórdão proferido por essa Suprema Corte na referida ação direta possui ementa com o seguinte teor:

> *EMENTA: AÇÃO DIRETA DE INCONSTITUCIONALIDADE. LEIS 6.600/1998 (ART. 1º, CAPUT E INCISOS I E II), 7.679/2004 E 7.696/2004 E LEI COMPLEMENTAR 57/2003 (ART. 5º), DO ESTADO DA PARAÍBA. CRIAÇÃO DE CARGOS EM COMISSÃO. I - Admissibilidade de aditamento do pedido na ação direta de inconstitucionalidade para declarar inconstitucional norma editada durante o curso da ação. Circunstância em que se constata a alteração da norma impugnada por outra apenas para alterar a denominação de cargos na administração judicial estadual; alteração legislativa que não torna prejudicado o pedido na ação direta. II - Ofende o disposto no art. 37, II, da Constituição Federal norma que cria cargos em comissão cujas atribuições não se harmonizam com o princípio da livre nomeação e exoneração, que informa a investidura em comissão. Necessidade de demonstração efetiva, pelo legislador estadual, da adequação da norma aos fins pretendidos, de modo a justificar a exceção à regra do concurso público para a investidura em cargo público. Precedentes. Ação julgada procedente.*
> (ADI 3233, Relator(a): Min. JOAQUIM BARBOSA, Tribunal Pleno, julgado em 10/05/2007, DJe 14-09-2007 - grifo próprio).

Na ocasião do julgamento da referida Ação Direta de Inconstitucionalidade, consta do voto do Relator, Ministro Joaquim Barbosa, a seguinte fundamentação:

> *"[...] Sobre o mérito, sem maiores reservas, entendo que assiste razão a Advocacia-Geral da União e à Procuradoria-Geral da República. O Supremo Tribunal Federal tem interpretado essa norma como exigência de que a exceção à regra do provimento de cargos por concurso público só se justifica concretamente com a demonstração - e a devida regulamentação por lei - de que as atribuições de determinado cargo sejam bem atendidas por meio do provimento em comissão, no qual se exige relação de confiança entre a autoridade competente para efetuar".*

Em cumprimento a esta determinação do Supremo Tribunal Federal, os servidores comissionados foram dispensados pela Portaria 1.066/2007, do TJ/PB, e por sua vez, a Lei Estadual nº 8.223/97, em uma só empreitada, extinguiu, em seu art. 4º, os 100 cargos em comissão de Assessor de Segurança, e, logo em seu art. 5º, cria outros 100 cargos, também de provimento em comissão, com a mesma remuneração, mas, agora, com a nomenclatura de Assistente de Administração, nos seguintes termos:

Art. 4º Ficam <u>extintos</u> do Quadro de Pessoal do Poder Judiciário os seguintes cargos de provimento em comissão:

I - <u>100 (cem) cargos de Assessor de Segurança</u> I, símbolo PJCTJ-144, com vencimento de <u>R$ 112,50</u> (cento e doze reais e cinquenta centavos).

Art. 5º Ficam <u>criados</u>, no Quadro de Pessoal do Tribunal de Justiça, <u>100 (cem) cargos de provimento em comissão, de Assistente de Administração</u>, símbolo PJ-CTJ-155, com vencimento de <u>R$ 112,50</u> (cento e doze reais e cinquenta centavos), cabendo aos seus ocupantes as seguintes atribuições:

I - exercer atividades administrativas de assistência direta aos Gabinetes da Presidência, Vice-Presidência, da Corregedoria-Geral, da Secretaria-Geral, dos Juízes Auxiliares da Presidência, das Secretarias Administrativa, Judiciária, de Planejamento e Finanças, de Recursos Humanos e de Tecnologia e Informação, das Consultorias Jurídica e Administrativa e das Coordenadorias;

II - exercer outras atividades administrativas de confiança não incluídas nas atividades privativas dos servidores do quadro efetivo do Poder Judiciário e que lhes forem cometidas pela autoridade competente.

Destarte, e certamente com o intuito de burlar o que decidido por esta Suprema Corte, o legislador fez constar, entre as funções a serem desempenhadas pelos servidores comissionados, a de *"exercer outras atividades administrativas de confiança não incluídas nas atividades privativas dos servidores do quadro efetivo do Poder Judiciário e que lhes forem cometidas pela autoridade competente"* (art. 5º, II).

Consectariamente, o art. 5º da lei ora impugnada, do Estado da Paraíba, é flagrantemente inconstitucional, na linha da jurisprudência do Supremo Tribunal Federal. Não bastasse, como enfrentado acima, esta Corte já se debruçou sobre norma bastante similar, elaborada pela mesma Assembleia Legislativa do Estado da Paraíba, ocasião em que declarou inconstitucional norma que cria funções de provimento em comissão que não compreendam atribuições de direção, chefia e assessoramento, pois flagrante o desrespeito à exigência constitucional do concurso público.

Assim, após o julgamento desta Corte – ADI 3.233 –, as alterações legislativas têm por propósito manter, sob nova roupagem, o mesmo conteúdo da norma original, com a simples alteração da respectiva denominação, permanecendo iguais – e inconstitucionais – a natureza e as atribuições do cargo.

É exatamente por esse motivo que o Plenário do CNJ entendeu necessária a abertura, de ofício, de Procedimento de Controle Administrativo destinado a apurar a possível reiteração da prática de nomeações irregulares de servidores pelo Tribunal de Justiça do Estado da Paraíba, após o que, identificando na lei impugnada o mesmo vício que maculara as normas declaradas inconstitucionais na Ação Direta de Inconstitucionalidade 3.233, determinou a exoneração dos comissionados nomeados com fundamento no dispositivo vergastado.

Tais argumentos possuem o condão, apenas, de confirmar o reiterado e pacífico entendimento do Supremo Tribunal Federal sobre o tema, de modo que ampara a possibilidade de o Conselho Nacional de Justiça afastar a aplicação da norma, porquanto ônus argumentativo suficiente, concretizado em prévia análise desta Corte acerca da inconstitucionalidade da matéria veiculada ao CNJ.

Por fim, refuto a alegada incompetência do CNJ, como órgão administrativo, para proferir a decisão impugnada. Com efeito a verificação dos atos administrativos, inclusive o de nomeação para cargos em comissão em flagrante desrespeito à regra constitucional do concurso público e à jurisprudência do Supremo Tribunal Federal, adequa-se à previsão de competência encartada constitucionalmente, que prescreve a competência do Conselho Nacional de Justiça para *o controle da atuação administrativa e financeira do Poder Judiciário* (CRFB/88, art. 103-B, §4º), *zelando pela observância do art. 37 e apreciando, de ofício ou mediante provocação, a legalidade dos atos administrativos praticados por membros ou* órgãos *do Poder Judiciário* (CRFB/88, art. 103-B, §4º, inciso II).

Não se trata, portanto, de usurpação da competência desta Corte, mas sim de exercício direto da competência constitucional atribuída ao Conselho.

Por todo o exposto, entendo que o Conselho Nacional de Justiça pode afastar a aplicação de norma com fundamento em sua inconstitucionalidade, especialmente quando a matéria veiculada já se encontra pacificada na Corte, como é o caso da impossibilidade de criação de cargos em comissão fora das funções de direção, assessoramento e chefia (CRFB/88, art. 37, V). Porém, para não vulgarizar e alargar de maneira ilimitada a competência do Conselho Nacional de Justiça, assento, como premissa teórica, que *o afastamento de leis ou atos normativos somente deve ocorrer nas hipóteses de cabal e inconteste ultraje à Constituição – certamente potencializada por precedentes deste Supremo Tribunal Federal sobre a matéria –*, de maneira que, nas situações de dúvida razoável a respeito do conteúdo da norma adversada, deve-se prestigiar a opção feita pelo legislador, investido que é em suas prerrogativas pelo batismo popular (THAYER, James Bradley. The Origin and Scope of the American Doctrine of Constitutional Law. Harvard Law Review. Vol. 7 (3), 1893, p. 129/156, disponível em <https://archive.org/details/jstor-1322284>).

Ex positis, ressalvando a fundamentação diversa do voto da Relatora, acompanho a conclusão de Vossa Excelência, Ministra Cármen Lúcia, e voto pelo *IMPROCEDÊNCIA* dos pedidos contidos nesta Petição, declarando incidentalmente a inconstitucionalidade do art. 5º da Lei 8.223/2007, do Estado da Paraíba. Voto, ainda, pela *DENEGAÇÃO* das ordens pretendidas nos Mandados de Segurança 28.112, 28.113, 28.114, 28.115, 28.116, 28.117, 28.118, 28.119, 28.120, 28.121, 28.318, 28.320 e 28.327, com a consequente cassação das liminares deferidas na Ação Cautelar 2.390/PB e nas impetrações mencionadas.

É como voto.

Informação bibliográfica deste texto, conforme a NBR 6023:2018 da Associação Brasileira de Normas Técnicas (ABNT):

ARAUJO, Valter Shuenquener de. PET nº 4.656 – O poder do CNJ e do CNMP de afastar uma lei inconstitucional. Uma evolução necessária na jurisprudência do STF. *In*: FUX, Luiz. *Jurisdição Constitucional III*: república e direitos fundamentais. Coordenação de Valter Shuenquener de Araujo. Belo Horizonte: Fórum, 2019. p. 243-261. ISBN 978-85-450-0691-6.

SOBRE OS COMENTARISTAS

Abhner Youssif Mota Arabi
Juiz Instrutor no gabinete do Ministro Luiz Fux, no Supremo Tribunal Federal. Juiz de Direito (SP). Ex-Assessor de Ministro do Supremo Tribunal Federal. Professor. Palestrante. Pós-Graduado em Ordem Jurídica e Ministério Público pela Fundação Escola Superior do MPDFT – FESMPDFT (2018). Especialista em Direito Administrativo (2015). Graduado em Direito na Universidade de Brasília – UnB (2013). Aluno especial do Programa de Pós-Graduação em Direito da Universidade de Brasília (UnB). Coautor do livro *Terceirização: uma leitura constitucional e administrativa* (Editora Fórum, 2018); autor dos livros *Mandado de segurança e mandado de injunção"* (Editora JusPodivm, 2018), *A tensão institucional entre Judiciário e Legislativo: controle de constitucionalidade, diálogo e a legitimidade da atuação do Supremo Tribunal Federal"* (Editora Prismas, 2015); coordenador da obra *Direito financeiro e jurisdição constitucional* (Editora Juruá, 2016) e autor de diversos capítulos de livro e artigos jurídicos. Autor da coluna "Constituição & Tributação" do *Jota*. Cocoordenador da coluna "Matriz Tributária", do *Migalhas*.

Aldo José Barros Barata de Oliveira
Assessor de Ministro do Supremo Tribunal Federal. Pós-Graduado em Ordem Jurídica e Ministério Público pela Fundação Escola Superior do MPDFT – FESMPDFT. Graduado em Direito pelo Centro Universitário de Brasília – UniCEUB.

Andréa da Fonseca Santos Torres Magalhães
Doutoranda em Direito Econômico pela Universidade de São Paulo. Mestre e Graduada em Direito Público pela Universidade do Estado do Rio de Janeiro. Assessora de Ministro do Supremo Tribunal Federal. Advogada do Banco Nacional de Desenvolvimento Econômico e Social (cedida). Autora do livro *Jurisprudência da crise: uma perspectiva pragmática* e de artigos acadêmicos.

Bruno Jacoby de Lamare
Mestre em Ciências Criminais pela PUCRS. Juiz de Direito no Estado do Rio Grande do Sul, tendo exercido jurisdição nas Comarcas de Encruzilhada do Sul (2010/2011); Itaqui (2011/2014); São Sepé (2014/2015); Cruz Alta (2015/2018) e Alvorada (a partir de 2019). Coordenador do Centro Judiciário de Solução de Conflitos e Cidadania da Comarca de Cruz Alta (2015/2016). Juiz Eleitoral com atuação nas eleições municipais de 2012 e eleições gerais de 2014. Ex-Juiz Instrutor convocado junto ao Gabinete do Ministro Luiz Fux no Supremo Tribunal Federal (2017-2018). Ex-Advogado da União. Graduado, com obtenção do grau de láurea acadêmica, na UFRGS. Autor do livro *Exame criminológico e progressão de regime: as causas sociológicas da divergência entre os discursos do Direito e da Psicologia e o seu impacto na expansão do poder punitivo*.

Carla Ramos Macedo do Nascimento
Assessora do Ministro Luiz Fux no Supremo Tribunal Federal. Defensora Pública do Estado do Rio de Janeiro. Especialista em Criminologia (ISCPSI, Portugal). Especialista em Ciências Criminais (FESMPDFT, Brasília). Bacharel em Direito pela UERJ.

Marcus Lívio Gomes
Pós-Doutor pelo Institute of Advanced Legal Studies (School of Advanced Study/University of London). Doutor e Mestre em Direito Tributário pela Universidad Complutense de Madrid.

Professor Adjunto de Direito Financeiro e Tributário da UERJ. Juiz Federal da SJRJ/TRF2. Juiz convocado no Gabinete do Ministro Luiz Fux do STF entre 2013 e 2016. Membro do Comitê de Avaliação, Seleção e Acompanhamento de Conselheiros do Conselho Administrativo de Recursos Fiscais do Ministério da Fazenda (CSC/CARF). Membro do Comitê Executivo e Associado do Instituto Latinoamericano de Derecho Tributário – ILADT. Coordenador e Palestrante da Comissão de Direito Tributário da Escola da Magistratura Regional Federal da 2ª Região (TRF2). Autor e organizador dos livros *Estudos Tributários do II Seminário CARF* (1. ed. Brasília: CNI, 2017) (Org.); *Direito financeiro na jurisprudência do Supremo Tribunal Federal: Homenagem ao Ministro Marco Aurélio* (1. ed. Curitiba: Juruá, 2016) (Org.); *Direito financeiro e jurisdição constitucional* (1. ed. Curitiba: Juruá, 2016) (Org.); *Sistema constitucional tributário dos fundamentos teóricos aos hard cases tributários – Estudos em homenagem ao Ministro Luiz Fux* (1. ed. Porto Alegre: Livraria do Advogado, 2014) (Org.); *A extinção do crédito tributário* (1. ed. Porto Alegre: Livraria do Advogado, 2013); *Instrumentos para la unificación de critérios administrativos en materia tributaria* (1. ed. Barcelona: Atelier Libros Jurídicos, 2011); *Curso de direito tributário brasileiro* (2. ed. São Paulo: Quartier Latin, 2010. v. 3); *A interpretação da legislação tributária. Instrumentos para a unificação de critério administrativo em matéria tributária* (1. ed. São Paulo: Quartier Latin, 2010).

Mário Augusto Figueiredo de Lacerda Guerreiro
Mestre em Ciências Jurídico-Políticas pela Universidade de Coimbra. Juiz de Direito. Juiz Auxiliar no Conselho Nacional de Justiça. Professor palestrante da Escola da Magistratura do Estado do Rio de Janeiro.

Mateus da Jornada Fortes
Mestre em Direito Constitucional pela Faculdade de Direito da Universidade de Lisboa. Professor de Direito Constitucional e Processo Civil da Universidade Regional do Alto Uruguai e das Missões. Juiz de Direito e Juiz Eleitoral. Ex-Juiz Instrutor no gabinete do Ministro Luiz Fux no Supremo Tribunal Federal. Membro do Departamento de Assuntos Constitucionais da Ajuris. Palestrante no Curso de Preparação à Magistratura (ESM) da Ajuris. Palestrante nos cursos de Pós-Graduação da Universidade Regional do Alto Uruguai e das Missões.

Pedro Felipe de Oliveira Santos
Doutorando em Direito pela Oxford University. Mestre em Direito pela Universidade de Harvard (diploma revalidado pela Universidade de Brasília). Pós-Graduado em Direito Público pela União das Faculdades do Planalto Central. Bacharel em Direito pela Universidade de Brasília (UnB). Juiz Federal do Tribunal Regional Federal da 1ª Região. Professor Titular e Coordenador Pedagógico da Escola da Magistratura Federal da Primeira Região. Professor Colaborador da Universidade de Brasília. Professor Palestrante da Fundação Escola Superior do Ministério Público do Distrito Federal.

Rafaela Coutinho Canetti
Mestre em Direito Público pela Universidade do Estado do Rio de Janeiro – UERJ. Graduada em Direito pela UERJ. Assessora de Ministro no Supremo Tribunal Federal. Autora do livro *Acordo de leniência: fundamentos do instituto e os problemas de seu transplante ao ordenamento jurídico brasileiro*.

Raquel de Andrade Vieira Alves
Doutoranda em Direito Financeiro pela Universidade de São Paulo – USP. Mestre em Finanças Públicas, Tributação e Desenvolvimento pela Universidade do Estado do Rio de Janeiro – UERJ. Pós-Graduada em Direito Financeiro e Tributário pela Universidade Federal Fluminense – UFF. Graduada em Direito pela Universidade Federal do Rio de Janeiro – UFRJ. Ex-Assessora de Ministro no Supremo Tribunal Federal. Autora do livro *Federalismo fiscal brasileiro e as contribuições* (Rio de Janeiro: Lumen Juris, 2017). Advogada.

Thiago Lôbo Fleury
Advogado. Ex-Assessor de Ministro do Supremo Tribunal Federal – STF. Ex-Assessor de Conselheiro do Conselho Nacional do Ministério Público – CNMP. Graduado em Direito pelo Centro Universitário de Brasília – UniCEUB.

Valter Shuenquener de Araujo
Doutor em Direito Público pela UERJ. Doutorado-Sanduíche pela Ruprecht-Karls Universität de Heidelberg (Alemanha). Professor Adjunto de Direito Administrativo da Faculdade de Direito da UERJ. Professor Palestrante na EMERJ (Escola de Magistratura do Estado do Rio de Janeiro), na Fundação Escola Superior do Ministério Público do DFT (FESMPDFT) e no Supremo Tribunal Federal. Conselheiro do Conselho Nacional do Ministério Público (CNMP). Juiz Federal. Coautor do livro *Terceirização: uma leitura constitucional e administrativa* (Editora Fórum, 2018); autor dos livros *O princípio da proteção da confiança. Uma nova forma de tutela do cidadão diante do Estado* (Editora Impetus, 2009), e *As novas dimensões do princípio da soberania* (Editora Impetus, 2016).

Esta obra foi composta em fonte Palatino Linotype, corpo 10
e impressa em papel Offset 75g (miolo) e Supremo 250g (capa)
pela Laser Plus Gráfica, em Belo Horizonte/MG.